高等职业教育校企"双元"合作开发教材

U0771152

会计基础与智能应用

新准则 新税率
工作手册式教材

主　编　袁　萍　沈　静　杨儒君
副主编　李　苏　段明月　李贞凤
参　编　邹杉杉　刘珊珊　尹媛媛　王川美
　　　　罗　燕　高秋元　简雪珍
主　审　苏重来　谢计生

KUAIJI JICHU YU
ZHINENG YINGYONG

新形态
教材

本书另配：教　案
　　　　　课程标准
　　　　　教学课件
　　　　　微课视频
　　　　　动画视频
　　　　　习题答案

中国教育出版传媒集团
高等教育出版社·北京

内容提要

本书是高等职业教育校企"双元"合作开发教材,为工作手册式教材,是国内高职院校中对会计基础进行创新与改革的新式教材。教材以项目为导向,包含六个项目。项目一引领学生走进会计世界,了解会计的基本理论知识;项目二、项目三和项目四依次引领学生深入理解经济业务的智能记录、智能核算;项目五教授学生认识、编制、报送和审批财务报表,管理会计档案等,打破传统"凭证—账簿—报表"的思维惯性,引入财务机器人智能核算等前沿技术;项目六通过企业场景化案例的再夯实,帮助学生构建"新技术 + 财务"的数字经济思维。为利教便学,本书提供动画视频、微课视频(以二维码形式附在相关知识点旁),供学生自学;本书另配有教案、课程标准、教学课件、参考答案等教学资源,供教师教学使用。

本书依托厦门科云"会计基础与智能应用"平台,同时配有数字化"云"教学资源。本书既可作为高等职业院校财经商贸大类专业用书,也可作为中职院校会计事务等专业用书,以及社会相关人员培训用书。

图书在版编目(CIP)数据

会计基础与智能应用/袁萍,沈静,杨儒君主编.
北京:高等教育出版社,2024.9. -- ISBN 978-7-04
-062815-9

Ⅰ. F230

中国国家版本馆 CIP 数据核字第 2024H8R249 号

| 策划编辑 李 晶 钱力颖 | 责任编辑 李 晶 | 封面设计 张文豪 | 责任印制 高忠富 |

出版发行	高等教育出版社	网 址	http://www.hep.edu.cn
社 址	北京市西城区德外大街 4 号		http://www.hep.com.cn
邮政编码	100120	网上订购	http://www.hepmall.com.cn
印 刷	上海华教印务有限公司		http://www.hepmall.com
开 本	787mm×1092mm 1/16		http://www.hepmall.cn
印 张	20		
字 数	462 千字	版 次	2024 年 9 月第 1 版
购书热线	010-58581118	印 次	2024 年 9 月第 1 次印刷
咨询电话	400-810-0598	定 价	45.00 元

本书如有缺页、倒页、脱页等质量问题,请到所购图书销售部门联系调换

前　言

在国家《"十四五"数字经济发展规划》、财政部《会计改革与发展"十四五"规划纲要》和《关于在院校实施"学历证书＋若干职业技能证书"制度试点方案》部署和指导下，为推进运用新技术进行生产力要素创新性配置和数字经济高质量发展，编写团队精心编写了这本工作手册式教材。

本书对标职业教育新专业目录以及新版专业简介，以人工智能技术推动传统财务会计类专业升级改造，针对传统会计基础课程内容陈旧、与大数据背景下的人才需求脱节、课证融通程度低等突出问题，将原会计基础内容进行重构，拆解学生"凭证—账簿—报表"思维里的墙，在学好会计要素、会计等式、借贷记账等基本规则体系下，增加有关财务机器人智能核算及其他新技术认知等方面的内容，构建"新技术＋财务"课程的智能应用框架。

本书秉承以下编写理念：

1. 以"素养课堂"栏目为聚合，引导学生树立"三坚三守"职业道德

以习近平新时代中国特色社会主义思想和党的二十大精神为指导，深入挖掘思政元素并将其贯穿于教材中。培育学生"坚持诚信，守法奉公""坚持准则，守责敬业""坚持学习，守正创新"的职业道德，旨在达到"同频共振"的立德树人效果。

2. 以业务场景化下的工作任务为驱动，鼓励学生独立自主地完成训练

以夯实发展新质生产力的人才基础为目标，培养学生会计工作的实践能力，提高学生分析和解决会计实际工作问题的潜能和素养。编写团队深入调研多个企业，以财税代理、智能记账企业代表——厦门账有书技术服务有限公司的业务为蓝本，将会计业务场景化；设计虚拟企业——成都瑞丰工业有限公司，以任务清单式呈现任务描述、任务训练、知识准备、自我检测、自我评价等栏目，嵌入技能训练任务、分析任务等，以体现实际工作任务流程。引导学生在"做中学"中自主探究、合作学习，注重培养学生的实践能力和问题解决能力。

3. 以数智化教辅资源为纽带，增强学生与教师线上线下的联动教学效果

为促进学生积极主动学习，本书进行拓展阅读延伸化，教材形式立体化，以工作手册式形式实现教学内容与生产技术的对接，注重实际操作，描述详细操作步骤，使用术语释疑、小视频、动态图等方式形成二维码融入教材的每个章节，充分利用多媒体声、色、图、动画、制图表等立体化元素，帮助理解和掌握教材的重疑难点。此外，本书另配有教案、课程

标准、教学课件、参考答案等教学资源,方便教师教学使用。教师可凭书后所附的"教学资源服务指南"向出版社索取。

4. 以1+X职业技能证书为着力点,助力教师进行教学内容的设计与安排

以我国最新企业会计准则为依据,依托第四批1+X证书制度试点"企业财务与会计机器人应用职业技能等级证书",引入厦门科云信息科技有限公司开发的"会计基础与智能应用"平台辅助教学。本书涵盖走进会计世界、智能记录经济业务、智能核算主要经济业务、组织财产清查、编制财务报表与管理会计档案、智能会计综合实训共六个项目。项目一侧重介绍会计基础的基本知识体系;项目二至项目五是对传统内容的打破与重塑;项目六帮助学生将其所学反哺到实际工作场景中。使用本书建议课时安排如下:

项目名称	课时安排
项目一　走进会计世界	8
项目二　智能记录经济业务	16
项目三　智能核算主要经济业务	20
项目四　组织财产清查	4
项目五　编制财务报表与管理会计档案	4
项目六　智能会计综合实训	12
合　　计	64

5. 以中高职教师与企业联合编写为基础,精准解决中高职知识衔接、重叠、断层问题

本书由成都工业职业技术学院牵头,与多所中高职学校及厦门科云信息有限公司携手合作,共同研发。在中高职贯通的背景下,编写团队深度融合智能财务机器人的原理与技术,既解决中职学生在上大学时因重复学习而产生的"厌学"心理,同时也激发他们主动探索和积极学习的热情。

本书由成都工业职业技术学院袁萍、重庆商务职业学院沈静、重庆城市职业学院杨儒君担任主编;四川现代职业学院李苏、云南轻纺织职业学院段明月、四川华新现代职业学院李贞凤担任副主编;参编人员有成都工业职业技术学院邹杉杉、刘珊珊,四川省成都市财贸职业高级中学校尹媛媛,攀枝花经贸旅游学校王川美,南江县职业中学罗燕,云南财经职业学院高秋元,厦门科云信息技术有限公司简雪珍。为提升教材的科学性和实用性,特邀全国财政行(教)指委委员苏重来、厦门科云信息技术有限公司谢计生担任主审。

本书配套"基础会计与智能应用"平台,可扫描书中提供的"基础会计与智能应用"二维码,进入账号申请界面,输入学校名称、姓名、手机号码、验证码与邮箱信息,角色选择"学生",随后即可通过邮箱获取该平台登录链接、账号与密码。

本次编写开发，希望能从教材到课程层面推动并实现大智移云物背景下高质量智能财会人才培养的目标。以期为智能财务教育的落地提供有益参考，使"人工智能＋教育"真正能够贯彻实施。

由于编者水平有限，与此同时，在财务智能化的浪潮中，新技术智能升级与更新迭代速度也是日新月异，书中可能存在疏漏或不妥之处，还望广大读者不吝指正。

编　者
2024 年 8 月

目　录

资源导航

项目一

走进会计世界

教学目标 ▶

（一）知识目标

1. 认识什么是会计，了解会计的发展历史、职能、核算方法及会计处理基础。

2. 明确会计的记账方法，掌握会计工作规范与核算方法。

3. 熟悉会计工作机构设置，工作人员的岗位职责与职业道德以及会计工作核算工具的演变。

4. 掌握财务机器人工作的原理与工作流程。

（二）能力目标

1. 能够理解会计的基本概念，包括会计的含义、职能、方法、基本假设。

2. 能够掌握会计的结构、方法和技巧，包括会计对象、会计要素、会计等式的内容、账户与会计科目设置、复式记账原理等。

3. 能够熟悉会计工作岗位设置、岗位职责及其使用工具。

4. 能够结合实际情况分析新技术带来的变化，理解财务机器人的工作原理与流程。

（三）素养目标

1. 了解会计在我国的发展历史，培养民族文化自信心，增强爱国主义情怀。

2. 培养对会计职业的兴趣和认同感，树立正确的职业观念。

3. 培养良好的会计职业道德。

4. 培养热爱会计工作、自主探究会计新知识的素质。

1

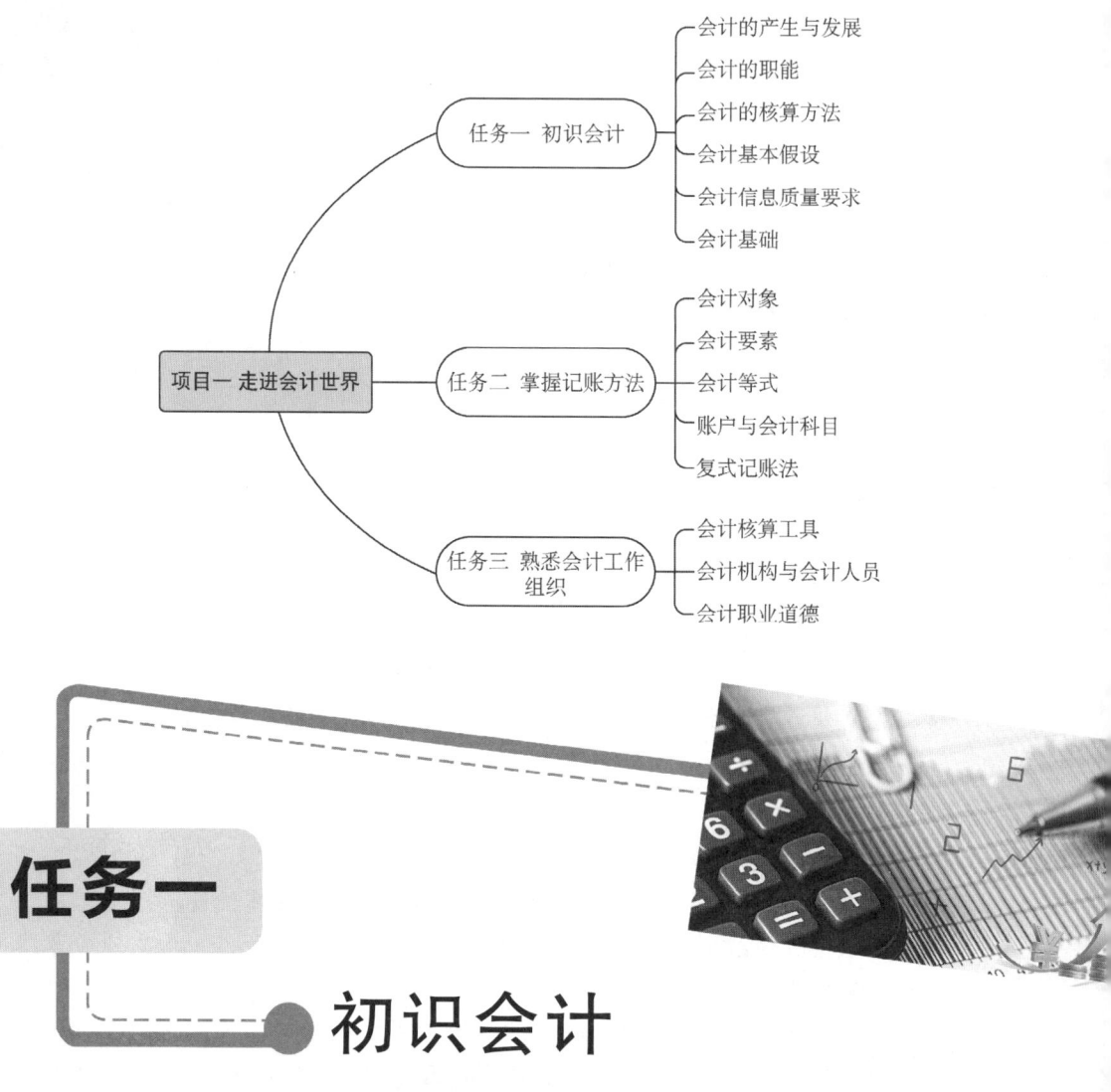

```
                                          ┌── 会计的产生与发展
                                          ├── 会计的职能
                          ┌─ 任务一  初识会计 ─┼── 会计的核算方法
                          │               ├── 会计基本假设
                          │               ├── 会计信息质量要求
                          │               └── 会计基础
                          │
                          │               ┌── 会计对象
                          │               ├── 会计要素
项目一  走进会计世界 ─────────┼─ 任务二  掌握记账方法 ─┼── 会计等式
                          │               ├── 账户与会计科目
                          │               └── 复式记账法
                          │
                          │               ┌── 会计核算工具
                          └─ 任务三  熟悉会计工作 ─┼── 会计机构与会计人员
                               组织         └── 会计职业道德
```

任务一

初识会计

任务描述

　　成都瑞丰工业有限公司是一家专注于音乐和智能蓝牙耳机生产及销售的制造企业，近年来公司经历了业务的快速增长和复杂化。面对这一变化，公司的财务团队提出了一项重要建议：引入人工智能技术，将现有的会计信息系统升级为智能会计系统，以提升财务工作效率，优化财务数据管理，并为公司的战略决策提供更精确的数据支持。

　　为了做出更有效的决策，公司法人代表林晟决定深入地理解智能会计系统的运作原理和应用价值。于是，林晟带着心中的疑惑开始了他的会计之旅。他观察每天发生的经济活动,包括与钱、财、料、物有关的变动。在这个过程中,林晟遇到了几个关键问题:该采用什么方法进行会计核算?何时会计核算?用货币还是实物量进行核算?在核算时是以钱的收付进行确认还是以业务发生的责任承担时间进行确认?

为了寻找答案,林晟开始研读基础会计等相关书籍,以认知会计的基本原理和方法。

任务训练

1. 从会计的产生与发展史中,帮助林晟梳理会计发展包括的重要阶段。

2. 根据会计职能的描述,帮助林晟厘清会计的基本职能和拓展职能,并思考人工智能环境下会计职能的转变。

3. 根据会计方法的描述,帮助林晟罗列会计方法包括的具体内容。

4. 根据会计核算基础的描述,为林晟归纳总结会计核算基础的具体内容。

知识准备

一、会计的产生与发展

会计是伴随生产实践和经济管理的客观需求而产生并发展的一项管理活动。人们的生活需要各种各样的物质,社会的发展也同样需要各种各样的物质。物质的生产过程也是消费过程。人们进行生产,必然会关心自己的劳动成果、耗费的劳动时间、消耗的物资、投入与产出的情况等,这就需要把生产过程中的经济活动情况记录下来,会计活动由此而产生。因此,会计是随着生产的发展,逐渐从生产职能中分离出来的一种管理职能,其本质是以货币为主要计量单位,采用专门方法和程序,对企业和行政、事业单位的经济活动进行完整的、连续的、系统的核算和监督,以提供经济信息和反映受托责任履行情况为主要目的的经济管理活动。

(一)会计的发展历程

会计的发展是一个不断演变和进步的过程。它与社会经济的发展和科学技术的进步密切相关。会计发展先后经历了几个重要的阶段。

1. 古代会计阶段

会计在我国有悠久的历史。"会计"一词远在西周时期就已经出现了。据史籍记载,我国西周时期已设立了"司会"这一专职官吏来掌管国家和地方的"百物财用"。"司会掌邦之六典、八法、八则……而听其会计",并"以参互考日成,以月要考月成,以岁会考岁成"。参互、月要、岁会可以理解为日报、月报和年报。"会计"一词的含义,清代学者焦循在《孟子正义》一书中解释:"零星算之为计,总合算之为会。"根据月计岁会,通过日积、月累到岁终的核算,达到正确考核国家财政经济收支的目的。

我国唐代,"账"字已经开始应用到会计当中,与"簿"联用,形成了"账簿"一词,账簿开始普遍使用纸张。唐代还设有户部掌管会计工作,设比部作为审计机关,加强了会计监督和会计检查。

宋代,中国会计有了突飞猛进的发展。宋代健全了会计组织机构,设有会计司和审计司。宋代已设有草账(又称底簿或底账,即备忘录)、流水账(序时明细账)和总账,并且分设会计科目记账。尤其是"四柱清册",其可称得上是宋代会计的重大发明。所谓"四柱清册",就是古时官府办理钱粮报销或移交手续时所登记的账册。它分为:旧管(上期结存)、新收(本期收入)、开除(本期支出)和实在(本期结存)四部分,称之为"四柱",所以这种账册叫四柱清册。四柱之间的平衡关系是:旧管＋新收－开除＝实在。四柱清册为中国收付记账法奠定了理论基础。

明清两代,行政机构继承宋制。明代统一了账簿的格式,账页分上收下付两部分,会计记录已经以货币为统一量度,代替了实物量度。明末清初,出现了中国最早的复式记账法——龙门账。这对中国会计由单式记账法向复式记账法转变起着重要的推动作用。清代会计记账也由单式记账法向复式记账法过渡,出现了三脚账和四脚账等按复式记账原理登记的账簿。这些对中国会计的发展起到了很大的促进作用。

在古代,会计的主要功能是记录和反映经济活动。人们通过简单的记录方式来记录经济活动的过程和结果。这个阶段的会计体系相对简单,但已经具备了会计的基本功能。

2. 近代会计阶段

随着商品经济的不断发展和资本主义制度的兴起,会计逐渐成为一种专门的经济管理活动。在这个阶段,会计体系得到了进一步的发展和完善。人们开始采用复式记账法来记录经济活动,这使得会计信息更加准确和完整。同时,人们还开始使用财务报表来反映企业的财务状况和经营成果,这使得会计信息更加直观和易于理解。在这个阶段,会计开始成为一种独立的职业,并出现了专业的会计师和会计机构。

3. 现代会计阶段

20世纪以来,特别是第二次世界大战结束后,会计得到了飞速的发展。随着科学技术的进步和计算机技术的广泛应用,会计的核算方法和手段得到了极大的改进。同时,随着全球化和经济一体化的加速发展,会计的国际化和标准化也成为了重要的趋势。在这个阶段,会计的职能也逐渐扩展到经营预测和决策等方面,成为企业管理中不可或缺的一部分。

具体来说,现代会计的发展主要体现在以下几个方面:

(1)会计理论和方法的创新。随着人们对会计本质和职能的深入理解,会计理论和方法得到了不断的创新和发展。例如,成本会计、管理会计和财务会计等领域的理论和方法都得到了进一步的完善和应用。

(2)会计技术的改进。随着计算机技术的应用和普及,会计的核算方法和手段得到了极大的改进。电子计算机的应用使得会计信息的处理速度更加迅速和准确,同时也使得会计信息的存储和传递更加便捷和高效。

(3)会计的国际化和标准化。随着全球化和经济一体化的加速发展,会计的国际化和标准化也成为了重要的趋势。国际会计准则的制定和应用使得各国的会计信息更加可比和一致,同时也促进了全球范围内的经济合作和交流。

总之,会计的产生与发展是一个漫长且不断演变的过程。它与社会经济的发展和科学技术的进步密切相关,并随着时代的变迁而不断发展和完善。

2022年10月,习近平总书记在党的二十大报告中提出:"围绕举旗帜、聚民心、育新人、兴文化、展形象建设社会主义文化强国。"文化是国家和民族之魂,也是国家治理之魂。没有社会主义文化繁荣发展,就没有社会主义现代化。建设中国会计文化,有利于推进文化铸魂,增强全民族的凝聚力、向心力、创造力。

中华人民共和国成立以后,我国逐步建立起完善的会计理论和方法。1985年我国颁布了《中华人民共和国会计法》(以下简称《会计法》),使会计工作进入法治轨道。1992年11月30日,在经过多年的调查研究,广泛地听取和吸收各方的意见,并在充分借鉴国际会计惯例的基础上,我国财政部颁布了《企业会计准则》,并从1993年7月1日起施行。这一准则的发布实施,对于完善我国的会计核算工作,促进市场经济的不断发展,具有重要的意义。2000年12月29日,财政部颁布的《企业会计制度》,是我国会计核算制度的又一次重大改革。2006年2月,财政部发布了重新修订的《企业会计准则》,包括基本准则和38项具体准则,这些具体准则的制定颁布和实施,规范了中国会计实务的核算方法。这套完整、全新的会计准则体系的颁布,是我国为适应新形势下国内外经济环境发展变化的需要而作出的重大会计改革决策,进一步提高了我国企业会计信息的质量与企业经营和财务信息的透明度,增强我国企业会计信息在国际范围内进行交流、使用的可信度,从而更好地满足投资者、债权人和其他利益关系人等有关方面对会计信息的需求,进一步规范企业会计行为和会计秩序,有力地维护社会各方及公众的利益。同时,对于完善我国市场经济体制、推进经济增长方式转变也具有十分重要的意义。

一般来说,企业会计准则每年都会进行修订,修订的内容也会有所不同。会计准则的修订主要分为三个方面:①增加新的会计要求;②改变现行会计原则;③修订现行会计准则。其中,增加新的会计要求和改变现行会计原则等都是为了适应经济环境的变化,更新会计报表的内容,增强会计报表的可读性和信息价值,以实现高质量的会计报表的编制。修订现行会计准则,不仅可以提高企业的会计及报表质量,也可以帮助企业更好地把握财务信息,便于信息及时、准确地传递给投资者,以及做出正确的投资决策,保障投资者的资金安全。

动画视频:
会计的
发展历程

(二)会计技术的变革历程

1. 手工会计

20世纪90年代初期以前,会计工作主要是通过记账报账的方式实现自身工作职能。记账方式主要是传统的纸质版手工记账,以人工方式经过若干步骤将会计信息进行汇总。

(1)建账。企业新成立时,需要建账,新会计年度开始,需要开账。这一环节的工作包括购置新账簿、会计凭证等资料,运用"设置账户"这一会计核算的专门方法,根据单位的经营范围及业务内容确定账簿种类和各账户的账页格式,并结转各账户的上年余额。对于新成立的企业,建账时每个账户的期初余额为零。

(2)填制和审核原始凭证。企业发生的经济业务记载在原始凭证中,会计人员应据实填制和审核原始凭证。

(3)编制记账凭证。会计人员应根据审核无误的原始凭证获取经济业务的信息,并判断经济业务的性质,然后运用"复式记账"和"成本计算"方法,将经济业务记载在记账凭证中。

1

（4）登记账簿。填制记账凭证后，会计人员还要将零散的记账凭证按会计账户分类集中反映，依据会计凭证登记会计账簿。

（5）编制财务报表。为集中反映一个会计期末企业的财务状况和一个会计期间的经营活动成果，会计期间（如年、月）终了，会计人员首先应进行账目核对和财产清查，保证记录准确、账实相符，然后应编制财务报表和进行财务分析。这一环节必须运用"财产清查"和"编制财务报表"的专门方法进行核算。编制财务报表，是对会计核算工作的全面总结，也是及时提供合法、真实、准确、完整的会计信息的重要环节。手工会计操作流程如图1-1所示。

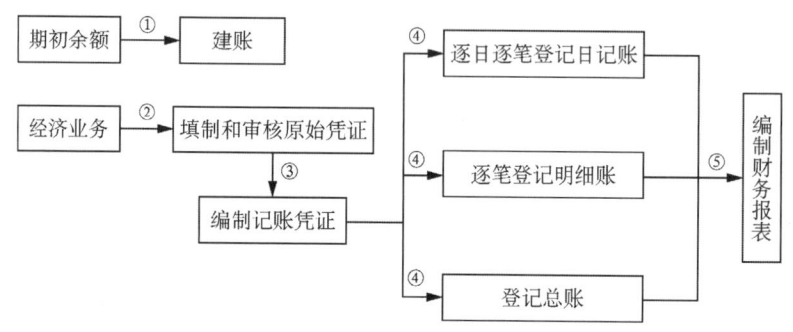

图 1-1 手工会计操作流程

2022年10月，习近平总书记在党的二十大报告中提出："守正才能不迷失方向、不犯颠覆性错误，创新才能把握时代、引领时代。"随着电子计算机、信息技术的飞速发展和会计改革的不断深化，财务软件已经广泛普及，传统的手工会计已经不能满足会计在数据的处理、核算、记账等方面的要求，逐步转变为电脑核算，会计工作更加信息化、智能化。但现有的会计核算系统仅仅实现了会计核算工作后半程的自动化，对于原始数据的采集、筛选、审核以及会计核算处理中的编制会计分录，仍需要进行手工处理。由此可见，随着时代的变迁，财务人员使用的工具以及工具的使用方式在不断变化，但会计的本质实际上是没有变化的，新形势下财务工作人员在守正的同时也需要做到顺势而为，切实提高自身的综合素质，更好地满足企业发展需求。

2. 会计信息化

20世纪80年代，随着电脑的普及使用，许多公司开始步入财务电算化阶段。这一阶段的企业会计工作，摆脱了对人力的过度依赖，纯手工的会计核算已经不再盛行，取而代之的是使用微型数据库和简易型的计算机财务软件来进行会计处理，逐步实现了从固定资产核算、成本核算、工资核算等单项简单的独立核算到计算机辅助账务综合处理的转变。

20世纪90年代开始，财务管理又进入了新阶段——信息化阶段。此时，随着互联网在全球掀起一股浪潮，各行业利用互联网的优势，将业务与财务相结合，逐渐从核算型会计转变成管理型会计。会计工作实现了财务信息化，不再是单纯的报账和记账，新增了辅助决策和辅助分析等职能。这一阶段实际上是我国会计行业从电算化到信息化的过渡阶段，通过借鉴和学习国外的财务分析系统，为企业生产制造、供应链管理、采购优化等业务提供了更为便利高效的服务,突出了信息化时代的特点。

（1）会计信息化的概念。

会计信息化由会计电算化发展而来,是基于现代信息技术平台,融物流、资金流、信息流与业务流为一体,形成高度数字化、多元化、实时化、个性化、动态化的会计信息系统,体现了会计与现代信息技术的紧密结合。

会计信息化是会计与信息技术融合的过程,其将会计信息作为管理信息资源,全面运用以计算机、网络与通信为主的信息技术对会计信息进行获取、加工、传输、存储应用等处理,为企业内部的经营管理者、企业外部的信息使用者提供全面、及时的信息。

（2）会计信息化账务处理的基本流程。

① 经济业务发生时,业务人员将原始凭证提交会计部门。

② 凭证编制人员对原始凭证的正确性、合规性、合理性进行审核,然后根据审核无误的原始凭证编制记账凭证。

③ 凭证审核人员从凭证文件中获取记账凭证并进行审核。系统对审核通过的记账凭证做审核标记,将审核未通过的凭证返还给凭证编制人员。

④ 在记账人员的记账指令发出后,系统自动对已审核凭证进行记账,更新科目汇总文件等信息,并对相关凭证做记账标记。会计期末,结账人员发出指令进行结账操作。

⑤ 会计信息系统根据凭证文件和科目汇总文件自动、实时生成日记账、明细账和总账,提供内外部使用者需要的内部分析表和财务报表。

（3）会计信息化与手工会计的区别。

① 系统初始化设置不同。手工会计的初始化包括建立会计科目和设置账簿;会计信息系统的初始化工作则较为复杂,其主要内容包括:启用软件,设置操作员,建立账套,启用总账系统,建立部门、人员、客户及供应商档案等。

② 账户设置和账簿登记方法不同。在手工会计中,需要分别设置资产、负债、所有者权益、利润、收入、费用六大类账户,并要设置总分类账和不同的明细分类账。而在会计信息系统中,则不必专门根据会计科目设置六大要素的账户,而是把设置账户定义为:为了将来取得某种信息,预先设置好塑造该种信息的模型。所有的账户都给予一个科目号,这个科目号的第一位,就标志这个会计科目的大类别,前三位标志了总账的会计科目,这样就可以很方便地进行总账、明细账、日记账等各种账务处理。会计信息化完全打破了手工会计下各种账簿的不同处理方式和核对方法,实现了数出一门,数据共享,使会计工作更加高效便捷。

③ 账务处理程序不同。手工会计根据企业的经营规模、生产方式及管理方式采用不同的会计核算方式,常用的账务处理程序有记账凭证账务处理程序、科目汇总表账务处理程序、日记账账务处理程序、汇总记账凭证账务处理程序等。企业在进行会计数据处理时,根据会计业务的繁简和管理上的需要,选用其中一种,规定凭证、账簿、报表之间的关系以及如何进行记账,通过多人员、多环节进行内部牵制和核对,中间资料完整可见。但无论采取何种方式,都无法避免重复转抄的根本弱点,导致会计人员和处理环节增多,若不加强内部牵制和相互核对,可能会出现错误和舞弊行为。在会计信息化系统中,一般需要根据文件的设置来确定账务处理程序,常用的是日记账账务处理程序与记账凭证账务

1

处理程序。在一个会计信息系统中通常采用一种形式,对数据进行集中收集,统一处理。在会计信息系统账务处理中,整个处理过程分为输入、处理、输出三个环节,其中控制的重点是在输入环节,从输入会计凭证到输出会计账表,全程由计算机按照事先设置的程序一步完成,中间资料可以通过查询得到。因此,会计信息系统中的账务处理程序具有一体化的特点。

④ 对账、结账和期末账项调整的方法不同。在手工会计中,填制记账凭证的差错、记账或过账的差错、数量或金额计算的差错以及财产物资的盘盈盘亏等,都难免发生,因此要在结账前进行对账,确保账证相符、账账相符和账实相符。在会计信息系统中,同样需要对账,但对账的目的、形式和方法都发生了变化。在会计信息系统中输入的凭证都经过计算机的逻辑校验,不存在记账和过账上的差错。所有的日记账、明细账、总账都出自同一数据源,不会发生账证、账账不符的情况。因此确保输入凭证本身的正确性是会计信息系统的重要环节,即应重点控制输入环节。

⑤ 财务报表编制的不同。编制会计报表是企业会计工作中的一个重要的环节,财务报表主要有资产负债表、利润表和现金流量表。在手工会计中,报表编制比较复杂,会计人员需要了解各报表的结构和编制要求,明确各报表之间的勾稽关系和数据对应关系。在会计信息系统中,各报表的注册、结构表述、格式定义、数据的取数定义公式、报表的审核定义公式等在正式编制报表前可以预先设置好。期末编制的报表,只需给出指令,由程序直接生成。

⑥ 内部控制制度不同。在手工会计中,内部控制是通过凭证传递程序,由人工相互校验核对来实现的。此外,通过对账,检查是否账证相符、账账相符、账实相符等内部控制方式来保证数据的正确性,堵塞漏洞。而在会计信息系统中,由于账务处理程序和会计工作组织体制的变化,除原始数据的收集、审核、编码仍由会计人员手工操作外,其余的处理都由计算机负责。原来的内部控制方式部分被计算机所代替,由人工控制转为人机控制,后者的控制要求更为严密,范围更大。因此,为了保证资料成果的完整性和准确性,企业必须加强会计信息系统中的内部控制。

⑦ 会计人员素质要求不同。手工会计中的人员均是会计专业人员,都须具有良好的会计实际操作能力,能熟练地进行手工记账处理业务。会计信息系统中的人员应由会计专业人员,电子计算机软件、硬件的操作和维护人员组成,会计人员不但要精通本专业知识和技能,还要熟悉电子计算机,成为复合型人才,能够熟练地运用会计信息系统和计算机系统,对会计人员的要求大大提高。

3. 会计智能化

21 世纪以来,随着信息技术的发展,人工智能技术取得了突破性进展,人们对其使用也逐渐增多。大数据引擎、人工智能算法、机器学习、互联网技术等新技术与会计融合而创造出新的会计模式引起了人们的广泛关注,智能会计作为一种与传统会计相对应的模式应运而生。智能会计凭借其将业务、财务、税务、管理进行智能一体化融合的特点,开创了记账、报税、智能分析、管控的新型会计模式,且迅速在实践中得到普遍运用,从而给传统会计带来巨大的冲击。在数字经济时代,生产要素、产业环境、商业模式以及企业结构等方面发生了深刻变化,从而使得传统会计已无法满足智能会计时代的变化要求,以智能核算、智能预算、智能共享与智能分析为核心的智能会计体系正在快速形成,智能会计时代已然到来。

智能会计对传统会计进行了颠覆与重构,实现了报表分析、成本预测、风险控制、科学决策以及推进业务、财务、税务、决策管理不断融合向一体化发展。从智能会计的内容与功能视角来看,业务、财务的集中处理和流程优化,其核心在于"共享";业务、财务、税务的自动化与协同化,其核心在于"互联";业财税管深度一体化,其核心在于"智能"。从价值理念与整体效果来看,智能会计实现了信息互联互通、业务数据化、组织扁平化与决策智能化。

(1) 人工智能的概念。

人工智能是一个宽泛的概念,其研究内容可以覆盖整个计算机技术领域,能使智能机器具备会听、会说、会思考、会行动等人类行为的研究都可以归为人工智能领域。

人工智能依靠人工智能技术来实现。人工智能技术是指计算机和机器通过模仿人脑的感知,学习人类解决问题和制定决策的一系列技术。

人工智能被会计行业所广泛应用于会计管理模式识别、财务核算和财务分析等领域,人工智能转变了会计行业的传统工作模式,使财务核算和财务分析更加便捷精准。

在现如今这个数字经济时代,会计人员只有踔厉奋发,勇毅前行,拥抱变化,加强学习,积极转型,熟练掌握互联网技术、锤炼过硬的职业道德素养,做到德才兼备,才能真正顺应人工智能等新技术给会计工作带来的现实挑战。

(2) 智能会计的处理优势。

传统手工会计的财务处理弊端集中体现在:处理环节多,处理内容分散;处理流程重复,数据核对工作复杂;处理周期长,信息传递、反馈慢,财务报告的时效性差。对于会计人员来说,处理原始数据、筛选审核以及编制会计分录耗费大量时间,并且处理原始凭证、编制会计分录的环节是重复性高、较为机械的业务,易出错。如果财务人员没有办法从基础性工作中解放出来,还要费时费力反复核对检查,就无法为企业创造更多的经济效益。

在大数据背景下,智能会计在企业管理活动中的优势主要体现在以下四个方面:

① 支持业务过程的柔性化。柔性是指系统所具有的处理环境变化或处理由环境变化引起的不稳定性的能力。过程柔性则可描述为企业流程所具备的处理环境变化或处理由环境变化引起的不稳定性的能力,也就是流程具备对外界环境的感知、分析和反应能力。在传统会计系统中,活动、参与者、角色、数据源一般不具有柔性,即业务过程在执行时只能通过不同路径的选择来适应内外部变化;而在智能会计系统中,过程的柔性可以表现在各个要素上,既可以通过不同的路径选择完成任务,也可以通过合理的其他要素的重新配置和组合完成任务。

② 支持业务过程的智能控制。传统会计体系下,企业管理层对于会计信息的利用,往往通过结果的绩效评估对执行过程进行评价并予以调整,从时间上看有一定的滞后性;而智能会计可以通过工具监控过程的执行情况,可用于实时过程控制的改进。

③ 支持业务过程的协同。协同是指协调两个或者两个以上的不同资源或者个体,一致完成某一目标的过程或能力。智能会计的突出特点之一就是根据业务流程目标,通过应用程序和模块间的组合和协同,高效快速地完成任务。

④ 与日常经营管理决策融合。财务会计数据以货币形式描述了企业当前的经营现

1

状,是财务分析、财务预测与决策的数据起点,同时也是管理会计的基础。管理会计是在财务会计的基础上对企业经营和融资活动的进一步分析核算。使用管理会计数据进行财务分析可以更加准确地了解企业财务绩效,进而做出高质量的财务决策。智能会计系统的应用,使财务会计与管理会计在会计核算阶段就开始相互融合。伴随经营活动、投资活动和融资活动的展开,智能会计系统通过实时数据收集,直接对企业业务、财务、税务信息按照财务会计和管理会计的要求进行分类、计算和存储,实时更新管理会计信息,避免管理会计信息的滞后性,从而提高了财务决策的及时性。同时,管理会计信息的实时更新也为监督决策执行效果提供了数据支持,可以推动会计由事后核算向事中控制和事前决策延伸。

二、会计的职能

会计的职能,是指会计在经营管理过程中所具有的功能,是会计本质的体现,是会计发挥作用的基础。会计作为经济管理的一种活动,其职能随着会计的发展而发展。《会计法》明确规定:"会计机构、会计人员依照本法规定进行会计核算,实行会计监督。"可见在我国将会计核算与会计监督作为法律赋予会计的基本职能。会计除了传统的核算、监督职能外,还有分析、预测、控制、决策等职能。

（一）基本职能

1. 会计核算职能

会计核算职能又称会计反映职能,是指运用货币形式,对企业、事业等单位的经济活动过程及其成果进行确认、计量、记录和报告,最后以财务会计报告的形式报送有关方面,为经营管理提供经济信息。确认,是指以专业的标准确定会计事项是否发生、何时发生,并以此确定经济信息能否进入会计核算系统;计量,是指以货币为计量单位,确定应计入会计核算系统的金额;记录,是指将会计事项以特有的专门方法在会计特有的载体上登记的过程;报告,是指将会计确认、计量、记录的真实资料进行汇总,编制出能反映企业财务状况和经营成果的报告文件,提供给各有关会计信息使用者。

现代会计的核算职能有了新发展,不仅有事后核算,还包括事前核算和事中核算。事前核算是对将要发生但尚未发生的未来经济事项进行反映,也是编制财务计划的过程。事中核算是对正在进行的经济事项进行反映,也是实施会计控制的过程。

各企业、事业等单位对于下列经济业务,应当办理会计手续,进行会计核算:①资产的增减和使用;②负债的增减;③净资产(所有者权益)的增减;④收入、支出、费用、成本的增减;⑤财务成果的计算和处理;⑥需要办理会计手续、进行会计核算的其他事项。

2. 会计监督职能

会计的监督职能,是指会计机构、会计人员对其特定主体经济活动和相关会计核算的真实性、完整性、合法性和合理性进行审查,使之达到预期经济活动和会计核算目标的功能。真实性审查,是指检查各项会计核算是否根据实际发生的经济业务进行,是否如实反映经济交易或事项的真实状况。完整性审查,是指检查会计核算的范围和内容是否全面,是否有遗漏等不完整的情况。合法性审查,是指检查各项经济交易或事项及其会计核算是否符合国家有关法律法规,遵守财经纪律,执行国家各项方针政策,以杜绝违法乱纪行为。合理性审查,是指检查各项财务收支是否符合客观经济规律及经营管理方面的要求,保证各项财务收支符合特定的财务收支计划,实现预算目标,保持会计核算的准确性和科学性。

会计监督的主要内容有:①对原始凭证进行审核和监督;②对伪造、变造、故意毁灭会计账簿或者账外设账行为,应当制止和纠正;③对实物、款项进行监督,督促建立并严格执行财产清查制度;④对指使、强令编造、篡改财务报告行为,应当制止和纠正;⑤对财务收支进行监督;⑥对违反单位内部会计管理制度的经济活动,应当制止和纠正;⑦对单位制定的预算、财务计划、经济计划、业务计划的执行情况进行监督等。

会计核算和监督是相辅相成、辩证统一的。会计核算是会计监督的基础和前提,没有会计核算所提供的会计信息,会计监督就失去了依据;而会计监督又是会计核算的质量保证,没有严格的会计监督,就难以保证会计核算所提供信息的真实与可靠,会计核算也就失去了意义。

（二）拓展职能

1. 会计分析职能

会计分析职能以会计核算及相关资料为依据,采用一系列专门的分析技术和方法,对企业等经济组织过去和现在的筹资活动、投资活动、经营活动,偿债能力、盈利能力和营运能力等进行分析与评价,为投资者、债权人、经营者和其他相关组织或个人了解企业过去、评价企业现状、预测企业未来并做出正确决策提供准确的信息。

2. 会计预测职能

会计预测职能利用会计资料和其他信息,对经济活动的未来发展趋势和状况进行估计和预测,以便掌握未来经济活动中的不确定因素或未知因素,为会计决策和其他经营决策提供相关的信息。

3. 会计控制职能

会计控制职能按照会计目标,利用组织、管理、控制等程序和方法,对会计的过程进行规范,确保会计核算按照预定的方向和轨道进行。会计控制是现代企业正常运转的基础,企业一切管理工作应当从建立和健全内部控制制度开始。会计控制是企业内部控制整体框架的核心,它是提高会计信息质量,保护资产的安全、完整,确保有关法律法规和规章制度得以贯彻执行的控制系统。

4. 会计决策职能

会计决策职能是在预测的基础上,根据会计资料、各种备选方案,经过分析、判断,运用定量和定性分析的方法做出最终选择的过程。在现代企业中,会计决策会直接影响企业的各种经营决策,因此,往往要与其他经营管理决策的信息进行共享。

财政部在"十四五"发展阶段提出了"推动会计职能对内对外双向拓展、推进会计行业提质增效"的新要求。对内拓展做到"三个应用",即管理会计、风险防控、可持续报告的应用;对外拓展做到"三个服务",即服务政府预算管理、资产管理、债务管理、绩效管理等需要,服务宏观经济管理需要,服务企业可持续发展需要。

三、会计的核算方法

（一）会计方法体系

会计方法,是指对会计对象进行完整、连续、系统的核算和监督所应用的手段与行为

1

方式。现阶段的会计方法体系包括会计核算方法、会计分析方法、会计检查方法、会计预测方法和会计决策方法等。

（二）会计核算方法

会计核算方法是最基本、最主要的方法，是会计方法体系的基础。手工会计核算方法包括建立账簿、设置账户、复式记账、填制和审核会计凭证、登记账簿、成本计算、财产清查、编制财务会计报告八个方面。随着手工会计方法的不便性逐渐显露和信息技术智能化的快速发展，智能化会计逐渐被认可，也对传统的会计核算方法造成了影响。

1. 建立账簿

手工会计核算方式下，首先要建立各种账簿，包括总账、日记账、各种明细账等；会计智能化核算方式下，则是要以系统管理员身份进入平台的系统管理模块，然后建立账套，录入单位基本信息，确定核算类型、基础信息分类、数据精度以及编码方案，选择相应的使用模块，然后启用系统。

2. 设置账户

在手工会计中，设置账户是按照会计科目名称开设的会计核算载体，设置账户是对会计核算的具体内容进行分类核算和监督的一种专门的方法，是会计科目在核算中的具体形式。而在会计智能化平台中，"设置账户"变成了"总账系统初始化"。"会计科目表"代替了所有分列在不同账页和账簿的"账户"，需要进行基础档案设置、总账选项设置、明细权限设置、期初余额录入。

3. 复式记账

复式记账，是以相等的金额同时在两个或两个以上相互联系的账户中记录每一项经济业务，借以完整地反映资金运动的一种专门方法。

采用复式记账方法，可以如实、完整地记录资金运动的来龙去脉，全面反映和监督企业的经济活动过程。复式记账不仅适用于手工处理会计数据，而且适用于会计信息化、智能化中。

4. 填制和审核会计凭证

会计凭证，是记录经济业务、明确经济责任、作为记账依据的书面证明。填制和审核会计凭证是会计的一项专门方法。智能化会计区别于手工会计"凭证"的产生方式有两种，一种是直接填制（输入），还有一种是由系统自动生成机制凭证。例如，对于每个月都有的重复业务可以通过生成常用凭证，制单时调用常用凭证，修改相应内容，从而大大减少录入工作量；还可以进行转账定义，然后进行转账生成，比如期间损益结转、对应结转等；手工核算方式下对凭证需要逐张审核，而智能化方式下可以成批审核。

5. 登记账簿

登记账簿，是全面、系统、连续地记录经济业务的一种专门方法。账簿的登记要以经过审核的凭证为依据，既要按照账户的内容分类地反映经济业务，又要按照时间的先后顺时地反映经济业务，以求为经济管理工作提供系统、完整的数据和反映真实的情况。

在手工会计中，一旦离开了账簿，会计报表的编制也就没有了依据。在会计智能化平台中，最基本的存储单元就是会计科目，而会计科目也是会计信息生成的主要依据，填制和审核完凭证后尽管仍然需要进行记账处理，最后进行月末转账和结账，但生成会计报表不一定非要经过或显示账簿,账簿成了备查考的资料。

6. 成本核算

成本计算是一种会计计量活动,是对应计入一定对象的全部费用进行归集、计算并确定各对象的总成本和单位成本的会计方法。通过成本核算可以正确地对会计核算对象进行计价,可以考核经济活动过程中物化劳动和活劳动的耗费程度,为在经营管理中正确计算盈亏提供数据资料。

在手工会计的成本核算中,生产组织的特点是成本计算对象选择的主要依据,对于成批生产或多步骤装配式单件生产的企业,适用分批法;对多步骤装配式大量生产的企业来说,适用平行结转分步法。在手工会计中,因为有其不便性,必须寻找一种既能够较为准确地计算成本,又能够方便手工计算的方法,因此新的适合的科学的方法就产生了。在会计智能化平台中,不仅可以使用原方法,也可以根据管理的需要采用自由组合方式生成各种决策支持信息,因为计算机可以满足对成本数据进行不同的组合的需求。还可以设置自定义转账凭证,将生产成本科目下的相关余额转入半成品或产成品中,不仅可以按月、旬甚至日来计算成本,也可以按步骤而且还可以细化到工序来计算成本。手工方式下需先汇总再转账,计算机则可以实现自动转账,从而大大提高工作效率,减少出错几率。

7. 财产清查

手工会计的财产清查是通过实物盘点、往来款项的核对来检查财产和资金实有数额的方法。在财产清查中发现财产、资金账面数额与实存数额不符时,应及时调整账簿记录,使账面数额与实存数额保持一致,并查明账实不符的原因,以明确责任;发现积压或残损物资及往来账款中有呆账、坏账时,要及时清理和加强财产管理。财产清查保证了会计核算资料的真实性和正确性。

对于集团企业或者大型制造业企业而言,它们通常拥有大量资产,如果资产的管理手段匮乏,甚至仍采用原始的表格来管理和盘点资产,或即使采用了资产管理系统,由于无法满足资产管理每个环节的需要,很多环节依然需要人工录入数据,在需要的时候仍然通过手工进行汇总和数据分析,而且资产分散在不同地区、不同部门,这就造成了企业统筹管理难度大,存在资产闲置和处置不规范等问题。除了日常的固定资产管理工作,企业每年的固定资产盘点也是一项巨大的工程,为了实时监管整体的固定资产情况,企业需派出固定资产盘点小组进行逐一盘点,耗费大量人力、物力,但效率和准确性仍然不高,还增加了企业的管理成本。此外,由于资产分散化、信息共享不充分,资产管理部门和财务部门之间往往存在"信息孤岛",从而可能造成企业资产的最终财务统计信息失真、账实不符。

随着物联网等技术的出现,企业资产管理出现了新的解决方案。智能化资产管理系统在信息技术、物联网技术、智能控制技术的基础上,采用条形码、射频识别等定位识别技术,能实现对企业的资产从预算管理、采购管理、入库管理到日常的修理维护、计提折旧、出库管理再到处置管理进行全生命周期的动态管理。其中主要依托的是射频识别技术。

射频识别技术是自动识别技术的一种,它通过无线射频方式进行非接触双向数据通信,利用无线射频方式对记录媒体(电子标签或射频卡)进行读写,从而达到识别目标和数据交换的目的。射频识别技术与条形码技术相比,优点在于:①射频识别技术采用电子芯片存储信息,可以免受外部环境干扰,同时其数据可以通过编码实现密码保护,内容不易被伪造和更改;②射频识别技术标签的容量能达到二维条码容量的几十倍,可以随时记录物品在任何时间的任何信息,并且可以很方便地新增、更改和删除信息,满足信息量不断增大、信息处理速度不断提高和信息反馈即时性增强的需要;③条形码一次只能被扫描一个,且要求条形码和读写器的距离较近,而射频识别技术采用的是无线电波进行数据交换,射频识别技术读写器能远距离同时识别多个射频识别标签,并可通过计算机网络处理和传送信息。基于以上特点,射频识别技术能够帮助企业自动采集资产信息,实时进行数据更新,快速构建完整的资产信息链条,解决资产实物清查的瓶颈问题,大大提高清查效率,同时也增加了资产形态方面的管理,有效解决了企业资产的管理难题,使企业能更轻松有效地管理资产。

如在盘点管理方面,系统可通过区域布设的基站自动盘点绑定有射频识别标签的资产,管理员也可使用手持数据采集终端进行盘点。然后按状态、部门、人员、位置等信息建立盘点表,在盘点作业完成后将数据同步到数据库中心,资产管理系统会自动对数据库中资产的存储信息和盘点的数据信息进行核对,若盘点结果与数据库数据不符,系统会自动显示出差异资产信息供相关人员进行核查处理。在出入库管理方面,通过在资产存放位置的出入口安装信号基站,当附有射频识别标签的资产经过出入口时,系统会自动在数据库中产生资产出库、入库记录并生成相应的出、入库单,操作人员也可手动增加资产出入库信息。系统根据信号基站采集的信息以及管理员录入的出、入库信息,还可自动修改对应资产的出、入库状态以及库存信息。

8. 编制财务会计报告

编制财务会计报告,是定期总括反映企业的财务状况和经营成果的一种专门方法。财务会计报告是在账簿资料的基础上,采用一定的表格和数据形式,定期总括反映企业的财务状况和经营成果的报告文件,包括财务报表和其他应该在财务会计报告中披露的相关信息和资料。财务会计报告是会计核算过程中最后得出的结果,也是会计核算工作的阶段性总结。通过编制财务会计报告可以为企业加强和改善经营管理、国家经济管理部门进行宏观调控和管理、投资者和债权人进行决策提供重要的会计信息。

在手工会计中,账簿信息和报表信息都出自于同一个信息源——记载企业经营活动的记账凭证。不同的是,账簿信息是为了在每一项经济业务发生时表现资金运动轨迹,而报表信息则是提炼于账簿信息的基础上的资金运动结果的表现。在智能化平台中,各种报表数字直接取自会计科目余额或发生额。因此,在会计智能化平台中,可以以会计科目余额或发生额为主要数据源,来满足信息使用者的不同需要,对账簿的依赖性降低。

四、会计基本假设

会计基本假设是对会计核算时间和空间范围以及所采用的主要计量单位等所作的合理假定,是企业会计确认、计量、记录和报告的前提。会计基本假设对于履行会计职能、实现会计目标等具有重要的作用和意义。会计基本假设包括会计主体、持续经营、会计分期和货币计量。

1. 会计主体

会计主体,是指会计工作服务的特定对象,是企业会计确认、计量、记录和报告的空间范围。会计核算应当集中反映某一特定企业的经济活动,并将其与其他经济实体区别开来。在会计主体假设下,企业应当对其本身发生的交易或事项进行会计确认、计量、记录和报告,反映企业本身所从事的各项生产经营活动和其他相关活动。会计核算是反映一个特定企业的经济业务,只记本主体的账。这个前提明确了会计所提供的信息只能反映所依存的特定会计主体的财务状况、经营成果、现金流量及其他相关信息。尽管企业本身的经济活动总是与其他企业、单位或个人的经济活动相关联,但对于会计来说,其核算的范围既应该与别的会计主体相区别,也必须同所有者个人的资产、负债相分开。

会计主体与法律主体不是同一概念。一般来说,法律主体必然是会计主体,但会计主体不一定就是法律主体。会计主体可以是一个有法人资格的企业,也可以是由若干家企业通过控股关系组织起来的集团公司,还可以是企业、单位下属的二级核算单位。独资、合伙形式的企业都可以作为会计主体,但不一定是法人主体。

会计主体假设是持续经营、会计分期假设的基础。

2. 持续经营

持续经营,是指在可以预见的将来,企业将会按当前的规模和状态继续经营下去,不会停业,也不会大规模削减业务。在持续经营假设下,会计确认、计量、记录和报告应当以企业持续、正常的生产经营活动为前提。企业的资产将按照既定用途使用、债务将按照既定的债务合约条件进行清偿,企业会计在此基础上进行会计估计并选择相应的会计原则和会计方法。

在市场经济环境下,由于竞争风险和不确定性的存在,没有一个企业能够永久地经营下去,客观上企业随时都会面临被淘汰的危险。尽管如此,企业还必须基于长期经营并以预计未来不断发展为前提来进行会计核算,提供会计信息。

也只有假定作为会计主体的企业是持续、正常经营的,才能保持会计信息处理的一致性和稳定性。持续经营假设明确了会计工作的时间范围。

3. 会计分期

会计分期,是指将一个企业持续经营的生产经营活动划分为一个个连续的、间隔相同的期间。会计分期的目的,是据以分期结算盈亏,按期编制财务报告,从而及时向财务报告使用者提供有关企业财务状况、经营成果和现金流量的信息。

会计分期假设是对会计工作时间范围的具体划分,主要是确定会计年度。我国以日历年度作为会计年度,即以每年的 1 月 1 日至 12 月 31 日为一个会计年度。会计年度确定后,一般按日历确定会计半年度、会计季度和会计月度。

明确会计分期假设意义重大。有了会计分期,才产生了本期与非本期的区别,才产生了收付实现制和权责发生制会计核算基础及可比性等会计信息质量要求。

4. 货币计量

货币计量,是指会计主体在财务会计确认、计量、记录和报告时主要以货币作为计量单位,反映会计主体的生产经营活动过程及其结果。货币是商品的一般等价物,是衡量一般商品价值的共同尺度,具有价值尺度、流通手段、贮藏手段和支付手段等特点。选择货币作为共同尺度进行计量,具有全面、综合反映企业的生产经营情况及其结果的作用。其他计量单位,如重量、长度、容积、台、件等,只能从一个侧面反映企业的生产经营情况,难

1

以对不同性质、不同种类、不同质量的交易或事项按照统一的计量单位进行会计确认、计量、记录和报告，难以汇总和比较。采用货币计量单位进行会计核算和会计监督，不排斥采用其他计量单位，其他计量单位可以对货币计量单位进行必要的补充和说明。例如，原材料的实物量度(吨、千克等)可以补充说明原材料的储存、耗费等经管责任的落实状况。

在我国，会计核算以人民币为记账本位币，业务收支以人民币以外的货币为主的企业，也可选定其中一种货币作为记账本位币，但编制的会计报表必须折算为人民币。

五、会计信息质量要求

会计信息质量，是指会计信息符合会计法律、会计准则等规定要求的程度，是满足企业利益相关者需要的能力和程度。

会计信息质量要求，是对企业财务报告中所提供会计信息质量的基本条件，是使财务报告中所提供会计信息对投资者等使用者决策有用应具备的基本特征。根据基本准则，它主要包括可靠性、相关性、可理解性、可比性、实质重于形式、重要性、谨慎性和及时性等。

(一) 可靠性

可靠性，要求企业应当以实际发生的交易或者事项为依据进行确认、计量、记录和报告，如实反映符合确认和计量要求的各项会计要素及其他相关信息，保证会计信息真实可靠、内容完整。

可靠性是高质量会计信息的重要基础和关键所在。保证会计信息真实可靠，要求企业不能将虚构的、没有发生的或者尚未发生的交易或者事项进行确认、计量、记录和报告及在会计信息披露文件中予以记载；保证会计信息内容的完整性，要求企业在会计确认、计量、记录和报告及信息披露文件中不能存在遗漏行为，即不存在将应当记载的交易或者事项完全未记载或者部分予以记载的行为。如果企业以虚假的交易或者事项进行确认、计量、记录和报告或存在遗漏，属于违法行为，不仅会严重损害会计信息质量，而且会误导投资者，干扰资本市场，导致会计秩序、财经秩序混乱。保持会计信息可靠性还要求企业会计信息应当是中立的、无偏的。会计职业判断和会计政策选择应保持中立的、无偏的立场，不得为了达到某种事先设定的结果或效果，通过选择或列示有关会计信息以影响决策和判断。

(二) 相关性

相关性，要求企业提供的会计信息应当与财务会计报告使用者的经济决策需要相关，有助于财务会计报告使用者对企业过去、现在或者未来的情况作出评价或者预测。

会计信息是否有用，是会计信息质量的重要标志和基本特征之一。相关的会计信息应当能够有助于使用者评价企业过去的决策，证实或者修正过去的有关预测，因而具有反馈价值。相关的会计信息还应当具有预测价值，有助于财务报告使用者依据会计信息预测企业未来的财务状况、经营成果和现金流量。在证券市场上，股东主要依据企业披露的会计信息对企业的偿债能力、营运能力、盈利能力和现金流量等作出基本评价和预测，以此为基础对企业价值作出基本评估，进而形成其投资决策方案。例如，在财务会计报告中区分收入和利得、费用和损失，有助于财务会计报告使用者评价企业实际的盈利能力，同时还有助于预测企业未来的盈利能力;区分流动资产和非流动资产,有助于财务会计报告使用者评价和预测企业的资产流动性和支付能力;区分流动负债和非流动负债,有助于财务会计报告使用者评价和预测企业的短期偿债能力和长期偿债能力。

（三）可理解性

可理解性,要求企业提供的会计信息应当清晰明了,便于投资者等财务报告使用者理解和使用。

企业编制财务报告、提供会计信息的目的在于使用,要让使用者有效使用会计信息,应当让其了解会计信息的内涵,弄懂会计信息的内容,这就要求财务报告提供的会计信息应当清晰明了,易于理解。只有这样,才能提高会计信息的有用性,实现财务报告的目标,满足向投资者等财务报告使用者提供决策有用信息的要求。会计信息应当使用明确、贴切的语言和简明扼要、通俗易懂的文字,数据记录和文字说明应能一目了然地反映出交易或事项的来龙去脉。对于性质和功能不同的项目应当分项列示;对于性质和功能相同的项目应当合并列示;对于即使分项列示或合并列示的项目应加以附注说明。对于交易或事项本身较为复杂或者会计处理较为复杂的信息,若与使用者的经济决策相关,企业应当在财务会计报告中予以充分披露,不得含有含糊其词、夸大或者缩小等性质的词句,不得有误导性陈述。

（四）可比性

可比性,要求企业提供的会计信息应当相互可比。其主要包括以下两层含义:

（1）同一企业不同时期可比。同一企业不同时期发生的相同或者相似的交易或者事项,应当采用一致的会计政策,不得随意变更。但是,如果按照规定或者在会计政策变更后能够提供更可靠、更相关的会计信息,企业可以变更会计政策。有关会计政策变更的情况,应当在附注中予以说明。会计政策,是指企业在会计确认、计量、记录和报告中所采用的原则、基础和处理方法。

保持同一企业不同时期会计信息的可比性,有助于比较考核企业管理层受托责任的履行情况;有助于会计信息使用者了解企业财务状况、经营成果和现金流量的变化趋势,比较企业不同时期的会计信息,全面、客观地评价过去、预测未来,做出决策。

（2）不同企业相同会计期间可比。不同企业同一会计期间发生的相同或者相似的交易或事项,应当采用相同或相似的会计政策,确保会计信息口径一致、相互可比,以使不同企业按照一致的确认、计量、记录和报告要求提供有关会计信息。

保持不同企业相同时期会计信息的可比性,有助于会计信息使用者了解不同企业的财务状况、经营成果和现金流量及其差异,比较分析不同企业相同时期的会计信息产生差异的原因,全面、客观地评价不同企业的优劣,做出相应决策。

（五）实质重于形式

实质重于形式,要求企业应当按照交易或者事项的经济实质进行会计确认、计量、记录和报告,而不仅仅以交易或事项的法律形式为依据。

在实际工作中,交易或事项的法律形式并不总能完全反映其经济实质内容。如果企业仅仅以交易或者事项的法律形式为依据进行会计确认、计量、记录和报告,那么就容易导致会计信息失真,无法如实反映经济现实和实际情况。多数情况下,企业发生交易或事项的经济实质与法律形式是一致的。但在有些情况下，会出现不一致。例如，企业租入的资产（短期租赁和低值资产租赁除外），虽然从法律形式来讲企业并不拥有其所有权，但是由于租赁合同规定的租赁期相当长，往往接近于该资产的使用寿命，租赁期结束时承租企业有优先购买该资产的选择权，在租赁期内承租企业拥有资产使用权并从中受益等。从其经济实质来看，企业能够控制租入资产所创造的未来经济利益，在会计确认、计量、记录和报告中就应当将租入的资产视为企业的资产，在资产负债表中填列使用权资产。

（六）重要性

重要性，要求企业提供的会计信息应当反映与企业财务状况、经营成果和现金流量有关的所有重要交易或事项。

在实务中，如果某项会计信息的省略或者错报会影响投资者等财务报告使用者的决策判断，该信息就具有重要性。重要性的应用需要依赖职业判断，企业应当根据其所处环境和实际情况，从项目的功能、性质和金额大小等方面加以判断。例如，企业发生的某些支出金额较小，从支出的受益期来看，可能需要在若干会计期间进行分摊，但根据重要性要求，可以一次性计入当期损益；又如企业发生的研发支出中属于研究阶段的支出，尽管多数情况下其金额较大，但是从其功能看，尚未形成预期会给企业带来经济利益的资产，应在发生期作为期间费用计入当期损益核算并列报。

（七）谨慎性

谨慎性，要求企业对交易或事项进行会计确认、计量、记录和报告时应当保持应有的谨慎，不应高估资产或者收益、低估负债或者费用。

在市场经济环境下，企业的生产经营活动面临着许多风险和不确定性，如应收款项的可收回性、固定资产的预期使用寿命、无形资产的预期使用寿命等。会计信息质量的谨慎性要求，需要企业在面临不确定性因素的情况下做出职业判断时，应当保持应有的谨慎，充分估计到各种风险和损失，既不高估资产或者收益，也不低估负债或者费用。如果企业高估资产或收益、低估费用，会导致高估利润，可能导致会计信息使用者高估企业的盈利能力而盲目乐观，做出不切合实际的决策，存在误导性列报和陈述的风险；如果低估负债，可能诱导会计信息使用者高估企业的偿债能力，做出不准确或不恰当的决策。

（八）及时性

及时性，要求企业对于已经发生的交易或事项，应当及时进行确认、计量、记录和报告，不得提前或延后。

在会计确认、计量、记录和报告过程中贯彻及时性要求，一是要求及时收集会计信息，即在交易或者事项发生后，及时收集整理各种原始单据或者凭证；二是要求及时处理会计信息，即按照会计准则的规定，及时对交易或事项进行确认和计量，并编制财务报告；三是要求及时传递会计信息，即按照国家规定的有关时限，及时地将编制的财务报告传递给财务报告使用者，便于其及时使用和决策。

六、会计基础

会计基础，是指会计确认、计量、记录和报告的基础，具体包括权责发生制和收付实现制。

（一）权责发生制

权责发生制，是指以取得收取款项的权利或支付款项的义务为标志来确定本期收入和费用的会计核算基础。

在实务中，企业交易或者事项的发生时间与相关款项的收付时间有时并不完全一致。例如，本期款项已经收到，但销售并未实现而不能确认为本期的收入；或者款项已经支付，但与本期的生产经营活动无关而不能确认为本期的费用。为了真实、公允地反映特定会计期间的财务状况和经营成果，企业应当以权责发生制为基础进行会计确认、计量、记录和报告。

根据权责发生制，凡是当期已经实现的收入和已经发生或者应当负担的费用，无论款项是否收付，都应当作为当期的收入和费用，计入利润表；凡是不属于当期的收入和费用，即使款项已在当期收付，也不应当作为当期的收入和费用。

（二）收付实现制

收付实现制，是指以现金的实际收付为标志来确定本期收入和费用的会计核算基础。

在我国，政府会计由预算会计和财务会计构成。其中，预算会计采用收付实现制，国务院另有规定的，依照其规定；财务会计采用权责发生制。

（三）权责发生制和收付实现制下会计处理结果的差异

权责发生制和收付实现制是相对应的两种会计核算基础。相较于收付实现制，权责发生制下会计处理较为复杂，二者的会计处理结果存在一定的差异。在交易或者事项的发生时间与相关款项的收付时间不一致时，两种会计基础下确认的利润会产生差额。例如，在商品销售收入当期已经实现而销售款项当期尚未收到时，按照权责发生制确认的当期收入和利润高于按照收付实现制确认的当期收入和利润；在资产负债表日应对应收款项的账面价值进行评估，即基于应收款项的信用减值迹象进行职业判断并获得已发生信用减值损失的评估结果，从而影响当期损益。因此，权责发生制为企业管理层进行会计政策选择和盈余管理留有一定的判断空间。

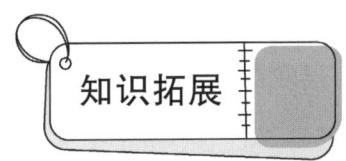

知识拓展

💡 **想一想**：人工智能环境下，会计的职能发生了什么样的转变？

在传统会计系统和体系下，会计的职能是对组织的经济活动进行反映和监督，会计目标是为信息使用者提供以财务信息为主的经济信息服务，随着智能会计的运用，会计反映的职能更多地由计算机和会计信息系统自动完成，通过系统内部和系统间数据交换、数据分析和数据运用等人工智能活动，将智能会计的职能扩展为立体动态反映、过程监管控制、信息资源整合、价值创造管理四大类会计活动。

1

1. 立体动态反映

传统会计所要反映的经济活动即实体活动(业务流)、货币收支(财务流)和信息沟通(数据流),反映分成了两个阶段:第一阶段是将经济活动使用会计的方法进行确认和计量,目的是真实准确地记录会计活动的发生;第二阶段是将记录下来的会计数据整合成为会计报告,呈现给会计信息的需求者,财务报表阅读者再通过分析还原企业的经济业务活动和整体财务状况。这种将企业经济活动的对外反映过程人为地分为两个阶段的做法让企业的业务流、财务流、信息流"三流分立",分立的最终结果使财务报告中的会计信息成为了解、认识和管控经济活动的唯一依据。然而财报信息只能滞后定期反映,并止于货币的计量,缺乏即时的运用价值。

智能会计所追求的会计信息化的目的就是使会计反映经济活动的第一阶段和第二阶段均在结构与功能上发生根本性的变化,实现同一时空和三流合一,达到实时反映、信息集成和知识共享的效果。

立体动态反映是指会计确认、计量、记录、收集、处理和报告的内在最基本的职能,不仅继承了传统会计的核算职能,还重点强化连续动态的反映过程,反映企业经济活动的立体信息结构。

2. 过程监管控制

会计工作重心从核算型和收益管理型向风险控制型转变,做到能够分析企业内外风险,制定风险控制预案,主导生产经营活动,实施价值链管理,支持领导决策。国内外企业的成功经验表明,企业实施过程监管控制最有效的手段是推动信息化管理和规范财务业务流程,确保监管控制机制在企业各部门得以"落地",实现"开源"与"节流",为企业运营提供有力的决策支持。在确定了企业经营目标之后,通过制定一系列相互联系、相互制约、相互监督的制度、措施和方法,发挥财务监管控制职能,保障企业可持续发展。它包括了对货币资金、往来结算、存货、投资、固定资产、在建工程及销售收入等多方面的过程监管控制。

在职能实施时,还可以根据适应性原则和发展性原则以及企业自身的业务特点、管理需求、发展阶段和所处内外环境的变化,及时修订财务管理制度,调整信息化软件的功能应用,实现精准过程监管控制,既可提高全员工作效率,又能保证企业的财务政策贯彻实施。以资金收付业务的会计监管控制为例,对资金收付的监管控制主要是通过对企业资金的集中管理和下属分公司资金情况的实时监控完成的。通过信息化手段,让用户可以综合业务信息生成资金预算,通过应付账款、应收账款、总账系统中的日记账分录调节银行清单,还可以与各家商业银行实现银企直联,实现银行业务数据与企业资金交易数据充分信息共享,满足过程监管控制的要求。

3. 信息资源整合

信息资源整合,是指对来自企业内部和外部的各种信息资源,通过联想、分析、推理、判断等智慧型加工手段,整理合成能够实现经济实体价值增值的信息。其特点是:

(1)强调信息的广泛性。

(2)重视信息与价值的内在联系。

（3）运用智慧型信息加工手段。

（4）提供增值性信息。

（5）参与管理之中。

由于涵盖了与企业活动有关的全部价值方面的信息，会计无疑就成为了经营管理的主要信息源：会计既能为信息资源整合提供增值性信息，又大大扩充了信息源，同时开始成为管理思维的一部分，可称之为管理者的"外脑"。它通过对各类信息资源进行有效整合与优化，为管理活动提供了强有力的支撑，从而直接促进了价值的创造与提升。信息资源整合系统提供增值性信息，以使有关方面进行科学的价值管理，最大限度地实现经济价值。通过会计信息系统实现的信息资源整合，各种会计数据可从业务源头自动采集，从而做到"数出一门、资源共享"，以此提高会计信息的质量，加快信息的传递，提高企业的管理水平。

4. 价值创造管理

价值创造管理，是指通过会计的内含机制、制度或规则、方法、信息等对行为者创造经济价值的管理，这种管理主要是促进、规范、引导、影响性的自我管理，以及利用会计信息和价值管理方法进行的管理，这种管理是强化性的统一管理。价值创造管理将是会计的内含性职能，其特点是：重构会计系统为人本会计；以行为管理作为价值管理的基础；实现自我管理与统一管理的结合；实现技术方法与艺术方法的统一；实现内在的机制与外在规则的协调。因此，面对复杂多变的外部挑战，会计应拓展其价值创造管理的职能。

动画视频：
会计认知

 自我检测

实训成果

项目一
任务一
实训成果
参考答案

一、单项选择题

1. 会计是以货币为主要计量单位，采用专门方法和程序，对企业和行政、事业单位的（　　）进行完整的、连续的、系统的核算和监督，以提供经济信息和反映受托责任履行情况为主要目的的经济管理活动。

A. 经营活动　　　　B. 经济活动　　　　C. 生产活动　　　　D. 销售活动

2. 会计主要的计量单位是（　　）。

A. 货币　　　　B. 劳动量　　　　C. 实物　　　　D. 人民币

3. 下列各项中，属于会计基本职能的是（　　）。

A. 核算与分析　　B. 核算与监督　　C. 预测与决策　　D. 分析与监督

4. 确定会计核算工作空间范围的前提条件是（　　）。

A. 会计主体　　　B. 持续经营　　　C. 会计分期　　　D. 货币计量

5. 在会计信息的质量要求中，要求合理核算可能发生的费用和损失的要求是指（　　）。

A. 谨慎性原则　　B. 可比性原则　　C. 一贯性原则　　D. 配比原则

1

6. 下列各项中,不属于人工智能账务审核内容的是( )。

A. 单据完整性　　　B. 报销单规范性　　　C. 金额准确性　　　D. 业务完整性

二、多项选择题

1. 下列各项中,属于会计扩展职能的有( )。

A. 会计反映和控制职能　　　　　　B. 预测经济前景

C. 参与经济决策　　　　　　　　　D. 评价经营业绩

2. 下列关于会计分期的说法中,正确的有( )。

A. 会计分期是对会计主体活动的时间范围上的限定

B. 会计期间分为年度、半年度、季度和月度

C. 会计年度、半年度、季度、月度均按公历起讫日期确定

D. 会计分期是对会计主体活动的空间范围上的限定

3. 谨慎性原则要求会计人员在选择会计处理方法时( )。

A. 不高估资产　　　　　　　　　　B. 不低估负债

C. 预计任何可能的收益　　　　　　D. 确认一切可能发生的损失

三、判断题

1. 在会计核算中以货币计量为主,以实物量度或者劳务量度为辅对特定单位的经济活动进行计量。　　　　　　　　　　　　　　　　　　　　　　　　( )

2. 谨慎性要求,凡是不属于当期的收入和费用,即使款项已在当期收付,也不应当作为当期的收入和费用。　　　　　　　　　　　　　　　　　　　　　　( )

3. 会计核算的可比性要求是指会计核算方法前后各期应当保持一致,不得随意变更。

项目一
任务一
自我检测
参考答案

 自我评价

本任务完成情况评价表

(在□中打√,A 掌握,B 基本掌握,C 未掌握)

评价指标	自测结果
1. 能够梳理会计的产生与发展历程	□A □B □C
2. 能够阐述会计的职能	□A □B □C
3. 能够列举会计的方法体系	□A □B □C
4. 能够归纳整理会计核算基础的内容	□A □B □C

任务二

掌握记账方法

任务描述

　　林晟为了扩大公司经营规模,向银行申请了一笔2 000万元的贷款。其中,100万元被用于购买生产所需的原材料。随着公司的日常运营,资金不断流入和流出。林晟心中有疑惑:这些资金流动在会计上要怎么体现呢? 它们之间有关系吗? 为了能够更好地跟踪公司的资金流动情况,了解公司的财务状况,林晟决定深入学习会计的记账方法。

任务训练

　　1. 根据会计对象的描述,帮助林晟判断成都瑞丰工业有限公司哪些经济活动属于会计对象。请在表1-1的对应位置处画"√"。

表1-1　　　　　　　　　　判断经济活动是否为会计对象

序号	经济活动	是否为会计对象	
		是	否
1	购买办公用品		
2	报销差旅费		
3	建造厂房		
4	车间领用原材料		
5	向银行借款		
6	招聘会计人员		
7	接受外单位投资		
8	销售产品取得收入		
9	核算生产成本		
10	购买办公用品		
11	商务谈判		

1

(续表)

序号	经济活动	是否为会计对象	
		是	否
12	财务经理离职		
13	签订经济合同		
14	会计人员和出纳人员打架		
15	上缴税金		

2. 根据会计要素的描述,帮助林晟对成都瑞丰工业有限公司的各项资金运动进行分门别类,并将金额归属到表 1-2 中相应的会计要素内。

表 1-2　　　　　　　　　　　　　判断会计要素

序号	项目内容	资产	负债	所有者权益
1	商标权 36 000 元			
2	仓库中存放的原材料 260 000 元			
3	应付未付的职工工资 36 000 元			
4	正在运输途中的外购材料 30 000 元			
5	应向客户收取的货款 35 100 元			
6	欠银行的短期借款 90 000 元			
7	预收客户货款 120 000 元			
8	存放在银行的款项 826 022 元			
9	预付购材料的定金 10 000 元			
10	到本月末累计实现的利润 66 000 元			
	合　　计			

3. 根据企业资金运动的描述,帮助林晟厘清成都瑞丰工业有限公司各项资金运动之间的关系,并将业务的序号填入表 1-3 中。

(1) 购买原材料一批,货款尚未支付。

(2) 用银行存款购入生产设备一台。

(3) 用银行存款支付前欠货款。

(4) 将资本公积转增注册资本。

(5) 用银行存款支付职工工资。

表 1-3　　　　　　　　　　　　　判断经济业务类型

经济业务类型	经济业务序号	经济业务类型	经济业务序号
一项资产增加,一项权益增加		一项资产增加,另一项资产减少	
一项资产减少,一项权益减少		一项权益增加,另一项权益减少	

4. 根据会计科目的描述,帮助林晟使用会计语言为资金运动设置"存储器",并为该"存储器"命名。将下述业务内容所应使用的会计科目填入表 1-4 的相应栏内。

表 1-4 判断会计科目

业务内容	资产	负债	所有者权益	成本	损益
1. 库存产成品					
2. 支付的广告费					
3. 销售产品取得的收入					
4. 应向供应商单位支付的货款					
5. 支付的短期借款利息					
6. 生产产品领用的材料					
7. 销售材料取得的收入					
8. 应交未交的所得税					
9. 应收客户单位货款					
10. 两年期银行借款					
11. 借给职工的差旅费					
12. 本月实现的利润					

5. 根据复式记账的描述,帮助林晟梳理会计记账方法原理,记录成都瑞丰工业有限公司的资金运动(不考虑增值税)。

(1)收到外公司投资的 2 000 000 元,其中货币资金 1 200 000 元,存入银行;专利权一项,作价 300 000 元;新设备一台,价值 500 000 元。

(2)购入原材料 30 000 元,以银行存款支付 28 800 元,以现金支付 200 元,材料入库。

(3)管理人员报销差旅费 1 500 元,交回现金 500 元(原借款 2 000 元),出纳人员收妥。

(4)以银行存款归还前欠货款 20 000 元。

(5)以银行存款偿还银行短期借款 80 000 元。

◉ 知 识 准 备 ◉

一、会计对象

会计对象,是会计行为的客体,即会计工作的内容,但并不是所有内容都是会计工作的内容。通常,凡是特定对象中能够以货币表现的经济活动,都是会计对象,它是会计核算和监督的内容。概况地说,会计对象是一个单位能以货币表现的经济活动,又称为资金运动。

(一)资金运动

无论是制造型企业,还是商品流通型与服务型企业,它们都要进行生产经营活动,都是营利性组织。其资金运动是一种循环周转式运动。以制造型企业为例,其资金在生产经营活动过程中不断地改变形态,经过供应、生产、销售三个阶段,周而复始地循环周转。制造业的资金运动表现为资金投入、资金循环与周转、资金退出三种类型。

1. 资金投入

资金投入是企业经营活动的起点。资金投入主要有两种渠道:一种是投资人(在会计上通常称为"所有者")投入;另一种是债权人投入,即从银行等金融机构借入。

2. 资金循环与周转

企业有了初始资金后就需要进行经营,其中制造业的生产经营过程分为供应、生产和销售三个阶段。

(1)供应阶段是生产准备阶段。在供应阶段,企业用货币资金采购各种材料物资并储存待用,企业的资金由货币资金形态转化为储备资金形态。

(2)生产阶段是工人运用劳动资料对劳动对象进行加工,发生物化劳动和活劳动的耗费从而生产出产品的阶段,是制造业最主要的阶段。在生产过程中会发生各种耗费,包括材料耗费、支付工资、固定资产耗费和支付其他费用等。企业的资金先由储备资金形态转化为生产资金形态,进而转化为成品资金形态。

(3)销售阶段是产品价值的实现阶段。在销售阶段,企业要出售产品,收回货币。这时企业的资金又由成品资金形态转化为货币资金形态。

制造业的经营资金从投入企业的货币资金形态开始,按照生产经营过程的顺序,通过供应→生产→销售三个过程,依次转化为储备资金、生产资金、成品资金等各种形态,直到产品销售后又回到货币资金(图1-2)。这种从货币资金开始又回到货币资金的运动过程,称为资金循环。因为经营过程是连续不断的,所以企业的经营资金的循环也是反复进行的,这种周而复始的循环称为资金周转。

在企业经营资金的周转过程中,作为资金循环起点与终点的货币资金是不相等的,其差额形成利润或亏损。例如,成都瑞丰工业有限公司要建设加工厂,首先需要购置厂房、设备等固定资产和生产所需的蓝牙芯片、印刷电路板、石墨烯等材料,这个过程叫作资金的供应阶段。在资金的供应阶段,以实物形态表现的资金流入企业,而以货币形态表现的资金流出企业,即花费大量的金钱获取设备和材料等实物。

有了材料就可以进行生产,在生产阶段需要耗费蓝牙芯片、印刷电路板、石墨烯等原材料,还需要支付给生产工人工资,同时设备还会磨损,这些价值的耗费都要从生产出来的产品上得到补偿,所以生产过程实质是价值转换的过程。

生产出来的蓝牙耳机放入成品库房准备销售,在销售阶段企业收到货币资金,流出实物,企业将收到的货币资金中的一部分用于再购买材料,投入生产,这就是资金的循环。

3. 资金退出

企业获得的资金除了参与企业生产经营资金循环外,还要用于偿还债务、上缴税金、分配利润、抽减资本金等。企业用于分配利润、缴税等的资金不能再用于购买材料、发放工资等,其将离开资金的循环活动。因此,用于以上方面的资金支出称为资金的退出。而部分资金由于销售产品取得货款,成本费用得到补偿,其又重新进入生产经营过程,在企业内部循环周转。

上述资金运动的三部分内容是相互支撑、相互制约的整体。没有资金的投入，就没有资金的循环与周转，也无从进行债务的偿还、利润的分配等；没有资金的循环与周转，资金只会处于静止的状态，不能创造新的价值，资金投入和退出也就失去了意义；资金的退出是为新资金的投入提供条件。资金运动过程如图 1-2 所示。

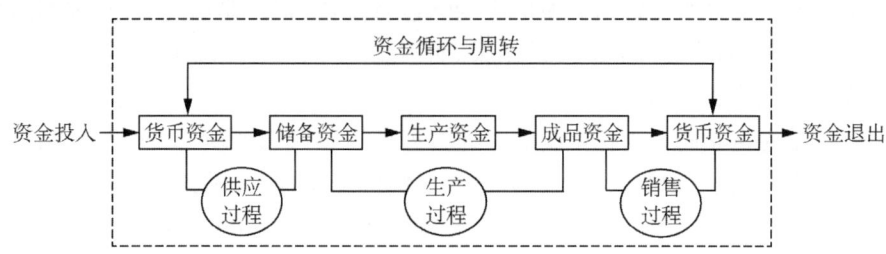

图 1-2　资金运动过程

（二）智能会计的对象

传统会计的对象是会计记录经济活动的依据，在这种理论下，不管是企业、政府或是其他形式的组织，无论其规模大小，会计工作的对象就是原始单据。原始单据按其取得方式的不同分为外部原始单据和内部自制原始单据。传统会计工作就是对所取得的原始单据在审核、分类、序时记录的基础上展开记账、编制报告和分析工作。

而在数字经济发展的大环境下，企业在日常运作中产生了大量的业务数据，这些数据表面看起来杂乱无章、并无关联，但其内部隐藏着关于企业运作模式、经营状况和发展趋势的信息。由于数据数量庞杂且并不直观，传统的数据处理方法难以及时发现这些信息，更难以利用数据中隐藏和反映的信息改善企业经营状况和财务状况了。而智能会计中的数据挖掘技术结合数理统计和分析功能，可以对这些庞杂的业务数据进行深层次的分类和分析，利用计算机的强大算力发现蕴含于大量业务数据中的有价值的信息，构建模型并对未来发展趋势进行预测。

综上所述，智能会计的工作对象是对于业务数据的挖掘和应用，利用数据挖掘技术和文本挖掘技术对业务数据进行聚类分析，发现数据间潜在的关联关系，对会计报告进行智能处理，自动进行财务数据的关联性分析及财务指标逻辑判断，辅助甚至代替人工整合企业内外部的庞杂信息，建立管理模型，识别企业的经营风险、财务风险和盈利商机，将系统分析结果及意见通过人机交互界面呈现给用户，实现真正的业务核算规范化、财务管理便捷化、经营诊断自动化、管理决策模型化，满足企业高效决策和管理的需要。

二、会计要素

通过对上述资金运动过程的分析可知，会计对象涉及面广，而且十分复杂，因此，必须对会计对象按照一定的经济特征进行分类。会计要素，就是对会计对象进行的基本分类，是会计对象的具体化。企业会计要素包括资产、负债、所有者权益、收入、费用和利润六大项目。这六大会计要素可以划分为两大类：一类是反映企业财务状况的会计要素，包括资产、负债和所有者权益；另一类是反映企业经营成果的会计要素，包括收入、费用和利润。

动画视频：
会计要素（资
产、负债、所有
者权益）

1

（一）资产

资产是指企业过去的交易或者事项形成的、由企业拥有或者控制的、预期会给企业带来经济利益的资源。

1. 资产的特征

（1）资产是由过去的交易和事项形成的。也就是说，资产是由过去已经发生的交易或者事项所形成的，资产必须是现实的结果，而不能是预期的。未来的交易和事项可能产生的结果不能作为资产确认。

（2）资产是为企业拥有或者控制的。拥有即所有权归企业所有，而控制是由企业支配使用，但并不等于企业取得所有权。一项经济资源是否属于企业的资产，通常要看其所有权是否属于该企业，但企业是否拥有经济资源的所有权，不是确认资产的绝对标准。那些所有权不属于特定企业，但为该企业所实际控制的经济资源，即如果企业能够自主地运用其从事经营活动，谋求经济利益，并承担着相应的风险，那么该项经济资源也是资产。例如，企业非短期和非低价值租入的资产，尽管所有权不属于承租企业，但由于受承租企业实际控制，因此在会计实务中将其列作承租企业的使用权资产。

（3）资产预期会给企业带来经济利益。企业现在拥有或控制的经济资源，通过对它进行有效的使用，能为企业带来未来的经济效益，才属于企业的资产，这是资产的一个重要属性。例如，资产可以当作一种购买力使用，如现金、银行存款；可以出售而转变为货币资产或某种债权，如存货；可以为企业提供未来的经济效益，如厂房、机器等。如果一项经济资源不能提供未来的经济效益，它就不能再列作资产，而应作为费用或损失处理，如无法收回的应收账款、报废的机器设备等。

2. 资产的分类

资产按其流动性不同，可以分为流动资产和非流动资产。

（1）流动资产，是指预计在1年内（含1年）或超过1年的一个营业周期内变现或耗用的资产。流动资产主要包括库存现金、银行存款、交易性金融资产、应收票据、应收账款、预付款项、应收利息、其他应收款、存货等。

（2）非流动资产，是指流动资产之外的资产，即在1年以上或超过1年的一个营业周期以上变现或耗用的资产。非流动资产主要包括债权投资、长期股权投资、固定资产、在建工程、无形资产等。

（二）负债

负债，是指企业过去的交易或者事项形成的、预期会导致经济利益流出企业的现时义务。现时义务，是指企业在现行条件下已承担的义务。未来发生的交易或者事项形成的义务，不属于现时义务，不应当确认为负债。

1. 负债的特征

（1）负债是过去的交易或事项形成的。也就是说，导致负债形成的交易或者事项必须已经发生，例如接受银行贷款就会产生偿还贷款的义务。只有源于已经发生的交易或者事项，会计上才有可能确认为负债。对于企业正在筹划中的未来交易或者事项，不构成企业的负债。

（2）负债的清偿预期会导致经济利益流出企业。大多数情况下，负债要用现金清偿，有的时候也可以用商品或者其他资产或者通过提供劳务来清偿,甚至还可以通过举借新债来清偿。无论采取何种方式,均会导致经济利益流出企业。

2. 负债的分类

负债按流动性不同,可以分为流动负债和非流动负债。

(1)流动负债,是指预计在一个正常的营业周期中清偿,或者自资产负债表日起1年内(含1年)到期应予以清偿,或者企业无权自主地将清偿推迟到资产负债表日后1年以上的负债。流动负债主要包括短期借款、应付票据、应付账款、预收款项、应付职工薪酬、应交税费、应付利息、应付股利、其他应付款等。

(2)非流动负债,是指流动负债之外的负债,主要包括长期借款、应付债券等。

(三)所有者权益

所有者权益,是指企业资产扣除负债后,由所有者享有的剩余权益。公司的所有者权益又称为股东权益。

对于任何企业而言,其资金来源不外乎两个:一个是债权人,一个是所有者。债权人对企业资产的要求权形成企业负债,所有者对企业资产的要求权形成企业的所有者权益。

1. 所有者权益的特征

(1)除非发生减资、清算或者分配现金股利,否则企业不需要偿还所有者权益。

(2)企业清算时,只有在清偿全部负债后有剩余的所有者权益,才返还给所有者。

(3)所有者凭借所有者权益可以参与企业利润的分配。

2. 所有者权益的分类

所有者权益包括实收资本(或者股本)、资本公积、盈余公积和未分配利润。其中,资本公积包括企业收到投资者出资超过其在注册资本或股本中所占份额的部分以及直接计入所有者权益的利得和损失等。盈余公积和未分配利润统称为留存收益。

(四)收入

收入,是指企业在日常活动中形成的、会导致所有者权益增加的、与所有者投入资本无关的经济利益的总流入。

动画视频:
会计要素(收
入、费用、利
润)

1. 收入的特征

(1)收入是从企业的日常活动中产生的,如销售商品、提供劳务及让渡资产使用权等。如果从偶然的交易或事项中产生的,如固定资产出售、取得罚款等收入,虽然能给企业带来经济利益,但并非企业的日常活动形成的,故不属于收入的范畴。

(2)收入会导致所有者权益增加。

(3)收入的取得必定会导致经济利益的流入,它表现为资产增加、负债减少或者两者兼而有之。

2. 收入的分类

收入可以有不同的分类。按照收入的性质,可以分为销售商品收入、提供劳务收入和让渡资产使用权收入;按企业经营业务的主次分类,可以分为主营业务收入和其他业务收入。主营业务收入,是指企业的主要经营业务所取得的收入;其他业务收入,是指企业的其他经营业务所取得的收入。

（五）费用

费用,是指企业在日常活动中发生的、会导致所有者权益减少的、与向所有者分配利润无关的经济利益的总流出。以制造企业为例,一定时期的费用通常由产品生产成本和期间费用两部分构成,产品生产成本包括直接材料、直接人工和制造费用三个成本项目;期间费用包括管理费用、财务费用和销售费用三项。管理费用,是指企业行政管理部门为组织和管理生产经营活动而发生的费用;财务费用,是指企业为筹集资金而发生的费用;销售费用,是指为销售商品和提供劳务而发生的费用。费用可以表现为资产的减少、负债的增加或者两者兼而有之。

（六）利润

利润,是指企业在一定会计期间的经营成果。利润包括收入减去费用后的净额、直接计入当期利润的利得和损失等。直接计入当期利润的利得和损失,是指应当计入当期损益、最终会引起所有者权益发生增减变动的、与所有者投入资本或者向所有者分配利润无关的利得或者损失。

利润有营业利润、利润总额和净利润。营业利润,是指营业收入减去营业成本、税金及附加、期间费用、资产减值损失,加上公允价值变动净收益、投资净收益后的金额。利润总额,是指营业利润加上营业外收入,减去营业外支出后的余额。净利润,是指利润总额减去所得税费用后的金额。

三、会计等式

会计的六大要素是资产、负债、所有者权益和收入、费用、利润两组,六大要素之间的数量关系,称之为会计等式,它是各种会计核算方法的理论基础。

（一）资产、负债、所有者权益的关系

动画视频:
会计要素的
相互关系与
会计等式

任何一个经济组织从事正常的生产经营活动,都要筹集一定数量的资金,拥有一定的经济资源。筹集资金的渠道:一是吸引投资者投资;二是举借债务。企业筹集的资金必然要投入营运,从而形成企业所持有的各种资产。投资者对投入企业的资金视投资额的多少和所负的风险的大小,等比例地获取投资所得,这就是投资人对企业资产的要求权(所有者权益);债权人有要求企业偿还债务的权利,这就是债权人对企业资产的要求权(债权人权益,即企业的负债)。企业拥有的每一项资产,都是投资者或债权人所提供的。所以,上述两项权益之和等于企业资产总额。其用公式表示为:

$$资产 = 权益$$

或者:
$$资产 = 负债 + 所有者权益$$

这个等式的一边是资产,表明资金占用的形态,另一边是负债和所有者权益,表明企业的资产来自何处,即资金的来源。资产不能离开权益而存在,没有无资产的权益,也没有无权益的资产。而且从数量上看,有一定数额的资产,就必然有等额的权益;反之,有一定数额的权益,也必然有等额的资产。即一个企业的资产总额与权益总额必定彼此相等。从任何一个时点来看,两者之间都必然保持数量上的平衡关系。

（二）收入、费用、利润的关系

企业的业务经营活动也就是提供商品和劳务的过程。随着企业商品的销售或者劳务的提供，一方面取得各类收入，另一方面为取得收入会发生相关的各种耗费（即费用）。在一定的会计期间内，企业获得的总收入扣除相关的总费用就形成了企业的利润。其用公式表示为：

$$收入－费用＝利润$$

当收入大于费用时，形成企业的利润；反之就是亏损。

（三）会计六要素之间的关系

"资产＝负债＋所有者权益"这个会计等式是反映企业某个会计期间开始时（即某一时点）的企业财务状况。"收入－费用＝利润"这个会计等是反映在某一会计期间企业的经营成果。随着企业经济活动的进行，在会计期间内，企业一方面取得了收入，并因此增加了资产或减少了负债；另一方面发生了各种各样的费用，并因此减少了资产或增加了负债。所以，企业在会计期间内的任一时刻，即未结账之前，原来的会计等式就转化为下面的形式：

$$资产＝负债＋所有者权益＋（收入－费用）$$

（四）经济业务发生对会计等式的影响

企业日常发生的经济业务是多种多样的，但无论企业在生产经营过程中发生什么样的经济业务，引起资产、负债和所有者权益这三个会计基本要素在数量上发生怎样的增减变化，都不会破坏会计基本等式的平衡关系。因为任何一个企业的经济业务发生后所引起的资金运动都不外乎以下四种类型：

（1）只引起资产方面的项目发生增减变动，而不涉及权益方面的项目。

【例1-1】　12月6日，以银行存款购入材料5 000元，验收入库。

这项经济业务的发生引起了资产形态的变化。由于发生了购入材料的业务，一方面使银行存款减少了5 000元；另一方面又使原材料增加了5 000元。"银行存款"和"原材料"都是资产项目，这项经济业务的发生使资产内部的两个项目以相等的金额，此增彼减。也就是说，使资产以相等的金额从一种形态变为另一种形态，反映了资产内部的增减变化，资产总额不变。

（2）只引起权益方面的项目发生增减变动，而不涉及资产方面的项目。

【例1-2】　12月8日，向银行借入短期借款60 000元，直接偿还应付供货单位的账款。

这项经济业务的发生，引起了权益方面项目的转化。它使企业的短期借款增加了60 000元，同时使应付账款减少了60 000元。"短期借款"和"应付账款"都是权益项目，所以这项经济业务的发生只使权益内部的两个项目，以相等的金额，此增彼减，反映了权益内部的增减变化，负债和所有者权益总额不变。

（3）有关的资产项目与权益项目的数额同时增加。

【例1-3】 12月16日，接受某外商投入的设备一套，价值20 000元。

这项经济业务的发生使企业的固定资产价值增加了20 000元，就是说它使企业的资产一方的"固定资产"项目增加了20 000元；同时，因为设备是外商投入的，属外商投资，所以使权益方的"实收资本"项目也相应地增加了20 000元。这项经济业务使资产与权益两方同时发生了相同数额的增加，双方的总额也就发生了相同数额的增加。

（4）有关的资产项目与权益项目的数额同时减少。

【例1-4】 12月28日，以银行存款偿还到期的短期借款200 000元。

这项经济业务的发生使企业的银行存款减少了200 000元，同时，银行的借款也减少了200 000元。即资产方的"银行存款"项目和权益方的"短期借款"项目，两者同时减少，减少的数额相等。双方的总额也就发生了相同数额的减少。

从以上四种情况可以看出，经济业务的发生对资产与权益双方总额的影响是：
① 资产方内部有关项目有增有减，资产总额不变，双方总额相等；
② 权益方内部有关项目有增有减，权益总额不变，双方总额相等；
③ 资产和权益项目同时增加相等的金额，双方总额相等；
④ 资产和权益项目同时减少相等的金额，双方总额相等。
可见，企业任何一项经济业务引起的资金变化，都不会破坏会计等式。

四、账户与会计科目

（一）账户

账户，是在具有一定格式的账簿中根据会计科目（或子、细目）开设户名的账页。

账户应具有一定的结构。由于企业经济业务的发生必然会引起会计要素发生变动，而这种变动从数量上看，不外乎是增加和减少两种情况。因此，为了清晰地反映和便于计算经济业务引起的各项会计要素的增减变动，通常相应地将账户的结构划分为左右两方，分别登记增加数和减少数。无论何种记账方法，何种性质的账户，左右两方的增减意义都是相反的，也就是如果左方记增加，则右方记减少；反之，如果左方记减少，则右方记增加。

作为账户的基本结构，一般应包含下列内容：
（1）账户的名称（即会计科目）；
（2）日期和摘要（登记经济业务的日期和经济业务内容的概述）；
（3）凭证号数（说明账户记录的依据）；
（4）增加和减少的金额及余额。

账户的一般结构，如表1-5所示。

表1-5		账户名称（会计科目）				第　页
年		凭证号数	摘要	增加	减少	余额
月	日					

作为一个账户,所记录的金额提供四项核算指标,即期初余额、本期增加额、本期减少额和期末余额。期初余额与本期发生额的关系,可用下列公式表示:

$$期末余额 = 期初余额 + 本期增加发生额 — 本期减少发生额$$

例如,某企业"银行存款"账户的记录如图 1-3 所示。

左方	银行存款	右方
期初余额 200 000		
本期增加 580 000	本期减少 560 000	
发生额合计 580 000	发生额合计 560 000	
期末余额 220 000		

图 1-3 "银行存款"账户记录

根据账户的记录,可知该企业期初存放在银行的款项为 200 000 元;本期增加了 580 000 元,本期减少了 560 000 元,到期末企业还有银行存款 220 000 元。

在实践和学习中常用上述图形简化账户的格式,代替实际账户。该格式只突出账户基本结构:左方与右方,其他部分略去。简化格式形似英文字母"T",所以称为 T 形账户。

每个账户的本期增加发生额和本期减少发生额都应分别记入各账户左右两方的金额栏内,以便分别计算增减发生额。至于账户的左方与右方,哪一方登记增加金额,哪一方登记减少金额,则取决于该账户所属的类别和记账方法。

(二)会计科目

1. 会计科目的内容

会计科目,是对会计要素的具体内容进行分类的标志,也就是对各项会计要素在科学分类的基础上所赋予的名称。

会计科目体系是科学、系统的。参照我国《企业会计准则——应用指南》及后来陆续修订的会计准则,企业应设置的常用的会计科目如表 1-6 所示。企业财会人员应该熟练掌握会计科目表,并根据企业的经济业务正确设置账户和进行账务处理,为经济管理提供系统化和标准化的核算资料。

动画视频:
会计科目
与账户

表 1-6　　　　　　　　　　　　　　会计科目表(简表)

资产类			
序号	编号	会计科目名称	会计科目适用范围
1	1001	库存现金	
2	1002	银行存款	
3	1003	存放中央银行款项	银行专用
4	1011	存放同业	银行专用
5	1012	其他货币资金	
6	1021	结算备付金	证券专用
7	1031	存出保证金	金融共用

1

（续表）

		资产类	
序号	编号	会计科目名称	会计科目适用范围
8	1101	交易性金融资产	
9	1111	买入返售金融资产	金融共用
10	1121	应收票据	
11	1122	应收账款	
12	1123	预付账款	
13	1131	应收股利	
14	1132	应收利息	
15	1201	应收代位追偿款	保险专用
16	1211	应收分保账款	保险专用
17	1212	应收分保合同准备金	保险专用
18	1213	应收保户储金	保险专用
19	1221	其他应收款	
20	1231	坏账准备	
21	1301	贴现资产	银行专用
22	1302	拆出资金	金融共用
23	1303	贷款	银行和保险共用
24	1304	贷款损失准备	银行和保险共用
25	1311	代理兑付证券	银行和保险共用
26	1321	代理业务资产	证券和银行共用
27	1401	材料采购	
28	1402	在途物资	
29	1403	原材料	
30	1404	材料成本差异	
31	1405	库存商品	
32	1406	发出商品	
33	1407	商品进销差价	
34	1408	委托加工物资	
35	1411	周转材料	
36	1421	消耗性生物资产	农业专用
37	1431	贵金属	银行专用
38	1441	抵债资产	金融共用
39	1451	损余物资	保险专用

（续表）

资产类			
序号	编号	会计科目名称	会计科目适用范围
40	1461	融资租赁资产	租赁专用
41	1471	存货跌价准备	
42	1501	债权投资	
43	1502	债权投资减值准备	
44	1503	其他债权投资	
45	1504	其他权益工具投资	
46	1511	长期股权投资	
47	1512	长期股权投资减值准备	
48	1518	继续涉入资产	
49	1521	投资性房地产	
50	1531	长期应收款	
51	1532	未实现融资收益	
52	1541	存出资本保证金	保险专用
53	1601	固定资产	
54	1602	累计折旧	
55	1603	固定资产减值准备	
56	1604	在建工程	
57	1605	工程物资	
58	1606	固定资产清理	
59	1611	未担保余值	租赁专用
60	1621	生产性生物资产	农业专用
61	1622	生产性生物资产累计折旧	农业专用
62	1623	公益性生物资产	农业专用
63	1631	油气资产	石油天然气开采专用
64	1632	累计折耗	石油天然气开采专用
65	1701	无形资产	
66	1702	累计摊销	
67	1703	无形资产减值准备	
68	1711	商誉	
69	1801	长期待摊费用	
70	1811	递延所得税资产	
71	1821	独立账户资产	保险专用

1

（续表）

资产类			
序号	编号	会计科目名称	会计科目适用范围
72	1901	待处理财产损溢	
73	1481	持有待售资产	
74	1482	持有待售资产减值准备	
75	企业自主设置	合同履约成本	
76	企业自主设置	合同履约成本减值准备	
77	企业自主设置	合同取得成本	
78	企业自主设置	合同取得成本减值准备	
79	企业自主设置	应收退货成本	
80	企业自主设置	合同资产	
81	企业自主设置	合同资产减值准备	
82	企业自主设置	买入返售金融资产	
负债类			
序号	编号	会计科目名称	会计科目适用范围
83	2001	短期借款	
84	2002	存入保证金	金融共用
85	2003	拆入资金	金融共用
86	2004	向中央银行借款	银行专用
87	2011	吸收存款	银行专用
88	2012	同业存放	银行专用
89	2021	贴现负债	银行专用
90	2101	交易性金融负债	
91	2111	卖出回购金融资产款	金融共用
92	2201	应付票据	
93	2202	应付账款	
94	2203	预收账款	
95	2211	应付职工薪酬	
96	2221	应交税费	
97	2231	应付利息	
98	2232	应付股利	
99	2241	其他应付款	
100	2251	应付保单红利	保险专用
101	2261	应付分保账款	保险专用

序号	编号	会计科目名称	会计科目适用范围
		负债类	
102	2311	代理买卖证券款	证券专用
103	2312	代理承销证券款	证券和银行共用
104	2313	代理兑付证券款	证券和银行共用
105	2314	代理业务负债	证券和银行共用
106	2401	递延收益	
107	2501	长期借款	
108	2502	应付债券	
109	2504	继续涉入负债	
110	2601	未到期责任准备金	保险专用
111	2602	保险责任准备金	保险专用
112	2611	保户储金	保险专用
113	2621	独立账户负债	保险专用
114	2701	长期应付款	
115	2702	未确认融资费用	
116	2711	专项应付款	
117	2801	预计负债	
118	2901	递延所得税负债	
119	2245	持有待售负债	
120	企业自主设置	合同负债	
121	企业自主设置	贷款	
122	企业自主设置	贷款损失准备	

序号	编号	会计科目名称	会计科目适用范围
		共同类	
123	3001	清算资金往来	银行专用
124	3002	货币兑换	金融专用
125	3101	衍生工具	
126	3201	套期工具	
127	3202	被套期项目	

序号	编号	会计科目名称	会计科目适用范围
		所有者权益类	
128	4001	实收资本	
129	4002	资本公积	

1

所有者权益类			
序号	编号	会计科目名称	会计科目适用范围
130	4101	盈余公积	
131	4102	一般风险准备	金融共用
132	4103	本年利润	
133	4104	利润分配	
134	4201	库存股	
135	4301	其他综合收益	
136	企业自主设置	其他综合收益——信用减值准备	
137	企业自主设置	其他综合收益——套期储备	
138	企业自主设置	其他综合收益——套期损益	
139	企业自主设置	其他综合收益——套期成本	
144	4401	其他权益工具	
成本类			
序号	编号	会计科目名称	会计科目适用范围
145	5001	生产成本	
146	5101	制造费用	
147	5201	劳务成本	
148	5301	研发支出	
149	5401	工程施工	
150	5402	工程结算	
151	5403	机械作业	
损益类			
序号	编号	会计科目名称	会计科目适用范围
152	6001	主营业务收入	
153	6011	利息收入	金融共用
154	6021	手续费收入	金融共用
155	6031	保费收入	保险专用
156	6041	租赁收入	租赁专用
157	6051	其他业务收入	
158	6061	汇兑损益	金融专用
159	6101	公允价值变动损益	
160	6111	投资收益	
161	6115	资产处置损益	

（续表）

损益类			
序号	编号	会计科目名称	会计科目适用范围
162	6117	其他收益	
163	6201	摊回保险责任准备金	保险专用
164	6202	摊回赔付支出	保险专用
165	6203	摊回分保费用	保险专用
166	6301	营业外收入	
167	6401	主营业务成本	
168	6402	其他业务成本	
169	6403	税金及附加	
170	6411	利息支出	金融共用
171	6421	手续费支出	金融共用
172	6501	提取未到期责任准备金	保险专用
173	6502	提取保险责任准备金	保险专用
174	6511	赔付支出	保险专用
175	6521	保单红利支出	保险专用
176	6531	退保金	保险专用
177	6541	分出保费	保险专用
178	6542	分保费用	保险专用
179	6601	销售费用	
180	6602	管理费用	
181	6603	财务费用	
182	6604	勘探费用	石油天然气开采专用
183	6701	资产减值损失	
184	6702	信用减值损失	
185	6711	营业外支出	
186	6801	所得税费用	
187	6901	以前年度损益调整	
188	企业自行设置	套期损益	
189	企业自行设置	净敞口套期损益	

　　会计科目表中列举的各个会计科目,相互联系、相互补充地组成了一个完整的会计科目体系,可用来全面、系统地核算和监督会计对象的具体内容,提供企业内部经营管理和外部有关方面所需要的一系列核算指标。为了正确地掌握和运用会计科目,可以对会计科目进行适当的分类。

1

2. 会计科目的分类

（1）按经济内容分类。会计科目按其所反映的经济内容，可以划分为资产类科目、负债类科目、共同类科目、所有者权益类科目、成本类科目和损益类科目六大类。

（2）按提供核算指标的详细程度分类。会计科目按其提供核算指标的详细程度，可以分为总分类科目和明细分类科目两种。

① 总分类科目，也称总账科目或一级科目，是对会计对象具体内容进行总括分类的科目。表 1-6 中所列会计科目均为总分类科目。

② 明细分类科目，也称明细科目或子、细目，是对总分类科目进一步分类的科目。明细分类科目的设置，除去有关法规制度的统一规定外，企业可以根据经济管理的实际需要自行规定。在会计实务中，除少数总分类科目外，大多都要设置明细分类科目。例如，在"库存商品"总分类科目下面，应按库存商品的类别、品种和规格设置明细分类科目。

如果某一总分类科目所统驭的明细分类科目较多，可以增设二级科目。二级科目是介于总分类科目和明细分类科目之间的科目。例如，在"原材料"总分类科目下面，按材料的类别设置二级科目（即子目），再按材料的品名设置三级科目（即细目），即"原材料——原料及主要材料——印刷电路板"。

会计科目通过按提供核算指标详细程度进行分类，可以更好地满足企业经营管理的需要。

五、复式记账法

（一）复式记账法的原理

各单位为了核算和监督会计对象的具体内容，首先应根据规定的会计科目设置账户。但要取得经济管理所必需的核算指标，还必须采用一定的记账方法。所谓记账方法，就是在账簿中登记各项经济业务的方法。

复式记账法，就是对每一项经济业务，都以相等的金额同时在两个或两个以上相互联系的账户中进行登记的方法。

采用复式记账法，能够对每一项经济业务所引起的资金增减变化同时在两个或两个以上的账户中相互联系地进行登记。例如，用银行存款 8 000 元购买材料物资，根据复式记账方法，这项经济业务要以相等的金额同时在"银行存款"和"原材料"这两个相互联系的账户中进行登记。即一方面在"银行存款"账户中登记减少数 8 000 元，另一方面在"原材料"账户中登记增加数 8 000 元。

复式记账的经济内容是会计要素，各会计要素之间具有一定的数量关系，即形成会计等式。复式记账法建立的理论基础就是会计等式。按照会计等式，任何一项经济业务都会引起资产与权益之间至少两个项目发生增减变动，而且增减金额相等。因此对每笔经济业务的发生，都可以以相等的金额在两个或两个以上相关的账户中作等额的双重记录。由于会计要素之间既相互联系、相互依存，又各具有独立的含义，以不同具体形式存在着。企业发生的经济业务，会引起每一具体形式的数量发生变化，因而应设置相应的账户进行登记，这样复式记账就形成了一个完整的、系统的记账组织体系。有了这样一个记账组织体系，不仅反映了资产、负债和所有者权益的增减变化和结存情况，而且还能反映收入、费用和利润的数额及其形成原因。这样复式记账就能够全面地核算和监督企业的各项经济活动。

　　复式记账法作为一种科学的记账方法一直得到广泛的应用。目前,我国的企业、行政、事业单位会计核算所采用的记账方法,都是复式记账法。

　　复式记账法是经过长期的会计实践逐步形成的。目前世界各国广泛采用的复式记账法是借贷记账法,我国在相当长的一段时间里,出现过三种复式记账法——借贷记账法、增减记账法和收付记账法并存的局面。随着会计核算的规范化,我国企业会计准则规定,企业应当采用借贷记账法记账。

　　(二)借贷记账法

　　借贷记账法是以"借"和"贷"作为记账符号,对任何一笔经济业务,都以借、贷相等的金额在两个或两个以上账户中相互联系地进行登记的一种复式记账法。

　　下面从记账符号、账户结构、记账规则、账户的对应关系和会计分录、试算平衡等方面介绍借贷记账法。

动画视频:
借贷记账法
及其应用

　　1. 记账符号

　　在借贷记账法产生之初,"借""贷"的含义是从借贷资本家的角度来解释的,它仅仅表示债权(应收款)和债务(应付款)的增减变动,即在账户中分两方面来登记与债权人、债务人的关系。账户的一方登记收进的存款,表示债务;另一方登记付出的贷款,表示债权。后来随着商品经济的发展,经济活动的范围日益扩大,经济活动的内容日益复杂,记账对象也随之扩大。在账簿中不仅要登记债权、债务的借贷关系,而且要登记财产物资和财务收支的增减变化。因而"借""贷"就失去了原来的意义,转化为单纯的记账符号,变成会计上的专门术语,也可以理解为账户中两个对立的记账部位或方向,表明每一经济业务应该记录在账户的"借方"或"贷方"。

　　2. 账户结构

　　在借贷记账法下,任何账户都分为借方和贷方两个基本部分,通常左方为借方,右方为贷方,如图 1-4 所示。

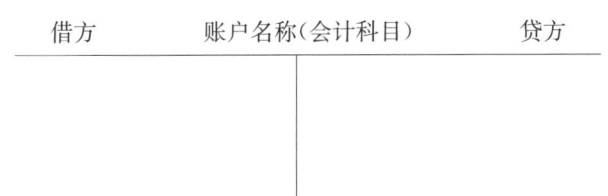

图 1-4　借贷记账法下的账户格式

　　在借贷记账法下,账户的借方和贷方分别用来反映金额的相反变化,即一方登记增加金额,另一方登记减少金额。至于哪一方登记增加金额,哪一方登记减少金额,则取决于账户的性质:是资产与费用,还是负债、所有者权益与收入。

　　(1)资产和成本类账户的结构。在资产和成本类账户中,借方登记增加额,贷方登记减少额,若有期末(期初)余额,一般在借方,表示期末(期初)资产的实有数。资产和成本类账户的结构如图 1-5 所示。

1

借方	资产、成本类账户名称(会计科目)		贷方
期初余额 ××× 本期增加额 ×××		本期减少额	×××
借方发生额合计 ××× 期末余额 ×××		贷方发生额合计	×××

图 1-5 资产和成本类账户结构

资产、成本类账户余额与发生额的关系为：

借方期初余额＋借方本期发生额－贷方本期发生额＝借方期末余额

(2) 负债和所有者权益类账户的结构。在负债和所有者权益类账户中,贷方登记增加额,借方登记减少额,若有期末(期初)余额,一般在贷方,表示负债和所有者权益的期末实有数。负债和所有者权益类账户的结构如图 1-6 所示。

借方	负债和所有者权益类账户名称(会计科目)		贷方
本期减少额 ×××		期初余额 ××× 本期增加额 ×××	
借方发生额合计 ×××		贷方发生额合计 ××× 期末余额 ×××	

图 1-6 负债和所有者权益类账户结构

负债和所有者权益类账户余额与发生额的关系为：

贷方期初余额＋贷方本期发生额－借方本期发生额＝贷方期末余额

(3) 收入类账户和费用类账户的结构。收入类账户结构与权益类账户一致,贷方登记收入的增加额,借方登记减少额或转销额。企业的各种收入是形成利润总额的主要因素,因此期末各收入的总额减去收入的减少额,差额转入"本年利润"账户的贷方,结转后各收入类账户没有余额。收入类账户的结构如图 1-7 所示。

借方	收入类账户名称(会计科目)		贷方
本期减少额或转销额 ×××		本期增加额	×××
借方发生额合计 ×××		贷方发生额合计	×××

图 1-7 收入类账户结构

费用类账户的结构与资产类账户的结构一致,借方登记增加额,贷方登记减少额或转销额。企业发生的各种费用形成利润减少的因素,因此期末时应将费用的发生额转入"本年利润"账户的借方,结转后各费用类账户没有余额。费用类账户的结构如图 1-8 所示。

借方	费用类账户名称(会计科目)		贷方
本期增加额	×××	本期减少额或转销额	×××
借方发生额合计	×××	贷方发生额合计	×××

图 1-8　费用类账户结构

综合上述对各类账户结构的说明,可以将账户借方和贷方所记录的经济内容加以归纳,如图 1-9 所示。

借方	账户名称(会计科目)	贷方
资产的增加额 负债的减少额 所有者权益的减少额 成本费用的增加额 收入的减少额		资产的减少额 负债的增加额 所有者权益的增加额 成本费用的减少额 收入的增加额

图 1-9　账户结构

3. 记账规则

由于复式记账法是以会计等式为理论基础的,因此运用借贷记账法记录各项经济业务时,可以总结出一定的规则。下面以成都瑞丰工业有限公司 2023 年 12 月份部分经济业务为例进行分析,说明借贷记账法的记账规则。

【**例 1-5**】 12 月 5 日,以银行存款购进原材料 20 000 元入库。

这项经济业务的发生,一方面使该企业的"原材料"这一资产项目增加了 20 000 元,另一方面使"银行存款"这一资产项目减少了 20 000 元。因此,这项经济业务涉及"原材料"和"银行存款"这两个账户,资产的增加,应记在"原材料"账户的借方,资产的减少,应记在"银行存款"账户的贷方。这项经济业务登账的结果如图 1-10 所示。

借方	银行存款	贷方	借方	原材料	贷方
期初余额 150 000			期初余额	250 000	
		(1) 20 000	(1)	20 000	

图 1-10　购进原材料业务登账结果

【**例 1-6**】 12 月 10 日,向银行借入短期借款 100 000 元,用以偿还欠外单位货款。

这项经济业务的发生,一方面使该企业的"短期借款"这一负债项目增加了 100 000 元,另一方面使"应付账款"这一负债项目减少了 100 000 元。因此,这项经济业务涉及"短期借款"和"应付账款"这两个账户,负债的增加,应记在"短期借款"账户的贷方,负债的减少,应记在"应付账款"账户的借方。这项经济业务登账的结果如图 1-11 所示。

借方	短期借款	贷方	借方	应付账款	贷方
	期初余额	100 000		期初余额 150 000	
	(2)	100 000	(2) 100 000		

图 1-11　借入短期借款偿还货款业务登账结果

【例 1-7】 12 月 15 日,从外单位赊购一批原材料,价值 50 000 元,验收入库。

这项经济业务的发生,一方面使该企业的"原材料"这一资产项目增加了 50 000 元,另一方面,使"应付账款"这一负债项目也相应增加了 50 000 元。因此,这项经济业务涉及"原材料"和"应付账款"这两个账户,资产的增加,应记在"原材料"账户的借方,负债的增加,应记在"应付账款"账户的贷方。这项经济业务登账的结果如图 1-12 所示。

借方	应付账款	贷方	借方	原材料	贷方
	期初余额	150 000	期初余额	250 000	
(2)	100 000	(3)	(1)	20 000	
		50 000	(3)	50 000	

图 1-12　赊购原材料业务登账结果

【例 1-8】 12 月 20 日,以银行存款偿还银行短期借款 80 000 元。

这项经济业务的发生,一方面使该企业的"银行存款"这一资产项目减少了 80 000 元,另一方面使"短期借款"这一负债项目减少了 80 000 元。因此,这项经济业务涉及"银行存款"和"短期借款"这两个账户,资产的减少,应记在"银行存款"账户的贷方,负债的减少,应记在"短期借款"账户的借方。这项经济业务登账的结果如图 1-13 所示。

借方	银行存款	贷方	借方	短期借款	贷方
期初余额	150 000	(1) 20 000		期初余额	100 000
		(4) 80 000	(4) 80 000		100 000
				(2)	

图 1-13　偿还短期借款业务登账结果

综合以上四大类型的经济业务,所有经济业务的发生,都是有借方必有贷方,而且记入借方的金额与记入贷方的金额必须相等。因此,借贷记账法的记账规则可以概括为"有借必有贷,借贷必相等"。

在实际运用借贷记账法的记账规则记录一项经济业务时,要从以下三个方面分析:

(1) 分析所发生的经济业务,根据经济业务的内容,确定它所涉及的账户及账户的性质(资产类、负债类、所有者权益类、收入类和成本费用支出类账户)。

(2) 分析经济业务对所涉及账户的影响,即引起的是有关账户金额的增加或减少。

(3) 根据账户的结构特点,确定哪个账户记借方,哪个账户记贷方。

4. 账户的对应关系和会计分录

(1) 账户的对应关系。运用借贷记账法记录经济业务时,根据"有借必有贷,借贷必相等"的记账规则,对每项经济业务都要在两个或两个以上账户的借方和贷方相互联系地进行反映。这就使有关账户之间形成了一定的关系,这种账户之间的相互对应、相互依存的关系称为账户对应关系,存在对应关系的账户叫作对应账户。账户之间的对应关系取决于经济业务性质。反过来,通过账户的对应关系,又可以了解经济业务的内容。

例如,某项经济业务发生,记入"银行存款"账户借方 60 000 元和"主营业务收入"账户贷方 60 000 元。通过这两个账户的对应关系,可以了解到银行存款(资产项目)的增加,是由于增加了营业收入,即销售产品(或商品)或提供劳务引起的。

需要指出的是,账户的对应关系是相对某项具体经济业务而言的,并非指账户之间是固定的账户对应关系。例如,出纳员将现金 1 000 元存入银行。这项经济业务,应记入"银行存款"账户借方 1 000 元和"库存现金"账户贷方 1 000 元。由于这项经济业务使"银行存款"和"库存现金"这两个账户发生了应借、应贷的相互关系,这两个账户就叫作对应账户。又如,以银行存款 30 000 元偿还前欠外单位货款。这项经济业务,应记入"应付账款"账户借方 30 000 元和"银行存款"账户贷方 30 000 元。由于这项经济业务使"应付账款"账户和"银行存款"账户发生了应借、应贷的相互关系,这两个账户即为对应账户。

(2) 会计分录。在会计实务工作中,为了保证账户记录的正确性,在把经济业务记入账户之前,应先根据经济业务发生时所取得的原始凭证,在记账凭证中编制会计分录。

所谓会计分录(简称分录),是指表明某项经济业务应借、应贷的账户名称以及应记入账户的金额的记录。会计分录的内容包括:一组对应的记账符号,即借方和贷方;所涉及的两个或两个以上的账户的名称;借贷双方的相等金额。

会计分录的一般书写要求如下:

① 先借后贷。

② 借贷要分行写,并且文字和金额都要错开两个字节。

③ 在有多借或多贷的情况下,要求借方或贷方账户的文字和金额数字上下对齐。

【例 1-9】 12 月 6 日,成都瑞丰工业有限公司收到投资者成都鑫诚科技有限公司投入的新机器设备一套,价值 100 000 元。

该项经济业务的发生,使成都瑞丰工业有限公司的机器设备增加,应记入"固定资产"账户的借方,同时"实收资本"也增加,应记入其贷方。编制会计分录如下:

借:固定资产　　　　　　　　　　　　　　　　　　　　　100 000

　　贷:实收资本——成都鑫诚科技有限公司　　　　　　　　　　100 000

"固定资产"属于资产类账户,用来核算企业持有的固定资产原值。企业因购置、建造等增加固定资产时,记借方;因报废、出售等减少固定资产时,记贷方;期末余额在借方,反映企业固定资产的原值。本账户可按固定资产类别和项目进行明细核算。

"实收资本"属于所有者权益类账户,用来核算企业接受投资者投入资本的增减变动及结余情况。企业收到投资者投入的资本时,记贷方;按法定程序报经批准减少注册资本而退还投资时,记借方;期末余额在贷方,反映企业实收资本总额。本账户应按投资者设置明细账户,进行明细核算。

【例1-10】 12月8日,成都瑞丰工业有限公司从中国银行借入长期借款2 000 000元,存入银行存款账户。

该项经济业务的发生,使成都瑞丰工业有限公司的银行存款和长期借款都增加了2 000 000元,应分别记入"银行存款"账户的借方和"长期借款"账户的贷方。编制会计分录如下:

借:银行存款　　　　　　　　　　　　　　　　　　　　　　2 000 000
　　贷:长期借款　　　　　　　　　　　　　　　　　　　　　　　2 000 000

"银行存款"属于资产类账户,用来核算企业存入银行或其他金融机构的各种款项。企业银行存款增加时,记借方;减少时,记贷方;期末余额在借方,反映企业存在银行或其他金融机构的款项余额。

"长期借款"属于负债类账户,用来核算企业向银行或其他金融机构借入的期限在1年以上(不含1年)的各项借款。借入长期借款时,记贷方;归还借款时,记借方;期末余额在贷方,反映企业尚未偿还的长期借款。本账户可按贷款单位和贷款种类进行明细核算。

【例1-11】 12月12日,成都瑞丰工业有限公司以银行存款偿还到期的短期借款500 000元。

该项经济业务的发生,使成都瑞丰工业有限公司的银行存款减少了500 000元,同时企业负债也减少了500 000元,应分别记入"银行存款"账户的贷方和"短期借款"账户的借方。编制会计分录如下:

借:短期借款　　　　　　　　　　　　　　　　　　　　　　500 000
　　贷:银行存款　　　　　　　　　　　　　　　　　　　　　　　500 000

"短期借款"属于负债类账户,用来核算企业向银行或其他金融机构借入的期限在1年以内(含1年)的各项借款。借入短期借款时,记贷方;归还借款时,记借方;期末余额在贷方,反映企业尚未偿还的短期借款。本账户可按借款种类、贷款人和币种进行明细核算。

以上所列举的会计分录都是由一个账户的借方与另一个账户的贷方相对应组成的,这种只涉及两个账户的会计分录,称为"简单分录"。有些会计分录是由一个账户的借方与另外几个账户的贷方,或者由一个账户的贷方与另外几个账户的借方相对应组成的,这种涉及两个以上账户的会计分录,称为"复合分录"。

【例1-12】 12月16日,成都瑞丰工业有限公司收到北京芯力电子材料有限公司投资的900 000元,其中货币资金800 000元存入银行,机器设备100 000元交付使用。

该项经济业务的发生,使成都瑞丰工业有限公司的银行存款和固定资产分别增加了800 000元和100 000元,同时使企业的实收资本增加了900 000元,应分别记入"银行存款""固定资产"账户的借方和"实收资本"账户的贷方。编制会计分录如下:

借:银行存款	800 000
固定资产	100 000
贷:实收资本——北京芯力电子材料有限公司	900 000

上述分录就是一笔复合分录。它是由两个借方账户与一个贷方账户相对应组成的。复合会计分录实际上是由若干个简单会计分录复合而成的。如本例复合会计分录是由以下两个简单会计分录合并组成的:

借:银行存款	800 000
贷:实收资本——北京芯力电子材料有限公司	800 000
借:固定资产	100 000
贷:实收资本——北京芯力电子材料有限公司	100 000

通过比较可以看出,编制复合会计分录既可以集中反映某项经济业务的全面情况,又可以简化记账工作。

【例1-13】 12月20日,成都瑞丰工业有限公司收到投资者成都永丰科技有限公司投入的新设备一台,价值300 000元,以及货币资金500 000元,存入银行。经协商,成都瑞丰工业有限公司为成都永丰科技有限公司确定的份额为650 000元。

该项经济业务的发生,使成都瑞丰工业有限公司的银行存款和固定资产分别增加了500 000元和300 000元,应分别记入这两个账户的借方;按照为成都永丰科技有限公司确定的份额,成都瑞丰工业有限公司的实收资本增加了650 000元,差额150 000元作为企业的资本公积,应记入这两个账户的贷方。据以编制会计分录如下:

借:银行存款	500 000
固定资产	300 000
贷:实收资本——成都永丰科技有限公司	650 000
资本公积	150 000

"资本公积"属于所有者权益类账户,用来核算企业收到投资者出资额超出其在注册资本或股本中所占份额的部分。该部分增加时,记贷方;减少时,记借方;期末余额在贷方,反映企业资本公积的实有数额。本账户应当分别设置"资本溢价(股本溢价)""其他资本公积"明细账进行明细核算。

在记账以前,及时准确地编制会计分录,可以保证账户记录的准确性,以便于日后查考。在借贷记账法下,可以编制"一借多贷"或"多借一贷"的会计分录,尽量避免编制多借多贷的会计记录,因为多借多贷会计分录不能体现账户之间的对应关系。经济业务确实需要时除外。

5. 试算平衡

试算平衡,就是根据资产、权益之间的平衡关系和记账规则来检查账户记录是否正确、完整的一种验证方法。

在借贷记账法下,按照"有借必有贷,借贷必相等"的记账规则记账,就使得根据每一

1

项经济业务所编制的会计分录,借贷两方的发生额必然相等。在一定时期内,全部账户的借贷本期发生额合计是每一项经济业务会计分录借贷发生额的累积,因此,将一定时期内(如1个月)反映全部经济业务的所有会计分录,都记入有关账户后,所有账户的借方本期发生额合计数与贷方本期发生额合计数也必然是相等的。所有账户的期末余额,又是以一定的累计发生额为基础进行计算的结果,与此相适应,所有账户的借方期末余额合计数与贷方期末余额合计数也是必然相等的。

无论是"发生额平衡",还是"余额平衡",都是依据资产等于权益的平衡原理及借贷记账法的记账规则推导出来的。然而,在手工条件下,如果在记账过程中发生差错,就可能使借贷金额出现不平衡,进而影响编制会计报表。因此,为了检查和验证账户记录是否正确,以便及时找出差错,查明原因并予以更正,就必须定期进行试算平衡。

借贷记账法的试算平衡有发生额平衡法和余额平衡法两种。

(1)发生额平衡法。发生额平衡法是用来检查账户的借贷方发生额是否相等的方法。其计算公式如下:

$$借方发生额 = 贷方发生额$$

发生额平衡法既可以用来检查每笔经济业务编制的会计分录是否正确,又可以检查一定时期内全部账户的记录是否正确。

(2)余额平衡法。余额平衡法是用来检查全部账户的借方余额合计和贷方余额合计是否相等的方法。其计算公式如下:

$$全部账户借方余额合计 = 全部账户贷方余额合计$$

余额平衡法既可以用来检查期初全部账户的余额是否正确,又可以检查期末全部账户的余额是否正确。

月末,在结出各个账户的本月发生额和月末余额后,依据上述两式可以分别编制本期发生额试算平衡表和期末余额试算平衡表,也可以合并编制期初、期末余额和本期发生额试算平衡表,来进行试算平衡。

【例1-14】 假定成都瑞丰工业有限公司有关账户的期初余额如表1-7所示,本期发生额可参见【例1-9】至【例1-13】所列举的5笔经济业务,据以编制试算平衡表。

表1-7　　　　　　　　　　　　　账户期初余额表　　　　　　　　　　　　单位:元

账户名称	借方余额	账户名称	贷方余额
银行存款	590 000	短期借款	500 000
应收账款	60 000	应付账款	50 000
固定资产	900 000	实收资本	1 000 000
合　计	1 550 000	合　计	1 550 000

各项经济业务编制会计分录以后,即应记入有关账户,这个记账步骤通常称为"过账"。过账以后,一般要在月末进行结账,即结算出每个账户的本期发生额和期末余额。

现将【例1-9】至【例1-13】的会计分录记入下列各账户,并计算出各账户的本期发生额和期末余额。各账户记录如图1-14所示。

借方	银行存款	贷方		借方	短期借款	贷方
期初余额	590 000					期初余额 500 000
(6)	2 000 000	(7) 500 000		(7) 500 000		
(8)	800 000					
(9)	500 000					
发生额合计	3 300 000	发生额合计 500 000		发生额合计 500 000		发生额合计 0
期末余额	3 390 000					期末余额 0

借方	应收账款	贷方		借方	应付账款	贷方
期初余额	60 000					期初余额 50 000
期末余额	60 000					期末余额 50 000

借方	固定资产	贷方		借方	实收资本	贷方
期初余额	900 000					期初余额 1 000 000
(5)	100 000					(5) 100 000
(8)	100 000					(8) 900 000
(9)	300 000					(9) 650 000
发生额合计	500 000	发生额合计 0		发生额合计 0		发生额合 1 650 000
期末余额	1 400 000					期末余额 2 650 000

借方	长期借款	贷方		借方	资本公积	贷方
		(6) 2 000 000				(9) 1 50 000
发生额合计 0		发生额合计 2 000 000		发生额合计 0		发生额合计 150 000
		期末余额 2 000 000				期末余额 150 000

图1-14 【例1-9】—【例1-13】业务各账户记录

根据以上记录,即可编制总分类账户试算平衡表,如表1-8所示。

表1-8

总分类账户试算平衡表

2023年12月31日

单位:元

账户	期初余额		本期发生额		期末余额	
	借方	贷方	借方	贷方	借方	贷方
银行存款	590 000		3 300 000	500 000	3 390 000	
应收账款	60 000		0	0	60 000	
固定资产	900 000		500 000	0	1 400 000	

1

（续表）

账户	期初余额		本期发生额		期末余额	
	借方	贷方	借方	贷方	借方	贷方
短期借款		500 000	500 000	0		0
应付账款		50 000	0	0		50 000
实收资本		1 000 000	0	1 650 000		2 650 000
长期借款		0	0	2 000 000		2 000 000
资本公积		0	0	150 000		150 000
合　计	1 550 000	1 550 000	4 300 000	4 300 000	4 850 000	4 850 000

　　必须指出，试算平衡只是通过借贷金额是否平衡来检查账户的记录是否正确。如果借贷不平衡，就可以肯定账户记录或计算有错误，应查找原因并予以更正。如果借贷平衡，却不能肯定记账没有错误，因为有些记账错误并不影响借贷方的平衡。例如某项经济业务在有关账户中全部漏记或重记；又如某项经济业务记错账户，把应借应贷的账户互相颠倒；再如对某项经济业务，记入有关账户的借贷金额出现同时多记或少记的错误。凡此种种，并不能通过试算平衡来发现，还应通过其他方法发现这些记账错误。这表明只根据试算平衡的结果，并不足以说明账户的记录没有错误。因此，手工条件下，需要对一切会计记录进行日常或定期的复核，以保证账户记录的正确性。

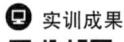 实训成果

项目一
任务二
实训成果
参考答案

📝 自我检测

一、单项选择题

1. 下列关于会计要素的表述中，不正确的是（　　　）。

A. 收入、成本和利润构成利润表的基本框架

B. 资产、负债和所有者权益属于反映财务状况的会计要素

C. 会计要素是用于反映特定会计主体财务状况和经营成果的基本单位

D. 收入、费用和利润属于动态会计要素

2. 某公司"应收账款"总分类账户下设"甲公司"和"乙公司"两个明细账户，"应收账款"总账余额为 500 000 元，"甲公司"明细账户余额为 300 000 元，总账和所属明细账账户余额方向均一致，则"乙公司"明细账户的余额为（　　　）元。

A. 800 000　　　　　　　　　　B. 200 000

C. 300 000　　　　　　　　　　D. 500 000

3. 某公司今年 11 月初资产总额为 2 600 000 元，负债总额为 1 100 000 元，当月接受投资者投资 240 000 元，取得长期借款 90 000 元，则该公司 11 月月末所有者权益总额为（　　　）元。

A. 1 830 000　　　　　　　　　B. 1 500 000

C. 1 190 000　　　　　　　　　D. 1 740 000

4. 下列各项中,( )的增加用"贷"表示。

A. 收入类账户　　　　　　　　B. 资产类账户

C. 成本类账户　　　　　　　　D. 费用类账户

二、多项选择题

1. 资产的特征有( )。

A. 过去的交易或事项形成的

B. 企业日常活动形成的经济利益的总流入

C. 企业拥有或者控制的资源

D. 能够给企业带来未来的经济利益

2. 下列不能作为企业资产核算的有( )。

A. 以融资租赁方式租入的设备

B. 车间计划购买的设备

C. 以经营租赁方式租入的设备

D. 技术上已被淘汰,实物仍然存在的设备

3. 下列反映资金运动静态表现的会计要素有( )。

A. 资产　　　　B. 负债　　　　C. 收入　　　　D. 利润

4. 下列经济业务中,( )的发生不会使"资产＝负债＋所有者权益"这一会计等式左右双方的总额发生变动。

A. 用资本公积转增实收资本　　　B. 从银行提取现金

C. 赊购固定资产　　　　　　　　D. 用银行存款归还短期借款

三、判断题

1. 所有者权益与企业特定的、具体的资产存在直接对应的关系。　　　　( )

2. "资产＝负债＋所有者权益"公式,在期初和期末是相等的,但在会计期间发生收入和费用,这个公式就会被破坏。　　　　( )

项目一 任务二 自我检测 参考答案

 自我评价

本任务完成情况评价表

（在□中打√,A掌握,B基本掌握,C未掌握）

评价指标	自测结果
1. 能够正确判断各项经济活动是否为会计对象	□A □B □C
2. 能够正确区分六大会计要素	□A □B □C
3. 能够正确描述各项资金运动之间的关系	□A □B □C
4. 能够针对经济业务正确地说出所涉及的会计科目	□A □B □C
5. 能够理解会计记账方法原理,正确记录经济业务	□A □B □C

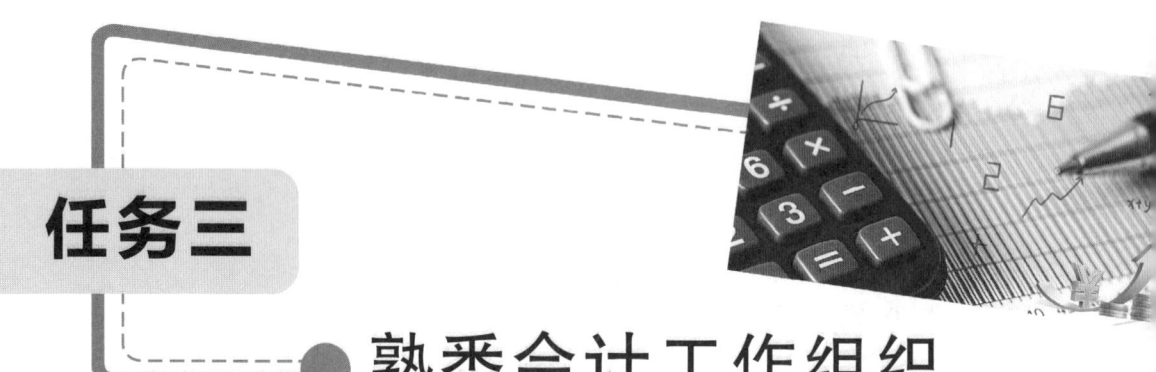

任务三

熟悉会计工作组织

任务描述

　　林晟学习并认识了会计相关知识后,深刻理解到会计工作是一项复杂且精细的管理工作。鉴于公司经营规模不断扩大,业务日益增多,林晟更加意识到会计工作在公司经济管理中的重要性。为了确保会计工作与公司经济管理工作之间的协调与配合,林晟决定采取科学、合理的方式组织会计工作,完善会计机构设置,并为会计部门配备充足的财务人员,同时引入高效的会计核算工具。这样一来,林晟就能确保公司财务管理的顺畅进行,为公司的持续发展提供有力支持。

任务训练

　　1. 根据会计核算工具的描述,为林晟总结会计核算工具包括的具体内容,并进一步协助他清晰地梳理出财务机器人的工作流程。

　　2. 根据会计机构与会计人员的描述,帮助林晟公司设置会计机构和会计人员,并明确会计人员岗位责任。

　　3. 根据会计职业道德的描述,告诉林晟会计人员需具备的会计职业道德。

知识准备

一、会计核算工具

　　随着经济的不断发展,会计核算工具的发展经历了三个主要阶段:手工会计核算、会计软件核算和机器人核算。最初,手工会计核算是唯一的手段,会计人员通过算盘、计算器、会计凭证、会计账簿、财务报表等工具烦琐地进行计算和记录,工作效率较低,且容易出错。随着计算机技术的普及,会计核算软件应运而生,取代了手工记账,大大提高了会计工作的效率和准确性。近年来,随着人工智能技术的飞速发展,机器人核算逐渐成为现实。机器人核算利用先进的人工智能技术和大数据分析,能够自动执行会计核算任务,进一步提高会计工作的效率和准确性。这一系列发展变化,不仅见证了科技的进步,也反映了我国经济的快速发展和对财务管理的需求不断提高。

(一)手工会计核算

手工会计核算的工具是算盘、计算器、会计凭证、会计账簿、财务报表。

1. 算盘

算盘是传统手工会计中最为核心的计算工具。其由一系列的小珠子组成,可以用来进行基本的加减乘除运算。算盘操作简单,不需要电力,因此在过去被广泛使用。尽管现代化的计算器在速度和精度上超越了算盘,但对于许多会计人员来说,珠算仍然是一种重要的技能。

2. 计算器

虽然电子计算器在今天看来是普通的工具,但在早期,它也是一项革命性的技术。与算盘相比,计算器提供了更高的精度和更快的计算速度。然而,由于其价格较高,最初并不是所有的企业都能负担得起。但随着技术的发展和成本的降低,计算器逐渐成为手工会计中不可或缺的工具。

3. 会计凭证

会计凭证是会计工作的基础,它记录了企业所有的经济活动。会计凭证包括原始凭证和记账凭证。原始凭证,是记录经济业务已经发生、执行或完成,用以明确经济责任,作为记账依据的最初的书面证明文件,如出差乘坐车船的票、采购材料的发货票、到仓库领料的领料单等。原始凭证是在经济业务发生的过程中直接产生的,是经济业务发生的最初证明,在法律上具有证明效力。记账凭证,是会计人员根据审核无误的原始凭证或汇总原始凭证,用来确定经济业务应借、应贷的会计科目和金额而填制的,作为登记账簿直接依据的会计凭证。

会计凭证的准确性对于会计记录至关重要,因为它们是编制财务报表的基础。

4. 会计账簿

会计账簿是会计记录的载体,是会计数据的主要存储工具。会计账簿是指由一定格式的账页组成,以会计凭证为依据,全面、系统、连续地记录各项经济业务的簿籍。企业通过将会计凭证中反映的经济内容过入相应账簿,可以全面反映会计主体在一定时期内所发生的各项资金运动,储存所需要的会计信息;通过账簿的设置和登记,可以将企业不同的信息分门别类地加以反映,提供企业一定时期内经济活动的详细情况,也可以反映企业财务及经营成果状况。账簿分为总账、明细账等不同的类型,每种账簿都有其特定的用途。

会计账簿的准确性对于财务报表至关重要,因为它们为编制财务报表提供了数据来源。

5. 财务报表

财务报表,是对日常核算的资料按一定的表格形式进行汇总反映和综合反映的报告文件。由于日常核算资料具有零星、分散、量大等特点,为了便于各级管理人员一目了然地掌握企业一定时期的经济活动情况及其效益,必须将日常核算的资料按统一规定的格式和口径进行汇总和综合。财务报表包括资产负债表、利润表、现金流量表、所有者权益

1

变动表及附注。

财务报表编制过程中涉及大量的数据处理和计算工作,因此需要使用算盘、计算器等工具辅助完成。

（二）会计软件核算

信息化环境下,会计业务的处理将极大简化成根据原始凭证或原始凭证汇总表直接登记日记账、明细账;根据原始凭证直接编制财务报表。而编制记账凭证、登记总账、账账核对等业务则全部取消,财务报表的编制也不必等到月末定期进行。会计软件核算由计算机软件取代了部分人工核算工作,实现了计算能力和存储能力的巨大飞跃。所以会计软件核算工具就只包括原始凭证、会计核算软件。

原始凭证作为会计软件核算的基础,它详细记录了企业的经济活动,并为后续的账务处理提供了原始数据。

会计核算软件是会计信息化的核心,它们利用计算机技术进行数据输入、处理和存储,替代了部分传统的手工核算工作。这种转变极大地提高了会计工作的效率和准确性。会计核算软件,是专门用于会计核算工作的电子计算机应用软件,包括采用各种计算机语言编制的用于会计核算工作的计算机程序,从而替代人工,实现会计核算任务。大部分的会计核算软件将会计核算系统按功能划分为若干个相对独立的子系统,子系统每一部分的功能简单明了并相对独立,各子系统的会计信息相互传递与交流,形成完整的会计核算系统。会计核算软件中具备的能相对独立地完成会计数据输入、处理和输出功能的各个部分,被称为会计核算软件的功能模块。

会计核算软件的功能模块包括以下部分:

1. 账务处理模块

账务处理模块包含账套建立、凭证处理、凭证查询、对账、结账以及凭证打印等功能。

2. 报表处理模块

报表处理模块包含财务报表结构的设置、财务报表的计算、财务报表数据汇总、财务报表查询以及打印等功能。

3. 固定资产核算模块

固定资产核算模块包含建立固定资产卡片、固定资产信息的录入、固定资产折旧的计提、固定资产信息查询以及打印等功能。

4. 工资核算模块

工资核算模块包含工资表格结构的设置、职工基础资料的录入、工资的计算汇总、工资的信息查询以及打印等功能。

5. 其他模块

其他模块包含存货的核算、成本的核算、应收应付款的核算等功能。

（三）机器人核算

财务机器人,是机器人流程自动化在会计领域具体应用的一系列财务数字化应用技术。它针对财务的业务内容和流程特点,以自动化替代财务手工操作,辅助财务人员完成交易量大、重复性高、易于标准化的基础业务,从而优化财务流程,提高业务处理效率和质量,减少财务合规风险,使资源分配在更多的增值业务上,促进财务转型。机器人核算工具通常包括基于人工智能技术实现的企业财务机器人、基于数字化技术实现的机器人流程自动化等。

1．企业财务机器人

（1）财务机器人的应用。目前财务机器人主要应用于智能票据识别、智能账务审核、智能账务核算、智能财务报表等方面。

① 智能票据识别。通过光学字符识别技术以及基于卷积神经网络的深度学习算法，将单据上的信息进行有效提取，达成对基础数据的智能提取和影像采集。通过计算机进行传递，完成后续的自动账务核算。单据的智能识别应用减少了发票信息的录入、审核工作量。人工智能识别的准确率在95%以上，基本上达到可用门槛。目前财务机器人的票种可以覆盖增值税发票、打车票、机票行程单、火车票、汽车票、通行费等大部分国内票据。增值税发票的识别准确率可以达到99%以上，其他发票的准确率可以达到95%以上。

② 智能账务审核。通过内置财务审核规则，替代原有的人工审核方式，精准实现规范全面的财务审核。在财务领域，人工智能除了识别票据，还可以进行业务真实性、报销单规范性、票据合规性、单据完整性、金额准确性等内容的审核。智能账务审核依照财税相关规定、发票管理办法、结合企业内部规章制度等内容进行规范性审核。通过人工智能，财务最繁重、管控最容易错漏的环节可以实现智能化，效率、质量、全面性得到大幅提升。

③ 智能账务核算。智能账务核算环节是财务机器人的关键环节，财务机器人通过光学字符识别技术（OCR）对票据进行识别，读取发票并提取相关信息，如发票号码、供应商名称、发票联次、明细项目、数量、金额等信息。利用自然语言处理和建模完成对该单据的业务场景和业务行为的识别，结合机器人流程自动化技术自动完成信息系统中的部分流程操作。智能账务核算是在完成原始凭证等相关基础数据识别和收集的基础上，完成单据的会计分录编制，自动完成账务处理。

④ 智能财务报表。财务机器人，是基于人工智能技术，将财务管理规范和相关制度的执行标准，贯彻到财务机器人中的应用。企业应用财务机器人，有利于财务人员从传统的核算型转向管理型方向，从而提升企业管控效率。计算机的计算能力是人工无法超越的，在财务分析方面，人工智能可以很好地运用这一优势。单据经过机器人自动识别，完成智能账务核算，数据整合最终形成财务报表。在传统账务处理模式下，针对财务数据制作分析图表费时费力，利用财务机器人和计算机应用就能自动出具相关分析数据图表，实现多维分析。财务人员可以通过对比其中的差异及不合理之处，提出相应的改善建议。

（2）财务机器人工作流程。本教材主要介绍的是基于人工智能技术实现的从自动票据识别、数据采集到自动生成凭证的企业财务机器人，其业务工作流程包含期初建账、基础信息设置、票据管理、业务票据建模、Excel 数据建模、成本核算建模、费用归集建模等，主要工作流程如图 1-15 所示。

① 期初建账。

企业首次使用财务机器人时，应先在财务机器人云平台中建立企业财务机器人账套。进入会计基础与智能应用云平台的【基础设置】—【账套管理】界面中，为企业财务机器人创建账套，如图 1-16 所示。

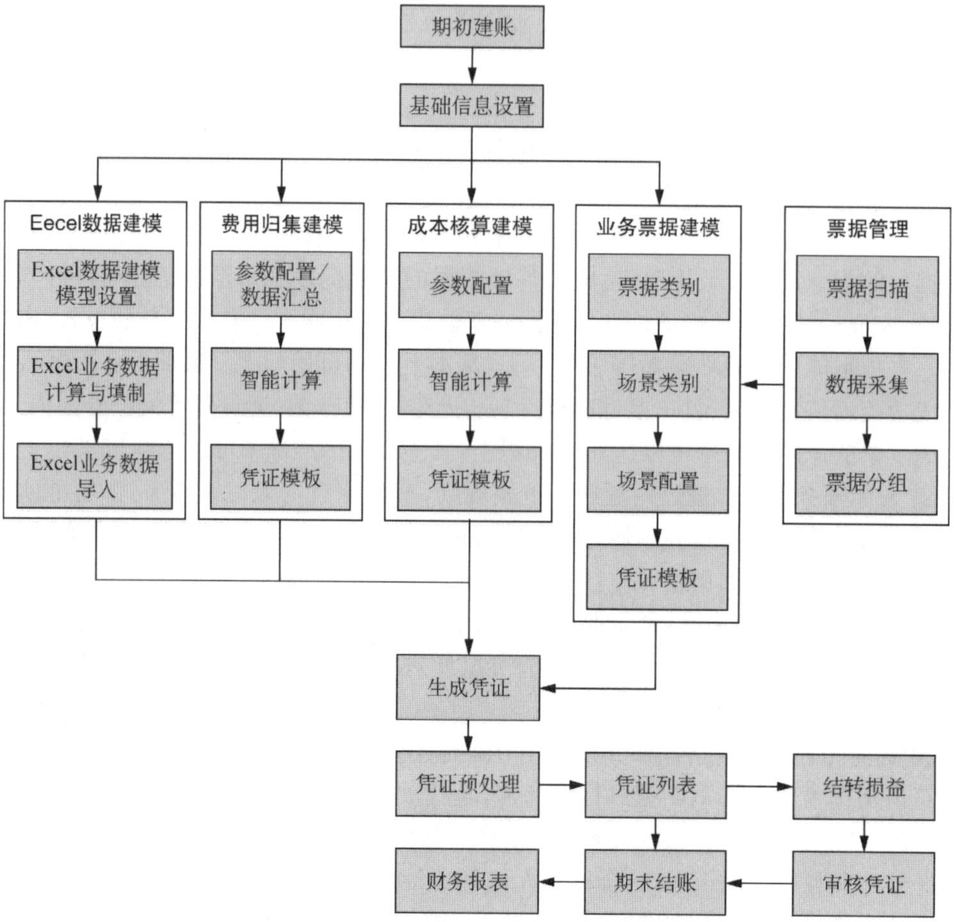

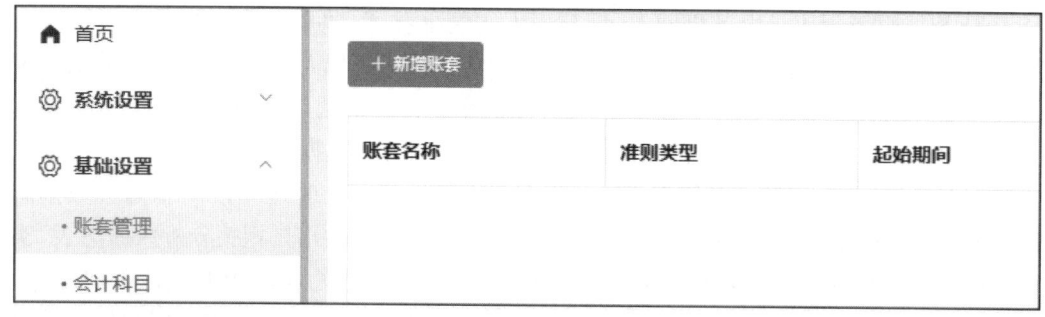

图 1-15　财务机器人的工作流程图

```
♠ 首页
⚙ 系统设置            ⌄
⚙ 基础设置            ⌃
  · 账套管理
  · 会计科目
```

＋ 新增账套

账套名称	准则类型	起始期间

图 1-16　账套管理界面

新建账套包括账套名称、会计准则和起始期间。账套名称可以与企业名称保持一致，会计准则和起始期间按照企业实际情况进行设置，成都瑞丰工业有限公司的账套信息填制界面如图 1-17 所示。账套创建完成后便可进行企业相关的基础信息设置。

② 基础信息设置。

账套建立后，接着要对企业基础信息进行设置。需要设置的企业基础信息包括会计科目设置、辅助核算设置和科目期初设置。

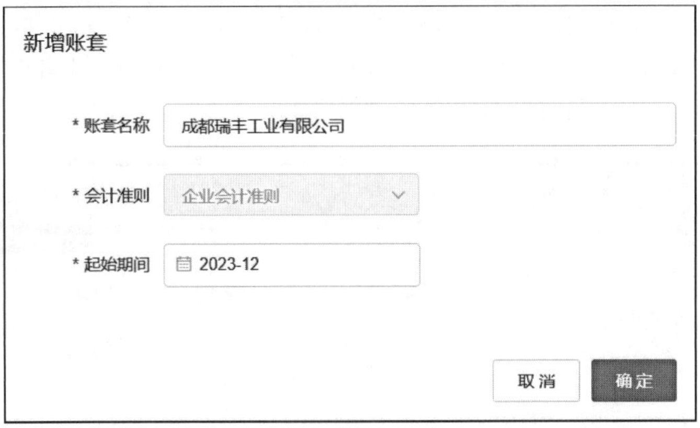

图 1-17　账套信息填制界面

会计科目设置是为当前账套设置要使用的会计科目，系统预置了部分常用科目，必要时可以利用【新增】或【添加子科目】来增加资产类、负债类、共同类、权益类、成本类和损益类的新科目，成都瑞丰工业有限公司的会计科目设置界面如图 1-18 所示。

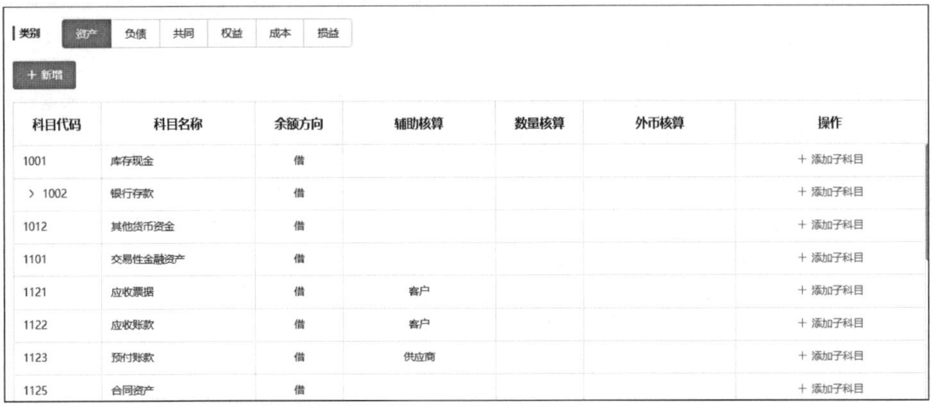

科目代码	科目名称	余额方向	辅助核算	数量核算	外币核算	操作
1001	库存现金	借				+ 添加子科目
> 1002	银行存款	借				+ 添加子科目
1012	其他货币资金	借				+ 添加子科目
1101	交易性金融资产	借				+ 添加子科目
1121	应收票据	借	客户			+ 添加子科目
1122	应收账款	借	客户			+ 添加子科目
1123	预付账款	借	供应商			+ 添加子科目
1125	合同资产	借				+ 添加子科目

图 1-18　会计科目设置界面

辅助核算设置是企业经济业务运行情况的相关基本信息设置，包括供应商和客户等档案信息、部门和职员等组织机构信息、项目和明细信息等。图 1-19 所示的界面为成都瑞丰工业有限公司的供应商档案、客户档案、部门档案、职员档案、项目信息和明细信息等，可对其进行新增或修改。

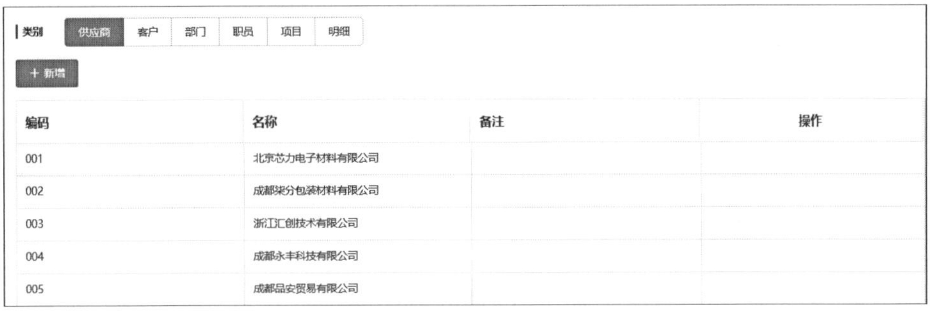

编码	名称	备注	操作
001	北京芯力电子材料有限公司		
002	成都柒分包装材料有限公司		
003	浙江汇创技术有限公司		
004	成都永丰科技有限公司		
005	成都品安贸易有限公司		

图 1-19　辅助核算设置界面

科目期初是企业各个科目的期初余额,在会计基础与智能应用平台中默认科目期初余额全部为空,可以通过表格自行导入科目期初数据(有无导入科目期初余额并不影响业务票据建模操作)。科目期初界面如图 1-20 所示。

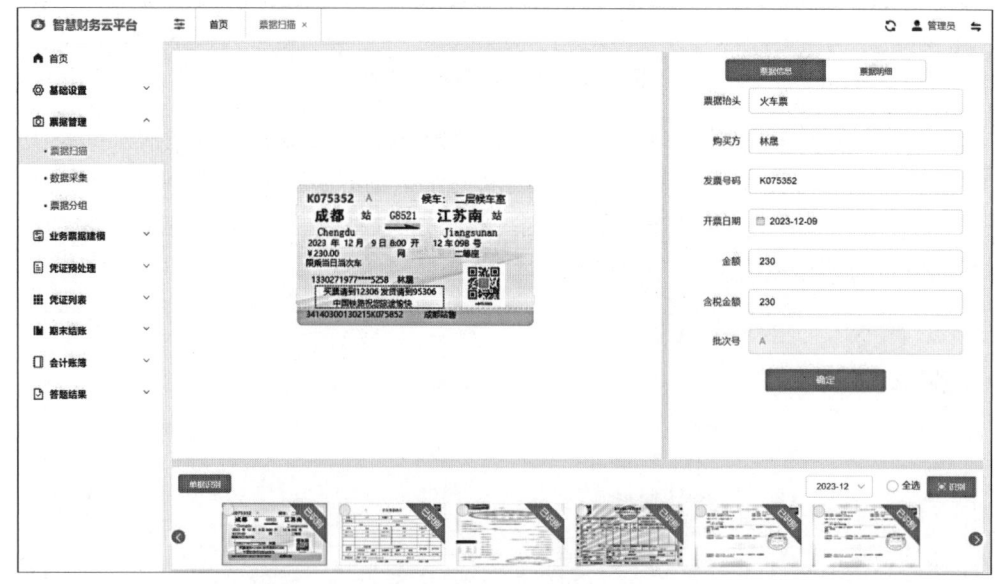

图 1-20　科目期初界面

③ 票据管理。

本书提供的会计基础与智能应用平台中的票据管理包含票据扫描、数据采集与票据分组功能。其中,票据扫描功能是模拟票据扫描,票据会计在【票据扫描】模块中获取票据信息后,选择票据,点击"识别"按钮,就能获取相关影像票据的信息。影像识别后若发现识别错误,可以直接在票据信息或票据明细中修改相关数据,点击"确定"即可。该功能主要针对一些纸质票据,例如动车票、的士票、航空运输电子客票行程单、差旅费报销单、借款单、银行回单等票据。票据扫描界面如图 1-21 所示。

图 1-21　票据扫描界面

数据采集功能是从一些接口开放的系统中获取票据信息。例如从税务数字账户中采集数电发票信息,从仓储系统中采集领料单的信息。票据会计在【数据采集】模块中选择账期、数据采集来源,再点击"数据采集"即可从选择的数据采集来源系统中获取最新的票据信息。数据采集界面如图 1-22 所示。

图 1-22　数据采集界面

票据扫描识别、数据采集完成,业务会计完成业务票据建模后,在【票据管理】—【票据分组】中选中票据进行分组(每组限制选择 30 张票据),分组完成后提交分组,智能生成记账凭证,生成凭证后,凭证跳转到【凭证预处理】—【业务票据凭证】中。

④ 业务票据建模。

财务机器人业务票据建模功能包括票据类别、场景类别、场景配置、凭证模板等功能模块。

A. 票据类别。

票据类别是业务建模的首要环节,其核心工作是对单据进行简单分类并设置筛选条件,方便后续场景设置和凭证模板的配置。票据类别的设置可根据业务票据类别新增大类、新增细类、选择票种和设置筛选条件。设置票据类别的流程如图 1-23 所示。

图 1-23　票据类别设置流程

a. 新增票据大类和细类。

企业取得或开具的票据通常有增值税发票、银行回单、行程单、动车票、报销单、入库

1

单等单据。以增值税发票为例,增值税发票有电子发票(增值税专用发票)与电子发票(普通发票)。根据其业务特性,分类时可以将其分为两类,采购增值税发票和销售增值税发票。进一步,采购增值税发票又可细分类别为采购数电专票、采购数电普票;销售增值税发票大类可细分为销售数电专票、销售数电普票。当然,票据分类规则并不唯一,可按实际业务需要合理设置。

知识点拨

票据类别仅能设置到二级类别,即新增大类和新增细类。

b. 选择票种。

定义票据类别后,接着在系统预先内置的票种中,选择与当前票据相匹配的票种。系统预先内置的票种有:电子发票(增值税专用发票)、电子发票(普通发票)、火车票、行程单、银行回单、收款收据等,正确选择票种将为后续业务模板的定义做好保障。

c. 筛选条件。

筛选条件的作用是帮助财务机器人对识别的票据进行内容判断,以确定该张票据是否是本公司的票据,或者是否是指定的票据联次,或者是否是指定的主体企业等。筛选条件设置由三部分组成:筛选项、操作符和匹配值。筛选项指的是票据中包含的票面信息;操作符用于连接筛选项和匹配值,操作符有包含、不包含、等于、不等于、为空和不为空六个选项;匹配值是手动输入项目,根据实际需要由人工自行设置。

知识点拨

操作符为"等于"时意味着筛选项要与匹配值完全相等;操作符为"包含"时则意味着筛选项仅需与匹配值部分匹配即可。另外,输入匹配值时要注意是否多输入了无效空格,导致值与筛选项不匹配,从而造成单据生成错误情况的发生。

B. 场景类别。

场景类别设置是对企业的经济业务场景进行分类。场景类别设置包括新增大类、新增细类、选择票种和设置筛选条件等。场景类别设置流程如图 1-24 所示。

图 1-24　场景类别设置流程

a. 新增场景大类和细类。

在场景大类设置中,可将经济业务场景划分为采购场景、销售场景、报销场景、往来场景等,当然这种划分并非唯一分类标准,实际中可按照需要自行划分。

在场景大类基础上可继续划分场景细类,细类场景要突出经济业务的特点。

b. 选择票种。

选择票种是为当前经济业务设置与此业务对应的票种,每笔经济业务都有与其相关的票据,这些票据进一步证明了此笔业务的性质。

c. 设置筛选条件。

筛选条件进一步对该笔经济业务的特征进行了限定,以利于财务机器人根据票据中的信息自动识别该笔经济业务。

C. 场景配置。

场景配置针对不同的业务场景将场景类别与票据类型做进一步的整合,以确定某业务场景与票据间的对应关系。实际发生的某笔业务可能与一张票据有关,也可能与多张票据有关,场景配置可将一张或多张票据组合于一个业务场景下,为后续针对此场景自动生成凭证作好准备。场景配置包括新增主场景、新增场景、选择场景类别、选择票据类别、设置组合名称等操作。场景配置设置流程如图 1-25 所示。

图 1-25　场景配置设置流程

D. 凭证模板。

每一个业务场景都应有对应的凭证模板,该凭证模板将为此业务场景生成具体的凭证。凭证模板设置包括凭证头设置、分录设置、辅助核算、合并及排序四个部分,如图 1-26 所示。

图 1-26　凭证模板设置流程

a. 凭证头设置。

凭证头内容设置项目有模板名称、记账日期、凭证字、制单人和推送方式。模板名称为必填项,可自行定义。记账日期有开票日期、交易日期和制单日期。凭证字为记账凭证。制单人为主体企业的业务会计。推送方式有手动推送和自动推送两种方式可选。

b. 分录设置。

分录设置是凭证模板设置的核心内容,分录设置的正确与否关系到单据能否正确识别并生成记账凭证。分录设置项目有摘要、科目来源、科目、科目匹配类型、方向、金额取值公式、结算方式、单据日期、币别和取值匹配。

c. 辅助核算。

辅助核算项有客户、供应商、部门、职员、项目、明细六个项目。需要进行辅助核算的项目,在辅助核算处设置相应的取值规则。辅助核算处的固定栏位会预设销售方、购买方、收款方名称、付款方名称、经办人等取值项目,根据需要选取相应的项目进行匹配即可。

d. 合并及排序。

凭证合并方式是对各个票据组合形成的会计分录进行合并。凭证合并方式分为两种,一种是不合并,另一种是按批次合并。不合并是所有票据都各自产生凭证,不做合并。按批次合并是将属于同一个批次号的单据,合并生成一笔记账凭证。分录合并方式分为五种:不合并、相同方向合并、完全合并、仅借方合并和仅贷方合并。不同的分录合并方式形成的记账凭证也不同。分录自定排序系统默认不启用,若选择启用,则可以按照设定的排序条件进行排序,排序条件有摘要、组号、借贷方和科目四项。

⑤ Excel 数据建模。

Excel 数据建模功能主要针对的是期末摊销、期末计提、期末结转等业务凭证的自动生成,这些业务没有对应的原始票据,因此,其凭证的自动生成也就不能通过扫描和识别票据的方式来实现,而需借助系统提供的 Excel 数据建模功能。Excel 数据建模功能主要包括模型配置、模板下载、Excel 数据导入和 Excel 数据凭证异常。

A. 模型配置。

模型配置是对期末计提、摊销、结转、分摊等业务配置 Excel 模型的过程。期末计提、摊销、结转、分摊等业务通常每月都会发生,且业务处理过程相对固定,因此,可对这些业务进行 Excel 模型配置,为后续财务机器人基于 Excel 模型自动生成相应凭证作好准备。

模型配置分三步:凭证头设置、分录设置、合并及排序。凭证头设置是设置业务凭证基础信息,包括模板名称、文档类型、推送方式、制单人等。分录设置是模型配置中最重要的环节,其包括的项目有摘要、科目、明细设置、方向和金额取值等。合并及排序则是对分录合并方式和分录自定义排序项目进行配置。

B. 模板下载。

模板下载功能支持用户下载通用计提表、通用摊销分配表、产品成本计算表、营业成本计算表等表单。下载完成后,可根据企业背景和相关信息在模板中填制业务数据,为后续财务机器人自动生成业务凭证提供数据支持。

C. Excel 数据导入。

每个月末完成 Excel 模板表格中的数据填制工作后,可将该 Excel 文件上传至系统中,财务机器人就可依据此数据和 Excel 凭证模型自动生成相应凭证。

D. Excel 数据凭证异常。

上述三个步骤若存在错误,则会导致财务机器人不能正常生成凭证。此时 Excel 数据凭证异常功能就会给出异常提示。对于异常,需要解决对应的问题,问题解决后可尝试重新生成凭证。

⑥ 成本核算建模。

成本核算建模主要针对的是直接人工归集分配、制造费用归集分配、产品成本核算等业务的凭证生成。通常工业企业生产业务的成本核算都在此功能模块中进行。成本核算建模每个模块下是通过参数配置、智能计算、凭证模板、生成凭证、数据重置这些功能模块进行建模设置的。其中,参数配置是令财务机器人根据待分配金额记账科目、待分配金额记账科目类型从科目余额表中取值,并在此设定成本分配方法、分配标准等;智能计算是财务机器人根据获取待分配科目的金额,按照设定的分配方法、分配标准,智能计算分配率以及分配到每个产品对象的成本;凭证模板为设置该成本核算业务场景生成的凭证模板,此处需设置科目、方向、取值对象及制单人;生成凭证即令财务机器人根据凭证模板生成凭证;数据重置是将参数配置和凭证模板清空,重置分配数据。

⑦ 费用归集建模。

费用归集建模主要针对的是固定资产折旧、无形资产折旧、当期费用、摊销费用等业务的凭证生成。费用归集建模包含固定资产折旧归集、无形资产摊销归集、当期费用归集与跨期费用归集模块。其中,固定资产折旧归集、无形资产摊销归集模块通过数据汇总、凭证模板设置、生成凭证三个功能模块进行建模设置;当期费用归集、跨期费用归集模块建模设置原理与成本核算建模相同。

⑧ 凭证预处理。

凭证预处理包含业务票据凭证、Excel 数据凭证和成本核算凭证三个功能模块。

A. 业务票据凭证。

财务机器人根据扫描识别到的业务票据,基于定义好的业务票据模型自动生成凭证,生成的凭证根据凭证模板中定义的凭证推送方式的不同,其查看方式也有所不同。

若凭证模板的凭证推送方式为自动推送,则财务机器人生成的凭证就会自动推送到【凭证列表】界面。若凭证模板的凭证推送方式为手动推送,则财务机器人生成的凭证会自动出现在【凭证预处理】—【业务票据凭证】界面中,在此页面可进一步将凭证手动推送到【凭证列表】界面。出现在【凭证列表】界面中的凭证就是财务机器人成功自动生成的记账凭证。

图 1-27 所示的是未推送前的财务机器人自动生成的业务票据凭证。

	账期	凭证号	凭证日期	摘要	会计科目		借方金额	贷方金额	附件	制单人	批次	影像	凭证合并	分录合并	推送状态
☐	2021-06	记-1	2021-06-14	采购运输服务	640109 主营业务成本-运费		3,000.00								
				采购运输服务	22210101 应交税费-应交增值税-进项税额		270.00		1						
				采购运输服务	220201 应付账款-供应商	辅		3,270.00				影像	不合并	不合并	未推送
☐	2021-06	记-2	2021-06-06	采购运输服务	220201 应付账款-供应商	辅		632.20							
				采购运输服务	640109 主营业务成本-运费		632.20		1			影像	不合并	不合并	未推送

图 1-27　业务票据凭证

B. Excel 数据凭证。

财务机器人基于设计好的 Excel 模型和当月数据自动生成 Excel 数据凭证后,可在【Excel 数据凭证】界面查看相应的凭证,对于确认无误的凭证可进一步手动推送到【凭证列表】界面,完成财务机器人的自动凭证生成任务。若 Excel 凭证模型设置为自动推送模式,则财务机器人会将自动生成的凭证直接推送到【凭证列表】界面。图 1-28 所示的是未推送前的财务机器人自动生成的 Excel 数据凭证。

C. 成本核算凭证。

成本核算凭证模块主要显示成本核算建模与费用归集建模智能生成的记账凭证,该

1

	账期	凭证号	凭证日期	摘要	会计科目	借方金额	贷方金额	附件	制单人	凭证合并	分录合并	推送状态
	2021-04	记-1	2021-04-30	计提增值税	22210104 应交税费-应交增值税-转出未交增值税	23497.21		1	赵萌	不合并	不合并	未推送
				计提增值税	222102 应交税费-未交增值税		23497.21					

图 1-28　Excel 数据凭证

类凭证已经智能推送到【凭证列表】界面,因此无须再进一步推送。

⑨ 凭证列表与期末结账。

A. 凭证列表。

凭证列表包含凭证列表和审核凭证。其中,凭证列表将显示推送过来的记账凭证,此模块下业务会计可查看相关记账凭证及其票据影像,并对记账凭证进行"删除""凭证号排序""导出凭证"和"批量打印"的操作,如图 1-29 所示。审核凭证模块包含审核与反审核功能,在此处审核会计可对智能生成的记账凭证进行审核,如图 1-30 所示。

2023年第12期 ▾	凭证号	凭证日期	摘要	会计科目	借方金额	贷方金额	附件张数	制单人	影像	操作
	记-1	2023-12-08	员工申请出差借款	122102 其他应收款-职员	2,000.00		1	王欣	影像	详情 编辑
			员工申请出差借款	224102 其他应付款-职员		2,000.00				
	记-2	2023-12-08	支付员工出差借款	224102 其他应付款-职员	2,000.00		1	王欣	影像	详情 编辑
			支付员工出差借款	100201 银行存款-中国银行成都分行621600155639		2,000.00				

图 1-29　凭证列表

筛选条件 ▾	凭证号	凭证日期	摘要	会计科目	借方金额	贷方金额	附件张数	制单人	审核人	审核状态	影像	操作
	记-1	2023-12-08	员工申请出差借款	122102 其他应收款...	2,000.00		1	王欣	程雨	已审核	影像	详情 反审核
			员工申请出差借款	224102 其他应付款...		2,000.00						
	记-2	2023-12-08	支付员工出差借款	224102 其他应付款...	2,000.00		1	王欣	程雨	已审核	影像	详情 反审核
			支付员工出差借款	100201 银行存款-...		2,000.00						

图 1-30　凭证审核

B. 期末结账。

期末结账下包含结账模块,该模块提供生成结转损益记账凭证功能、结账与反结账功能。当审核会计审核完结转损益的记账凭证后,便可进行"结账"。若结账后发现账务处理有问题,可进行"反结账",修改相关问题后重新"结账"。结账界面如图 1-31 所示。

图 1-31　结账

2．机器人流程自动化

机器人流程自动化,简称 RPA,是使计算机软件按照预先设定的程序自动完成重复性高且具有明确规则的工作。RPA 财务机器人将财务中交易频率大、业务重复性高、流程标准化的业务内容和工作流程,以自动化手段代替传统手工操作。这不仅能优化传统财务流程、提高工作效率和工作质量,还能减少财务合规风险,促进财务转型。

RPA 财务机器人的应用案例有:增值税机器人、费用机器人、合同智能审查机器人、应收应付机器人、自动账务核算机器人、财报机器人等。

(1) 增值税机器人:增值税发票管理、对进项和销项数据进行分析、加强企业风险管控。

(2) 费用机器人:审核费用报销的合规性、完整性、规范性、准确性。

(3) 合同智能审查机器人:针对合同文本量大、有全文核对需求的企业,控制合同风险。

(4) 应收应付机器人:对取得的发票全流程监控,提高对账速度、开票效率,对应收应付款项进行管理分析、建立客户信用档案。

(5) 自动账务核算机器人:对账务核算进行全流程自动化,提高工作时效。

(6) 财报机器人:数据汇总、一键生成报表。

当前的 RPA 技术还停留在流程自动化方面,并没有融入更多的人工智能技术应用,因而,现阶段财会领域中的 RPA 产品主要作为财务核算和管理的辅助性工具,起到提高工作效率、不间断执行、降低出错率等作用。未来 RPA 发展的方向是运用人工智能、机器学习以及自然语言处理等技术,进一步实现非结构化数据处理、全流程自动化、预测决策分析、自动任务接收和智能执行等功能。

二、会计机构与会计人员

会计机构,是指各单位内部设置的办理会计事务的职能部门。会计人员,是指依法从事会计工作的人员。建立健全会计机构,配备与工作要求相适应的、具有一定素质和数量的会计人员,是各单位做好会计工作,充分发挥会计职能作用的重要保证。

微课视频:
财务机器人
工作流程(上)

(一)会计机构的设置

《会计法》规定,各单位应当根据会计业务的需要,设置会计机构,或者在有关机构中设置会计人员并指定会计主管人员;不具备设置条件的,应当委托经批准设立从事会计代理记账业务的中介机构代理记账。这是对各单位是否设置会计机构、如何设置会计机构的法律规定。其包括三个层次:

微课视频:
财务机器人
工作流程(下)

1．根据业务需要设置会计机构

根据《会计法》的规定,各单位可根据会计业务需要决定是否单独设置会计机构。一个单位是否单独设置会计机构,往往需考虑以下几个因素:一是单位规模的大小;二是经济业务和财务收支的繁简;三是经营管理的要求。一般来说,大、中型企业和具有一定规模的行政、事业单位,以及财务收支数额较大、会计业务较多的社会团体和其他经济组织,应单独设置会计机构,以便及时组织本单位各项经济活动和财务收支的核算,实行有效的会计监督。对于不具备单独设置会计机构的单位,如财务收支数额不大、会计业务比较简单的企业、机关、团体、事业单位等,可以将业务并入其他职能部门或者实行代理记账。

2. 不单独设置会计机构

不单独设置会计机构的,在有关机构中设置会计人员并指定会计主管人员。这是会计机构设置的另一种形式。这种形式一般在行政机关、事业单位和会计业务不多的中小企业中比较多见。这里的"会计主管人员"不同于通常所说的"会计主管""主管会计"等,而是指负责组织管理会计事务、行使会计机构负责人职权的相关人员,是中层管理人员,要按照规定程序任免。《会计法》规定在会计人员中指定会计主管人员。目的是强化责任制度,防止会计工作无人负责的局面。

3. 不具备会计机构设置条件

不具备会计机构设置条件的,应当委托经批准设立从事会计代理记账业务的中介机构记账。

另外,《会计法》规定,会计机构内部应当建立稽核制度。出纳人员不得兼任稽核、会计档案保管和收入、支出、费用、债权债务账目的登记工作。这是对会计机构建立内部稽核制度和出纳人员不得兼职部分岗位的规定。其包括以下两个方面的内容:

(1) 会计机构内部应当建立稽核制度。内部稽核不同于内部审计,前者是会计机构内部的一种工作制度,而后者是单位在会计机构以外另行设置的内部审计机构或者内部审计人员对会计工作进行再检查的一种制度。会计机构内部稽核内容主要是:①财务、成本、费用等计划指标项目是否齐全,编制依据是否可靠,有关计算是否正确,各项计划指标是否衔接等;②审核实际发生的经济业务或财务收支是否符合有关法律、法规、规章制度的规定;③审核会计凭证、会计账簿、会计报表和其他会计资料的内容是否合法、真实、准确、完整,手续是否齐全,是否符合有关法律、法规、规章制度的规定;④审查各项财产物资的增减变动和结存情况,账实是否相符等。

(2) 出纳人员不得兼任稽核、会计档案保管和收入、支出、费用、债权债务账目的登记工作。根据有关规定和各单位的实际情况,出纳一般有以下职责:①办理现金收付和银行结算业务;②登记库存现金和银行存款日记账;③保存库存现金和各项有价证券;④保管有关印章、空白收据和空白支票。由于上述职责,出纳人员不可既管钱款,又管复核,不可再兼任其他岗位,但可以登记固定资产账簿。

(二) 会计工作岗位设置

会计工作岗位,是指一个单位会计机构内部根据业务分工而设置的职能岗位。在会计机构内部设置会计工作岗位,有利于明确分工和确定岗位职责,建立岗位责任制;有利于会计人员钻研业务,提高工作效率和质量;有利于会计工作的程序化和规范化,加强会计基础工作,还有利于强化会计管理职能,提高会计工作的作用;是配备数量适当的会计人员的客观依据之一。

对于会计工作岗位的设置,《会计基础工作规范》提出了如下示范性的要求:

(1) 根据本单位会计业务的需要设置会计工作岗位。各单位会计工作岗位的设置应与其业务活动规模、特点和管理要求相适应,保证会计信息的生成、加工和传递真实可靠、及时有效。

(2) 符合内部牵制制度的要求。根据《会计基础工作规范》的规定,会计工作岗位,可以一人一岗、一人多岗或者一岗多人。但出纳人员不得兼管稽核、会计档案保管和收入、费用、债权债务账目的登记工作。在设置会计工作岗位时,必须遵循"不相容职务相分离原则"。

(3) 会计人员的工作岗位要有计划地进行轮换,以促进会计人员全面熟悉业务和不断提高业务素质。

(4) 要建立岗位责任制度。会计工作岗位责任制是指明确各项会计工作的职责范围、具体内容和要求,并落实到每个会计工作岗位或会计人员的一种会计工作责任制度。设计会计岗位责任制是为了明确每一位会计人员的职责,做到事事有人管,人人有专责,从而提高会计工作效率,保证会计信息质量。

根据《会计基础工作规范》和有关制度的规定,会计工作岗位一般分为:总会计师(或行使总会计师职权)岗位;会计机构负责人(会计主管人员)岗位;出纳岗位;稽核岗位;资本、基金核算岗位;收入、支出、债权债务核算岗位;工资核算、成本费用核算、财务成果核算岗位;财产物资的收发、增减核算岗位;总账岗位;对外财务会计报告编制岗位;会计电算化岗位;会计档案管理岗位等。

对于会计档案管理岗位,在会计档案正式移交之前,属于会计岗位;正式移交档案管理部门之后,不再属于会计岗位。档案管理部门的人员管理会计档案,不属于会计岗位。医院门诊收费员、住院处收费员、药房收费员、药品库房记账员、商场收费(银)员所从事的工作均不属于会计岗位。单位内部审计、社会审计、政府审计工作也不属于会计岗位。

1979年长春第一汽车制造厂应用计算机进行工资计算,标志我国电算化会计的开始,也标志着计算机技术应用于会计部门。随着20世纪80年代计算机在全国各个领域的应用推广和普及,计算机技术在会计部门的应用也得以迅速发展。手工会计环境下依据会计业务内容设置的会计岗位也发生了变革,在计算机环境下的会计岗位设置主要依据数据形态不同构建。如《会计电算化工作规范》规定:会计电算化后的工作岗位可分为基本会计岗位和电算化会计岗位。基本会计岗位可包括会计主管、出纳、会计核算各岗、稽核、会计档案管理等工作岗位;电算化会计岗位可包括电算主管、软件操作、审核记账、电算维护、电算审查、数据分析等。

(三) 信息化时代下的会计岗位设置

在信息化的背景下,原本的企业会计部门结构已无法满足组织需要,与组织架构变化相适应的会计部门是帮助企业在激烈的市场竞争中获胜的关键。能够更加高效、更加迅速地对变化作出反应的会计岗位才是企业真正需要的。

由于财务系统以价值形式综合反映企业人力、物力和财力资源的事前、事中、事后控制与实际生产经营过程及其业绩的全部信息,信息化环境下的会计岗位设置应突出整个财务系统的设置,而不是传统的单一账务系统设置。会计岗位设置不再像手工会计以及传统电算化会计中的岗位设置,不面向具体职能而设岗,而是面向企业组织结构、运作机制等流程性因素来设置岗位。

(1) 预测与决策岗位。预测与决策岗位的设置可具体分解为筹资、投资、营运资金、成本、销售与利润、经济效率等岗位。在传统的会计职能岗位设置中,岗位设置为组织而定,而在信息化环境下则要从组织决定流程转向流程决定组织。通过企业在营运过程中所经历的一系列流程,建立总的预测与决策程序来压缩管理层次,建立扁平式的会计组织,提高运作效率。

(2)计划与控制岗位。计划与控制岗位的设置可具体分解为财务、成本、利润计划、现金流量、存货等岗位,实现对企业现金流、物流、成本的集成实时控制。相对以往岗位设置中单一仓库保管员依据出、入库单据来反映物流,往来账会计员依据采购、销售发票反映现金流,将更具控制效力。通过现金流、物流的数据集成,更有利于企业对其成本实施控制。

(3)核算与分析岗位。核算与分析岗位的设置可具体分解为账务处理、固定资产、材料、工资、成本、销售与利润核算、财务报告以及综合分析等岗位。在传统劳动分工的影响下,往往只把任务进行简单的分割,并根据任务组成各个职能管理部门,而忽略企业整体目标。而在核算与分析岗位设置中,则强调分析企业整体最优而不是单个环节或作业任务最优,依此设岗,更有利于企业整体效益的提高。

综上所述,在信息化环境下,会计岗位的设置应当抛弃基于职能导向的思路,转向基于流程管理理念进行会计岗位设置。面向流程的会计岗位设置策略体现了业务流程重组的主要思想,遵循从职能管理转向业务流程管理,从局部最优转向企业整体流程最优,从组织决定流程转向流程决定组织等主要原则,从而使企业整体效益达到最优。

(四)智能化时代下的会计岗位设置

在智能化时代背景下,信息技术成为人们生产生活以及各行各业依托的重要技术,而对于财会行业来说,智能化技术不仅改变了财务数据的基本形式,而且转变了其储存方法。传统的工作内容借助智能财务系统、大数据分析等方式提升了效率与精确度,进而推动了财会人员从基层工作到管理岗位的转变,由此实现了从财务会计向管理会计的转型发展。在智能化时代下以财务机器人协同形式重新定义了财务工作岗位,从基础财务岗到业务财务岗再到战略财务岗,进一步对接新时代新企业的发展需求。以本书重点介绍的基于人工智能技术实现的企业财务机器人为例,其企业财务部的工作岗位一般分为:

(1)票据会计岗。在智能会计时代,需要相关财务人员处理票据相关的工作内容,通常企业的票据会计人员需要做好以下几件事:票据收集、票据整理、票据扫描、档案保管等。因此,票据会计应具备业务单据整理能力、单据智能化扫描能力、影响异常处理能力等。

(2)业务会计岗。业务会计通常需要根据企业自身的业务特点建模和设置量化规则,教会机器人如何进行自动账务处理,以应对未来人工智能财税时代对新型财会人才的新要求。因此,业务会计应具备智能化下的人机互动能力、智能化建模能力、智能生产凭证异常处理能力等。

(3)审核会计岗。经过智能财税机器人智能生成记账凭证之后,审核会计岗位人员需要进行凭证审核,以应对一些金额重大或者性质特殊的经济业务处理出现偏差,或者预防一些常规的经济业务因系统设置而出现错误处理。因此,审核会计应具备凭证审核能力、Excel 表单设计能力、数据收集能力、智能化下的结账能力等。

(4)财务主管岗。企业经过长期经营后会产生大量的财务数据和业务数据,此时就需要财务主管对财务数据进行分析,为企业分析控制、价值创造、重大决策、整体战略等提供决策所需的信息支持。因此,财务主管应具备抓取数据能力、大数据清洗与整理能力、大数据加工与分析能力、大数据可视化呈现能力、大数据大屏布局能力等。

二、会计职业道德

会计职业道德,是指会计人员在会计工作中应当遵循的、体现会计职业特征的、调整会计职业关系的职业行为准则和规范。它既是会计工作要遵守的行为规范和行为准则,也是衡量一个会计工作者工作好坏的标准。

由于会计人员承担着生成和提供会计信息、维护国家财经纪律和经济秩序的重要职责,因此,加强会计人员职业道德建设,引导会计人员形成正确的价值追求和行为规范,对于提高会计工作水平和会计信息质量,加强社会信用体系建设,推动经济社会高质量发展具有重要意义。现阶段,我国会计人员职业道德要求可以总结提炼为三条核心表述,简称"三坚三守",即"坚持诚信,守法奉公""坚持准则,守责敬业""坚持学习,守正创新"。其具体内容如下:

(1)坚持诚信,守法奉公。这是对会计人员的自律要求。会计人员要牢固树立诚信理念,以诚立身、以信立业,严于律己、心存敬畏。学法知法守法、公私分明、克己奉公,树立良好职业形象,维护会计行业声誉。

(2)坚持准则,守责敬业。这是对会计人员的履职要求。会计人员要严格执行准则制度,保证会计信息真实完整。勤勉尽责、爱岗敬业,忠于职守、敢于斗争,自觉抵制会计造假行为,维护国家财经纪律和经济秩序。

(3)坚持学习,守正创新。这是对会计人员的发展要求。会计人员要始终秉持专业精神,勤于学习、锐意进取,持续提升自身会计专业能力。不断适应新形势、新要求,与时俱进、开拓创新,努力推动会计事业高质量发展。

知识拓展

💡 **想一想:人工智能背景下,会计人员应具备什么样的素质?**

会计信息化、大数据、人工智能的发展,正在给以人为核心的会计行业带来改变。从事审计、会计、税务基础类工作的财务人员会逐步减少,取而代之的是人工智能系统。

财务方面的人工智能远不止辅助会计人员做账、分析、决策功能,更不是传统会计电算化的升级版,大有对传统会计人员的工作取而代之的趋势。会计工作具有程序化、规范化、原则性强的特点,而这些正是人工智能所擅长的。

人工智能可以简化会计人员的工作,以便会计人员更好地参与企业决策,也可以帮助企业建立模型、识别风险等,使得会计人员工作的效率有了很大提升。

作为会计人员,我们应当保持专业知识的更新,提升自己的职业素养,顺应科技的发展,提高竞争力,更好地为企业发展作出贡献。

(1)要掌握和遵守会计及经济类法律法规。依法治国及社会信用体制建设达到一个新高度,公司合法合规经营是底线,目前中小型企业很少有专门的法务团队,在实务

1

工作中法律风险防范主要依赖财务部。在此背景下,会计人员需要熟练掌握和遵守的法律法规主要有会计法及相关法规、税法及相关法规、《中华人民共和国公司法》(以下简称《公司法》)、《中华人民共和国民法典》(以下简称《民法典》)及与公司所在行业密切相关的其他法律法规等。

(2)要有良好的职业道德和专业胜任能力。会计人员必须具备良好的职业道德,牢固树立诚信理念,以诚立身、以信立业,严于律己、心存敬畏。在工作中严格执行准则制度,保证会计信息真实完整。勤勉尽责、爱岗敬业,忠于职守、敢于斗争,自觉抵制会计造假行为,维护国家财经纪律和经济秩序。以较好的专业胜任能力完成会计核算、会计监督工作,同时为管理决策提供及时有用的财务信息,不断适应新形势新要求,与时俱进、开拓创新,努力推动会计事业高质量发展。

(3)熟悉公司业务流程,业财融合背景下为公司管理决策提供全方位的财务支持。随着人工智能的推进,公司基础财务工作基本可以由自动化的系统或机器人来胜任,会计人员的主要精力在于熟悉公司业务,从业务终端走向业务前端,在业务支撑、成本管控、运营分析等环节提供全方位的财务控制和支持,为公司业务经营决策提供有力支持。

(4)精准把握会计准则及解释,运用好职业判断。近几年要求不同类型企业(上市公司、非上市公司及公众公司等)分时间段开始执行新金融工具准则、新收入准则及新租赁准则。新修订后的准则对职业判断能力的要求更高,对会计人员精准把握准则及运用好职业判断的要求更高。因此,财务人员要不断加强准则学习和理解能力,在实际工作中恰当运用准则的职业判断。

(5)良好的沟通协调能力。良好的沟通协调能力表现在:①公司财务部的工作与公司内部其他部门及外部机构息息相关,财务工作需要业务部门予以配合,包括要求的货物流、发票流、资金流要一致且业务单据要及时准确地传递至财务部,保证核算的及时准确;②对外加强与税务、市场监管及银行等机构的沟通,让外部机构更好地理解公司业务,支持公司发展。

(6)风险管理能力。企业经营过程中面临各种风险,非上市公司无专门的风险管理委员会,财务部承担了企业的风险管理职能。面对经营过程中的风险,会计人员需要以法律法规为底线,以完成公司总体经营目标为依托,对企业运营过程中出现的风险给予预警和汇报,协助公司管理好各类风险。

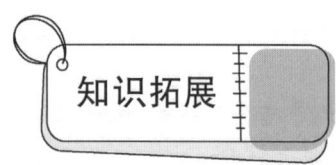

知识拓展

想一想:我国相关部门对会计领域严重失信主体的联合惩戒措施有哪些?

1.联合惩戒对象

2018年12月,发改委、人民银行、财政部等22个部门单位,联合签署了《关于对会计领域违法失信相关责任主体实施联合惩戒的合作备忘录》,联合惩戒对象主要指在会计工作中违反《会计法》《公司法》《证券法》以及其他法律、法规、规章和规范性文件,违背诚实信用原则,经财政部门及相关部门依法认定的存在严重违法失信行为的会计人员(以下简称"会计领域违法失信当事人")。

2. 信息共享与联合惩戒的实施方式

认定联合惩戒对象名单的相关部门和单位通过全国信用信息共享平台将会计领域违法失信当事人的相关信息推送给财政部,并及时更新。财政部定期梳理汇总后通过全国信用信息共享平台向签署备忘录的其他部门和单位提供会计领域违法失信当事人的信息。相关部门和单位按照本备忘录约定内容,依法依规对会计领域违法失信当事人实施惩戒。建立惩戒效果定期通报机制,有关单位定期将联合惩戒实施情况通过全国信用信息共享平台反馈至国家发展改革委和财政部。

3. 联合惩戒措施

(1) 罚款、限制从事会计工作、追究刑事责任等惩戒措施。对于严重失信会计人员,依法取消其已经取得的会计专业技术资格。会计人员有违反《会计法》《公司法》《证券法》等违法行为,依法给予罚款、限制从事会计工作等惩戒措施;属于国家工作人员的,还应当由其所在单位或者有关单位依法给予撤职直至开除的行政处分;构成犯罪的,依法追究刑事责任,不得再从事会计工作。

(2) 记入会计从业人员信用档案。对会计领域违法失信当事人,将其违法失信记录记入会计人员信用档案。

(3) 将会计领域违法失信当事人信息通过财政部网站、"信用中国"网站予以发布,同时协调相关互联网新闻信息服务单位向社会公布。

(4) 实行行业惩戒。支持行业协会商会按照行业标准、行规、行约等,视情节轻重对失信会员实行警告、行业内通报批评、公开谴责、不予接纳、劝退等惩戒措施。

(5) 限制取得相关从业任职资格,限制获得认证证书。对会计领域违法失信当事人,限制其取得相关从业任职资格,限制获得认证证书。

会计人员职称评价标准要突出评价会计人员职业道德。坚持把职业道德放在评价首位,引导会计人员遵纪守法、勤勉尽责、参与管理、强化服务,不断提高专业胜任能力;要求会计人员坚持客观公正、诚实守信、廉洁自律、不做假账,不断提高职业操守。完善守信联合激励和失信联合惩戒机制,违反《会计法》有关规定,以及剽窃他人研究成果,存在学术不端行为的,在会计人员职称评价过程中实行"一票否决制"。对通过弄虚作假取得的职称一律撤销。

(6) 依法限制参与评先、评优或取得荣誉称号。对会计领域违法失信当事人,限制其参与评先、评优或取得各类荣誉称号;已获得相关荣誉称号的予以撤销。在会计专业技术资格考试或会计职称评审、高端会计人才选拔等资格资质审查过程中,对严重失信会计人员实行"一票否决制"。

(7) 依法限制担任金融机构董事、监事、高级管理人员。对会计领域违法失信当事人,依法限制其担任银行业金融机构、保险公司、保险资产管理公司、融资性担保公司等

1

的董事、监事、高级管理人员,保险专业代理机构、保险经纪人的高级管理人员及相关分支机构主要负责人,保险公估机构董事长、执行董事和高级管理人员;将其违法失信记录作为担任证券公司、基金管理公司、期货公司的董事、监事和高级管理人员及分支机构负责人任职审批或备案的参考。已担任相关职务的,依法提出其不再担任相关职务的意见。

(8) 依法限制其担任国有企业法定代表人、董事、监事。对会计领域违法失信当事人,依法限制其担任国有企业法定代表人、董事、监事;已担任相关职务的,依法提出其不再担任相关职务的意见。

(9) 限制登记为事业单位法定代表人。对会计领域违法失信当事人,限制其登记为事业单位法定代表人。

(10) 招录(聘)为公务员或事业单位工作人员参考。对会计领域违法失信当事人,将其违法失信记录作为其被招录(聘)为公务员或事业单位工作人员的重要参考。

(11) 作为业绩考核、干部选任的参考。对会计领域违法失信当事人,将其违法失信记录作为业绩考核、干部选拔任用的参考。

(12) 金融机构融资授信参考。对会计领域违法失信当事人,将其违法失信记录作为对其评级授信、信贷融资、管理和退出等的重要参考。将会计领域违法失信当事人信息纳入金融信用信息基础数据库。

(13) 保险机构厘定财产保险费率参考。对会计领域违法失信当事人,将其违法失信记录作为保险机构厘定财产保险费率的参考。

(14) 设立保险公司的审批参考。依法将会计领域违法失信当事人的违法失信记录作为保险公司设立及股权或实际控制人变更审批或备案的参考。

(15) 纳税信用管理参考。在对会计领域违法失信当事人纳税信用管理中,将其失信状况作为信用信息采集和评价的审慎性参考依据。

(16) 设立证券公司、基金管理公司、期货公司等审批参考。对会计领域违法失信当事人,依法将失信责任主体的违法失信记录作为证券公司、基金管理公司及期货公司的设立及股权或实际控制人变更审批或备案,私募投资基金管理人登记、重大事项变更以及基金备案的参考。

(17) 作为境内上市公司实行股权激励计划或相关人员成为股权激励对象事中事后监管的参考。对会计领域违法失信当事人,将其违法失信记录作为境内上市公司实行股权激励计划或相关人员成为股权激励对象事中事后监管的参考。

(18) 申请从事互联网信息服务审批参考。对会计领域违法失信当事人,将其违法失信记录作为申请从事互联网信息服务的审批参考。

(19) 限制获取政府补贴性资金和社会保障资金支持。对会计领域违法失信当事人,限制其申请政府补贴性资金和社会保障资金支持。

(20) 限制参与国家科技项目研究或管理工作。对会计领域违法失信当事人,限制其参与国家科技项目研究或管理工作。

（21）加强日常监管检查。将会计领域违法失信当事人，作为重点监管对象，加大日常监管力度，提高随机抽查的比例和频次，并可依据相关法律法规对其采取行政监管措施。

 自我检测

实训成果

项目一
任务三
实训成果
参考答案

一、单项选择题

1. 会计人员应牢固树立诚信理念，以诚立身、以信立业，严于律己、心存敬畏；学法知法守法，公私分明、克己奉公，树立良好职业形象，维护会计行业声誉。这是会计职业道德规范中（　　）的具体体现。

A. 坚持诚信，守法奉公　　　　　　B. 坚持准则，守责敬业

C. 坚持学习，守正创新　　　　　　D. 诚实守信，廉洁自律

2.《会计法》规定，各单位应依据（　　）的需要设置会计机构，或者在有关机会中设置会计人员并指定会计主管人员。

A. 会计业务　　　　　　　　　　　B. 会计人员数量

C. 单位营业收入　　　　　　　　　D. 单位的规模

3. 会计岗位是指从事会计工作、办理会计事项的具体职位，（　　）属于会计岗位。

A. 单位内部审计人员　　　　　　　B. 社会审计人员

C. 总账岗位　　　　　　　　　　　D. 商场收银员

二、多项选择题

1. 新时代会计人员应遵循的职业道德规范可以概括为"三坚三守"，包括（　　）。

A. 坚持诚信，守法奉公　　　　　　B. 坚持准则，守责敬业

C. 坚持学习，守正创新　　　　　　D. 坚持原则，守住底线

2. 下列属于会计岗位的有（　　）。

A. 对外财务会计报告编制岗位　　　B. 会计电算化岗位

C. 医院门诊收费岗位　　　　　　　D. 稽核岗位

3. 会计工作岗位可以（　　）。

A. 一人一岗　　　　　　　　　　　B. 一人多岗

C. 一岗多人　　　　　　　　　　　D. 交叉兼管

4. 下列属于财务领域机器人的有（　　）。

A. 增值税机器人　　　　　　　　　B. 费用机器人

C. 财报机器人　　　　　　　　　　D. 人力资源机器人

三、判断题

1. 会计职业道德规范中的"坚持准则"，不仅指会计准则，而且包括会计法律、法规、国家统一的会计制度以及与会计工作相关的法律制度。　　　　　　　　　　　（　　）

2. 出纳人员可以兼任稽核、会计档案保管和收入、支出、费用、债权债务账目的登记工作。　　　　　　　　　　　　　　　　　　　　　　　　　　　　　　　　（　　）

项目一
任务三
自我检测
参考答案

1

 自我评价

本任务完成情况评价表

(在□中打√,A掌握,B基本掌握,C未掌握)

评价指标	自测结果
1. 能够根据企业实际情况选择合适高效的会计核算工具,能画出财务机器人的工作流程	□A □B □C
2. 能够罗列智能化时代背景下会计机构的设置、会计人员的设置及其岗位责任	□A □B □C
3. 能够准确说出会计职业道德规范的内容	□A □B □C

素养课堂

会计文化自信:从晋商智慧到现代会计精神的演进与未来展望

在浩渺的历史长河中,文化作为民族精神的灵魂,始终是国家繁荣发展的坚实基石。文化自信,作为这种自信中最基础、最广泛、最深远的部分,不仅承载着民族的记忆与荣耀,更为国家的前进提供了源源不断的动力。在会计领域,文化自信同样扮演着举足轻重的角色,它如同明灯,照亮着会计行业前行的道路,而晋商文化的智慧则是这一道路上闪耀的星辰。

一、晋商文化的辉煌与智慧

明清时期,山西凭借其独特的地理环境和晋商人的智慧与勤奋,铸就了一段辉煌的商业传奇。晋商,这一古老的商业群体,以其诚实守信、勤勉务实的精神,在中国商业史上留下了浓墨重彩的一笔。他们坚守"诚信"这一中国传统商业的核心价值,以信用为基础,开创了票号这一金融形式,为近代中国银行业的兴起奠定了坚实的基础。

票号内部实行的严格科学管理制度,包括防伪制度、督查制度、财务制度等,不仅确保了商业活动的稳健运行,更为晋商的辉煌历史增添了浓墨重彩的一笔。其中,"龙门账"作为财务制度的精髓,由傅山先生所创,其精准分类、清晰明了的特性,使得财务状况一目了然,为晋商的商业活动提供了有力的支持。

晋商文化不仅汲取了儒、法、兵、道等多元文化的精髓,更将传统文化与商业实践完美结合,形成了独具特色的晋商精神。他们注重职业道德,将"德"作为商业活动的灵魂,树立了良好的商业信誉。在商号内部,他们充分信任并授权掌柜,激发了其自主性和责任感;在商号之间,他们相互尊重、诚实守信;对顾客,他们更是以诚相待,赢得了广泛的信赖与赞誉。这种"诚信为本、以义制利"的商业理念,不仅铸就了晋商的辉煌,也为中国商品经济的繁荣与发展注入了不竭的活力。

二、现代会计精神的继承与发展

时光荏苒,岁月如梭。如今,我们已站在一个新的历史起点上,面临着前所未有的机遇与挑战。对于现代会计人来说,如何继承和弘扬晋商文化的优秀品质,成为一名合格的从业者,是我们必须面对的问题。

首先,现代会计人应深刻领悟晋商人"严谨"和"敬业"的工作态度。这种精神不仅体现在对工作的认真负责上,更体现在对每一个细节的追求上。在会计工作中,每一个数字、每一个报表都至关重要,稍有不慎就可能给企业带来严重的损失。因此,现代会计人必须时刻保持高度的警惕性和责任心,确保会计信息的真实、准确、完整。

其次,在数字经济时代,现代会计人应积极拥抱新技术、新模式,推动会计工作的数字化转型和智能化升级。大数据、人工智能、云计算等技术的应用为会计行业带来了革命性的变革。现代会计人应不断学习新技术、新知识,以适应快速变化的商业环境。通过利用这些先进技术,现代会计人可以更加高效地处理和分析会计信息,为企业决策提供有力支持。

同时,现代会计人还应具备全球视野和跨文化沟通能力。随着国际经济交流的日益频繁,企业面临着越来越复杂的经营环境和风险。因此,现代会计人必须了解不同国家的会计准则和法规,掌握国际会计的最新动态和趋势。只有这样,才能为企业的国际化发展提供有力支持。同时,这也有助于促进国际会计交流和合作,推动全球会计行业的共同进步和发展。

三、会计文化自信的未来展望

展望未来,会计文化自信将引领会计行业走向更加光明的未来。一方面,会计人将继续深化对晋商文化等优秀传统文化的理解,将其中的智慧与精髓融入实际工作中。通过传承和弘扬晋商文化的优秀品质,现代会计人可以不断提升自身的专业素养和创新能力,为会计事业的繁荣与发展贡献自己的力量。

另一方面,会计人将积极拥抱新技术、新模式,推动会计工作的创新与发展。随着科技的不断进步和应用的不断深化,会计行业将面临着更多的机遇和挑战。现代会计人应勇于面对挑战、积极创新,不断探索新的工作方法和模式,以适应快速变化的商业环境。

总之,会计文化自信是会计行业持续发展的动力源泉。从晋商文化中汲取智慧与力量,结合现代科技和管理理念不断推动会计工作的创新与发展,是每一个会计人肩负的责任和使命。让我们携手共进、为会计事业的繁荣与发展贡献自己的力量!

项目二

智能记录经济业务

教学目标 ▶

（一）知识目标

1. 掌握原始凭证的基本内容及其编制要求。
2. 掌握记账凭证的基本内容及其编制要求。
3. 熟悉会计凭证的概念和会计凭证的种类。
4. 熟悉会计账簿的概念和会计账簿的种类。
5. 了解会计凭证的审核和会计凭证的保管。

（二）能力目标

1. 能够正确识别企业日常经济活动中常见的外来原始凭证和自制原始凭证，并能正确描述原始凭证所承载的经济业务内容。
2. 能够根据原始凭证熟练编制记账凭证并进行审核。
3. 能够独立地选择各种账簿，按照账簿启用规则建立各种账簿体系，进行账簿的登记。
4. 能够利用财务机器人智能生成凭证和登记账簿。

（三）素养目标

1. 培养严谨细致的工作态度，提高工作效率。
2. 培养对财务机器人处理原理的理解，增强人工智能在会计中的应用能力。
3. 培养以事实为依据，以法律为准绳的法律意识。
4. 培养"坚持学习、守正创新"的意识，适应会计行业的发展。

项目分解

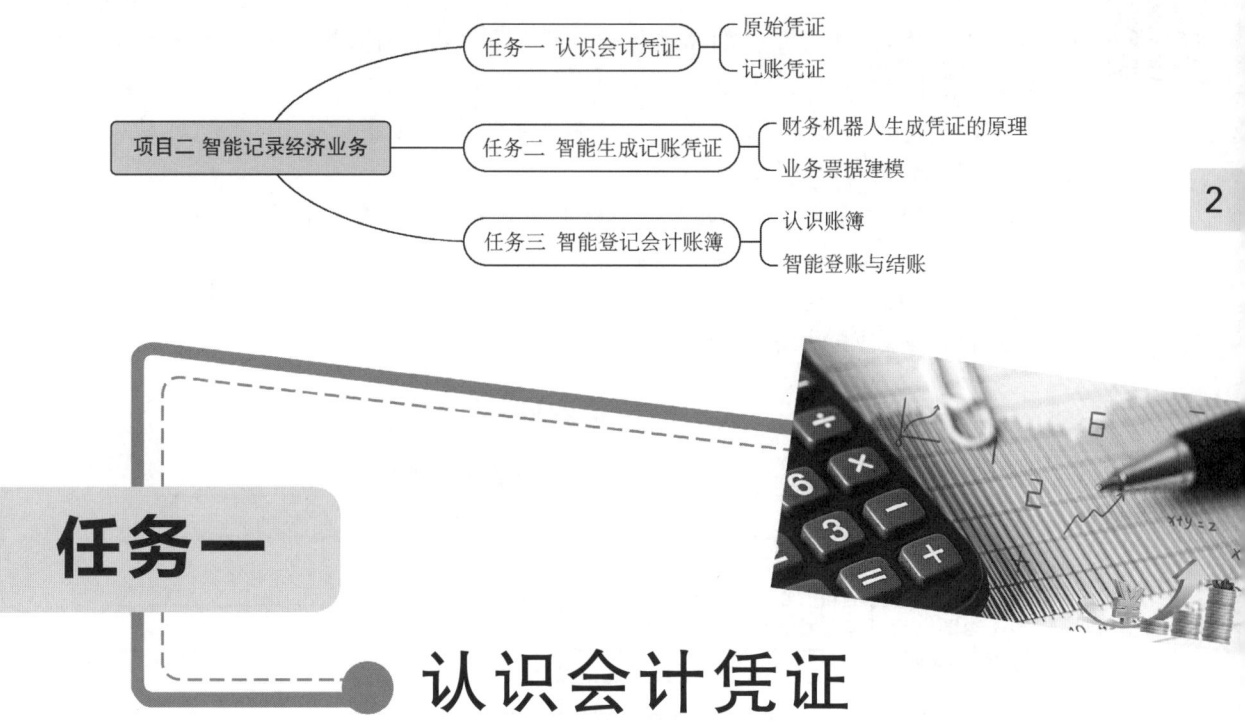

项目二 智能记录经济业务
- 任务一 认识会计凭证
  - 原始凭证
  - 记账凭证
- 任务二 智能生成记账凭证
  - 财务机器人生成凭证的原理
  - 业务票据建模
- 任务三 智能登记会计账簿
  - 认识账簿
  - 智能登账与结账

任务一

认识会计凭证

任务描述

12月1日,成都瑞丰工业有限公司采购部刘云来到财务室,准备咨询公司财务程雨过两天去北京参加订货会借款的事情,可是程雨正在忙着为企业生产管理部职员刘凯漾报销差旅费。程雨拿着票据和差旅费报销单进行审核,眉头一皱,从中抽出报销单对刘凯漾说:"票据都没有问题,但这张报销单填写不对,报销单上的金额和发票金额核对不上。"刘凯漾连忙拿起票据和报销单查看:"难道是我金额算错了,那我再算一算。""嗯,你再算一下,算好后重新填一份报销单。"

刘凯漾犯了愁:"不能直接在上面改金额吗? 还得重新填,多麻烦啊。""报销单上不能有涂改的,如果错了就只能重新填。"程雨回答道。"好吧,那我马上再填一张。"说完,刘凯漾拿了一张新的报销单回办公室了。

处理完刘凯漾的报销业务,程雨紧接着就为刘云解答出差借款和报销的问题,刘云听完后表示了感谢,并且默默地提醒自己填写单据时一定要小心谨慎。

任务训练

会计基础与
智能应用平台

1. 请扫描二维码登录会计基础与智能应用平台,进入国家税务总局电子税务局,根据购销合同信息,开具电子发票(增值税专用发票),购销合同如图 2-1 所示,空白电子发票(增值税专用发票)如图 2-2 所示。

2. 12 月 6 日,业务员杨云出差参加北京产品订货会,办理借款 10 000 元。请根据该业务信息填制借款单,如图 2-3 所示。

3. 12 月 13 日,业务员杨云出差回来报销差旅费,归还余款。请根据该业务信息填制收款收据和差旅费报销单。收款收据如图 2-4 所示,差旅费报销单如图 2-5 所示。

相关票据:飞机票共计 1 850 元(成都飞厦门:850 元,厦门飞成都:1 000 元)、的士票52 元、住宿费专票 2 880 元、餐饮普票 1 200 元、补贴 600 元(6 天)。

购销合同

供方:成都瑞丰工业有限公司　　　　　　合同号:DPXS16002

需方:北京尚德贸易有限公司　　　　　　签订日期:2023/12/1

经双方协议,订立本合同如下:

名称	规格型号	单位	数量	含税单价	金额
音乐蓝牙耳机		个	500	158.20	79100.00
合计	—	—	—	—	79100.00
货款总计(大写):	柒万玖仟壹佰元整				

质量验收标准:外观无瑕疵,货品名称、规格、材质符合需方要求。

交货日期:2023-11-30T16:00:00.000Z

交货地点:成都市武侯区佳灵路122号

结算方式:供方发货后,需方应在信用期限内支付全部货款。

违约条款:违约方须赔偿对方一切经济损失,但遇天灾人祸或其他人力不能控制之因素而导致延误交货,需方不能要求供方赔偿任何损失。

解决合同纠纷的方式:经双方友好协商解决,如协商不成的,可向当地仲裁委员会提出申诉解决。

本合同一式两份,供需双方各执一份,自签订之日起生效。

供方(盖章):成都瑞丰工业有限公司　　　　需方(盖章):北京尚德贸易有限公司

税号:9858100MDMG22QR90　　　　　　　税号:91110107976408531M

开户银行名称:中国银行成都分行　　　　　开户银行名称:中国工商银行北京分行

开户银行账号:621700155639　　　　　　开户银行账号:110094612037182532

地址:成都市武侯区佳灵路122号　　　　　地址:北京市朝阳区黎明路3号

法定代表人:林晨　　　　　　　　　　　法定代表人:王一迅

公司联系电话:028-82574579　　　　　　公司联系电话:010-98557842

图 2-1　购销合同

2

电子发票(增值税专用发票)

发票号码：
开票日期：

购买方信息	名称： 统一社会信用代码/纳税人识别号：	销售方信息	名称： 统一社会信用代码/纳税人识别号：

项目名称	规格型号	单 位	数 量	单 价	金 额	税率/征收率	税 额

合　计		
价税合计（大写）		（小写）

备注	

开票人：

图 2-2　电子发票(增值税专用发票)

借　款　单

年　　月　　日

借款人		部门		职务	
借款事由				借款原因	☐ 因公司 ☐ 因个人
借款金额	人民币			¥	
领导审批：　　会计主管：　　审核：　　出纳：　　借款人：					

白联存根　红联借款人

图 2-3　借款单

收 款 收 据

No.

客户名称：　　　　　　　　　　　　　年 月 日

项目	单位	数量	单价	千	百	十	万	千	百	十	元	角	分	备注
合　计														

人民币 （大写）仟 佰 拾 万 仟 佰 拾 元 角 分

收款人　　　　　　　会计　　　　　　　收款单位（盖章）

第三联：会计联

图 2-4　收款收据

差旅费报销单

日期：

出差人		所属部门		出差预借款	
出差事由					

出发		到达		交通费用	
时间	地点	时间	地点	交通工具	金额

实际出差天数	出差补助		其他费用			退补金额	支付方式
	补助标准	金额	住宿费用	餐费	其他		

报销总额	人民币（大写）：

行政主管：　　　　财务审核：　　　　部门主管：　　　　报销人：

图 2-5　差旅费报销单

4. 请根据任务 1 的购销合同和增值税专用发票，填制记账凭证。记账凭证如图 2-6 所示。

图 2-6　记账凭证

5. 请根据任务 2 的借款单，填制记账凭证。记账凭证如图 2-7 所示。

6. 请根据任务 3 的差旅费报销单，填制记账凭证。记账凭证如图 2-8 所示。

图 2-7　记账凭证

记　账　凭　证

年　　月　　日　　　　　　　　____字____号

摘　要	总　账　科　目	明　细　科　目	借方金额									贷方金额									记账
			千	百	十	万	千	百	十	元	角	分	千	百	十	万	千	百	十	元	角	分	
																							☐
																							☐
																							☐
																							☐
																							☐
																							☐
合计		（附件　　张）																					

会计主管　　　　　　记账　　　　　　出纳　　　　　　审核　　　　　　制单

图 2-8　记账凭证

知　识　准　备

　　会计凭证，是指记录经济业务发生或者完成情况的书面证明（原始凭证），是登记账簿的依据（记账凭证）。填制和审核会计凭证是会计核算的基本方法之一，也是会计核算工作的起点。按用途和填制程序的不同，会计凭证可分为原始凭证和记账凭证。

一、原始凭证

（一）原始凭证的概念

原始凭证也称单据，是指企业、行政事业单位在经济业务发生或完成时取得或填制的进行会计核算、具有法律效力的原始书面证明。

《会计法》明确规定,办理经济业务事项,必须填制或者取得原始凭证并及时送交会计机构。会计机构的会计人员必须按照国家统一的会计制度的规定对原始凭证进行审核。记账凭证应当根据经过审核的原始凭证及有关资料编制。

这些经济业务事项包括:

(1)资产的增减和使用。

(2)负债的增减。

(3)净资产(所有者权益)的增减。

(4)收入、支出、费用、成本的增减。

(5)财务成果的计算和处理。

(6)需要办理会计手续、进行会计核算的其他事项。

原始凭证是填制记账凭证和登记账簿的原始依据,是进行会计核算的原始资料。因此,凡是不能证明经济业务已经发生或完成的各种单据,如购销合同、请购单、对账单等,均不能作为进行会计核算的原始凭证。

(二)原始凭证的种类

企业、行政事业单位的经济活动是多种多样的,因此,原始凭证的格式,填制手续、方法等也不尽相同。下面按不同类型原始凭证进行归纳、分析。

1.按取得来源的不同分类

按取得的来源不同,可将原始凭证划分为外来原始凭证和自制原始凭证两种。

(1)外来原始凭证,是指本企业在同外单位或个人发生经济业务往来的过程中,当经济业务发生或完成时,从外单位或个人手中取得的原始凭证。如购物时收到的增值税发票;职工归还借款时,收到的收款收据;银行开出的收款、付款的结算凭证;各种车、船、飞机票等。

(2)自制原始凭证,是指在经济业务发生或完成时,由本单位业务经办部门或个人自行填制的原始凭证。如购入的材料验收入库时,由仓库保管人员按照规定手续填制的收料单;车间或部门向仓库领用材料时,按要求填写的领料单。此外还有产品验收入库的入库单、出差人员填报的差旅费报销单、工资结算的工资单等。

以图2-9的入库单为例,产品入库单的格式及联数可根据本单位经营管理和业务流程的需要自行设计。产品入库单通常为一式三联,第一联交库管部门留存备查;第二联交给仓库,据以登记库房账簿;第三联交财务部门,据以登记财务账簿。

2.按格式的不同分类

原始凭证按格式的不同,可以分为通用凭证和专用凭证。

(1)通用凭证,是指由有关部门统一印制、在一定范围内使用的具有统一格式和使用方法的原始凭证。通用凭证的使用范围因制作部门的不同而有所差异,可以是分地区、分行业使用,也可以全国通用。如某省(市)印制的在该省(市)通用的发票、收据等;由中国人民银行制作的在全国通用的银行转账结算凭证;由国家税务总局统一印制的全国通用的增值税专用发票等。

(2)专用凭证,是指由单位自行印制、仅在本单位内部使用的原始凭证,如领料单、收料单、差旅费报销单、折旧计算表、工资费用分配表等。

入库单　　№：

交货单位：　　　　仓库：　　　　日期：

物资类别	品名	单位	规格	数量	单价	金额
合计大写　仟　佰　拾　万　仟　佰　拾　元　角　分 ¥						

第二联　记账联

记账：　　　　保管：　　　　制票：

图 2-9　入库单

专用凭证如图 2-10 的领料单所示。领料单是企业生产产品消耗材料的唯一书面证明，也是企业月末计算产品生产成本和相关费用的重要依据，属于企业内部单据，没有统一格式。

领料单　　№：

领料部门：

领料用途：　　　　仓库：　　　　日期：　　年　月　日

物资类别	品名	单位	规格	数量	单价	金额
合计大写　仟　佰　拾　万　仟　佰　拾　元　角　分 ¥						

第二联　记账联

记账：　　　　发料：　　　　领料：

图 2-10　领料单

3.按存在形式的不同分类

原始凭证根据存在形式的不同,又可以分为纸质凭证和电子凭证。纸质凭证和电子凭证是两种不同形式的原始凭证,它们在制作、使用和管理上有一定的区别。

(1)从制作方式看,纸质凭证是通过纸张、笔墨或打印等方式制作的,它们需要经过填写、签字盖章等环节,以确保其真实性和合法性。电子凭证是通过电子系统生成的,具有数字化、无纸化的特点。它们通常以电子文件的形式存在。电子凭证的制作和传递过程涉及加密、数字签名等技术,以确保其真实性和安全性。

(2)从使用方式看,纸质凭证在使用过程中,需要进行物理传递和存放。它们通常用于现场交易、实物交付等场景,易于携带和保管。但是,纸质凭证在传递和存储过程中容易丢失、损坏或被篡改。电子凭证的使用过程涉及电子系统的访问和操作。它们可以实现快速、远程的传递和查询,降低人工操作成本。电子凭证具有较高的防伪、防篡改能力,可以通过数据加密、数字签名等技术确保其安全性。

(3)从管理方式看,纸质凭证的管理需要考虑存储、查阅、归档等问题。企业需要设立专门的文件柜、保险柜等设施,确保凭证的安全存放。同时,纸质凭证的查阅和统计分析较为烦琐,需要耗费较多的人力和时间。电子凭证的管理主要涉及电子系统的维护和数据管理。企业需要对电子凭证进行分类、归档、备份等操作,确保数据的安全和完整性。电子凭证的查阅和统计分析方便快捷,可以提高管理效率。

以增值税发票为例,按照其存在形式可以分为纸质发票和数电发票。其中,数电发票与纸质发票具有同等法律效力,其不以纸质形式存在,不用介质支撑,无须申请领用、发票验旧及申请增版增量。纸质发票的票面信息全面数字化,多个票种集成归并为电子发票单一票种,全国统一赋码、开具金额总额度管理、自动流转交付。数电发票票面样式如图2-11所示,纸质发票票面样式如图2-12所示。

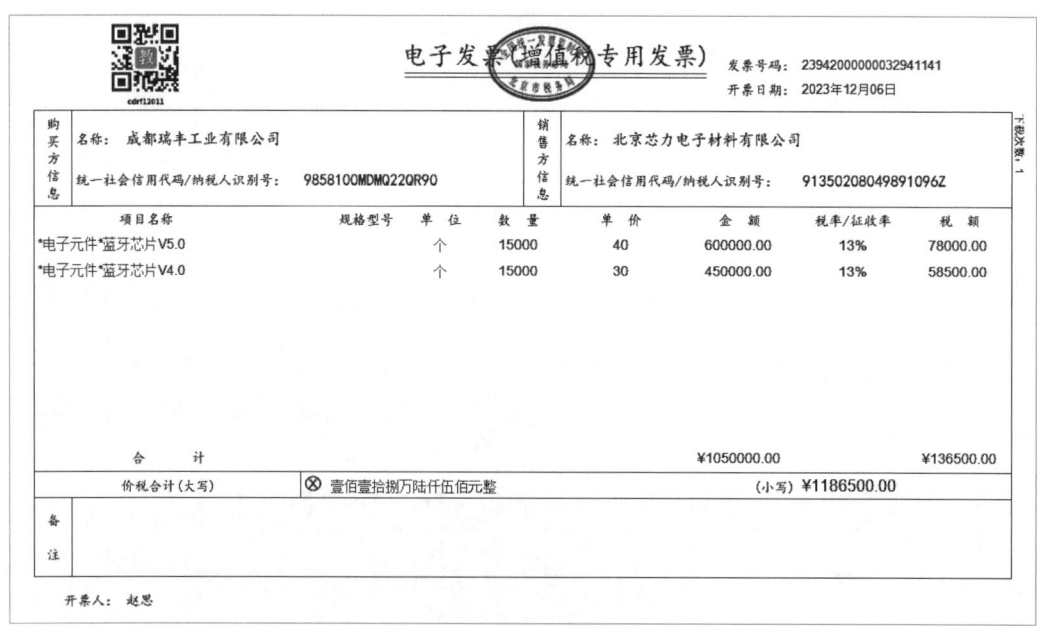

图 2-11 数电发票票面样式

图 2-12　纸质发票票面样式

为了符合纳税人开具发票的习惯,数电发票的基本内容在现行纸质增值税发票基础上进行了优化,主要包括:动态二维码、发票号码、开票日期、购买方信息、销售方信息、项目名称、规格型号、单位、数量、单价、金额、税率/征收率、税额、合计、价税合计(大写、小写)、备注、开票人。纸质发票与数电发票基本内容对比如表 2-1 所示。

表 2-1　　　　　　　　　　纸质发票与数电发票基本内容对比

基本内容	纸质发票	数电发票
发票号码	一般为 8 位。但是,在查询发票真伪时,发票号码则由"信息码 + 发票号码"或"发票代码 + 发票号码"组成	一般为 20 位,开票时自动赋码
二维码	用手机扫一扫,可以查询该发票的发票代码、发票号码、开具时间、金额等信息	发票二维码里面包含了代码、号码、校验码、开票日期和价税合计金额
联次	共三联,分别是:第一联为记账联(作为销售方记账凭证),第二联为抵扣联(作为购买方扣税凭证),第三联为发票联(作为购买方记账凭证)	无联次
开票日期	由系统自动生成(日、月为数字 1~9 的前面加 0)	
购买方	包括购买方全称、纳税人识别号、地址、电话、开户行及账号	
交易事项	包括货物或应税劳务、服务名称,计量单位,数量,不含税单价,金额,税率,税额	
价税合计	由系统自动生成(大写金额前加⊗,"正"写成"整")	
销售方	包括销售方全称、纳税人识别号、地址、电话、开户行及账号	

（三）原始凭证的基本内容

在企业、行政事业单位的经济业务活动中，各种各样的经济业务都会发生，记录经济业务的原始凭证来自四面八方，原始凭证的内容、格式也不尽相同。但是，任何一张原始凭证都必须同时具备一些相同的内容，这些内容被称为原始凭证的基本内容或基本要素。

原始凭证的基本内容包括：

（1）原始凭证的名称及编号。

（2）填制原始凭证的日期。

（3）接受原始凭证的单位名称或个人姓名。

（4）经济业务的内容。

（5）经济业务的计量单位、单价、数量和金额。

（6）填制原始凭证的单位名称或者填制人姓名。

（7）经办人员或责任人的签名或者盖章，如加盖银行预留印鉴。这些经办人或负责人都要签名或盖章，他们对经济业务发生的真实性、合法性负责，如财务审核、部门主管的签字。

具体可参照图 2-13 的差旅费报销单。

差旅费报销单

日期：2023年12月01日

出差人	许萍鑫		所属部门	销售部	出差预借款	¥2000.00
出差事由			出差洽谈业务			
出发			到达		交通费用	
时间	地点		时间	地点	交通工具	金额
2023/11/13	厦门		2023/11/13	苏州	动车	¥420.00
2023/11/17	苏州		2023/11/17	厦门	动车	¥420.00
实际出差天数	出差补助		其他费用		退补金额	支付方式
	补助标准	金额	住宿费用	餐费	其他	
5	¥100.00	¥500.00	¥800.00	¥0.00	¥52.30	¥192.30	现金
报销总额	人民币（大写）：贰仟壹佰玖拾贰元叁角整			¥2192.30		

行政主管：林子夜　　财务审核：程雨　　部门主管：林晟　　报销人：许萍鑫

图 2-13　差旅费报销单

上述内容是一般原始凭证都应具备的。在实际工作中，由于经济业务的多样性，有些原始凭证还应包括以下内容：

（1）从外单位取得的原始凭证应盖有填制单位的公章，从个人取得的原始凭证应有填制人员的签名或盖章。有些特殊的原始凭证，出于习惯或使用单位认为不易伪造，则可不加盖公章，但这种凭证一般应有固定的特殊标志，如火车票、飞机票、轮船票等。

（2）使用统一发票时，发票上应印有监制章；事业、行政单位按规定收取费用时，应使用财政部门统一印制的收据。

（3）单位根据管理和核算的需要增加的其他内容，如凭证编号、定额指标、预算项目、合同号码、工作令号等。

自制原始凭证的内容与外来原始凭证大致相同。但在不同情况下,有一些小的区别,如材料入库单、材料领用单、工资表等不需印有发票专用章或不需由财政部门统一印制。

（四）原始凭证的填制

为保证会计基础工作和会计核算的质量,真实、准确、及时地反映和记录经济业务的内容,在原始凭证填制过程中应遵守以下要求。

（1）真实可靠。其指经济业务的内容真实,不得弄虚作假,不涂改、挖补。

（2）内容完整。其指按照凭证基本要素逐项填写清楚,不得简化,不可缺漏。

（3）填制及时。其指每当一项经济业务发生或完成时,都要立即填制原始凭证,做到不积压、不误时、不事后补制。

（4）书写清楚。其指字迹端正,符合会计上对数字书写的要求。

（5）顺序使用。其指收付款项或实物的凭证要按编号顺序使用,预先印定编号的原始凭证,在写坏作废时,应加盖"作废"戳记,并妥善保管,不得撕毁。

（五）原始凭证的审核

原始凭证必须经过会计主管人员或指定人员进行认真严格的逐项审查核实后,方能作为填制记账凭证和登记账簿的依据。

原始凭证审核的要求如表 2-2 所示。

表 2-2　　　　　　　　　　　　　　　原始凭证审核的要求

总体要求	具体要求
合法性	是否符合国家有关方针政策、法规、制度和计划的规定
	是否以合同为依据
	有无违反财经制度的现象
	有无贪污、盗窃、虚报冒领、伪造凭证等违法违纪行为
真实性	经济业务的双方单位和当事人是否真实
	经济业务的内容是否真实
	经济业务发生的时间、地点和填制凭证的日期是否真实
完整性	原始凭证上的每个项目填列是否全面、清楚,有无遗漏
	原始凭证的填制手续是否正确
正确性	原始凭证填制的内容,如数量、单价及金额是否正确

原始凭证审核的内容如表 2-3 所示。

表 2-3　　　　　　　　　　　　　　　原始凭证审核的内容

类目	具体内容
审核凭证内容	凭证名称
	填制日期
	填制单位名称、填制人姓名

（续表）

类目	具体内容
审核凭证内容	经办人签章
	接收凭证单位名称
	经济业务内容,即数量、单价和金额
审核凭证签章	从外单位取得的,必须盖有填制单位的财务专用章(或发票专用章)和填制人的姓名
	自制的,必须有经办部门领导或者指定人员的签名或盖章
	对外开出的,必须加盖本单位的财务专用章(或发票专用章)
审核凭证金额	凡需填写大小写金额的,大写与小写金额必须相符
	购买实物的,必须有验收证明
	支付款项的,必须有收款单位和收款人的收款证明
审核凭证各联	一式几联的,必须注明各联的用途,只能以其中一联作为报销凭证
	一式几联的发票或收据,必须用双面复写纸(发票和收据本身具备复写功能的或机器打印的除外),各联必须写透,并连续编号
查验凭证真伪	发票必须在"国家税务总局全国增值税发票查验平台"上查验,特别是增值税电子普通发票只能确认为第1次打印;银行票据可以在出票银行的网上银行查验

二、记账凭证

(一)记账凭证的概念

记账凭证,是指由企业财会部门根据已审核的原始凭证填制的载有会计分录并作为记账依据的书面文件。

与原始凭证相比,记账凭证有两点不同:

第一,记账凭证是企业内部所填写的,并作为登记账簿的直接依据。它不能用来证明经济业务的发生,不具备法律的证明效力。

动画视频:
记账凭证

第二,记账凭证上一定要列明如何对经济业务进行处理的会计分录,这是对原始凭证进行处理的第一步。

按照有关法规及会计核算的要求,会计人员必须对原始凭证或原始凭证汇总表上记载的经济业务内容进行整理、归类,确定经济业务发生后涉及的账户名称、记账方向以及应记载的金额,这三项内容组成的形式就是前面项目一中介绍的会计分录。

原始凭证记载的内容详细繁杂,不便于将其直接反映到有关账户中。一般情况下,原始凭证不能作为登记账簿的直接依据,应该对原始凭证进行归纳、分类,确定相应的会计分录并填制在记账凭证中,然后再通过记账凭证,将经济业务发生所引起的资产和权益的增减变化反映到有关账簿中去。因此,记账凭证作为会计分录的载体,是对经济业务进行账务处理的依据。

(二)记账凭证的种类

记账凭证按照使用范围,可分为通用记账凭证和专用记账凭证。

通用记账凭证,是适用于所有经济业务的格式统一的记账凭证。专用记账凭证,指企业在生产经营活动中专门用于反映某项经济业务的记账凭证。专用记账凭证根据经济业务内容的不同,可以分为收款凭证、付款凭证和转账凭证。

对于在日常经济业务中收款、付款业务较少或者实现会计信息化的企业,一般采用通用记账凭证。

（三）记账凭证的基本内容

按照会计核算的要求,通过记账凭证确定所发生的每项经济业务应登记的账户的名称、应借应贷的金额等,因此,记账凭证也是用来确定会计分录的一种核算形式。不论采用何种格式,记账凭证都必须具备相同的基本内容。记账凭证的基本内容包括:

(1) 记账凭证的名称。即收款凭证、付款凭证、转账凭证等。

(2) 填制记账凭证的日期。通常以年、月、日表示。

(3) 记账凭证的编号。各类凭证按编号规则连续编号。

(4) 经济业务摘要。即摘录经济业务主要内容,对不同经济业务,摘要文字应有不同表述。

(5) 会计科目。即经济业务所涉及的会计科目(原始凭证无此项)。

(6) 金额。

(7) 所附原始凭证张数。记账凭证一般应附有原始凭证,并注明其张数。

(8) 填制凭证人员、稽核人员、记账人员、会计机构负责人、会计主管人员签名或者盖章。收款和付款凭证还应当由出纳人员签名或者盖章。

（四）记账凭证的填制

填制记账凭证是一项重要的会计工作。其是根据审核无误的原始凭证或汇总原始凭证填制的,记账凭证填制正确与否,直接关系到记账的真实性和正确性。记账凭证的填制不仅会影响账簿的登记,而且还影响经费的收支、费用的汇集、成本的计算和财务报表的编制。若填制错误,更正时也要浪费会计人员大量的时间和精力。

1. 记账凭证的填制要求

(1) 审核原始凭证。对经济业务发生后取得或填制的原始凭证进行认真严格的检查、审核,经确认其内容真实、准确无误后,方可依此填制相应的记账凭证。

记账凭证可以根据每一张原始凭证填制,或者根据若干张同类原始凭证汇总填制,也可以根据原始凭证汇总表填制。但不得将不同内容和类别的原始凭证汇总填制在一张记账凭证上。

(2) 填写记账凭证的日期。填写日期一般是会计人员填制记账凭证的当天日期,也可以根据管理需要,填写经济业务发生的日期或月末日期。例如,报销差旅费的记账凭证填写报销当日的日期;现金收付款记账凭证填写办理收付现金的日期;银行存款收款业务的记账凭证一般按财会部门收到进账单收款通知或回单的戳记日期填写,若实际收到进账单的日期与银行戳记日期相隔较远,或次月收到上月的银行存款收付款凭证,则按实际办理转账业务的日期填写;银行存款付款业务的记账凭证,一般以开出银行付款单据的日期或承付的日期填写;属于计提和分配费用等业务的,应当以当月月末的日期填写。

(3) 填写记账凭证编号。记账凭证必须按月连续编号,以便于记账、查账,防止散落、丢失。如果一项经济业务的凭证号里边有两张以上的记账凭证时,要采用分数编号法,即在原记账凭证号码后面用分数的形式表示。如第 4 号凭证里有两张记账凭证,那么第一张编号为 $4\frac{1}{2}$,第二张编号为 $4\frac{2}{2}$。

(4) 填写记账凭证的内容摘要。记账凭证的摘要栏是用来简要填写经济业务内容的。填写摘要的要求:一是真实准确,其内容要与经济业务的内容及其所附原始凭证的内容相符;二是简明扼要,对经济业务内容的表述要准确概括并书写工整;三是完整清楚,一项经济业务若涉及两个以上(不包括两个)一级会计科目的,一般应根据经济业务和各个会计科目的特点分别填写。

记账凭证摘要栏的填写没有统一规定,不能一概而论。要根据不同类型的经济业务,因事而异,详略不同。对于同一类经济业务,摘要表述的基本内容是有规律可遵循的。

(5) 填写会计科目和编制会计分录。对原始凭证的内容进行归类,正确填写所涉及的会计科目(包括总账科目、子目或细目)。会计科目应写全称,也可以用会计科目印章代替书写,但不能用会计科目编号代替会计科目的名称,不得简写或只写编号而不写名称,不得用“"”符号代替会计科目。

账户的对应关系要填写清楚。在填写会计科目时,一般一个科目只能同一个科目或几个科目相对应,不要几个科目和几个科目同时对应。但在某种特殊情况下,如果某项经济业务本身就需要编制一套多借多贷的会计分录时,为了集中反映该项经济业务的全貌,可以采用多借多贷的账户对应关系,不必人为地将一项经济业务所涉及的会计科目分开,填制多张记账凭证。

不能把不同内容、不同类型的经济业务合并。若合并不同内容、不同类型的经济业务,编制一组会计分录,将其填制在一张凭证上,这样会造成经济业务的具体内容不清晰,容易造成账簿记录的错误,给记账、算账及后续查账带来困难。

(6) 填写金额栏数字。记账凭证的金额必须与原始凭证的金额相符。在填写金额数字时,阿拉伯数字书写要规范,行次、栏次的内容要对应明确,金额数字要填写至“分”位。如果“角”位、“分”位没有数字,要写“00”字样,如 123.00 元;如果“角”位有数字,“分”位没有数字,则要在“分”位上写“0”字样,如 456.70 元;“角”“分”位与“元”位的位置应在同一水平线上,不得上下错开。

每一项经济业务填入金额数字后,要在记账凭证的合计行上填写合计金额,并在合计金额前标明人民币符号“¥”。而且,合计金额要计算准确并保持借方与贷方之间的平衡,不是合计金额,则不需填写人民币符号。

(7) 注销记账凭证中的空行。记账凭证填制经济业务事项后,如有空行,应当自金额栏最后一笔金额数字下的空行处至合计数上的空行处画斜线或一条“S”形线注销。要注意斜线两端都不能画到金额数字的行次上。

(8) 注明所附原始凭证的件(张)数。在记账凭证上,必须注明所附原始凭证的件(张)数,并将有关原始凭证整理后,附在该记账凭证后面,表明一项经济业务发生后所涉及的、填制的全部会计凭证。除结账和更正错误的记账凭证可以不附原始凭证外,其他记账凭证必须附有原始凭证。

所附原始凭证的件(张)数计算的原则是:没有经过汇总的原始凭证,按自然张数计算；经过汇总的原始凭证，每一张汇总单或汇总表算 1 张。例如某职工填报的差旅费报销单上附有车票、船票、住宿发票等原始凭证 8 张，8 张原始凭证在差旅费报销单上的“所附原始凭证张数”栏内已作了登记，在计算记账凭证所附原始凭证张数时，这一张差旅费报销单连同其所附的 8 张原始凭证一起只能算 1 张。财会部门编制的原始凭证汇总表所附的原始凭证，一般也作为附件的附件处理，原始凭证汇总表连同其所附的原始凭证算在一起作为 1 张附件填写。

(9) 记账凭证的签章。记账凭证填制完毕后，填制人员应签章，以明确经济责任。填制人员签章后，按照规定手续交由审核人员进行审核，其后交记账人员登记入账。对记账凭证的每一位经手人员，都要求签章，以利于加强内部的检查、监督。

2. 记账凭证填制的方法

在日常经济业务中，单位可采用一种格式统一的通用记账凭证，实现会计信息化的企业，也可直接选择通用记账凭证，以加快计算机检索速度。

记账凭证的填制方法如图 2-14 所示。

记　账　凭　证

2023 年 12 月 01 日　　　　记 字 001 号

摘　要	总账科目	明细科目	借方金额（千百十万千百十元角分）	贷方金额（千百十万千百十元角分）	记账
收货款	银行存款	中国工商银行	18000000		√
收货款	应收账款	北京信拓商贸有限公司		18000000	√
合计		（附件 1 张）	¥18000000	¥18000000	

会计主管 霍珍珍　　记账 王欣　　出纳 刘梦　　审核 程雨　　制单 王欣

图 2-14　记账凭证

(1) 正上方“年、月、日”按记账凭证的填制日期填写。

(2) 右上方的编号按记账业务的顺序填写。

(3) “总账科目”栏、“明细科目”栏分别填写经济业务发生后所涉及的全部总账科目名称及其所属的明细科目名称。

(4) “摘要”栏书写经济业务的简要内容。

(5) 在“借方金额”栏和“贷方金额”栏相应的行次内计算填列与前面总账科目及所属明细科目对应的应借或应贷的金额。

(6) 最后一行“合计”填列借方科目金额合计和贷方科目金额合计，且两者应相等。

(7) “√”(或“记账”)栏填写已记入有关的总分类账及其所属明细分类账、库存现金(或银行存款)日记账的页码，或用“√”表示已经入账，注意该凭证未登账不得打“√”。

（8）"附单据　张数"栏填写该记账凭证所依据的原始凭证的张数,以备查核。

（9）有关经手人员要在表格下面的相应项目后签章,以明确经济责任。

（五）记账凭证的审核

为了使记账凭证能够真实、准确地反映经济业务状况,保证账簿记录的质量,在登记账簿前,必须由有关人员对已填制完毕的记账凭证进行认真、严格的审核。

审核记账凭证的主要内容有:

（1）审核记账凭证是否附有原始凭证,所附原始凭证的张数与记账凭证上填写的附件张数是否一致,记账凭证上填写的经济业务内容与原始凭证上记载的经济业务内容是否相符,记账凭证上的金额与所附原始凭证上的金额是否相等。审核时,必须注意,应该附但没有附原始凭证的记账凭证无效,它不能作为登记账簿的依据。

（2）审核记账凭证中确定的会计分录是否正确,包括审核使用的会计科目是否准确,会计科目之间的对应关系是否清楚,借方金额与贷方金额的计算是否准确无误,两者的合计是否平衡相等,总账科目的金额与其所属明细科目的金额之和是否相等。

（3）审核记账凭证中所列示的各个项目是否已经填写齐全、完整,有关经办人员是否按照规定的手续和程序在记账凭证上签章。

（4）在期末结算转账、更正错账等业务中,所填制的记账凭证没有原始凭证作依据,会计主管人员必须在所填制的这些记账凭证上签章加以证明,然后才能作为登记账簿的依据。因此,还要审核记账凭证是否具备了规定的手续,并了解其是否真实。

在审核记账凭证的过程中,如果发现未入账的记账凭证有错误,应重新填制;已入账的记账凭证有错误,应按照规定的更正错误的方法予以更正。只有审核无误的记账凭证才能作为登记账簿的依据。

知识拓展

💡 想一想:专用记账凭证该如何填制?

下面分别介绍收款凭证、付款凭证、转账凭证的填制方法。

（1）收款凭证。收款凭证,是指根据有关反映库存现金和银行存款收款业务的原始凭证填制的记账凭证,如图 2-15 所示。

收款凭证的填制方法如下:

① 收款凭证的左上方"借方科目"应填写"库存现金"或"银行存款"科目。

② 正上方"年、月、日"按收款凭证的填制日期填写。

③ 右上方"字第号"是收款凭证的种类和编号,应按收款凭证的填制顺序填写,如本经济业务属于银行存款收款业务,应按顺序填写"银收字第 001 号""银收字第 002号"……以此类推,按自成系统的凭证分类方法顺延编号,按月编制,并注意不要错号、重号、漏号。

图 2-15　收款凭证

④"摘要"栏填写经济业务的内容,要求简明扼要。

⑤"贷方总账科目"栏及"明细科目"栏,应填写与"借方科目"(银行存款或库存现金)相对应的贷方的会计一级科目及其所属的子目或细目名称。

⑥在"金额"栏相对应的行次填写贷方总账科目及其所属子目或细目的金额。

⑦"合计"行金额表示借方科目"库存现金"或"银行存款"的总金额,金额计算要求准确无误。其他项目填写方法与记账凭证基本相同。

(2)付款凭证。付款凭证,是指根据有关反映库存现金和银行存款付款业务的原始凭证填制的记账凭证,如图 2-16 所示。

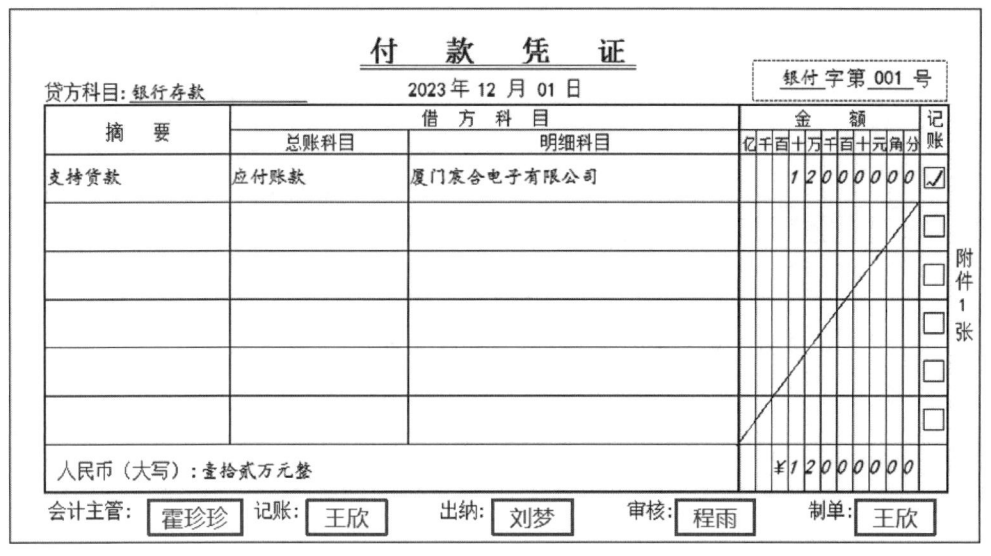

图 2-16　付款凭证

2

付款凭证的格式和填制方法与收款凭证基本相同,不同之处如下:

① 付款凭证的左上方"贷方科目"填写"库存现金"或"银行存款"科目。

② 正上方"年、月、日"按付款凭证的填制日期填写。

③ 右上方填写"现付字(库存现金付款凭证)第×号"或"银付字(银行存款付款凭证)第×号",也是自成系统顺延编号。

④ "借方总账科目"栏及"明细科目"栏填写与"贷方科目"(库存现金或银行存款)相对应的借方的会计总账科目及其所属子目或细目的名称。

在经济业务活动中,经常会发生如取款(或存款)等涉及库存现金和银行存款之间以及各类银行存款之间相互划转的经济业务。对于类似的经济业务,记账凭证只填制一张"付款凭证"。例如,提取现金备用经济业务发生后,根据该项经济业务的有关原始凭证,只需填制一张"银行存款付款凭证","贷方科目"为"银行存款"。过账时,依据此付款凭证,将其经济业务内容分别记入库存现金日记账和银行存款日记账中。这样处理可减少记账凭证的填制工作,也避免了重复过账。

(3) 转账凭证。转账凭证,是指根据有关除库存现金及银行存款收付款业务以外的转账类经济业务原始凭证填制的记账凭证,如图 2-17 所示。

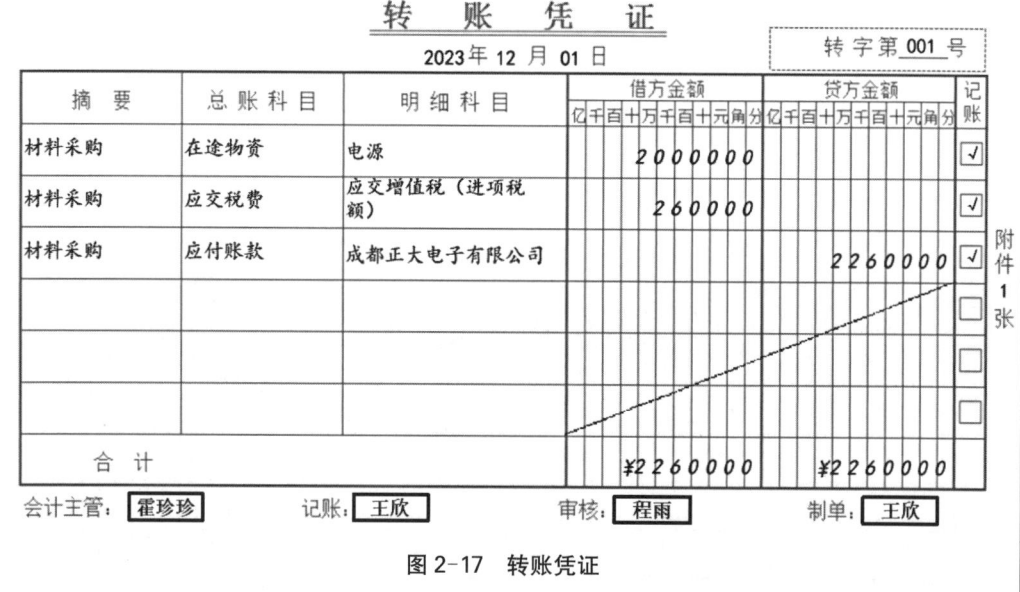

图 2-17　转账凭证

转账凭证的填制方法与前述通用记账凭证基本相同,此处不再赘述。

实训成果

项目二
任务一
实训成果
参考答案

自我检测

一、单项选择题

1. 经济业务发生时直接取得或填制的凭证是(　　　)。

A. 收、付款凭证　　　B. 原始凭证　　　　C. 记账凭证　　　D. 合同和协议

2. 下列各项中,属于自制原始凭证的是(　　　)。

A. 领料单　　　　　　B. 发票　　　　　　C. 银行对账单　　　D. 合同书

3. 下列各项中,属于外来原始凭证的是(　　　)。

A. 入库单　　　　　　　　　　　　　B. 收到的收款收据

C. 工资结算表　　　　　　　　　　　D. 差旅费报销单

4. 记账凭证与所附原始凭证的金额(　　　)。

A. 必须相等　　　　　　　　　　　　B. 可能相等

C. 可能不相等　　　　　　　　　　　D. 一定不相等

5. 对于库存现金和银行存款之间的相互划转业务,为了避免重复记账,一般只填制(　　　)。

A. 收款凭证　　　　　　　　　　　　B. 付款凭证

C. 转账凭证　　　　　　　　　　　　D. 结算凭证

二、多项选择题

1. 下列各项中,属于一次原始凭证的单据有(　　　)。

A. 发票　　　　　　B. 收料单　　　　C. 领料单　　　　　D. 限额领料单

2. 原始凭证的基本内容有(　　　)。

A. 凭证的名称、日期及编号　　　　　B. 经济业务的内容

C. 接受单位或个人名称　　　　　　　D. 经济业务的单价、数量和金额

3. 记账凭证是(　　　)填制的。

A. 由经办人　　　　　　　　　　　　B. 由会计人员

C. 在经济业务发生时　　　　　　　　D. 根据审核无误的原始凭证

4. 会计凭证按填制的程序和用途不同,可分为(　　　)。

A. 原始凭证　　　　　　　　　　　　B. 记账凭证

C. 自制凭证　　　　　　　　　　　　D. 汇总原始凭证

5. 下列各项中,属于外来原始凭证的有(　　　)。

A. 增值税发票　　　　　　　　　　　B. 银行对账单

C. 银行收款通知　　　　　　　　　　D. 账存实存对比表

三、判断题

1. 原始凭证按其取得的来源渠道不同,可分为外来原始凭证和自制原始凭证。(　　　)

2. 属于货币资金收入的业务,都应填制收款凭证。　　　　　　　　　　　　(　　　)

3. 会计凭证是指由会计人员填制的凭证。　　　　　　　　　　　　　　　　(　　　)

4. 在审核原始凭证时,发现有伪造、涂改或不合法的原始凭证,应退还经办人更改后再受理。　　　　　　　　　　　　　　　　　　　　　　　　　　　　　　　　(　　　)

5. 会计凭证是单位的重要经济档案和历史资料,在传递过程中,凡使用会计凭证的会计人员都有责任将其保管好,存档后由专人管理。　　　　　　　　　　　　　(　　　)

项目二
任务一
自我检测
参考答案

 自我评价

本任务完成情况评价表

（在□中打√，A 掌握，B 基本掌握，C 未掌握）

评价指标	自测结果
1. 能够正确填制原始凭证	□A □B □C
2. 能够正确审核原始凭证	□A □B □C
3. 能够正确填制记账凭证	□A □B □C
4. 能够正确审核记账凭证	□A □B □C

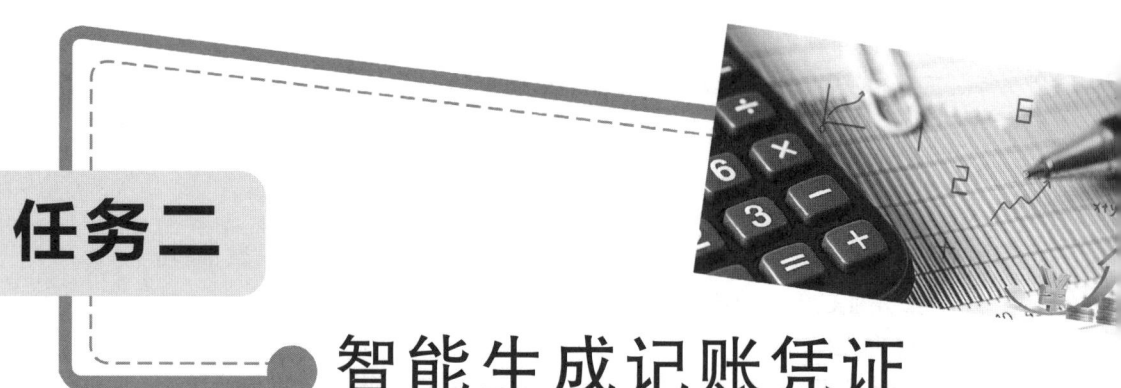

任务二

智能生成记账凭证

任务描述

成都瑞丰工业有限公司法人代表林晟是公司综合管理部成员，12 月 8 日，他拿着借款单走进财务室，对财务程雨说道："程雨，我明天要出差了，准备先向公司借款 2 000 元，这是我填写的借款单。"财务程雨接过借款单，当天，程雨审核借款单无误后，用公司账户向林晟转账支付了 2 000 元。

12 月 13 日，林晟出差归来，填写差旅费报销单报销差旅费用 2 357 元，并附上出差获取的电子发票（增值税专用发票）、电子发票（普通发票）、火车票、行程单、的士票。财务程雨收到林晟报销差旅费的相关票据，审核无误后，公司扣除了林晟的出差借款，通过银行转账的方式向其支付了 357 元的报销款项。这时，业务会计王欣走过来对程雨说道："程雨，公司最新引进了财务机器人，这次林经理出差的相关业务场景，就让财务机器人来帮助我们完成相关的账务处理吧！"程雨听完对王欣说道："想让财务机器人帮助我们工作，首先我们要对它进行量化规则设置，让财务机器人可根据设置好的规则自动生成记账凭证。"王欣兴奋回道："好的，我们现在就开始对它进行规则设置吧！"旁边的林晟听着十分

好奇,也跟着一起观摩学习如何使用财务机器人智能生成记账凭证。

任务训练

1. 根据任务描述的业务场景,理解财务机器人与财会工作人员填写记账凭证原理的区别。

2. 根据任务描述的业务场景,在会计基础与智能应用平台中进行业务票据建模。

3. 根据任务描述的业务场景,令财务机器人在会计基础与智能应用平台中识别票据信息并根据设定的建模规则智能生成记账凭证。

4. 审核财务机器人智能生成的记账凭证。

知识准备

一、财务机器人生成凭证的原理

在利用财务机器人自动识别业务票据并自动生成记账凭证前,需要根据企业日常业务及对应票据的特征进行业务票据建模。模型一旦建立完成,财务机器人就可以自动识别业务票据,并依据业务票据模型自动生成凭证。

业务票据建模需要用到业务对应的原始票据,将这些票据进行扫描识别、提取票据内容、关联业务场景、设置凭证模板后,业务票据建模过程便可完成。由于业务票据建模需要用到企业取得或开具的原始票据,而原始票据只有在业务发生时才有,因此,通常情况下财务机器人的业务票据建模时机可以是首次业务发生时,即发生某笔经济业务时,在财务机器人中进行该笔业务票据的建模。建模成功后,对该笔业务进行审核,并由财务机器人自动生成相应凭证。以后再发生相同业务时,财务机器人便可依据已经建立的模型自动识别票据并生成对应的凭证,从而节省大量的财务核算成本。

财务机器人与财会工作人员都是依据收到的原始凭证录入记账凭证,但是二者在记账方式上有所差异。财会工作人员录入记账凭证,需要根据收到的原始凭证进行职业判断,再进行账务处理。以本任务【任务描述】中发生的员工出差借款、支付员工出差借款、员工报销差旅费和支付员工报销款这个四个业务场景为例,财会工作人员根据收到的原始凭证填写的会计分录如表 2-4 所示。

表 2-4　　　　　　　　　　　财会工作人员填写的会计分录

业务情景	收到原始凭证	会计分录
员工出差借款	借款单	借:其他应收款——职员 　　贷:其他应付款——职员
支付员工出差借款	银行回单	借:其他应付款——职员 　　贷:银行存款

（续表）

业务情景	收到原始凭证	会计分录
员工报销差旅费 （实际报销金额 大于借款金额）	差旅费报销单 电子发票（增值税专用发票） 电子发票（普通发票） 火车票 行程单 的士票	借：管理费用——差旅费 　　应交税费——应交增值税（进项税额） 　贷：其他应收款——职员 　　　其他应付款——职员
支付员工报销款	银行回单	借：其他应付款——职员 　贷：银行存款

财务机器人自动生成记账凭证，需要对每笔业务进行原始凭证拆分，按原始凭证的信息内容，识别一张原始凭证并做记账凭证，把复杂的业务情景转化为简单的标准化业务组合。同样以本任务【任务描述】为例，财务机器人根据收到的原始凭证生成的会计分录如表 2-5 所示。

表 2-5　　　　　　　　　　　　财务机器人生成的会计分录

业务情景	识别原始凭证	会计分录
员工出差借款	借款单	借：其他应收款——职员 　贷：其他应付款——职员
支付员工出差借款	银行回单	借：其他应付款——职员 　贷：银行存款
员工报销差旅费	差旅费报销单	借：管理费用——差旅费 　贷：其他应收款——职员 　　　其他应付款——职员
	电子发票（增值税专用发票）	借：应交税费——应交增值税（进项税额） 　贷：管理费用——差旅费
	电子发票（普通发票）	此案例中取得的普票为餐饮发票，不能作为进项税额抵扣，不做分录
	火车票	借：应交税费——应交增值税（进项税额） 　贷：管理费用——差旅费
	行程单	借：应交税费——应交增值税（进项税额） 　贷：管理费用——差旅费
	的士票	此案例中取得的的士票，不能作进项税额抵扣，不做分录
支付报销款	银行回单	借：其他应付款——职员 　贷：银行存款

二、业务票据建模

(一)票据管理

1. 票据扫描

根据林晟出差业务的相关票据,借款单、银行回单、差旅费报销单、火车票、行程单、的士票须由财务机器人扫描并识别该票据信息。为方便教学,票据已事先扫描形成影像文件,下面进入相关操作环节。

步骤1:进入【票据管理】—【票据扫描】页面,单击【获取票据】按钮。

步骤2:在【单据识别】页面,将林晟出差业务涉及的票据全选中后,单击【识别】按钮。

步骤3:系统将自动识别票据,识别完成后,界面右侧会显示出所识别票据的详细信息,如图2-18所示。

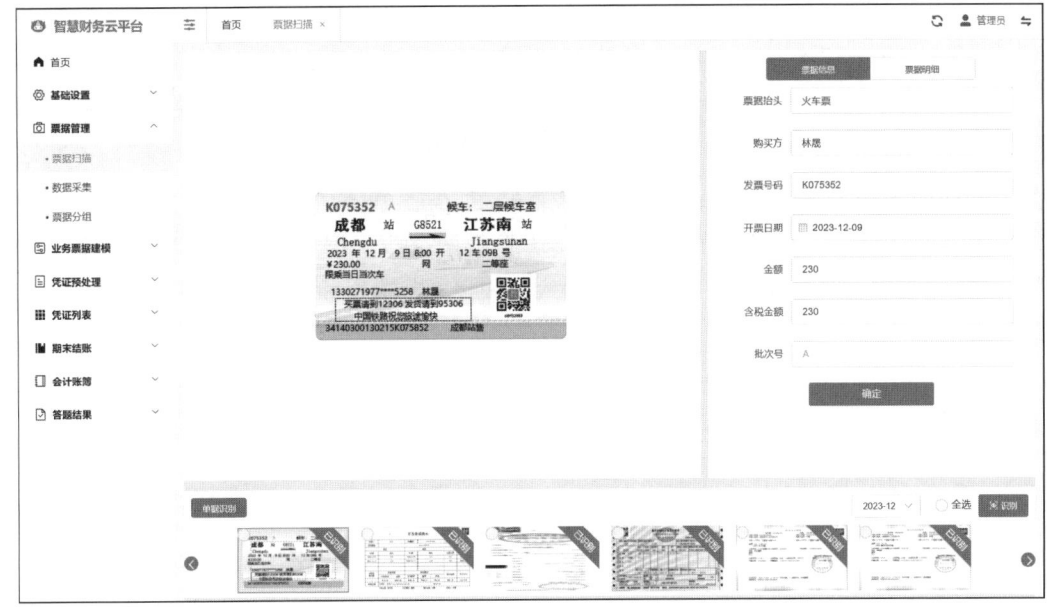

图 2-18 票据识别设置

2. 数据采集

关于电子发票的信息,财务机器人可以直接从税务数字账户采集。根据林晟出差业务涉及的电子发票(增值税专用发票)与电子发票(普通发票),下面进入数据采集环节的操作。

步骤1:进入【票据管理】—【数据采集】页面,选择数据采集来源为:税务数字账户。

步骤2:单击【数据采集】按钮,系统将自动采集电子发票信息,采集完成后,界面下方会显示出所采集电子发票的详细信息,如图2-19所示。

(二)业务票据建模

1. 票据类别设置

财务机器人在进行业务票据建模时,首先要进行票据类别设置。林晟此次出差发生

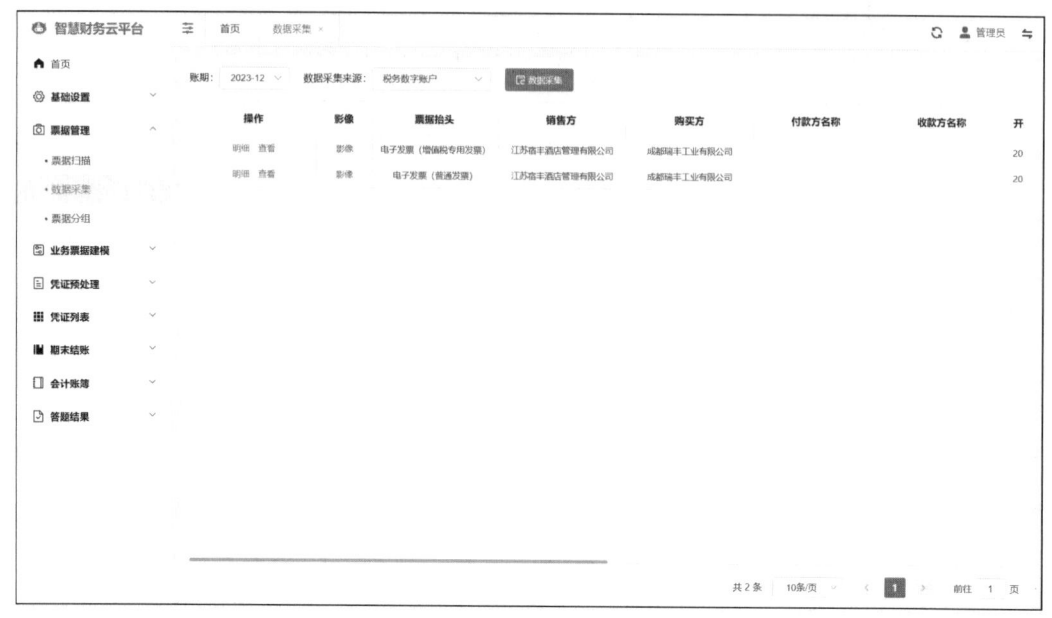

图 2-19　数据采集设置

的一系列业务场景涉及的单据包括差旅费报销单、借款单、增值税发票、火车票、行程单、的士票、银行回单,因此需要在票据类别模块中新增这些票据。根据票据记载的业务特性,可将所收到的票据划分为内部票据、交通票据、采购票据和银行回单四个主类别。票据类别划分如图 2-20 所示。

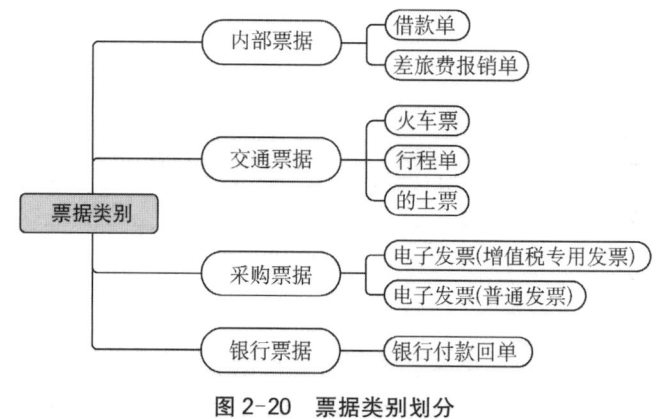

图 2-20　票据类别划分

（1）新增内部票据。

步骤 1:进入【业务票据建模】—【票据类别】的新增大类界面,在主类别中输入"内部单据",单击【保存】按钮。其余主类别添加操作同理。

步骤 2:点击主类别【内部票据】,再点击【新增细类】,在类别名称中输入"差旅费报销单"。

步骤 3:在"自定义 1"规则下,从预设票种中选择"差旅费报销单"。

步骤 4:继续为"自定义 1"规则添加筛选条件,由于差旅费报销单属于企业内部单据,故可以不设票据筛选条件。单击【保存】按钮保存设置结果。

"自定义 1"规则表明财务机器人一旦扫描识别到满足"自定义 1"规则的票据,就将其归为"内部票据—差旅费报销单"票据类别。差旅费报销单票据类别设置如图 2-21 所示。

图 2-21　差旅费报销单票据类别设置

同理,在主类别内部单据中新增细类"借款单",新增借款单的操作设置与差旅费报销单类似,详细操作不再赘述。借款单票据类别设置如图 2-22 所示。

图 2-22　借款单票据类别设置

（2）新增交通票据。

先新增主类别"交通票据",然后再点击【新增细类】,在类别名称中输入"火车票"。为"火车票"设置筛选规则,设置"自定义 1"规则下的预设票种为"火车票"。由于火车票属于个人实名票据,故可以不设票据筛选条件。火车票票据类别设置如图 2-23 所示。

交通票据除火车票外,还有的士票、行程单等。其他交通票据的操作设置与火车票类似,详细操作不再赘述。行程单票据类别设置如图 2-24 所示,的士票票据类别设置如图 2-25 所示。

图 2-23 火车票票据类别设置

图 2-24 行程单票据类别设置

（3）新增采购票据。

先新增主类别"采购票据"，然后再点击【新增细类】，在类别名称中输入"采购数电普票"。为"采购数电普票"设置筛选规则，设置"自定义1"规则下的预设票种为"电子发票（普通发票）"，筛选项为"@购买方"，操作符为"等于"，匹配值为"成都瑞丰工业有限公司"，即只有满足这个筛选条件的电子发票（普通发票）才能归为"采购票据—采购数电普票"类别。采购数电普票票据类别设置如图 2-26 所示。

同理，采购数电专票也属于采购票据，新增采购数电专票的操作设置与采购数电普票类似，详细操作不再赘述。采购数电专票票据类别设置如图 2-27 所示。

（4）新增银行票据。

先新增主类别"银行票据"，然后再点击【新增细类】，在类别名称中输入"银行付款回单"。为"银行付款回单"设置筛选规则，设置"自定义 1"规则下的预设票种为"银行回单"，筛选项为"@付款方名称"，操作符为"等于"，匹配值为"成都瑞丰工业有限公司"，即

图 2-25　的士票票据类别设置

图 2-26　采购数电普票票据类别设置

图 2-27　采购数电专票票据类别设置

只有满足这个筛选条件的银行回单才能归为"银行票据—银行付款回单"类别。银行付款回单票据类别设置如图 2-28 所示。

图 2-28　银行付款回单票据类别设置

2. 场景类别设置

场景类别设置，是对企业的经济业务场景进行分类。根据林晟此次出差涉及的经济业务，可将场景类别分为：报销场景、采购场景和往来场景三大主场景。其中，报销场景主类别下可根据林晟填写的差旅费报销单增加一个细类场景；采购场景主类别下可根据林晟此次出差所取得的住宿增值税发票、餐饮服务增值税发票及客运服务单据增加三个细类场景；往来场景主类别下可根据借款单以及公司支付员工款项的银行回单增加三个细类场景。场景类别划分如图 2-29 所示。

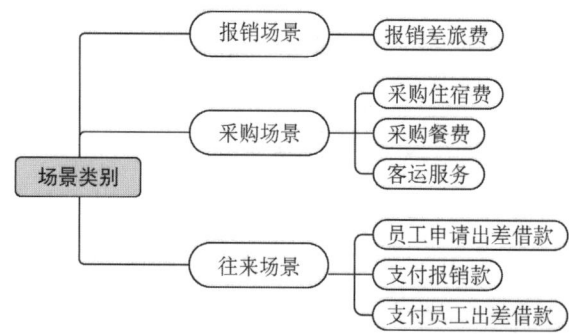

图 2-29　场景类别划分

（1）设置报销场景。

步骤 1：进入【业务票据建模】—【场景类别】的【新增大类】界面，在主类别中输入"报销场景"，单击【保存】按钮。其余主类别添加操作同理。

步骤 2：点击主类别"报销场景"，点击【新增细类】，在类别名称中输入"报销差旅费"。

步骤 3：在"自定义 1"规则下，从预设票种中选择"差旅费报销单→差旅费报销单"。

步骤 4：继续为"自定义 1"规则添加筛选条件，由于差旅费报销单为企业内部单据，因此无须设置筛选项。单击【保存】按钮保存设置结果。

"自定义 1"规则表明场景类别"报销场景—报销差旅费"对应的票据是"差旅费报销单→差旅费报销单",即财务机器人一旦扫描识别到满足"自定义 1"规则的票据,就将其归为"报销场景—报销差旅费"场景类别。报销差旅费场景类别设置如图 2-30 所示。

图 2-30　报销差旅费场景类别设置

（2）设置采购场景。

先新增主场景"采购场景",然后在此主场景中新增细类场景"采购住宿费"。该细类场景业务对应的票据为数电专票,则在"自定义 1"规则下的预设票种为"采购数电专票→电子发票(增值税专用发票)",筛选项为"@项目【明细】",操作符为"包含",匹配值为"住宿费"。即项目明细包含住宿费电子发票(增值税专用发票)的对应场景为"采购场景—采购住宿费"。住宿服务场景类别设置如图 2-31 所示。

图 2-31　住宿服务场景类别设置

同理,在主场景"采购场景"中新增细类"采购餐费"。该细类场景业务对应的票据为数电普票,则在"自定义 1"规则下的预设票种为"采购数电普票→电子发票(普通发票)",筛选项为"@项目【明细】",操作符为"包含",匹配值为"餐费"。餐饮服务场景类别设置如图 2-32 所示。

图 2-32　餐饮服务场景类别设置

在主场景"采购场景"中新增细类"客运服务"。该细类场景业务对应的票据为火车票、行程单、的士票。则在"自定义 1"规则下的预设票种为"火车票→火车票",无须设置筛选项。同理,继续点击【新增规则】,"自定义 2"规则下的预设票种为"行程单→行程单",无须设置筛选项;再继续点击【新增规则】,"自定义 3"规则下的预设票种为"的士票→的士票",无须设置筛选项。客运服务场景类别设置如图 2-33 所示。

图 2-33　客运服务场景类别设置

知识点拨

　　以上采购住宿服务和采购餐饮服务的场景是依据林晟此次报销差旅费所提供单据进行的规则设置,若一个场景同时包括数电专票和数电普票,则可点击【新增规则】继续设置。例如采购住宿服务取得的票据也包括电子发票(普通发票),则继续在此细类场景下点击【新增规则】,在"自定义 2"规则下的预设票种为"采购数电普票→电子发票(普通发票)",筛选项为"@项目【明细】",操作符为"包含",匹配值为"住宿费"。

（3）设置往来场景。

先新增主场景"往来场景"，然后在此主场景中新增细类场景"员工申请出差借款"。该细类场景业务对应的票据为借款单，则在"自定义 1"规则下的预设票种为"借款单→借款单"，筛选项为"@用途"，操作符为"包含"，匹配值为"因公出差借款"。员工申请出差借款场景类别设置如图 2-34 所示。

图 2-34　员工申请出差借款场景类别设置

在主场景"往来场景"中新增细类"支付报销款"。该细类场景业务对应的票据为银行付款回单。则在"自定义 1"规则下的预设票种为"银行付款回单→银行回单"，筛选项为"@摘要"，操作符为"包含"，匹配值为"报销款"。支付报销款场景类别设置如图 2-35 所示。

图 2-35　支付报销款场景类别设置

在主场景"往来场景"中新增细类"支付员工出差借款"。该细类场景业务对应的票据为银行付款回单。则在"自定义 1"规则下的预设票种为"银行付款回单→银行回单"，筛选项为"@摘要"，操作符为"包含"，匹配值为"出差借款"。支付员工出差借款场景类别设置如图 2-36 所示。

图 2-36　支付员工出差借款场景类别设置

微课视频：
场景配置
设置

3. 场景配置设置

场景配置针对不同的业务场景将场景类别与票据类型做进一步的整合，以确定某业务场景与票据间的对应关系。实际发生的某笔业务可能与一张票据有关，也可能与多张票据有关，场景配置可将一张或多张票据组合于一个业务场景下，为后续针对此场景自动生成凭证作好准备。

成都瑞丰工业有限公司林晟此次出差涉及 4 笔业务场景，分别为员工填写借款单向公司借款、公司支付员工借款、员工填写差旅费报销单报销差旅费、公司支付报销款。场景配置需将这四笔业务场景对应的票据类别与场景类别进行组合配置。此处先将业务场景划分为两大主场景——报销业务和往来业务。场景配置划分如图 2-37 所示。

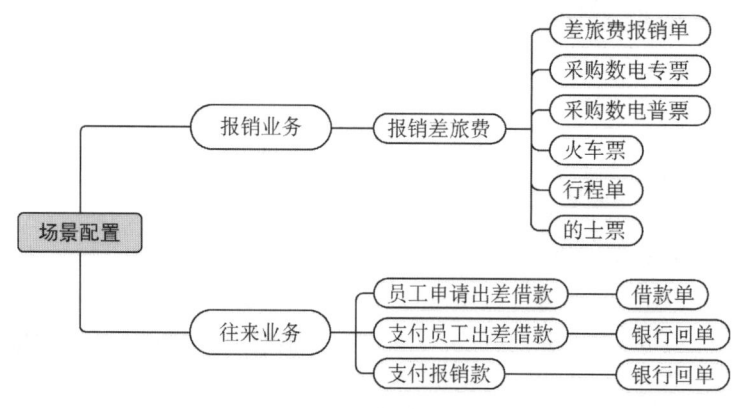

图 2-37　场景配置划分

（1）报销差旅费业务场景配置。

林晟报销差旅费业务场景同时涉及多张票据，包括差旅费报销单、增值税发票、火车票、行程单、的士票，这些票据都是属于同一个批次的经济业务，因此需要通过场景配置将这些相关票据组合于报销差旅费业务场景中。其操作步骤为：

步骤1：新增主场景。进入【业务票据建模】—【场景配置】界面，点击【新增主场景】，在主场景中输入"报销业务"，单击【保存】按钮。其余主场景添加操作同理。

步骤2：将同类型的业务场景添加到对应的主场景下，并对场景类别与票据类型做进一步的整合。先点击主场景"报销业务"，再点击【新增场景】，输入"报销差旅费"。

步骤3：为"报销差旅费"业务场景定义场景要求。该场景配置设置为："报销场景→报销差旅费"场景类别对应"差旅费报销单"票据类别，"采购场景→采购住宿费"场景类别对应"采购数电专票"票据类别，"采购场景→采购餐费"场景类别对应"采购数电普票"票据类别，"采购场景→客运服务"场景类别对应"火车票""行程单""的士票"票据类别。此场景配置设置表明当财务机器人扫描到的票据符合此场景配置的票据类别和场景类别时，就意味着此笔经济业务发生了，应该为其生成凭证。

步骤4：设置组合名称。该组合名称用于后续凭证模板设置时，识别该组合名称对应的票据，以便设置相对应的会计分录。勾选票据类别"差旅费报销单"为主票，对应的组合名称为空，即表示差旅费报销单在后续凭证模板的设置中将显示为主分录。设置"采购数电专票"的组合名称为"专票"，设置"采购数电普票"的组合名称为"普票"，设置"火车票"的组合名称为"火车票"，设置"行程单"的组合名称为"行程单"，设置"的士票"的组合名称为"的士票"。报销差旅费场景配置如图2-38所示。

步骤5：设置完成后，点击【保存】。

图2-38 报销差旅费场景配置

知识点拨

（1）图 2-38 中的场景类别是在【业务票据建模】—【场景类别】功能中提前设置好的，票据类别是在【业务票据建模】—【票据类别】功能中提前设置好的，创建场景配置时，可根据实际业务需要进行选择。

（2）票据类别对应的组合名称会影响后续凭证模板的设置，若组合名称为空，则该票据类别默认作为凭证模板中的主分录。组合名称可根据需要自行命名。

（2）员工申请出差借款场景配置。

员工申请出差借款业务场景涉及借款单一张票据，因此需要将该票据通过场景配置组合于"往来场景→员工申请出差借款"场景类别当中。其操作为：先新增主场景"往来业务"，然后再点击【新增场景】，输入"员工申请出差借款"。该场景配置设置为："往来场景→员工申请出差借款"场景类别对应"借款单"票据类别，此处业务只涉及一张票据，因此组合名称直接默认为空。员工申请出差借款场景配置如图 2-39 所示。

图 2-39　员工申请出差借款场景配置

（3）支付员工出差借款场景配置。

支付员工出差借款业务场景涉及银行回单一张票据，因此需要将该票据通过场景配置组合于"往来场景→支付员工出差借款"场景类别当中。其操作为：在主场景"往来业务"下点击【新增场景】，输入"支付员工出差借款"。该场景配置设置为："往来场景→支付员工出差借款"场景类别对应"银行付款回单"票据类别。支付员工出差借款场景配置如图 2-40 所示。

（4）支付报销款场景配置。

支付报销款业务场景涉及银行回单一张票据，因此需要将该票据通过场景配置组合于"往来场景→支付报销款"场景类别当中。其操作为：在主场景"往来业务"下点击【新增场景】，输入"支付报销款"。该场景配置设置为："往来场景→支付报销款"场景类别对应"银行付款回单"票据类别。支付报销款场景配置如图 2-41 所示。

图 2-40　支付员工出差借款场景配置

图 2-41　支付报销款场景配置

4. 凭证模板设置

每一个业务场景都需设置对应的凭证模板,该凭证模板将为此业务场景生成具体的记账凭证。例如成都瑞丰工业有限公司林晟此次出差涉及的 4 笔业务场景已做好场景配置,现在要为这些业务场景设置凭证模板。以"报销业务→报销差旅费"业务场景为例讲解凭证模板设置操作,其余业务场景凭证模板设置不再赘述。

凭证模板设置包括凭证头设置、分录设置、辅助核算设置、合并及排序设置四个部分。

（1）凭证头设置。

在【业务票据建模】—【凭证模板】界面中,为"报销业务—报销差旅费"会计场景设置凭证模板。在凭证头设置中,设置模板名称为"报销差旅费",记账日期选择为"@交易日期",凭证字为"记账凭证",制单人为业务会计"王欣",推送方式为"手动推送"。选择自动推送方式即表示自动生成的凭证将由系统自动推送至凭证列表。报销差旅费凭证模板凭证头设置如图 2-42 所示。

微课视频:凭证模板设置——报销差旅费(上)

微课视频:凭证模板设置——报销差旅费(下)

图 2-42　报销差旅费凭证模板凭证头设置

（2）分录设置。

设置报销差旅费业务的分录要特别留意会计科目、金额取值公式以及取值匹配的公式设置。此处初次设置报销差旅费凭证模板分录是以林晟发生报销差旅费为例进行设置的，但是为便于销售部之后再发生相同业务时，财务机器人可依据此处已经建立的模型自动识别票据并生成对应的记账凭证，此时设置凭证模板分录的会计科目需要再添加"销售费用——差旅费"。同理，为便于再发生相同业务时使用的是现金支付方式，此时设置凭证模板分录的会计科目需要再添加"库存现金"。

① 主分录设置。

在场景配置时，设置主分录对应的票据为差旅费报销单。因此在分录设置中，首先设置摘要为"报销差旅费"；借贷方科目来源均为"科目"；借方科目分别为"管理费用——差旅费"和"销售费用——差旅费"，贷方科目分别为"其他应收款——职员""库存现金"和"其他应付款——职员"。

接着分别为各科目设置"金额取值公式"。"管理费用——差旅费"科目和"销售费用——差旅费"科目的金额取值公式均为"@含税金额"（即代表报销差旅费单据上的报销总额），"其他应收款——职员"科目的金额取值公式为"@借款金额"，"库存现金"科目的金额取值公式为"@含税金额-@借款金额"，"其他应付款——职员"科目的金额取值公式为"@含税金额-@借款金额"。

最后为各科目设置"取值匹配"。"管理费用——差旅费"和"销售费用——差旅费"均按照部门进行取值，即"管理费用——差旅费"科目取值匹配为"@所属部门包含综合管理部"；"销售费用——差旅费"科目取值匹配为"@所属部门包含销售部"。"库存现金"科目和"其他应付款——职员"科目均按照支付方式进行取值，"库存现金"取值匹配为"@支付方式包含现金"，"其他应付款——职员"取值匹配为"@支付方式包含银行"。注意，以上所有科目的取值匹配均需勾选主票，只有勾选主票，这些科目才会按照主票上的所属部门进行取值。主分录设置如图 2-43 所示。

	操作	摘要	科目来源		科目		科目匹配类型	方向	金额取值公式	取值匹配
1	➕➖	报销差旅费	科目	∨	660205 管理费用-差旅费	∨ 📊	请选择	借	@含税金额	@所属部门包含综合管理部,
2	➕➖	报销差旅费	科目	∨	660105 销售费用-差旅费	∨ 📊	请选择	借	@含税金额	@所属部门包含销售部,
3	➕➖	报销差旅费	科目	∨	122102 其他应收款-职员	∨ 📊	请选择	贷	@借款金额	
4	➕➖	报销差旅费	科目	∨	224102 其他应付款-职员	∨ 📊	请选择	贷	@含税金额-@借款金额	@支付方式包含银行,
5	➕➖	报销差旅费	科目	∨	1001 库存现金	∨ 📊	请选择	贷	@含税金额-@借款金额	@支付方式包含现金,

图 2-43　主分录设置

设置凭证模板时可以仅针对某一部门的差旅费报销业务设置模板,也可以如图 2-43 所示,针对不同的部门设置通用模板。如若仅针对某一部门设置模板,则涉及其他部门报销时,该凭证模板不能被其他部门使用,此时便需要修改模板或新建模板。另外,设置凭证模板时可根据企业实际业务需求自行斟酌模板规则,本任务所讲述的业务建模方式仅供参考。

知识点拨

（1）本任务中,所有会计科目都要选到末级科目。

（2）设置取值匹配时注意勾选主票,并且要留意组号规则:同一组号中所有规则间的关系为"且",不同组号中所有规则间的关系为"或"。

② 增值税发票的分录设置。

根据成都瑞丰工业有限公司林晟报销差旅费所提供的原始凭证可知,此次的差旅费业务所获得的住宿服务票据为增值税专用发票,其税额可进行抵扣,因此需要设置会计分录。则其会计分录设置的借方为"应交税费——应交增值税——进项税额",贷方为"管理费用——差旅费"和"销售费用——差旅费",并且"管理费用——差旅费"和"销售费用——差旅费"同样按照主分录设置的取值匹配进行设置,即以所属部门进行取值匹配。在金额取值公式上,都设置为"@税额",以冲减主分录的价税合计金额。增值税专用发票的分录设置如图 2-44 设置。

	操作	摘要	科目来源		科目		科目匹配类型	方向	金额取值公式	取值匹配
1	➕➖	报销差旅费	科目	∨	22210101 应交税费-应交增值税-进项税额	∨ 📊	请选择 ∨	借	@税额	
2	➕➖	报销差旅费	科目	∨	660205 管理费用-差旅费	∨ 📊	请选择 ∨	贷	@税额	@所属部门包含综合管理部,
3	➕➖	报销差旅费	科目	∨	660105 销售费用-差旅费	∨ 📊	请选择 ∨	贷	@税额	@所属部门包含销售部,

图 2-44　增值税专用发票的分录设置

根据成都瑞丰工业有限公司林晟报销差旅费所提供的原始凭证可知,此次的差旅费业务所获得餐饮服务票据为增值税普通发票,其税额不可抵扣,因此无须进行该组合的分录设置。

③ 交通票的分录设置。

根据成都瑞丰工业有限公司林晟报销差旅费所提供的原始凭证可知,此次的差旅费业务所获得的交通票包括的士票、火车票、行程单。其中，的士票不涉及可抵扣税额，因此无须进行该组合的分录设置。

对于火车票，依照相关政策规定，纳税人购进注明旅客身份信息的铁路车票，其进项税额允许从销项税额中抵扣，其税额计算公式为：铁路旅客运输进项税额 = 票面金额 ÷ $(1 + 9\%) \times 9\%$。因此在火车票分录设置中，先设置摘要为"报销差旅费"；借贷方科目来源均设置为"科目"，借方科目为"应交税费——应交增值税——进项税额"，贷方科目为"管理费用——差旅费"和"销售费用——差旅费"。接着为借贷方会计科目设置"金额取值公式"，科目"应交税费——应交增值税——进项税额""销售费用——差旅费"和"管理费用——差旅费"的金额取值都应设为"@含税金额 ÷ 1.09 × 0.09"。最后设置"取值匹配"，"管理费用——差旅费"科目和"销售费用——差旅费"科目均按照部门进行取值，即"管理费用——差旅费"科目取值匹配为"@所属部门包含综合管理部"，"销售费用——差旅费"科目取值匹配为"@所属部门包含销售部"。同样，所有科目的取值匹配都需勾选主票，以保证这些科目按照主票上的所属部门进行取值。火车票分录设置如图 2-45 所示。

	主分录	专票	普票	火车票	行程单	的士票			
	操作	摘要	科目来源	科目	科目匹配类型	方向	金额取值公式	取值匹配
1	➕➖	报销差旅费	科目 ∨	22210101 应交税费-应交增值税-进项税额 ∨	▦ 请选择 ∨	借 ∨	@含税金额/1.09*0.09	
2	➕➖	报销差旅费	科目 ∨	660205 管理费用-差旅费 ∨	▦ 请选择 ∨	贷 ∨	@含税金额/1.09*0.09	@所属部门包含综合管理部,
3	➕➖	报销差旅费	科目 ∨	660105 销售费用-差旅费 ∨	▦ 请选择 ∨	贷 ∨	@含税金额/1.09*0.09	@所属部门包含销售部,

图 2-45　火车票分录设置

对于行程单，依照相关政策的规定，纳税人购进注明旅客身份信息的航空运输电子客票行程单的，其进项税额允许从销项税额中抵扣，其税额计算公式为：航空旅客运输进项税额 =（票价 + 燃油附加费）÷ $(1 + 9\%) \times 9\%$。因此行程单的分录设置与火车票的分录设置同理，区别仅在于相应科目的金额取值公式为：（@含税金额 − @民航发展基金）÷ 1.09 × 0.09。行程单分录设置如图 2-46 所示。

	主分录	专票	普票	火车票	行程单	的士票			
	操作	摘要	科目来源	科目	科目匹配类型	方向	金额取值公式	取值匹配
1	➕➖	报销差旅费	科目 ∨	22210101 应交税费-应交增值税-进项税 ∨	▦ 请选择 ∨	借 ∨	(@含税金额-@民航发展基金)/1.09*0.09	
2	➕➖	报销差旅费	科目 ∨	660205 管理费用-差旅费 ∨	▦ 请选择 ∨	贷 ∨	(@含税金额-@民航发展基金)/1.09*0.09	@所属部门包含综合管理部,
3	➕➖	报销差旅费	科目 ∨	660105 销售费用-差旅费 ∨	▦ 请选择 ∨	贷 ∨	(@含税金额-@民航发展基金)/1.09*0.09	@所属部门包含销售部,

图 2-46　行程单分录设置

知识点拨

（1）设置金额取值公式时，若使用键盘手动输入公式，则输入法须在英文状态下。

（2）由于机器人在识别行程单、火车票、银行回单等票面无税额明细的单据时，得到的金额和含税金额是相同的，因此在进行凭证模板的金额取值公式设置时需要特别注意。

（3）辅助核算设置。

报销差旅费业务需要设置辅助核算。在【职员】辅助项核算栏中添加"@经办人"的固定栏位,操作符为"等于"。"经办人"即主票中的报销人员,操作符为"等于",表示辅助核算的明细科目与经办人姓名必须完全一致。辅助核算设置如图 2-47 所示。

图 2-47 辅助核算设置

（4）合并及排序设置。

按照任务要求,设置凭证合并方式为"批次"合并,分录合并方式为"完全合并",分录自定义排序为"启用",排序条件为按照"借贷方"进行排序。合并及排序设置如图 2-48 所示。

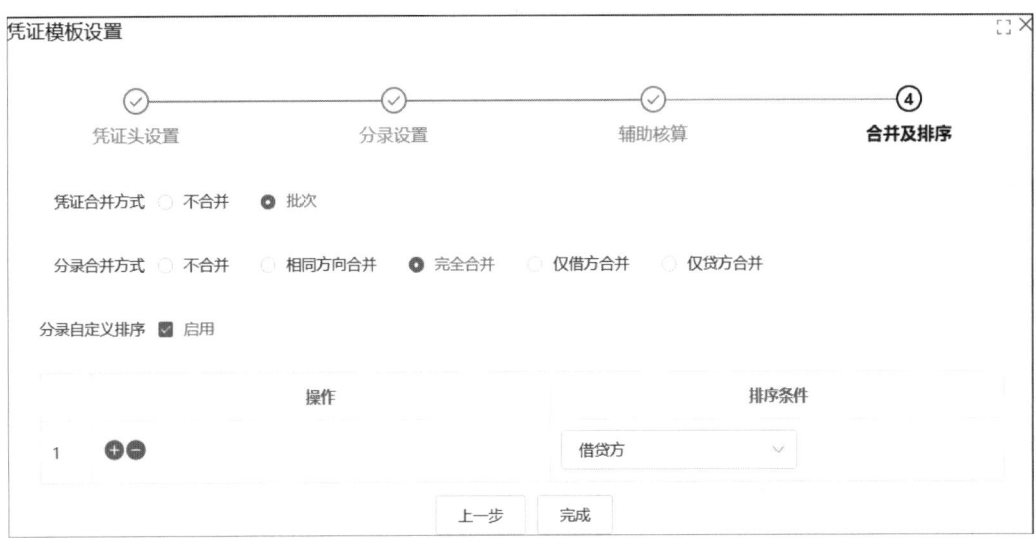

图 2-48 合并及排序设置

2

知识点拨

　　报销差旅费的税额是根据计算得出的辅票进项税额冲减主票金额。先把"差旅报销单"上的总金额全部记入"销售费用——差旅费"或"管理费用——差旅费"科目中,然后根据增值税发票或交通出行单据计算得出的进项税额冲减"销售费用——差旅费"或"管理费用——差旅费"的价税合计金额。在生成分录时,若采取不合并方式,借贷双方都会存在"销售费用——差旅费"或"管理费用——差旅费"科目,因此,在选择分录合并方式时,选择完全合并方式较为适宜。

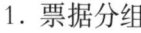

微课视频:
凭证审核

(三) 审核凭证

1. 票据分组

　　经过票据类别、场景类别、场景配置和凭证模板四个环节的设置后,财务机器人就可以对本任务案例中的票据进行审核记账并自动生成凭证了。以后只要有同类型的业务发生,财务机器人都可以直接扫描原始凭证并生成相应的凭证,具体操作为:

　　先对收到的票据进行分组,由于此处只有一笔报销类业务的票据,所以直接归为一组报销类凭证即可。在【票据管理】—【票据分组】中,点击【管理】—【新增组别】,组别名称为"报销类凭证",选择所有报销类凭证,点击【移入分组】和【保存】。再点击【提交分组】和【确定】。此时再点击【全选】—【生成凭证】,即可生成记账凭证,如图 2-49 所示。(此处的原始凭证数据是通过前面步骤【票据管理】下的票据扫描与数据采集的方式获取的)

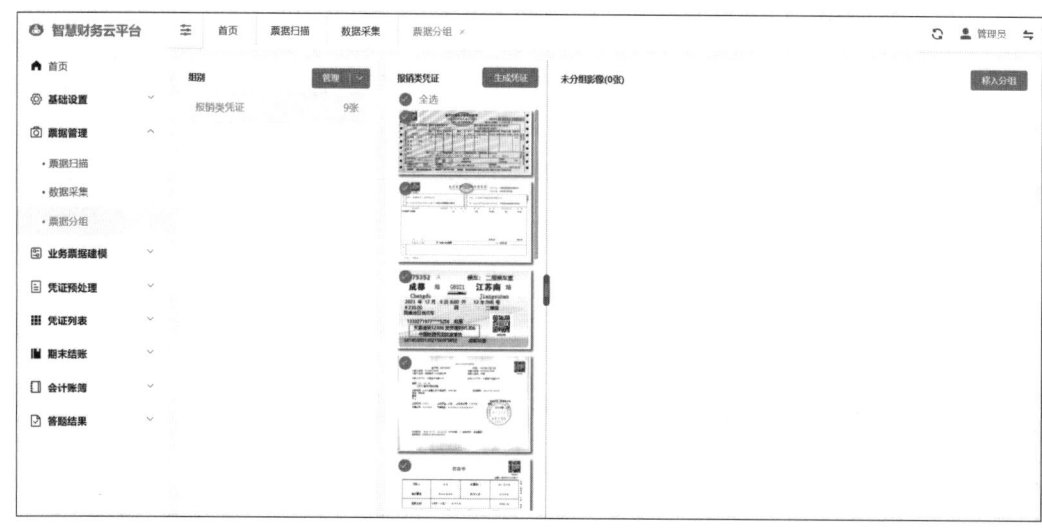

图 2-49　生成凭证

2. 审核并推送

　　在设置"报销业务→报销差旅费"业务凭证模板的凭证头时,其凭证推送方式设置为手动推送,因此财务机器人生成的凭证会自动出现在【凭证预处理】界面中,业务会计可对智能生成的记账凭证进行人工审核。此处可点击【影像】查看该凭证的相关附件进行辅助审核。如果审核无误,可选中该凭证,再点击【审核并推送】;如果审核该凭证,发现存在问题,则要找出具体原因。例如影像扫描出现问题,可回到【票据扫描】模块找到对应票据修改识别的票据信息,再重新生成凭证;若业务票据建模规则设置出现问题,可回到【业务票据建模】模块修改规则后,再重新生成凭证。审核并推送凭证如图 2-50 所示。

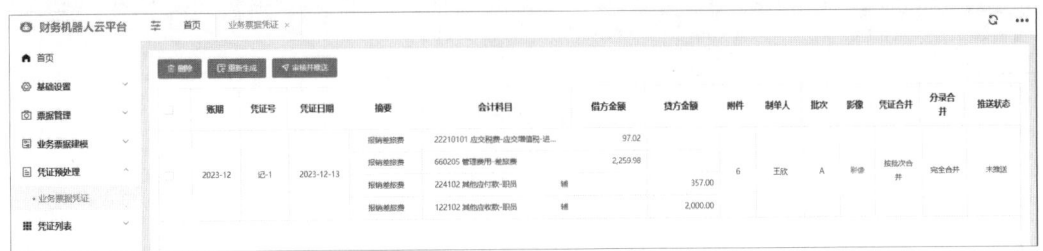

图 2-50　审核并推送凭证

知识点拨

如果业务场景凭证模板的凭证头的推送方式设置为自动推送,那么自动生成的凭证将直接出现在【凭证列表】界面,无须审核并推送。如果业务场景凭证模板的凭证头的推送方式设置为手动推送,那么自动生成的凭证将直接出现【凭证预处理】界面,需要审核并推送。

3. 审核凭证

业务会计对财务机器人智能生成的记账凭证进行审核并推送至【凭证列表】中后,审核岗位人员需要进行凭证审核,以应对一些金额重大或者性质特殊的经济业务处理出现偏差,或者预防一些常规的经济业务因系统设置而出现错误处理。审核凭证有两种方式:一是单笔审核,二是批量审核。审核的内容主要是将上传的票据影像内容和记账凭证的内容进行比对,如科目选择是否合理、金额是否正确、票据日期和记账日期是否同属于一个会计期间等。审核记账凭证操作为:审核会计进入【凭证列表】—【审核凭证】模块进行凭证审核,如果凭证审核无误,选中该凭证点击【审核】即可,如图 2-51 所示;如果在凭证审核完成后才发现凭证有误,可点击【反审核】,如图 2-52 所示。针对有误的记账凭证,审核会计需先进入【凭证列表】—【凭证列表】模块,选中有误的记账凭证,删除该凭证,如图 2-53 所示。凭证删除后会退回【凭证预处理】模块,由业务会计再次查找问题并修改。

图 2-51　审核凭证

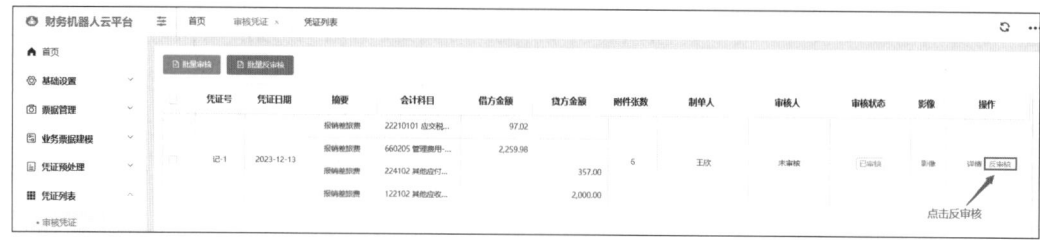

图 2-52　反审核凭证

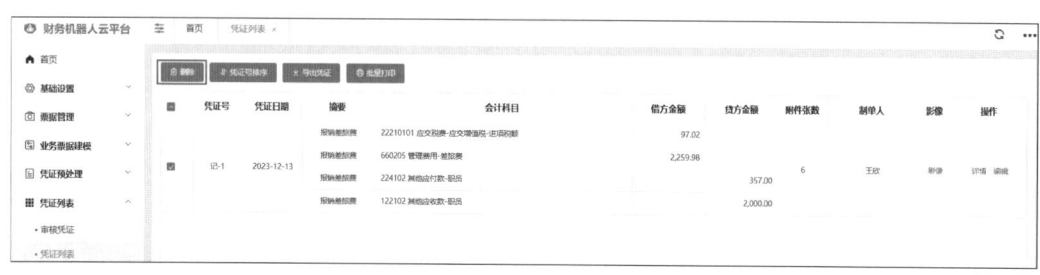

图 2-53　删除凭证

会计基础与
智能应用平台

微课视频：
凭证模板设置
（出差借款
和报销款）

实训成果

项目二
任务二
实训成果
参考答案

项目二
任务二
自我检测
参考答案

自我检测

在上述凭证模板设置模块中已经完成了"报销业务→报销差旅费"业务场景的凭证模板设置，请在【业务票据建模】—【凭证模板】模块中继续完成"往来业务→员工申请出差借款""往来业务→支付员工出差借款"和"往来业务→支付报销款"这三个业务场景的凭证模板设置，如图 2-54 所示。设置完成后再进行凭证生成并审核，最后在【凭证列表】查看生成的记账凭证。

图 2-54　继续完成凭证模板设置

自我评价

本任务完成情况评价表

（在□中打√,A 掌握,B 基本掌握,C 未掌握）

评价指标	自测结果
1. 能够理解财务机器人与财会工作人员填写记账凭证的区别	□A □B □C
2. 能够进行票据扫描与数据采集操作	□A □B □C
3. 能够掌握业务票据建模规则	□A □B □C
4. 能够智能审核凭证	□A □B □C

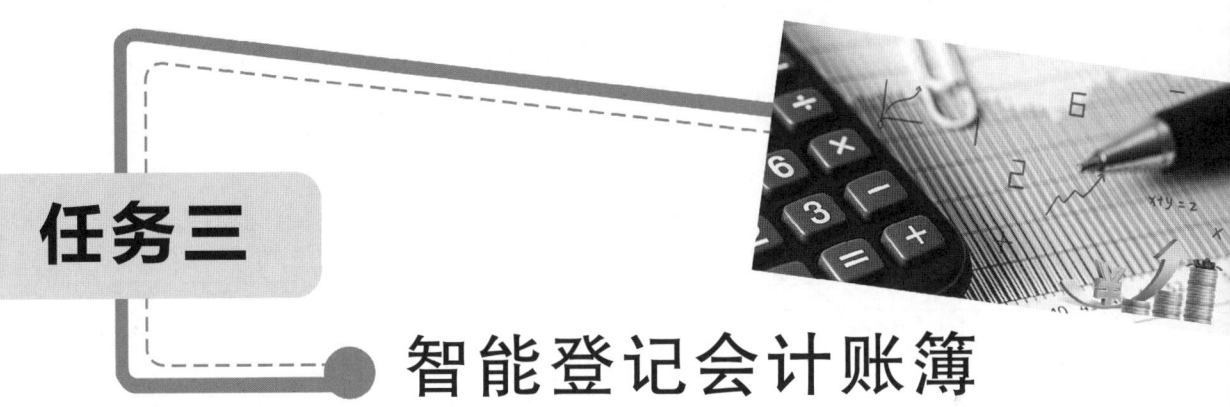

任务三

智能登记会计账簿

任务描述

12 月中旬的某一天,成都瑞丰工业有限公司法人代表林晟来到会计刘欣的工位前,说道:"刘会计,麻烦你把公司的账簿帮我找出来,我看到公司上个月报表中银行存款、原材料和应收账款的金额波动较大,我了解一下具体原因。"

"好的,林总。"刘会计欣然答应,很快将公司的银行存款日记账、原材料明细账和应收账款明细账找出来,并详细为林晟进行解释说明。

任务训练

1. 请以出纳身份,根据涉及的银行存款收付业务的记账凭证,登记银行存款日记账。记账凭证如图 2-55 所示,银行存款日记账如图 2-56 所示。

2. 请以会计身份,根据记账凭证登记原材料明细账。记账凭证如图 2-57 所示,原材料明细账如图 2-58 所示。

记 账 凭 证

2023 年 12 月 13 日　　　　　　　记 字 026 号

摘　要	总 账 科 目	明 细 科 目	借方金额 千百十万千百十元角分	贷方金额 千百十万千百十元角分	记账
支付报销款（张然）	其他应付款	职员-张然	35700		√
支付报销款（张然）	银行存款	中行成都分行5639		35700	√
					□
					□
					□
					□
合计		（附件 1 张）	¥35700	¥35700	

会计主管 霍珍珍　　　记账 王欣　　　出纳 刘梦　　　审核 程雨　　　制单 王欣

图 2-55　记账凭证

银行存款日记账

第 21 页

开户银行：中国银行成都分行　　　　　　　　　　　　账号：621600155639

2023年 月 日	凭证 种类 号数	摘　要	借　方 亿千百十万千百十元角分	贷　方 亿千百十万千百十元角分	余　额 亿千百十万千百十元角分	核对
12 01		期初余额			12584600	□
						□
						□
						□
						□
						□
						□
						□
						□
						□
						□
						□
						□
						□
						□
						□
						□
						□

图 2-56　银行存款日记账

记 账 凭 证

2023 年 12 月 06 日　　　　　记 字 027 号 1/2

摘　要	总 账 科 目	明 细 科 目	借方金额 千百十万千百十元角分	贷方金额 千百十万千百十元角分	记账
采购材料	原材料	蓝牙芯片V5.0	6 0 0 0 0 0 0 0		√
采购材料	原材料	蓝牙芯片V4.0	4 5 0 0 0 0 0 0		√
采购材料	原材料	PCB板	3 0 0 0 0 0 0 0		√
采购材料	原材料	晶体谐振器	9 0 0 0 0 0 0		√
采购材料	原材料	数字滤波器	1 0 0 0 0 0 0 0		√
采购材料	原材料	REPROM存储器	2 0 0 0 0 0 0 0		√
合计		（附件 1 张）			

会计主管 霍珍珍　　记账 王欣　　出纳 刘梦　　审核 程雨　　制单 王欣

(a)

记 账 凭 证

2023 年 12 月 06 日　　　　　记 字 027 号 2/2

摘　要	总 账 科 目	明 细 科 目	借方金额 千百十万千百十元角分	贷方金额 千百十万千百十元角分	记账
采购材料	应交税费	应交增值税-进项税额	2 2 6 2 0 0 0 0		√
采购材料	应付账款	北京芯力电子材料有限公司		1 1 8 6 5 0 0 0 0	√
采购材料	应付账款	成都永丰科技有限公司		7 7 9 7 0 0 0 0	√
					☐
					☐
					☐
合计		（附件 1 张）	¥1 9 6 6 2 0 0 0 0	¥1 9 6 6 2 0 0 0 0	

会计主管 霍珍珍　　记账 王欣　　出纳 刘梦　　审核 程雨　　制单 王欣

(b)

图 2-57　记账凭证

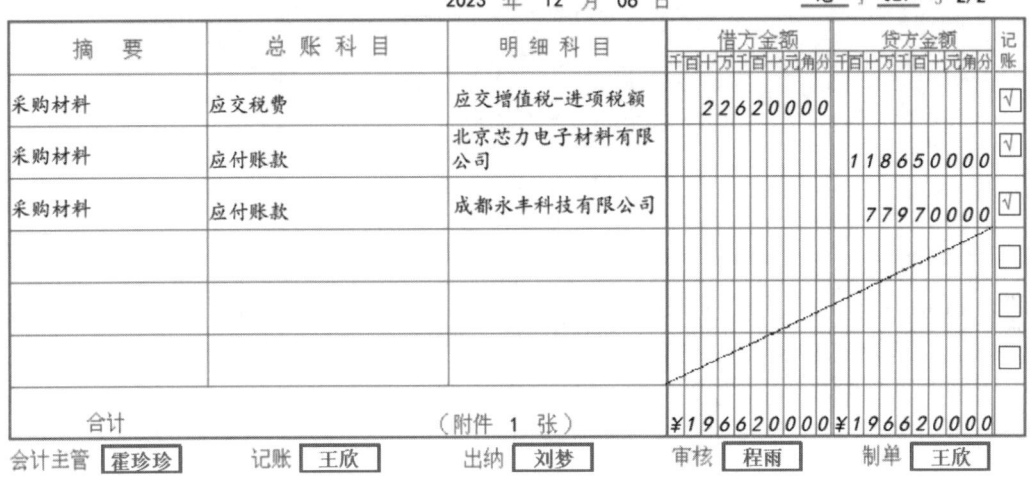

最高储存量 _____　　　原材料　　明细账　　本账页数 005
最低储存量 _____　　　　　　　　　　　　　本户页数 020
编号 _____ 规格 _____　　明细科目 蓝牙芯片V5.0　　名称 蓝牙芯片V5.0

2023年		凭证		摘要	借方			贷方			结存		
月	日	种类	号数		数量	单价	百十万千百十元角分	数量	单价	百十万千百十元角分	数量	单价	百十万千百十元角分
12	01			期初余额							200	40	8 0 0 0 0 0

(a)

2

最高储存量 _____
最低储存量 _____

原材料 **明细账**

本账页数	003
本户页数	020

编号 _____ 规格 _____ 　明细科目 蓝牙芯片V4.0 　名称 蓝牙芯片V4.0

2023年		凭证		摘要	借方			贷方			结存		
月	日	种类	号数		数量	单价	百十万千百十元角分	数量	单价	百十万千百十元角分	数量	单价	百十万千百十元角分
12	01			期初余额							350	36	2 1 0 0 0 0

(b)

最高储存量 _____
最低储存量 _____

原材料 **明细账**

本账页数	005
本户页数	020

编号 _____ 规格 _____ 　明细科目 PCB板 　名称 PCB板

2023年		凭证		摘要	借方			贷方			结存		
月	日	种类	号数		数量	单价	百十万千百十元角分	数量	单价	百十万千百十元角分	数量	单价	百十万千百十元角分
12	01			期初余额							1000	10	1 0 0 0 0 0

(c)

最高储存量 _____
最低储存量 _____

原材料 **明细账**

本账页数	005
本户页数	020

编号 _____ 规格 _____ 　明细科目 晶体谐振器 　名称 晶体谐振器

2023年		凭证		摘要	借方			贷方			结存		
月	日	种类	号数		数量	单价	百十万千百十元角分	数量	单价	百十万千百十元角分	数量	单价	百十万千百十元角分
12	01			期初余额							12800	1	1 2 8 0 0 0 0

(d)

最高储存量 _____
最低储存量 _____

原材料 **明细账**

本账页数	005
本户页数	020

编号 _____ 规格 _____ 　明细科目 数字滤波器 　名称 数字滤波器

2023年		凭证		摘要	借方			贷方			结存		
月	日	种类	号数		数量	单价	百十万千百十元角分	数量	单价	百十万千百十元角分	数量	单价	百十万千百十元角分
12	01			期初余额							5000	0.5	2 5 0 0 0 0

(e)

最高储存量 _____
最低储存量 _____

原材料 **明细账**

本账页数	005
本户页数	020

编号 _____ 规格 _____ 　明细科目 REPROM存储器 　名称 REPROM存储器

2023年		凭证		摘要	借方			贷方			结存		
月	日	种类	号数		数量	单价	百十万千百十元角分	数量	单价	百十万千百十元角分	数量	单价	百十万千百十元角分
12	01			期初余额							2500	0.8	2 0 0 0 0 0

(f)

图 2-58 原材料明细账

3. 请以会计身份,根据记账凭证登记应收账款明细账。记账凭证如图 2-59 所示,应收账款明细账如图 2-60 所示。

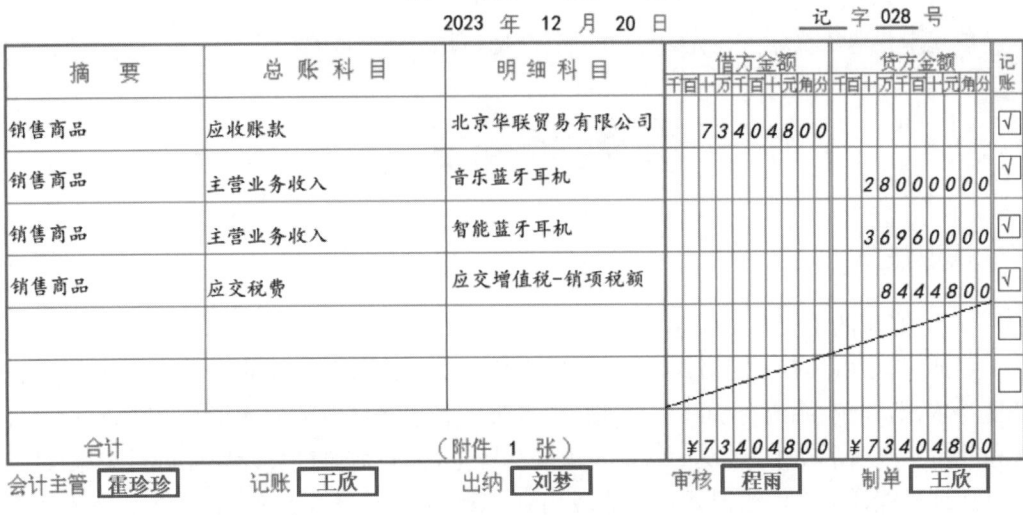

记　账　凭　证

2023 年 12 月 20 日　　　　　记 字 028 号

摘　要	总 账 科 目	明 细 科 目	借方金额 千百十万千百十元角分	贷方金额 千百十万千百十元角分	记账
销售商品	应收账款	北京华联贸易有限公司	7 3 4 0 4 8 0 0		√
销售商品	主营业务收入	音乐蓝牙耳机		2 8 0 0 0 0 0 0	√
销售商品	主营业务收入	智能蓝牙耳机		3 6 9 6 0 0 0 0	√
销售商品	应交税费	应交增值税-销项税额		8 4 4 4 8 0 0	√
合　计		（附件 1 张）	¥ 7 3 4 0 4 8 0 0	¥ 7 3 4 0 4 8 0 0	

会计主管 霍珍珍　　　记账 王欣　　　出纳 刘梦　　　审核 程雨　　　制单 王欣

图 2-59　记账凭证

应收账款明细账

明细科目：北京华联贸易有限公司　　　　　　　　　　　　　　第 3 页 共 8 页

2023年 月 日	凭 证 种类 号数	摘　要	借　方 亿千百十万千百十元角分	贷　方 亿千百十万千百十元角分	借或贷平	余　额 亿千百十万千百十元角分
12 01		期初余额			平	0 0 0

图 2-60　应收账款明细账

4. 请选择以下账户适用的账簿类型,挑选适当的编号填入括号里。
①序时账簿　②分类账簿　③备查账簿　④订本式账簿　⑤活页式账簿　⑥卡片式

账簿

⑦三栏式账簿　⑧多栏式账簿　⑨数量金额式账簿　⑩横线登记式账簿

库存现金总账账户　（　　　）　　　原材料明细账账户　（　　　）

固定资产总账账户　（　　　）　　　固定资产明细账账户（　　　）

管理费用明细账账户（　　　）　　　应收账款明细账账户（　　　）

知 识 准 备

一、认识账簿

（一）账簿的含义

账簿,是指由具有一定格式,按一定形式相互联结的账页组成的,以经过审核的会计凭证为依据,连续、系统、全面、综合地记录和反映各项经济业务的簿籍。企业、行政事业单位在生产经营活动中,对发生的每一项经济业务,都必须通过会计凭证进行记录反映。会计凭证虽能详细具体地记载经济业务内容,但会计凭证零星分散、数量多且缺乏系统性,每张凭证只能反映个别经济业务内容。因此,在会计核算过程中,根据账簿核算的特点,在完成会计凭证的填制和审核之后,将会计凭证中记载的内容过入相应的账簿中,通过账簿记录将会计凭证提供的资料进行整理、归纳、分类、汇总,对同类经济业务连续、系统、全面、综合地进行反映。

（二）账簿的种类

会计核算中使用的账簿,其种类和结构是多种多样的,记录和反映的内容也不完全一样。为了便于人们了解、掌握和使用各种账簿,需要对账簿进行分类。

账簿分类的依据及具体内容如表 2-6 所示。

表 2-6　　　　　　　　　　　　　账簿分类的依据及具体内容

分类依据	类别	定义	详细分类	内容	举例
按用途分类	序时账簿（日记账）	按照经济业务发生时间的先后顺序逐日、逐笔登记	普通日记账	不分类记录经济业务。缺点:(1)登账工作量大且只能由一个人负责,不便于登记总分类账;(2)不便于日后的查阅;(3)不利于对重要经济业务的严格管理。因而目前已较少使用	
			特种日记账	对发生频繁,要求严格管理和控制的特定业务,应设置特种日记账	库存现金日记账、银行存款日记账、转账日记账、采购日记账、销售日记账等

（续表）

分类依据	类别	定义	详细分类	内容	举例
按用途分类	分类账簿	按照分类账户进行登记（会计账簿的主体,编制报表的主要依据)	总分类账（总账)	根据总分类账户开设,总括反映某类经济活动。通常采用三栏式,对所辖的明细账起统驭作用	
			明细分类账	根据明细分类账户开设,用来提供详细的核算资料,主要有三栏式、数量金额式、多栏式、横线登记式等,对所属总账进行补充和说明	
	备查账簿（辅助登记簿或补充登记簿)	对某些在序时账簿和分类账簿等主要账簿中都不予登记或登记不够详细的经济业务事项进行补充登记时使用		不根据会计凭证登记,与其他账簿之间不存在严密的依存和勾稽关系。并非每个单位都应设置,而是根据实际需要来设置,没有固定的格式要求	租入固定资产登记簿、代管商品物资登记簿
按账页格式分类	三栏式账簿	设有借方、贷方和余额三个金额栏目	设对方科目		各种日记账,总分类账,资本、债权、债务明细账
			不设对方科目		
	多栏式账簿	在账簿的两个金额栏目（借方和贷方)按需要分设若干专栏	按"借方""贷方"分设专栏		收入、成本、费用明细账
			只设"借方"或"贷方"专栏		
	数量金额式账簿	在账簿的借方、贷方和余额三个栏目内,都再分设数量、单价和金额三小栏,借以反映财产物资的实物数量和价值量			原材料、库存商品、产成品等存货明细账
按外形特征分类	订本式账簿（订本账)	在启用前将编有顺序页码的一定数量账页装订成册		优点:能避免账页散失和防止抽换账页。缺点:同一账簿在同一时间只能由一人登记,不便于分工记账;不能准确为各账户预留账页	总分类账、库存现金日记账、银行存款日记账
	活页式账簿（活页账)	一定数量的账页置于活页夹内,可根据记账内容的变化而随时增加或减少部分账页,当账簿登记完毕之后(通常是一个会计年度结束之后),才将账页予以装订,加具封面,并给各账页连续编号（即活页账最后也要装订)		优点:记账时可以根据实际需要,随时将空白账页装入账簿,或抽去不需要的账页,使用灵活,并且便于同时分工记账。缺点:账页容易散失或故意被抽换（因此空白账页使用时必须连续编号,装在账夹中或临时装订成册)	明细分类账

2

（续表）

分类依据	类别	定义	详细分类	内容	举例
按外形特征分类	卡片式账簿（卡片账）	将一定数量的卡片式账页存放于专设的卡片箱中，可以根据需要随时增添账页			固定资产卡片、材料卡片（少数企业）

（三）账簿的设置与登记

登记账簿是会计核算的内容之一，为保证会计核算资料的及时提供和内在质量，企业、行政事业单位在使用账簿时必须遵循有关原则，认真地做好账簿登记工作。账簿应具备封面、扉页和账页三大基本内容，如表 2-7 所示。

表 2-7 账簿应具备的基本内容

要素	详细内容
封面	账簿名称
	记账单位名称
扉页	账簿名称、编号、页数、启用日期、经管人员姓名及交接记录
	账户目录
	主管会计人员签章
账页	账户名称、总页数和分页数
	经济业务内容
	记账日期栏、凭证种类及号数栏、摘要栏、借贷方金额栏、余额方向栏、余额栏

企业、行政事业单位应根据自身经济业务活动的特点、国家有关规定以及会计核算的要求设置相应的账簿，及时登记发生的各种经济业务。账簿的设置应该科学、合理、系统、严密，便于会计人员的操作使用。设置账簿包括确定账簿的种类、数量、名称、账页格式、反映的内容等。

1. 设置日记账

日记账即序时账。会计核算中使用的日记账都必须按照经济业务发生的时间顺序进行记载反映。不得用银行对账单或者其他方法代替日记账。下面分别说明库存现金日记账、银行存款日记账的设置。

动画视频：
设置账簿

（1）库存现金日记账的设置。库存现金日记账，是指由出纳人员按照经济业务发生的时间先后顺序，根据有关现金收款凭证和现金付款凭证或提取现金的银行存款付款凭证，逐日逐笔进行登记的账簿。

库存现金日记账通常使用订本式账簿，采用设有"借方（或收入）""贷方（或支出）"和"余额（或结余）"三栏式结构的账页，如图 2-61 所示。每日，出纳人员依据审核无误的现金收款凭证和现金付款凭证或提取现金的银行存款付款凭证逐笔登记库存现金日记账，并结出余额。每日终了应将余额数与库存现金数进行核对，以检查账实是否相符，做到日清日结。

库存现金日记账

第　页

年		凭证		摘要	借方											贷方											余额											核对
月	日	种类	号数		亿	千	百	十	万	千	百	十	元	角	分	亿	千	百	十	万	千	百	十	元	角	分	亿	千	百	十	万	千	百	十	元	角	分	
																																						□
																																						□
																																						□
																																						□
																																						□
																																						□
																																						□
																																						□
																																						□
																																						□
																																						□

图 2-61　库存现金日记账账页

(2) 银行存款日记账的设置。银行存款日记账，是指由出纳人员根据有关银行存款的收款凭证、付款凭证，按照经济业务发生的时间顺序，逐日逐笔地记录和反映银行存款的增减变化及其结果的账簿。

银行存款日记账一般采用订本式账簿，使用设有“借方（或收入）”“贷方（或支出）”和“余额（或结余）”三栏式基本结构的账页，如图 2-62 所示。

银行存款日记账

第　页

开户银行：　　　　　　　　　　　　账号：

年		凭证		摘要	借方											贷方											余额											核对
月	日	种类	号数		亿	千	百	十	万	千	百	十	元	角	分	亿	千	百	十	万	千	百	十	元	角	分	亿	千	百	十	万	千	百	十	元	角	分	
																																						□
																																						□
																																						□
																																						□
																																						□
																																						□
																																						□
																																						□
																																						□
																																						□

图 2-62　银行存款日记账账页

2. 设置分类账

(1) 总分类账的设置。总分类账简称总账。通过总账可以集中、全面地反映经济业务活动的总体状况，为进一步进行会计核算提供总括的信息资料。每个企业、行政事业单位都要根据本单位经济业务活动的实际情况设置相关的总分类账。

总分类账通常采用三栏式账页，其基本结构为“借方”“贷方”和“余额”三栏，如图 2-63 所示。

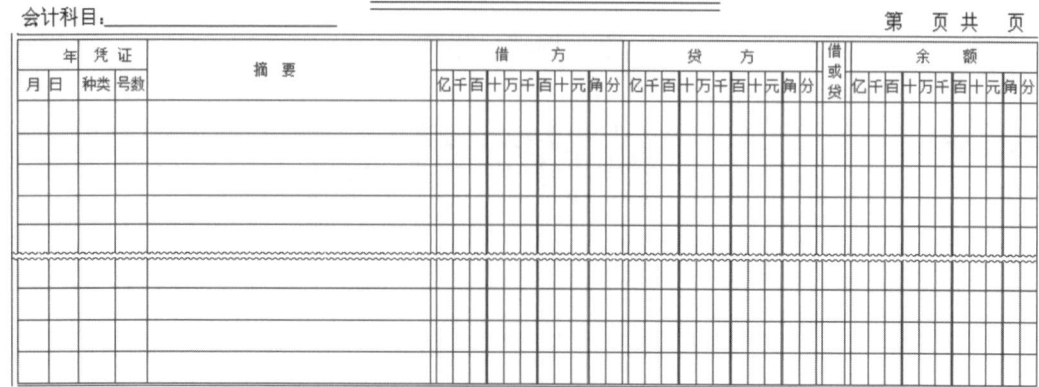

图 2-63　三栏式账页

(2) 明细分类账的设置。明细分类账简称明细账。明细账提供详细、具体的会计核算资料,对总账中记载的总括资料起补充、辅助作用。通常对财产物资、债权、债务、收入、费用等总分类账按照经济业务活动的实际需要设置相应的明细分类账。

根据经济业务活动的特点及记载反映的需要,明细分类账可采用三栏式账页、数量金额式账页、多栏式账页和横线登记式账页进行登记。

明细分类账应根据审核无误的记账凭证及所附的原始凭证逐日逐笔进行记录,也可以根据经济业务的实际情况和经营管理的需要,进行汇总登记。

3. 备查账簿的设置

备查账簿又称备查登记账簿,它是辅助账簿。通过这种账簿可以为企业、行政事业单位的经济活动、经营管理提供必要的补充资料。它一般没有固定格式,各单位可以根据实际管理需要设计相应的项目内容,如图 2-64 所示的票据备查账簿。

票据备查账簿

类型:

出票日期	出票人	出票金额	利率	付款人	承兑人	背书		贴现			收回		注销	备注
						日期	被背书人	日期	贴现率	贴现额	日期	金额		

图 2-64　票据备查账簿

4. 账簿登记

账簿记录是否客观、准确,内容是否清楚、完整,直接影响到会计核算的顺利进行和会计资料的质量,也影响到会计职能作用的正常发挥。因此,会计人员在登记账簿时必须遵循以下原则:

(1) 登记及时。会计人员必须根据审核无误的会计凭证,及时完成登账工作,不得拖延、迟办。工作积压易造成漏记、错记,造成资料在传递、使用、分析过程中产生障碍。

登记账簿的间隔时间,一般来说是越短越好。通常情况下,总账可以三五天登记一次,最长不得超过一个星期;明细账的登记时间间隔要短于总账;日记账和债权债务明细

动画视频:
登记账簿

账一天至少要登记一次;库存现金日记账和银行存款日记账,应根据收付款记账凭证随时按照业务发生顺序逐笔登记,每日终了应结出余额。

(2) 内容准确、清楚、完整,并标明记账符号。登记账簿时,必须将记账凭证的日期、种类和编号、经济业务内容摘要、金额和其他有关资料逐项填写入账。同时,每当一笔经济业务登账完毕,要在相应的记账凭证上签名或者盖章,并注明账簿的页数或用"√"符号表示已登记入账,以防重记、漏记,并便于查阅、核对。

(3) 一般用蓝黑墨水笔填写,特殊记账则使用红墨水笔。登记账簿必须使用蓝黑或者碳素墨水笔书写,不得使用铅笔或圆珠笔(银行的复写账簿除外)。红色墨水笔必须按照规定使用,例如画线、改错或用红色墨水笔填写红字记账凭证冲销错误记录;在不设借贷等栏的多栏式账簿中,登记减少数;在三栏式账簿中,如未印明余额方向的,在余额栏内登记负数余额;根据国家规定可以用红字登记的其他会计记录。

(4) 文字与数字间留空。账簿上记录的文字必须清晰、端正,摘要内容清楚、简洁明了。数字书写要规范化,并排列整齐,大小一致,上下位置对齐。文字、数字书写时,不占满格,紧靠本行底线,一般应占格距的 1/2。

(5) 按顺序连续登记。各种账簿必须按照编定的页次连续记录,不得隔页、跳行。如不慎发生隔页、跳行时,应将空页或空行画线注销,或者注明"此行空白"或"此页空白"字样,并由记账人员在空白处签名或盖章。发生隔页时也应该将空白页注销。

(6) 结出余额。凡需结出余额的账户,结出余额后,应当在"借或贷"等栏内写明"借"或"贷"等字样。没有余额的账户,应当在"借或贷"等栏内写"平"字,并在余额栏内的"元"位上用"θ"表示。

(7) 过次承前。每一张账页记录结束,转入下一页登记,在本账页最末一行和下一张账页的第一行办理转页手续。即在本账页最末一行加计本页借方、贷方发生额合计并结出余额,在"摘要"栏内注明"过次页",同时将计算出的借、贷方发生额合计和余额记入下一页的第一行内的"借方""贷方"和"余额"栏内,并在"摘要"栏注明"承前页"。办完转页手续后,再开始登记经济业务,以此保证账簿记录连续进行,相互衔接。

① 对需要结计本月发生额的账户,结计"过次页"的本页合计数应当为自本月初起至本页末止的发生额合计数。

② 对需要结计本年累计发生额的账户,结计"过次页"的本页合计数应当为自本年初起至本页末止的累计数。

③ 对既不需要结计本月发生额也不需要结计本年累计发生额的账户,可以只将每页末(倒数第二行)的余额结转次页。

(8) 按规定更正错账。账簿记录如果发现错误,不得随意涂改,更不能进行刮擦、挖补或用褪色药水更改消除字迹。发现错误后,应及时查找原因。根据错账的具体内容,按照规定的手续和更正错账的方法予以更正。

二、智能登账与结账

(一) 智能登账

财务机器人根据识别的票据信息智能生成会计凭证的同时,还能够准确无误地智能生成会计账簿。相比传统的会计登账方法,财务机器人能够大大提高工作效率,并且能够减少错误率。以本书介绍的财务机器人生成的会计账簿为例,其会计账簿自动生成原理主要是通过将会计凭证中的数据信息按照一定的规则和格式,自动填写到相应的账簿页面上。这个过程通常包括以下几个步骤:

(1)财务机器人会根据会计凭证的内容,将各项经济业务的借贷方向、金额等信息进行分类和汇总。然后,根据预先设定好的账簿格式和科目对应关系,将这些分类和汇总好的数据信息自动填写到相应的账簿页面上。

(2)为了保证账簿的连续性和完整性,财务机器人将按照日期排序的经济业务自动登记入账簿,以便于实时查看和核对账簿数据的变动情况。

(3)财务机器人还会对自动生成的会计账簿进行审核和校验,以确保账簿数据的准确性和一致性。这一过程通常包括账簿余额的计算、借贷方金额的平衡检查等,以确保会计账簿的正确性。

以项目二任务二中的成都瑞丰工业有限公司林晟出差业务场景为例,公司向他支付出差借款、报销款。生成的记账凭证中均涉及会计科目"银行存款"。现在进入【会计账簿】—【明细账】模块,切换会计科目为"银行存款",财务机器人自动登记的明细账如图 2-65 所示。进入【会计账簿】—【总账】模块,财务机器人自动登记的总账如图 2-66 所示。

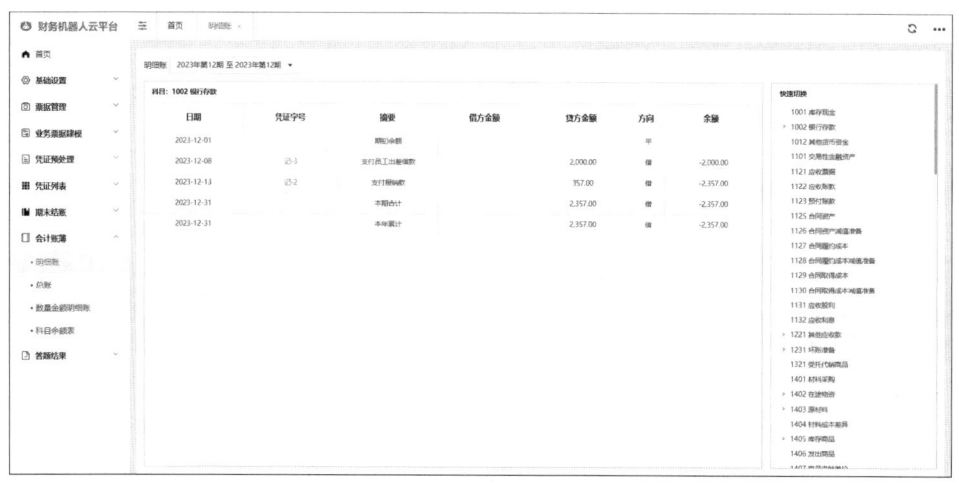

图 2-65　银行存款明细账

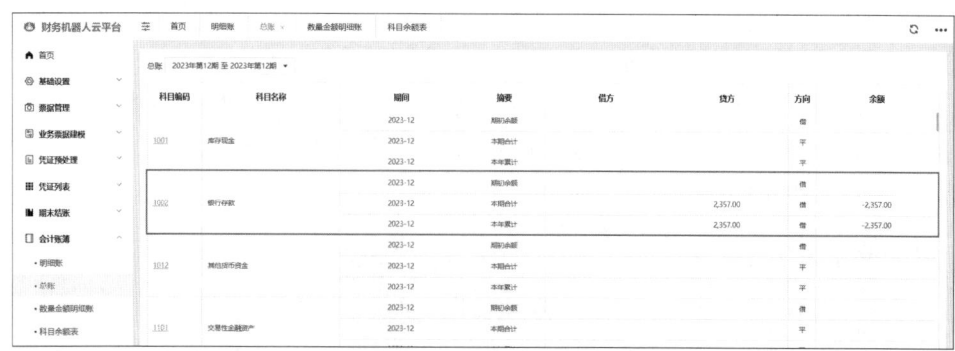

图 2-66　银行存款总账

（二）智能结账

在手工会计时代，会计结账需要人工进行计算，包括计算出本月借方发生额合计、贷方发生额合计和结余数额等。由于人为因素，可能会出现计算错误、漏记等情况。而从会计信息化时代到今天的智能会计时代，都已具备一键结账功能，该功能可以帮助用户快速、准确地完成结账工作，提高财务管理的效率和准确性。

以本书介绍的财务机器人为例，会计基础与智能应用平台中的【期末结账】—【结账】模块中，提供了"结账"与"反结账"功能。首先业务会计要在【期末结账】—【结账】模块中，点击生成结转损益记账凭证，如图 2-67 所示。然后由审核会计到【凭证列表】—【审核凭证】模块审核该笔结转损益凭证后，才可进行结账。结转损益凭证审核完毕后，接着回到【期末结账】—【结账】界面，点击【结账】，会弹出提示结账到下一个会计期间的窗口，点击【确定】即可完成本月结账，如图 2-68 所示。

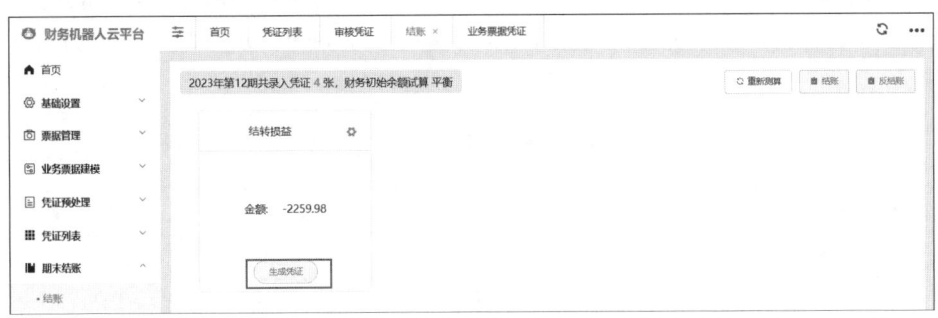

图 2-67　生成结转损益记账凭证

图 2-68　结账提示窗口

如果财务在完成结账工作进入下一个会计期间后，才发现上一个会计期间账务处理有问题，则可进行"反结账"，修改相关问题后再重新结账。"反结账"操作为进入【期末结账】—【结账】模块中，点击【反结账】，会弹出提示反结账到原来会计期间的窗口，点击【确定】即可完成反结账操作，如图 2-69 所示。

图 2-69　反结账提示窗口

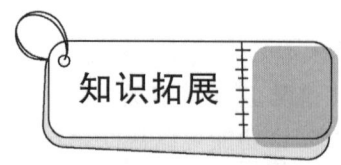

 想一想:传统手工账时期,如何建账、对账、结账和错账更正?

（一）建账

为了保证账簿记录的合法性和会计资料的完整性,明确记账责任,在启用会计账簿时,应在账簿封面上写明账簿名称和单位名称。在账簿扉页上附有账簿使用登记表,内容主要包括账簿页数、启用日期、相关责任人员签章,并加盖单位公章。记账人员或者会计机构负责人、会计主管人员在调动工作时,应当注明交接日期、接办人员或监交人员姓名,并由交接双方人员签名或盖章,以明确双方经济责任。账簿启用表如图2-70所示。

账 簿 启 用 表

单位名称		单位公章
账簿名称		
账簿编号	第　　　号　　　共　　　册	
账簿页数	本账簿共计　　　页	
启用日期	年　　　月　　　日	

经管人员		接管			移交			会计负责人		印花税票粘贴处
姓　名	盖章	年	月	日	年	月	日	姓　名	盖章	贴花

图2-70　账簿启用表

启用订本式账簿,从第一页到最后一页应按顺序编写页数,不得跳页、缺号。使用活页式账簿,账页应按账户顺序编号,并定期装订成册。装订后再按实际使用的账页顺序编写页码。另加目录,记明每个账户的名称和页次。

（二）对账

对账,是指企业、行政事业单位定期对会计账簿记录的有关数字与相关的会计凭证、库存实物、货币资金、有价证券、往来单位或者个人等进行相互核对,以保证账账相符、账证相符、账实相符的一项工作。对账就是按照一定的方法和手续核对账目,主要是对账簿记录进行核对、检查。账簿记录是否真实、准确,直接影响到对经济活动效果的分析和财务会计报告的质量。

在实际工作中,由于各种主客观原因,可能会造成账簿记录的错记、漏记,因此,必须建立健全对账制度,定期组织好各项核对工作。

对账主要包括以下几方面的内容:

1. 账证核对

账证核对,就是核对会计账簿的记录与原始凭证、记账凭证记录的时间、凭证字号、内容、金额是否一致,记账方向是否相符。账簿记录与会计凭证反映的经济业务内容必须一致,数额计算结果相等,保证做到账证相符。

2. 账账核对

账账核对,是核对不同会计账簿之间的账簿记录是否相符。账账核对的主要内容包括:

(1) 将全部总分类账簿的本期借方发生额合计数与本期贷方发生额合计数进行核对;将全部总分类账簿的期末借方余额合计数与期末贷方余额合计数进行核对。从总体上检查总分类账记录的数据是否准确。这种核对工作可以通过定期编制总分类账试算平衡表进行。

(2) 将总分类账簿与其所属的明细分类账簿进行核对,检查总账和明细账双方记载的经济业务内容及记账方向是否一致,总账金额与其所属明细账金额之和是否一致。这种核对可以通过定期编制明细分类账本期发生额与余额对照表等形式进行。

(3) 将库存现金日记账、银行存款日记账的期末余额与总分类账中"库存现金""银行存款"账上的期末余额进行核对,检查总账与日记账记录是否相符。

(4) 将财会部门财产物资明细分类账的期末余额与相应的财产物资保管部门或使用部门的明细分类账、卡上记载的期末结存数额进行核对,检查其是否相符。

3. 账实核对

账实核对,是核对会计账簿记录与各项财产实有数额是否相符。其具体核对内容包括:

(1) 将库存现金日记账账面余额与库存现金实际结余数额进行核对。

(2) 将银行存款日记账账面余额与银行对账单上的余额进行核对。

(3) 各种财产物资明细分类账账面余额与该项财产物资的实际结存数额进行核对。

(4) 各种应收、应付款项的明细分类账账面余额与债权、债务的单位或个人进行核对。

账实核对,一般通过财产清查的方法进行,财产清查是会计核算的一种专门方法。

(三) 结账

为了将持续不断的经济业务活动按照会计期间进行分期总结和报告,反映企业一定会计期间的财务状况和经营成果,并为编制财务报表提供依据,各企业、行政事业单位必须按照规定定期结账。

结账,是指在把一定时期内所发生的全部经济业务登记入账的基础上,将各类账簿记录核算完毕,结出各种账簿本期发生额合计和期末余额的一项会计核算工作。

1. 结账工作的内容

结账工作主要包括以下几方面内容:

(1) 结账前,查明是否已将本期(按月、按季、按年)内所发生的全部经济业务按规定程序全部登记入账,有无错记、漏记。若发现登记工作有失误,要及时按规定手续进行更正、补记。

(2) 按照会计准则的规定进行账项调整,划清收入、成本、费用的时期界限,以便正确计算当期的各项收入、成本及费用开支,真实地反映当期的财务成果。

(3) 在完成上述两项工作后,分别结算出各种日记账、总分类账和明细分类账的本期发生额合计和期末余额,并按规定在账簿上办理结账手续。

2. 结账的方法

结账,即结出每个账户的期末余额。结账可分为月度结账、季度结账、年度结账。

具体结账方法为:

(1) 月度结账(月结)。月度结账,即在每月终了时进行的结账。月结的方法是:在最后一笔经济业务记录下面画一条通栏红线,在红线下面的一行"摘要"栏内注明"本月合计"或"本期发生额及期末余额",对"借方""贷方"和"余额"三栏分别计算出本月借方发生额合计、贷方发生额合计和结余数额,然后在此行下面再画一条通栏红线,表明本期结算完毕。

(2) 季度结账(季结)。季度结账,即每季度终了时进行的结账。季结的方法是:在每季度最后一个月的月度结账的下一行"摘要"栏注明"本季度累计"或"本季度发生额及季末余额",对"借方""贷方"和"余额"三栏分别计算出本季度三个月的借方发生额合计、贷方发生额合计和季末余额,然后在此行下面画一条通栏红线,表示季度结账完毕。

(3) 年度结账(年结)。年度结账,即每年年末进行的结账。年度终了结账时,所有总账账户都应当结出全年发生额和年末余额。年度结账的方法是:在本年最后一个季度的季度结账的下一行"摘要"栏注明"本年累计"或"本年发生额及年末余额",在"借方""贷方"和"余额"三栏内分别填入本年度借方发生额合计、贷方发生额合计和年末余额,然后在此行下面画两条通栏红线,表示全年经济业务的登账工作至此全部结束。

3. 更换账簿

年度终了须更换新的账簿。年度结账以后,将本年度账簿中的余额结转到下一会计年度对应的新账簿中去,然后将本年度的全部账簿整理归档。

结转账簿年度余额时,在本账簿中最后一笔记录(即本年累计)的下一行"摘要"栏内注明"结转下年"字样,将计算出的年末余额记入与余额方向相反的"借方(或贷方)"栏内,如"应收账款"总分类账簿年末余额方向为借方,在"结转下年度"行,将余额列入"贷方"栏,在"余额"栏内注明"0",在"借或贷"栏内注明"平"。至此本账簿年末余额结转完毕。有的会计不做"结转下年度"操作,直接在"本年累计"下面画双红线表示年末记账完结。

下一个会计年度要对所有账簿进行重新开设。登记第一笔经济业务前,应首先将本账簿的上年余额列示出来。其方法是:在新建的有关会计账簿的第一行填写"×月×日,上年结转",将上年结转的余额列入"余额"栏内,并标明余额借贷方向,余额方向应同上一个会计年度本账簿的余额方向相同。

（四）错账更正

在手工会计核算工作中，尽管会计人员在填制记账凭证、登记账簿前，对原始凭证、记账凭证都进行过数次的复核，但由于种种原因，账簿登记有时候仍会出现错误，绝对的错误杜绝是不实际的。出现错误以后，要用正确的方法进行更正。

在手工会计核算工作中，错账更正的方法一般包括划线更正法、红字冲销法和补充登记法三种。实现会计信息化后，错账更正方法只有红字冲销法。使用智能化财务软件输入和处理会计数据，能够避免会计人员在传统做账方式中出现的各种低级错误。

1. 划线更正法

在结账前的核查时，发现记账凭证填制无误而账簿记录由于会计人员不慎出现笔误或计算失误，造成账上文字或数字错误，此种错账可采用划线更正法更正。

划线更正法的具体做法是：先在错误的文字或全部数字正中画一条红线，表示错误内容已被注销，但应保持原记录文字或数字的内容清晰，易于辨认。然后，将正确的文字或数字用蓝、黑色墨水笔书写在被注销的文字或数字上端的空白处，并由记账人员在更正处签章。以保证之后会计核算的正确，同时明确相关人员责任。划线更正法的具体做法如图 2-71 所示。

应收账款明细账

明细科目：成都瑞丰工业有限公司　　　　第2 页 共10 页

2023年 月	日	凭证 种类	号数	摘要	借方	贷方	借或贷	余额
12	01			承前页			平	000
12	13	记	019	销售办公桌	1755000		借	1755000
12	21	记	032	销售办公桌	17550000		借	19305000
12	22	记	034	收到销售款		17550000	借	1755000
12	26	记	044	销售办公桌	17550000		借	19305000
12	26	记	046	收到销售款		17550000 ~~1755000~~ 王欣	借	1755000 ~~17550000~~ 王欣

图 2-71 划线更正法

如系文字写错，可以只更正个别错字；若系数字写错，必须将错误数字全部注销，不能只更正该数字中的个别错误数字。如果是记错账簿或记错方向，可将错误内容画红线注销，然后将正确的文字记录和数字重新过入应记的账簿或方向栏内，同时在注销处加盖记账人员印章。

2. 红字冲销法

红字冲销法又称红字更正法、赤字冲销法。当出现以下两种情况之一时，可采用红字冲销法更正错账。

一是在记账后,经核对发现由于原记账凭证上会计科目名称写错或应借、应贷的方向记错而造成账簿记录错误。

具体做法:首先用红字填制一张与原错误记账凭证内容完全相同的记账凭证,在凭证的"摘要"栏内注明"注销×月×日×字×号凭证"字样,并据此红字凭证用红字登记入账,在账簿的"摘要"栏内注明"冲销×月×日错账"字样,"凭证"栏内写上凭证的"字、号",将原有错误记录冲销。后用蓝字重新填制一张内容正确的记账凭证,在"摘要"栏内注明"订正×月×日×字×号凭证"字样,并依此凭证登账,在账簿的"凭证"栏内写明该凭证的"字、号",在"摘要"栏内注明"更正×月××错账"字样,将正确内容记载下来。

二是在记账或结账以后,在核对时发现原记账凭证上所记载的金额大于经济业务的实际金额,造成账簿记录中金额错误。

具体做法:首先按多记金额用红字填制一张记账凭证,其中使用的会计科目,应借、应贷方向应与原记账凭证相同,并在"摘要"栏内注明"冲销×月×日×字×号凭证多记金额"字样,并据以用红字金额登记入账,冲销原记录中多记的金额。

3. 补充登记法

在记账或结账以后,经核对发现记账凭证中使用的会计科目应借、应贷方向没有错误,只是所记金额小于应记金额,并已据此登记入账,造成账簿记录出错。对这种类型的错账,可使用补充登记法更正。

具体做法:核对时发现记账凭证上记载的金额小于经济业务的实际金额,并已在相应的账簿中进行记录,此时可按照少记的金额,填写一张与原记账凭证中的会计科目应借、应贷方向完全相同的记账凭证,在"摘要"栏内注明"补充×月×日×字×号凭证少记金额"字样,依此凭证过入相应的账簿中。

使用红字冲销法和补充登记法时,必须清楚注明所填记账凭证(或所改记账凭证)的日期、编号及更正说明,以便于前后衔接,查实核对。

知识拓展

想一想:财务人员处理经济业务的具体顺序是什么?

(一)账务处理程序概述

账务处理程序,又称会计核算程序或会计核算组织形式,是指在会计核算中,账簿组织、记账程序与财务报表有机结合的形式。账簿组织是指会计凭证,账簿的种类、格式及其相互之间的关系;记账程序是指从填制审核会计凭证,登记各种账簿,直到编制财务报表的整个会计处理程序。

科学合理地选择账务处理程序,对于正确组织会计核算工作,保证会计工作质量,提高会计核算效率,充分发挥会计的职能作用,具有重要意义。由于各个单位的规模大小不同,业务性质不同,管理要求各异,它们的凭证和账簿设置以及记账程序和方法也随之有所区别。因此,在实际工作中便形成了各种不同的账务处理程序,单位在选择账务处理程序时,应符合以下要求:

(1)账务处理程序要与本单位经济活动的性质、经营管理的特点、生产规模的大小以及经济业务的繁简相适应。

(2)账务处理程序要在能够正确、及时和完整地提供会计信息,保证会计工作质量的前提下,力求简化核算手续,提高核算工作的效率。

(二)账务处理程序的类别

目前我国采用的账务处理程序主要有:记账凭证核算程序、科目汇总表核算程序、汇总记账凭证核算程序、多栏式日记账核算程序、日记总账核算程序等。

各种核算程序的主要区别在于登记总分类账的依据和方法不同。下面将主要介绍前面两种账务处理程序的基本内容。

1.记账凭证核算程序

记账凭证核算程序的主要特点是,直接根据记账凭证逐笔登记总分类账。记账凭证核算程序是最基本的账务处理程序,其他各种账务处理程序都是在此基础上,根据经营管理的要求发展而成的。

在记账凭证核算程序下,记账凭证一般采用收款凭证、付款凭证和转账凭证三种。总分类账、库存现金日记账和银行存款日记账均采用三栏式,明细分类账则根据管理的需要设置,分别采用三栏式、数量金额式和多栏式。记账凭证核算程序如图2-72所示。

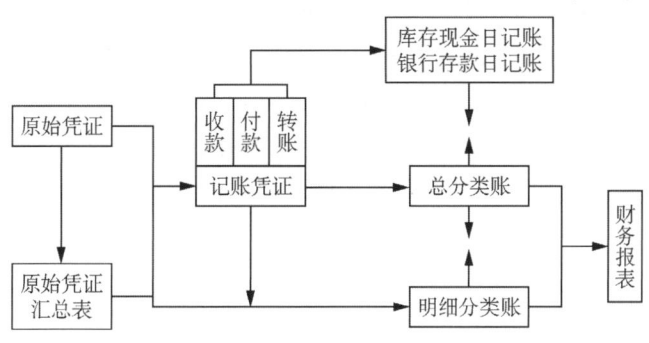

图2-72　记账凭证核算程序

(1)根据各种原始凭证和原始凭证汇总表填制收款凭证、付款凭证和转账凭证。

(2)根据收款凭证和付款凭证登记库存现金日记账和银行存款日记账。

(3)根据原始凭证、原始凭证汇总表和记账凭证登记各种明细分类账。

(4)根据各种记账凭证逐笔登记总分类账。

(5)月末,库存现金日记账、银行存款日记账和明细分类账分别与总分类账相核对。

(6)根据总分类账和明细分类账的资料编制财务报表。

记账凭证核算程序的优点是简单明了,易于掌握。但是,由于总分类账直接根据记账凭证逐笔登记,所以登记总分类账的工作量较大。因此,这种账务处理程序一般只适用于规模小、业务量少的单位。

2. 科目汇总表核算程序

科目汇总表核算程序(亦称记账凭证汇总表核算程序)的主要特点是:根据记账凭证定期编制科目汇总表(即记账凭证汇总表),再根据科目汇总表定期登记总分类账。

在科目汇总表核算程序下,凭证和账簿的设置与记账凭证核算程序基本相同,只是需定期根据记账凭证编制科目汇总表以作为登记总分类账的依据。

科目汇总表核算程序如图 2-73 所示。

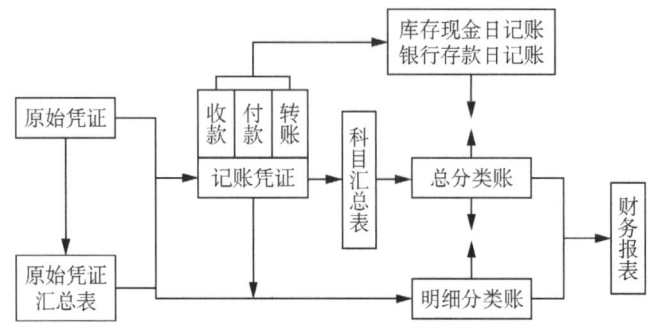

图 2-73   科目汇总表核算程序

(1) 根据各种原始凭证和原始凭证汇总表填制收款凭证、付款凭证和转账凭证。

(2) 根据收款凭证和付款凭证登记库存现金日记账和银行存款日记账。

(3) 根据原始凭证、原始凭证汇总表和记账凭证登记各种明细分类账。

(4) 根据各种记账凭证汇总编制科目汇总表。

(5) 根据科目汇总表登记总分类账。

(6) 月末,库存现金日记账、银行存款日记账和明细分类账分别与总分类账相核对。

(7) 根据总分类账和明细分类账的资料编制财务报表。

科目汇总表是将一定时期内的全部记账凭证按总账科目进行汇总,据以计算出每一总账科目的本期借方发生额和贷方发生额,以此作为登记总分类账依据的凭证。科目汇总表的编制方法有两种:一种是全部汇总,即将一定时期内的全部收、付、转记账凭证汇总在一张科目汇总表上,据以登记总分类账;另一种是分类汇总,即将一定时期的收、付、转记账凭证分别汇总,编制成三张科目汇总表,据以登记总分类账。汇总的时间应根据业务量大小确定,一般可 5 天、10 天或 15 天汇总一次。

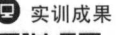 实训成果

 自我检测

一、单项选择题

1. 库存现金日记账由(   )逐日逐笔登记。

A. 会计人员   B. 会计主管   C. 财务总监   D. 出纳人员

2. 多栏式明细账格式一般适用于(   )。

A. 债权、债务类账户   B. 财产、物资类账户

C. 费用成本类和收入成果类账户　　　D. 货币资产类账户

3. 原材料明细账的格式一般采用（　　）。

A. 数量金额式　　B. 横线登记式　　C. 三栏式　　D. 多栏式

4. 按照经济业务发生时间的先后顺序逐日逐笔进行登记的账簿是（　　）。

A. 总分类账簿　　B. 序时账簿　　C. 备查账簿　　D. 明细分类账簿

二、多项选择题

1. 下列各账簿中,必须采用订本式的有（　　）。

A. 原材料明细账　B. 库存现金日记账　C. 银行存款日记账　D. 总分类账

2. 账簿按其用途不同,可分为（　　）。

A. 总分类账　　B. 日记账　　C. 备查账　　D. 分类账

3. 账簿按其外表形式不同,可以分为（　　）。

A. 卡片账　　B. 活页账　　C. 订本账　　D. 分类账

4. 下列各明细账中,应采用数量金额式账页的有（　　）。

A. 实收资本明细账　　　　　B. 固定资产明细账

C. 原材料明细账　　　　　　D. 库存商品明细账

5. 下列各项中,属于会计账簿应具备的基本内容的有（　　）。

A. 封面　　B. 账目　　C. 扉页　　D. 账页

三、判断题

1. 总账只进行金额核算,提供价值指标,不提供实物指标;而明细账有的只提供价值指标,有的既提供价值指标,又提供实物指标。（　　）

2. 明细分类账必须采用订本式账簿。（　　）

3. 订本式账簿具有不易散失、防止抽换、便于分工等优点。（　　）

4. 账证核对就是期末将账簿记录与会计凭证逐笔进行核对。（　　）

5. 启用订本式账簿时,应当从第一页到最后一页按顺序编订页码,不得跳页、缺号。（　　）

 自我评价

项目二
任务三
自我检测
参考答案

本任务完成情况评价表

（在□中打√,A 掌握,B 基本掌握,C 未掌握）

评价指标	自测结果
1. 能够区分会计账簿的种类	□A □B □C
2. 能够独立选择各种账簿	□A □B □C
3. 能够说出对账的基本内容和结账的方法	□A □B □C
4. 能够进行各种账簿的登记	□A □B □C
5. 能够使用智能机器人登账、结账	□A □B □C

素养课堂

坚持学习,守正创新:中国机器人之父——蒋新松院士

在我国机器人事业发展史上,有一位杰出的科学家,他用智慧、激情和担当为我国的机器人事业作出了卓越贡献,他就是被誉为"中国机器人之父"的蒋新松院士。蒋新松院士的故事,既是一段充满创新与拼搏的科研历程,也是一部以身作则、培育人才的育人篇章。

早在 20 世纪 70 年代,当机器人这个概念在中国还鲜为人知时,蒋新松院士就已意识到了机器人技术的重要价值。他从科技资料中,敏锐地捕捉到世界各国人工智能研究与机器人开发的信息,颇具前瞻性地将研究视角投向海洋世界,大胆地提出了将机器人应用于海洋领域的构想,并向中国科学院提交了《关于人工智能与机器人》报告,这是我国最早提出有关机器人的建议,也是"机器人"概念第一次出现于官方文书中。遗憾的是,这项尚未走上正轨的科研工作和积极倡导机器人研发工作的蒋新松却在当时未受到重视。

1977 年,中国科学院自然科学规划大会召开,蒋新松作为主要执笔者,将人工智能机器人项目列入发展规划。1979 年,他被任命为沈阳自动化研究所机器人研究室主任,并提出两个研究课题:水下机器人与示教再现机械手。1980 年,他担任研究所所长,为我国自动化领域发展提供了重要平台。在他的领导下,我国机器人研究实现了零的突破,成功研制出 SZJ-1 示教再现机械手。1985 年,由他担任设计师的我国第一台水下机器人"海人一号"成功下潜 60 米进行试航,标志着我国水下机器人事业的突破。此后,"海人一号"在深潜水下 199 米的实验中取得了成功,展示了中国水下机器人技术的先进水平。1987 年,中国 863 计划启动,蒋新松被聘为自动化领域首席科学家。他带领团队将人工智能与机器人、CIMS(计算机集成制造系统)确定为研究主题。1990 年,他策划并指挥完成了国家机器人示范工程。1992 年,该工程被批准为国家机器人技术研究开发中心。

蒋新松带领研究团队,紧随时代步伐,不断突破水下机器人技术,从浅海有缆遥控到 1 000 米无缆遥控,再到 6 000 米深海自治。他们为中国建立起一支高水平的水下机器人研制队伍,并使我国具备了世界领先的深海探测能力。在蒋新松的推动下,CIMS(计算机集成制造系统)技术在我国取得显著成果,获得美国制造工程师协会的"大学领先奖"和"工业领先奖"。

蒋新松因在自动控制、人工智能、机器人等领域的杰出贡献,荣获国家有突出贡献的优秀科学家称号、全国"五一"劳动奖章、中国工程院"中国工程科技奖"等荣誉。他的一生为我国科学工作者树立了典范。从蒋新松院士的故事中,可以深刻感受到了老一辈科技工作者的家国情怀。作为新一代科技人才,应继承和发扬这种情怀,为实现中华民族伟大复兴的中国梦和我国的科技创新事业贡献力量,为实现新时代中国特色社会主义伟大事业而努力奋斗!

项目三

智能核算主要经济业务

（一）知识目标

1. 明确资金筹集、供应、生产、销售、利润形成和分配业务的核算内容。
2. 掌握主要经济业务的业务流程。
3. 掌握主要经济业务核算过程中涉及的会计账户。
4. 掌握各项业务财务机器人工作的原理与工作流程。

（二）能力目标

1. 能运用借贷记账法对企业生产经营中的典型业务进行会计核算。
2. 能够熟悉财务机器人平台各项业务活动的主要单据。
3. 能够掌握财务机器人主要业务的建模，完成智能核算。

（三）素养目标

1. 培养在会计核算中严格遵守会计法及企业会计准则的职业态度。
2. 培养创新思维，能够探索和尝试新的会计核算技术。
3. 培养"坚持诚信、守法奉公"的职业素养，树立正确的价值观。
4. 培养热爱会计工作、自主探究会计新知识的会计素养。

项目分解 ▶

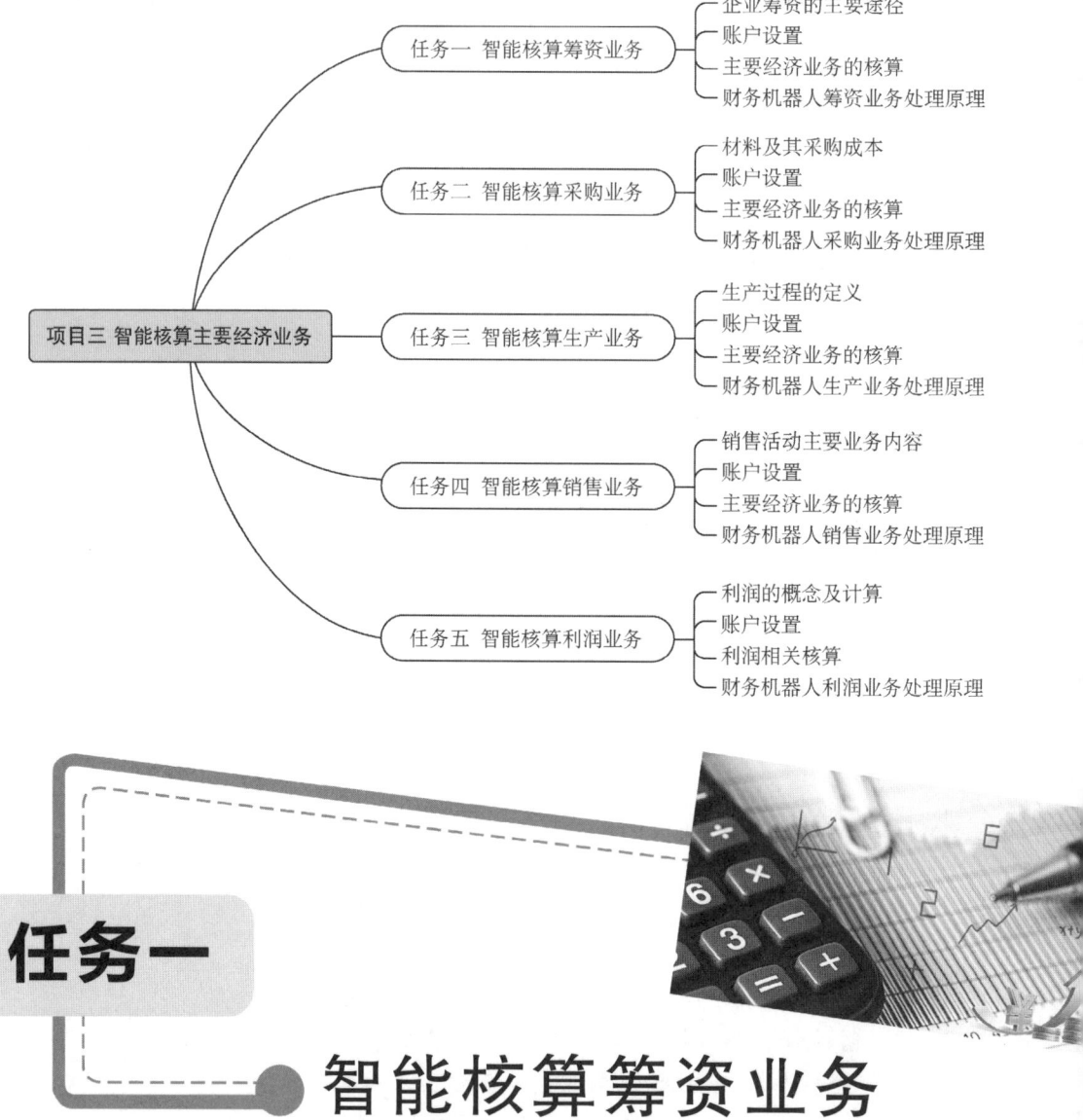

项目三 智能核算主要经济业务

- 任务一 智能核算筹资业务
  - 企业筹资的主要途径
  - 账户设置
  - 主要经济业务的核算
  - 财务机器人筹资业务处理原理
- 任务二 智能核算采购业务
  - 材料及其采购成本
  - 账户设置
  - 主要经济业务的核算
  - 财务机器人采购业务处理原理
- 任务三 智能核算生产业务
  - 生产过程的定义
  - 账户设置
  - 主要经济业务的核算
  - 财务机器人生产业务处理原理
- 任务四 智能核算销售业务
  - 销售活动主要业务内容
  - 账户设置
  - 主要经济业务的核算
  - 财务机器人销售业务处理原理
- 任务五 智能核算利润业务
  - 利润的概念及计算
  - 账户设置
  - 利润相关核算
  - 财务机器人利润业务处理原理

任务一

智能核算筹资业务

任务描述

12月5日,成都瑞丰工业有限公司法人代表林晟召集公司筹资部门和财务部门开会,就筹集资金扩大公司规模一事进行了商讨。财务部根据公司目前财务状况和未来规划进行了评估,预计至少需要350万元资金才能达到预期效果,筹资部门则汇报了目前的筹资渠道和进展。首先,成都鑫诚科技有限公司表达了投资的强烈意向,将以现金150万元、固定资产及无形资产投资入股;其次,中国银行信贷中心也对公司进行了资产和信用评估,预计可贷款200万元～250万元。若事情进展顺利,公司的资金筹集将稳步推进。

林晟对两个部门工作成果表示肯定,并详细询问了与筹资业务相关的流程、账户和会计核算,对财务机器人在筹资业务方面的智能核算表现出了极大的兴趣,表示希望在后续工作中应继续发挥财务机器人的集成性和便捷性。

任 务 训 练

1. 根据任务描述,帮助林晟理清筹集资金的渠道。

2. 根据任务描述,为林晟列出筹资业务涉及的会计账户。

3. 根据任务描述,帮助林晟完成筹资业务的会计核算。

(1) 2023年12月,成都瑞丰工业有限公司接受投资。财务部收到图3-1所示的原始凭证。

国内支付业务收款回单

客户号:1060298489	日期:2023年12月15日
收款人账号:621600155639	付款人账号:1101652296555522544
收款人名称:成都瑞丰工业有限公司	付款人名称:成都鑫诚科技有限公司
收款人开户行:中国银行成都分行	付款人开户行:中国工商银行成都城东支行

金额:CNY 1,500,000.00
人民币 壹佰伍拾万元整

业务种类:A100-普通汇兑 业务编码:19353873　　　　凭证号码:43734002567461
用途:投资款
备注:
附言:

交易机构:28136　　交易渠道:其他　　交易流水号:2976327　　经办:

自助打印,请避免重复

回单编号:36003907　　回单验证:22BED3105431GHLK3855EI　　打印次数:1次

打印时间:2023/12/15 13:37:47 打印次数:1(自助打印,注意重复)
盖章验证:81BED8154363GHLK1920

图3-1 银行回单

(2) 2023年12月,成都瑞丰工业有限公司收到一年期的银行借款。财务部收到图3-2所示的原始凭证。

4. 根据任务描述,帮助林晟在会计基础与智能应用平台上建立筹资业务的票据模型并智能生成记账凭证。

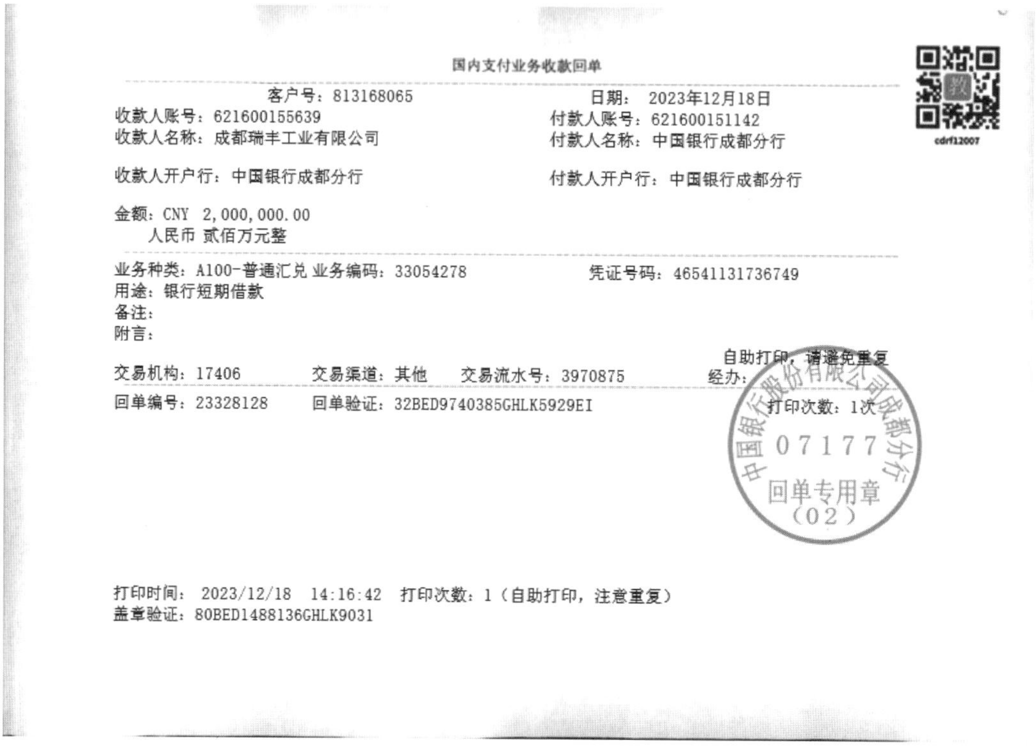
国内支付业务收款回单

客户号：813168065　　日期：2023年12月18日

收款人账号：621600155639　　付款人账号：621600151142

收款人名称：成都瑞丰工业有限公司　　付款人名称：中国银行成都分行

收款人开户行：中国银行成都分行　　付款人开户行：中国银行成都分行

金额：CNY 2,000,000.00
人民币 贰佰万元整

业务种类：A100-普通汇兑 业务编码：33054278　　凭证号码：46541131736749
用途：银行短期借款
备注：
附言：

交易机构：17406　交易渠道：其他　交易流水号：3970875　　自助打印，请避免重复
经办：
回单编号：23328128　回单验证：32BED9740385GHLK5929EI　　打印次数：1次

中国银行股份有限公司成都分行 07177 回单专用章（02）

打印时间：2023/12/18 14:16:42　打印次数：1（自助打印，注意重复）
盖章验证：80BED1488136GHLK9031

图 3-2　银行回单

知识准备

一、企业筹资的主要途径

（一）向投资人筹集资金

投资人投入资金即注册资本，是指企业所有者按照企业章程、合同或协议的约定，实际投入企业的资本，即企业在市场监督管理部门登记注册的资金。投入资金可以是境内投资，也可以是境外投资；投资人可以是国家、法人、自然人；接受投资的形式可以是现款，也可以是实物资产和无形资产。

（二）向债权人筹集资金

动画视频：企业筹集资金业务

企业可以向银行或其他金融机构取得各种借款，或经批准向社会发行企业债券借入资金。企业从银行取得的借款按偿还期限分为了短期借款和长期借款。短期借款一般用于企业临时经营周转，偿还期限通常为 1 年以内（含 1 年）。长期借款一般用于企业特定项目，如修建房屋、购置大型设备等，偿还期限在 1 年以上。

二、账户设置

（一）实收资本

“实收资本”账户用来核算投资者按照合同、企业章程、协议的规定，投入企业的资本

（股份公司为"股本"），属于所有者权益类账户。

账户结构：贷方登记企业实际收到的投资者投入的金额；借方登记企业按法定程序报经批准减少的注册资本数。期末应为贷方余额，反映企业本期实有的资本或股本数额。

（二）资本公积

"资本公积"账户用来核算企业取得的资本公积的增减变动及结余情况，属于所有者权益类账户。资本公积，是企业收到投资者出资额超出其在注册资本中所占份额的投资，即资本溢价，以及直接计入所有者权益的利得和损失。

账户结构：贷方登记企业取得的资本公积金数额；借方登记资本公积金的减少数额。期末贷方余额表示企业资本公积金的实际结存数额。

（三）固定资产

"固定资产"账户用来核算企业固定资产的原价，属于资产类账户。

账户结构：借方登记新增的固定资产原始价值；贷方登记本期减少固定资产的原始价值。期末应为借方余额，反映企业期末固定资产的账面原价。

（四）无形资产

"无形资产"账户用来核算企业拥有或者控制的没有实物形态的可辨认非货币性资产的成本原价，主要包括专利权、非专利技术、商标权、著作权、土地使用权、特许权等，属于资产类账户。

账户结构：借方登记新增的无形资产成本；贷方登记本期减少的无形资产的成本。期末应为借方余额，反映企业期末无形资产的成本。

（五）银行存款

"银行存款"账户用来核算企业存入银行或其他金融机构的各种存款，属于资产类账户。

账户结构：借方登记存入银行的金额；贷方登记提取或支出的存款。期末余额在借方，表示企业存在银行或其他金融机构的款项。

（六）短期借款

"短期借款"账户用来核算企业向银行或其他金融机构借入的期限在1年以下（含1年）的各种借款，属于负债类账户。

账户结构：贷方登记企业新借入的各种短期借款；借方登记本期归还的短期借款。期末余额在贷方，表示期末尚未归还的短期借款的本金。

（七）长期借款

"长期借款"账户用来核算企业借入的期限在1年以上（不含1年）的各种借款，属于负债类账户。

账户结构：贷方登记企业借入的各种长期借款数（包括本金和利息）；借方登记各种长期借款归还数。期末贷方余额表示企业尚未归还的长期借款本金和利息数。

三、主要经济业务的核算

【例3-1】　成都瑞丰工业有限公司收到成都鑫诚科技有限公司投入的现金1 500 000元，款项存入银行。

编制会计分录如下：

借：银行存款　　　　　　　　　　　　　　　　　　　　　　1 500 000

　　贷：实收资本　　　　　　　　　　　　　　　　　　　　　　1 500 000

T 形账户如下：

借方	实收资本	贷方	借方	银行存款	贷方
	1 500 000		1 500 000		

【例 3-2】　成都瑞丰工业有限公司收到成都鑫诚科技有限公司投入的设备一台，投资协议约定该设备原始价值为 1 000 000 元，设备已经投入使用。

编制会计分录如下：

借：固定资产　　　　　　　　　　　　　　　　　　　　　　1 000 000

　　贷：实收资本　　　　　　　　　　　　　　　　　　　　　　1 000 000

T 形账户如下：

借方	实收资本	贷方	借方	固定资产	贷方
	1 000 000		1 000 000		

【例 3-3】　成都瑞丰工业有限公司收到成都鑫诚科技有限公司投资入股的软件一套，投资协议约定价值为 1 000 000 元。

编制会计分录如下：

借：无形资产　　　　　　　　　　　　　　　　　　　　　　1 000 000

　　贷：实收资本　　　　　　　　　　　　　　　　　　　　　　1 000 000

T 形账户如下：

借方	实收资本	贷方	借方	无形资产	贷方
	1 000 000		1 000 000		

【例 3-4】　成都瑞丰工业有限公司向中国银行申请借入流动资金借款 2 000 000 元用于购买原材料，借款期限 6 个月，已办妥借款手续，款项已存入银行。

编制会计分录如下：

借：银行存款　　　　　　　　　　　　　　　　　　　　　　2 000 000

　　贷：短期借款　　　　　　　　　　　　　　　　　　　　　　2 000 000

T 形账户如下:

借方	短期借款	贷方		借方	银行存款	贷方
		2 000 000		2 000 000		

【例3-5】 成都瑞丰工业有限公司向中国银行借入长期借款 1 000 000 元用于新建厂房,借款期限为 3 年,款项已存入银行。

编制会计分录如下:

借:银行存款   1 000 000

  贷:长期借款   1 000 000

T 形账户如下:

借方	长期借款	贷方		借方	银行存款	贷方
		1 000 000		1 000 000		

12 月筹资业务合计:

借方	实收资本	贷方		借方	短期借款	贷方
		1 500 000				2 000 000
		1 000 000				
		1 000 000				2 000 000
		3 500 000				

借方	银行存款	贷方		借方	无形资产	贷方
1 500 000				1 000 000		
2 000 000						
1 000 000						
4 500 000				1 000 000		

借方	固定资产	贷方		借方	长期借款	贷方
1 000 000						1 000 000
1 000 000						1 000 000

四、财务机器人筹资业务处理原理

(一) 向投资人筹集资金业务

企业收到各方投资者投入资本的形式有货币资金、固定资产、无形资产等,因此与接

微课视频:
向投资人
筹集资金
业务处理

受投资相关的票据主要为银行收款回单、固定资产验收单等。例如,成都瑞丰工业有限公司接受投资,财务部收到如图 3-1 所示的银行回单。那么财务机器人将根据银行回单上的金额识别入账价值,借记"银行存款"科目,贷记"实收资本"科目。接受货币资金投资账务处理原理如表 3-1 所示。

表 3-1　　　　　　　　接受货币资金投资业务处理原理(银行收款回单)

方向	科目	科目识别原理	金额识别原理
借	银行存款	按照凭证模板设置科目	按票据金额进行识别
贷	实收资本	按照凭证模板设置科目	按票据金额进行识别

1. 票据扫描

成都瑞丰工业有限公司接受投资业务,财务部收到的原始凭证为银行回单。因此需先在【票据管理】—【票据扫描】中识别此次接受投资涉及的银行回单,账期为 2023 年 12 月。

2. 业务票据建模

(1)票据类别设置。

成都瑞丰工业有限公司财务部收到的原始凭证为银行收款回单,因此要在票据类别中新增该票据。

在【业务票据建模】—【票据类别】中新增票据大类"银行票据",然后在此大类下新增细类"银行收款回单"。为"银行收款回单"设置筛选规则,首先设置"自定义 1"规则下的选择票种为"银行回单"。由于银行收款回单的收款人名称等于成都瑞丰工业有限公司,因此在设置筛选条件时设置"银行回单"的筛选项为"@收款方名称",操作符为"等于",匹配值为"成都瑞丰工业有限公司"。银行收款回单的票据类别设置如图 3-3 所示。

图 3-3　银行收款回单的票据类别设置

(2)场景类别设置。

根据成都瑞丰工业有限公司取得的银行收款回单信息可知其收到成都鑫诚科技有限公司的投资款,因此需要新增接受投资的场景类别。

在【业务票据建模】—【场景类别】中新增票据大类"往来场景",然后在此大类下新增细类"接受投资"。接着为该细类场景选择对应票种,设置"自定义 1"规则下的选择票种为"银行收款回单→银行回单",设置筛选项为"@摘要",操作符为"包含",匹配值为"投资款";再继续添加筛选行,设置筛选项为"@付款方名称",操作符为"等于",匹配值为"成都鑫诚科技有限公司"。即表示摘要包含投资款并且付款方名称等于成都鑫诚科技有限公司的银行收款回单为接受成都鑫诚科技公司投资场景的票据。接受投资场景类别设置如图3-4所示。

图 3-4 接受投资场景类别设置

知识点拨

注意图 3-4 中的两个筛选条件定义,这两个筛选条件同属于"自定义 1"规则下,这表明这两个筛选条件是"并且"的关系,即某张银行回单必须同时满足这两个条件才算满足"自定义 1"规则。

(3)场景配置设置。

成都瑞丰工业有限公司此次接受投资涉及一个批次经济业务,因此要为这个批次业务配置场景类别与票据类别。

新增主场景"往来业务",并在其下新增场景"接受投资"。场景配置设置为:"往来场景—接受投资"场景类别对应"银行收款回单"票据类别,组合名称默认为空。接受投资场景配置设置如图 3-5 所示。

(4)凭证模板设置。

① 凭证头设置。在【业务票据建模】—【凭证模板】界面中,为"往来业务—接受投资"会计场景设置凭证模板。在凭证头设置中,设置模板名称为"接受投资",记账日期选择为"@交易日期",凭证字为"记账凭证",制单人为业务会计"王欣",凭证推送方式为"自动推送"。

② 分录设置。在分录设置中,设置摘要为"接受投资",借贷方科目来源均为"科目",借方科目为"银行存款——中国银行成都分行",贷方科目分别为"实收资本——成都鑫诚科技有限公司"。所有科目的金额取值公式均设置为"@金额"。

接受成都鑫诚公司投资会计分录设置如图 3-6 所示。

图 3-5　接受投资场景配置设置

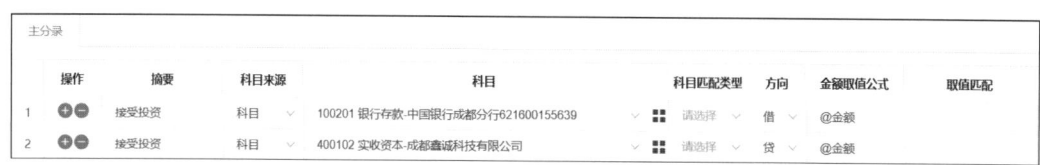

图 3-6　接受成都鑫诚公司投资会计分录设置

③ 辅助核算设置。接收投资业务场景辅助核算设置中,明细辅助核算的固定栏位保持默认设置"@项目【明细】",操作符为"等于"。

④ 合并及排序设置。按照任务要求,设置凭证合并方式为"不合并",分录合并方式为"不合并",分录自定义排序为"启用",排序条件为按照"借贷方"进行排序。

（二）向债权人筹集资金

企业短期借款涉及收到银行短期借款、短期借款利息的确认与计量、偿还利息和借款这几项业务。财务机器人主要依据银行回单等原始凭证处理收到银行短期借款业务。例如,成都瑞丰工业有限公司收到 1 年期的银行借款,财务部收到银行回单(图 3-2),财务机器人收到银行短期借款业务处理原理如表 3-2 所示。

表 3-2　　　　　　　收到银行短期借款业务处理原理(银行收款回单)

方向	科目	科目识别原理	金额识别原理
借	银行存款	按照凭证模板设置科目	按票据金额进行识别
贷	短期借款	按照凭证模板设置科目	按票据金额进行识别

1. 票据扫描

成都瑞丰工业有限公司此次银行短期借款业务,财务部收到的原始凭证为银行回单。因此需先在【票据管理】—【票据扫描】中识别此次银行短期借款涉及的银行回单,账期为2023 年 12 月。

2. 业务票据建模

（1）票据类别设置。

成都瑞丰工业有限公司财务部收到的原始凭证为银行收款回单,因此要在票据类别中新增该票据。此票据类别设置与接受投资业务建模的票据类别设置相同,此处不再赘述。银行收款回单的票据类别设置如图 3-3 所示。

（2）场景类别设置。

根据成都瑞丰工业有限公司取得的银行收款回单信息可知其收到银行短期借款,因此需要新增收到银行借款的场景类别。

在【业务票据建模】—【场景类别】中新增票据大类"往来场景",然后在此大类下新增细类"收到银行借款"。接着为该细类场景选择对应票种,设置"自定义 1"规则下的选择票种为"银行收款回单→银行回单",设置筛选项为"@摘要",操作符为"包含",匹配值为"银行短期借款"。即表示摘要包含银行短期借款的银行收款回单为收到银行借款的业务场景票据。收到银行借款场景类别设置如图 3-7 所示。

图 3-7　收到银行借款场景类别设置

（3）场景配置设置。

成都瑞丰工业有限公司此次收到银行短期借款涉及一个批次经济业务,因此要为这个批次业务配置场景类别与票据类别。

新增主场景"往来业务",并在其下新增场景"收到银行借款"。场景配置设置为:"往来场景—收到银行借款"场景类别对应"银行收款回单"票据类别,组合名称默认为空。收到银行借款场景配置设置如图 3-8 所示。

图 3-8　收到银行借款场景配置设置

（4）凭证模板设置。

① 凭证头设置。在【业务票据建模】—【凭证模板】界面中，为"往来业务—接受投资"会计场景设置凭证模板。在凭证头设置中，设置模板名称为"收到银行借款"，记账日期选择为"@交易日期"，凭证字为"记账凭证"，制单人为业务会计"王欣"，凭证推送方式为"自动推送"。

② 分录设置。在分录设置中，设置摘要为"收到银行借款"，借贷方科目来源均为"科目"；借方科目为"银行存款——中国银行成都分行"，贷方科目为"短期借款——中国银行成都分行"。所有科目的金额取值公式均设置为"@金额"。收到银行借款会计分录设置如图3-9所示。

	操作	摘要	科目来源	科目	科目匹配类型	方向	金额取值公式	取值匹配
1	⊕⊖	收到银行借款	科目 ∨	100201 银行存款-中国银行成都分行6216001 ∨	请选择 ∨	借 ∨	@金额	
2	⊕⊖	收到银行借款	科目 ∨	200101 短期借款-中国银行成都分行 ∨	请选择 ∨	贷 ∨	@金额	

图3-9 收到银行借款会计分录设置

③ 辅助核算设置。收到银行借款业务场景辅助核算设置中，明细辅助核算的固定栏位保持默认设置"@项目【明细】"，操作符为"等于"。

④ 合并及排序设置。按照任务要求，设置凭证合并方式为"不合并"，分录合并方式为"不合并"，分录自定义排序为"启用"，排序条件为按照"借贷方"进行排序。

知识拓展

💡 想一想：什么是资本公积？

成都瑞丰工业有限公司注册资金为300万元，假如根据投资协议约定，收到成都鑫诚科技有限公司投资款150万元，且占注册资本的比例为40%，那么超出其在注册资本中所占份额的投资款应记入什么账户呢？

收到成都鑫诚科技有限公司投资款150万元，占注册资本的40%为120万元，多出的30万元应记入"资本公积"账户。

资本公积从本质上讲属于投入资本的范畴，由于我国采用注册资本制度等原因导致了资本公积的产生。《公司法》第二百一十三条："公司以超过股票票面金额的发行价格发行股份所得的溢价款、发行无面额股所得股款未计入注册资本的金额以及国务院财政部门规定列入资本公积金的其他项目，应当列为公司资本公积金。"《公司法》第二百一十四条："公司的公积金用于弥补公司的亏损、扩大公司生产经营或者转为增加公司注册资本。公积金弥补公司亏损，应当先使用任意公积金和法定公积金；仍不能弥补的，可以按照规定使用资本公积金。法定公积金转为增加注册资本时，所留存的该项公积金不得少于转增前公司注册资本的百分之二十五。"虽然资本公积转增资本并不能导

致所有者权益总额的增加,但资本公积转增资本,一方面可以改变企业投入资本结构,体现企业稳健、持续发展的潜力;另一方面,对股份有限公司而言,它会增加投资者持有的股份,从而增加公司的股票的流通量,进而激活股价,提高股票的交易量和资本的流动性。此外,对于债权人来说,实收资本是所有者权益最本质的体现,是其考虑投资风险的重要影响因素。所以,将资本公积转增资本不仅可以更好地反映投资者的权益,也会影响到债权人的信贷决策。

会计基础与
智能应用
平台

 自我检测

实训成果

项目三
任务一
实训成果
参考答案

3

一、单项选择题

1. 下列经济业务中,能引起"资本公积"账户借方发生变动的是(　　　)。

A. 资本公积转增资本　　　　　　B. 向某灾区捐赠物资

C. 向投资人分派股利　　　　　　D. 溢价发行股票

2. 甲公司为有限责任公司,于 3 年前成立,公司成立时注册资本为 1 000 万元,乙公司现在欲向甲公司投入资本 800 万元,占甲公司接受投资后全部有表决权资本的三分之一,则甲公司接受乙公司投资时,发生的资本溢价应为(　　　)万元。

A. 400　　　　B. 300　　　　C. 500　　　　D. 200

3. 企业实际收到投资者投入的资金属于企业所有者权益中的(　　　)。

A. 固定资产　　B. 银行存款　　C. 实收资本　　D. 利润分配

4. 下列各项中,不属于所有者权益的是(　　　)。

A. 资本公积　　B. 盈余公积　　C. 累计折旧　　D. 未分配利润

5. 在会计上,企业资产的提供者对企业资产所享有的要求权称为(　　　)。

A. 所有者权益　　B. 债权人权益　　C. 投资者权益　　D. 权益

6. 回购本公司股票时,应按照股票的面值和注销股数计算的股票面值的总额冲减(　　　)。

A. 股本　　　　B. 实收资本　　C. 资本公积　　D. 盈余公积

7. (　　　)是指企业的投资者按照企业章程、合同或协议的约定,实际投入企业的资本金以及按照有关规定由资本公积、盈余公积等转增资本的资金。

A. 实收资本　　B. 未分配利润　　C. 资本溢价　　D. 银行存款

8. 企业的资金筹集业务按(　　　)分为所有者权益筹资和负债筹资。

A. 资金来源　　B. 资金运用　　C. 资金分配　　D. 资金的占用

9. (　　　)是指企业为了满足其生产经营对资金的临时性需要,而向银行或其他金融机构等借入的偿还期限在 1 年以内(含 1 年)的各种借款。

A. 短期借款　　B. 长期借款　　C. 应付债券　　D. 应付账款

10. 某企业从银行借入期限为 9 个月的借款 10 000 元,存入银行,应编制会计分录为(　　　)。

A. 借：银行存款　　　　　　　　　　　　　　　　　　　　10 000

　　　贷：短期借款　　　　　　　　　　　　　　　　　　　　　　　10 000

B. 借：银行存款　　　　　　　　　　　　　　　　　　　　10 000

　　　贷：长期借款　　　　　　　　　　　　　　　　　　　　　　　10 000

C. 借：长期借款　　　　　　　　　　　　　　　　　　　　10 000

　　　贷：银行存款　　　　　　　　　　　　　　　　　　　　　　　10 000

D. 借：短期借款　　　　　　　　　　　　　　　　　　　　10 000

　　　贷：银行存款　　　　　　　　　　　　　　　　　　　　　　　10 000

二、多项选择题

1. 投资者可以采用(　　)等形式对企业进行投资。

A. 货币资金　　　　　B. 原材料　　　　　　C. 固定资产　　　　　D. 无形资产

2. 所有者权益和债权人权益的主要区别为(　　)。

A. 性质不同　　　　　B. 金额不同　　　　　C. 期限不同　　　　　D. 权利不同

3. 按投资主体不同,企业的资本金可以分为(　　)。

A. 国家投入资本　　　B. 法人投入资本　　　C. 个人投入资本　　　D. 外商投入资本

4. 下列关于"长期借款"账户说法中,正确的是(　　)。

A. 长期借款属于负债类账户

B. 贷方登记企业借入的长期借款本金

C. 借方登记归还的本金和利息

D. 期末余额在借方,反映企业期末尚未偿还的长期借款

5. 所有者投入的资本主要包括(　　)。

A. 实收资本　　　　　B. 资本公积　　　　　C. 盈余公积　　　　　D. 未分配利润

6. 某公司收到投资者投入的货币资金10万元,下列说法可能正确的有(　　)。

A. 借记"银行存款"账户　　　　　　　　　B. 贷记"实收资本"账户

C. 借记"其他货币资金"账户　　　　　　　D. 贷记"资本公积"账户

7. 企业收到投资者投入资本,可能涉及的所有者权益账户有(　　)。

A. "实收资本"　　　　B. "资本公积"　　　　C. "固定资产"　　　　D. "投资收益"

三、判断题

1. 向债权人借入资金会引起企业资产和负债的同时增加。　　　　　　　　　　　(　　)

2. 企业筹集资金的业务除了包括投资者投入的资金和向债权人借入的资金外,还包括接受外单位或个人捐赠的资产。　　　　　　　　　　　　　　　　　　　　　(　　)

3. 企业的资本公积的主要来源是企业收到的所有者出资额超过其在注册资本中所占份额的部分。　　　　　　　　　　　　　　　　　　　　　　　　　　　　　(　　)

4. "盈余公积"账户属于所有者权益类账户,该账户借方登记提取的盈余公积,贷方登记实际使用的盈余公积。期末借方余额反映结余的盈余公积。　　　　　　　　　(　　)

5. 期限在1年以上(包括1年)的各种借款均为长期借款。　　　　　　　　　　(　　)

6. 实收资本代表一个企业的实力,是创办企业的"本钱",反映企业所有者投入企业的外部资金来源。　　　　　　　　　　　　　　　　　　　　　　　　　　　(　　)

7. 企业的借款通常按照其流动性或偿还时间的长短,划分为短期借款和长期借款。

（　）

8. 投资者投入固定资产成本,应当按照投资合同或协议约定的价值确定,但合同或协议约定价值不公允的除外。

（　）

项目三
任务一
自我检测
参考答案

 自我评价

本任务完成情况评价表
（在□中打√,A掌握,B基本掌握,C未掌握）

评价指标	自测结果
1. 能够梳理筹集资金的不同方式	□A □B □C
2. 能够设立筹资环节相关的会计账户	□A □B □C
3. 能够掌握筹资环节基本会计核算	□A □B □C
4. 能够掌握财务机器人筹资业务建模原理	□A □B □C

3

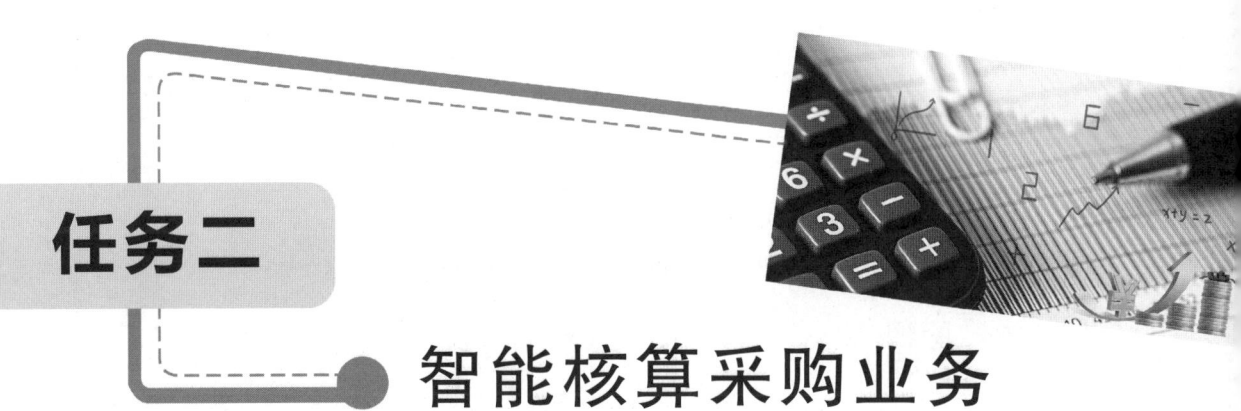

任务二

智能核算采购业务

任务描述

"林总,这是采购部12月的采购计划及供应商清单,这个月除了常规的原材料购买,还额外增加了固定资产和无形资产的采购,按照公司采购流程需要您审核,麻烦您看一下,如果没问题就可以签字走流程了。"

"好的,我看看,购买固定资产和无形资产的供应商以前有过合作吗?"

"固定资产的供应商是以前一直合作的,信誉较好,无形资产的供应商是第一次合作。根据生产部的需求,我们在市场上搜寻匹配的供应商,这家是接洽后觉得最适合的。"

"没什么问题,抓紧筹办吧,合同上一定要标注好付款条件,等货物验收后再付款。"

"好的,林总。"采购部经理等林晟签好字后就急忙去筹办本月采购任务了。

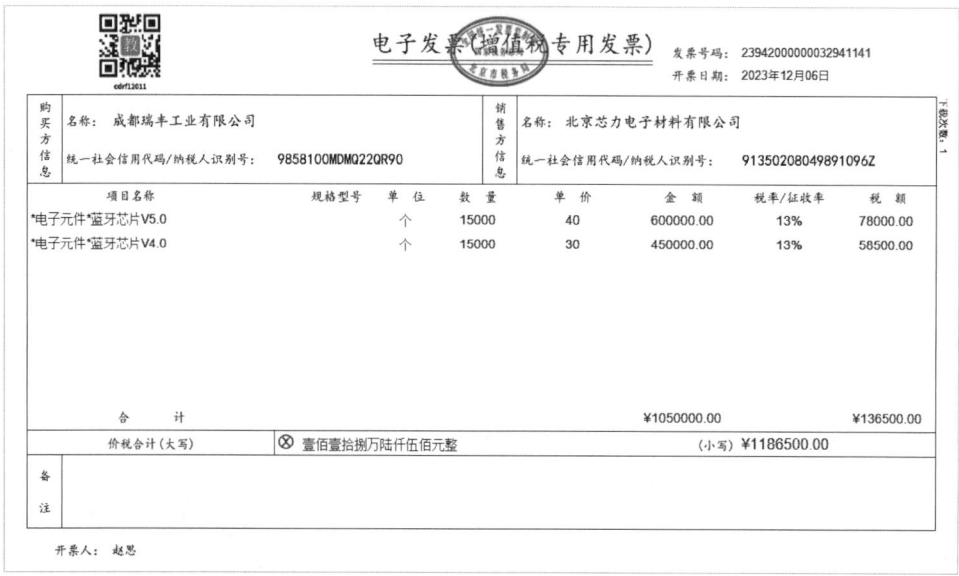

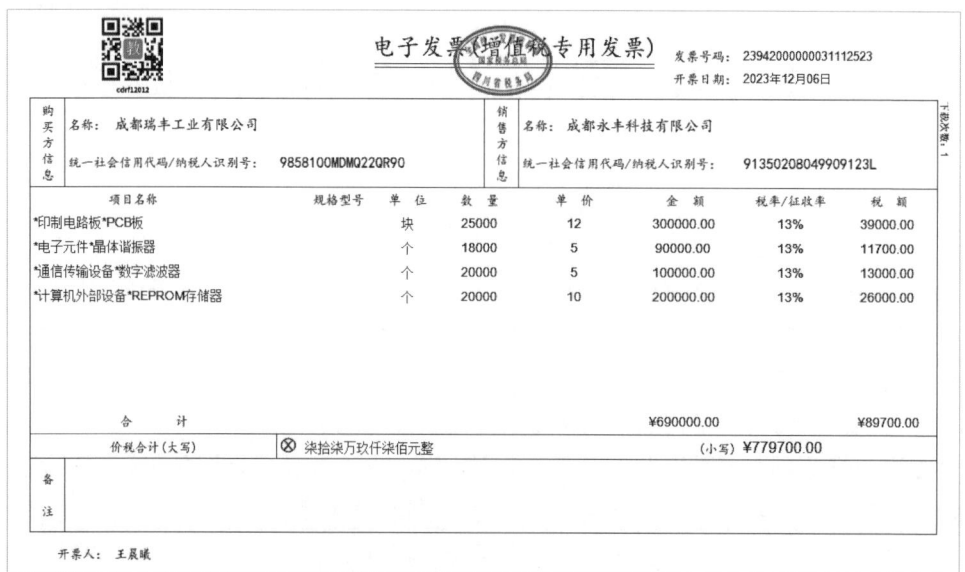

任　务　训　练

1. 根据任务描述,帮助林晟理清采购业务的核算流程。

2. 根据任务描述,为林晟列出筹资业务涉及的会计账户。

3. 根据任务描述,帮助林晟完成采购业务的会计核算。

(1) 2023 年 12 月,成都瑞丰工业有限公司采购材料。财务部收到原始凭证,如图 3-10—图 3-13 所示。

图 3-10　采购材料电子发票(增值税专用发票)1

图 3-11　采购材料电子发票(增值税专用发票)2

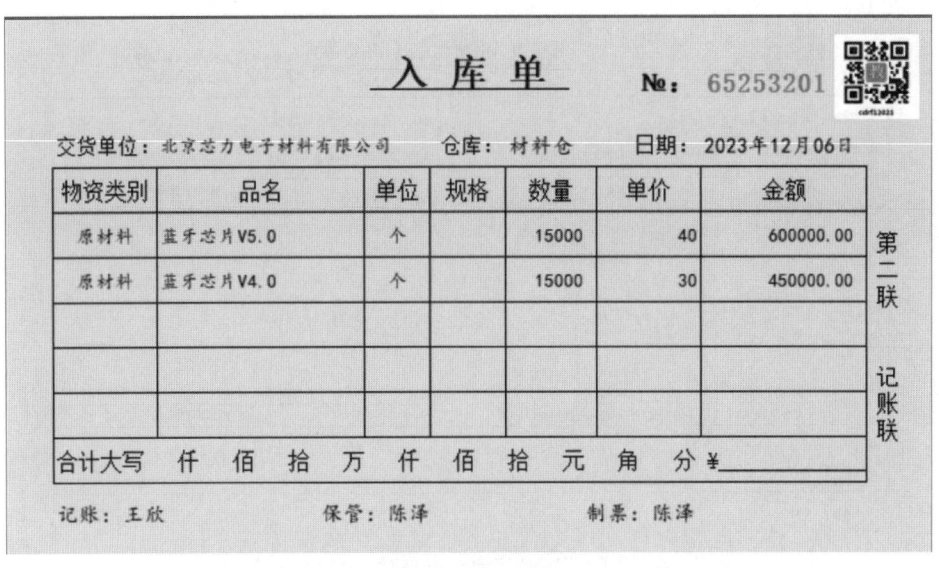

图 3-12　入库单 1

图 3-13　入库单 2

（2）2023 年 12 月，成都瑞丰工业有限公司采购固定资产。财务部收到原始凭证，如图 3-14、图 3-15 所示。

（3）2023 年 12 月，成都瑞丰工业有限公司采购无形资产。财务部收到原始凭证，如图 3-16 所示。

4. 根据任务描述，帮助林晟在会计基础与智能应用平台上建立采购业务的票据模型并智能生成记账凭证。

电子发票(增值税专用发票)

发票号码：23942000000032996585
开票日期：2023年12月12日

购买方信息	名称：成都瑞丰工业有限公司 统一社会信用代码/纳税人识别号：9858100MDMQ22QR90	销售方信息	名称：成都品安贸易有限公司 统一社会信用代码/纳税人识别号：91350208049900912P

项目名称	规格型号	单位	数量	单价	金额	税率/征收率	税额
*电镀设备及装置*电镀设备		套	1	50000	50000.00	13%	6500.00
合计					¥50000.00		¥6500.00
价税合计(大写)	⊗ 伍万陆仟伍佰元整				(小写) ¥56500.00		
备注							

开票人：王敏

下载次数：1

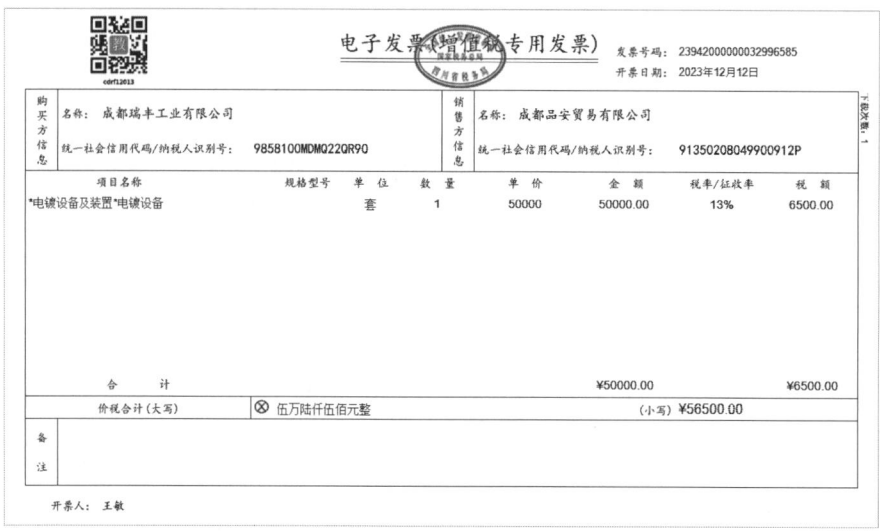

图 3-14　采购固定资产电子发票(增值税专用发票)

固定资产验收单

2023年12月13日

资产编号	JC005		资产类别	机械设备		资产来源	外购
资产名称	电镀设备		规格型号	XXC235		购（造）价	50000.00
安装费	0.00		其他费用	0.00		资产原值	50000.00
使用年限	10年		预计残值率	5%		预计残值	2500.00
建造单位				交工日期			
验收部门	基本生产车间	验收人员	曾旭伟	管理部门	基本生产车间	管理人员	刘凯漾
备注							

审核：刘凯漾　　制表：曾旭伟

图 3-15　固定资产验收单

电子发票(普通发票)

发票号码：23942000000032441258
开票日期：2023年12月15日

购买方信息	名称：成都瑞丰工业有限公司 统一社会信用代码/纳税人识别号：9858100MDMQ22QR90	销售方信息	名称：浙江汇创技术有限公司 统一社会信用代码/纳税人识别号：91350208049908123C

项目名称	规格型号	单位	数量	单价	金额	税率/征收率	税额
*非专利技术*非专利技术		项	1	30000	30000.00	免税	***
合计					¥30000.00		¥0.00
价税合计(大写)	⊗ 叁万元整				(小写) ¥30000.00		
备注							

开票人：陈紫嫣

下载次数：1

图 3-16　采购无形资产电子发票(增值税普通发票)

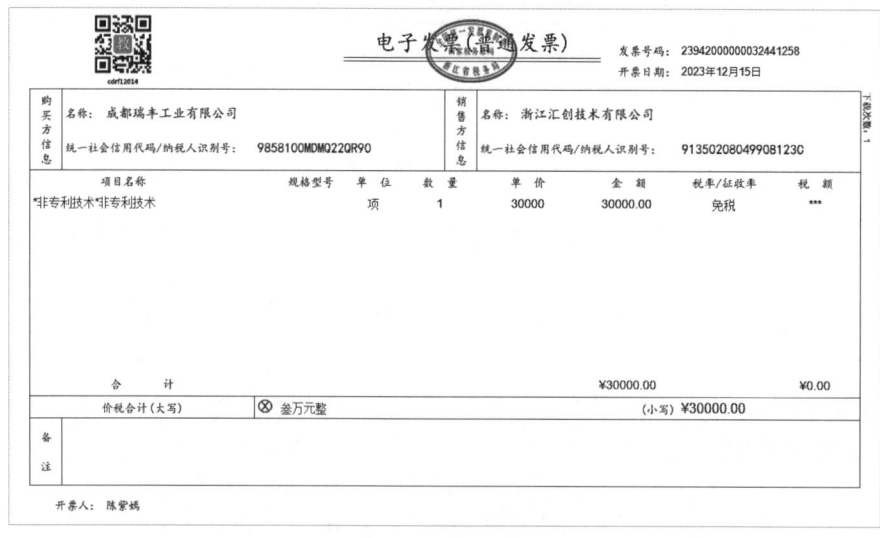

　　企业筹集到资金后,就必须购入设备、厂房、材料、工(器)具等,以备生产。通过物资采购业务,企业的财产物资增加了;同时,因采购而支付了相应的存款或承担了相应的负债,即货币资金相应减少或负债相应增加。这一阶段发生的主要经济业务为材料采购、材料入库、与供应商结算支付货款、材料采购成本的计算。

动画视频:
企业采购
业务

一、材料及其采购成本

　　工业企业材料采购成本包括:

　　(1) 购买价款,指购货发票所注明的货款金额。

　　(2) 运杂费,包括运输费、装卸费、包装费、保险费以及仓储费用等。

　　(3) 运输途中的合理损耗。

　　(4) 入库前的挑选整理费,包括挑选过程中所发生的工资、费用支出和必要的损耗,但要扣除下脚料的价值。

　　(5) 相关税费,但不包括准予抵扣的增值税。

　　材料采购成本的计算公式如下:

材料采购成本＝购买价款＋采购费用(运杂费、运输途中的合理损耗、入库前的挑选整理费)
　　　　　　　　＋相关税费

二、账户设置

　　(一) 在途物资

　　"在途物资"账户用来核算企业采用实际成本法采购的材料、商品等物资的成本。该部分物资企业已支付价款,但还未验收入库,属于资产类账户。

　　账户结构:借方登记在途物资的实际成本;贷方登记已经验收入库的采购物资的实际成本。月末借方余额表示尚未入库的在途物资的实际成本。

　　(二) 原材料

　　"原材料"账户是用来核算企业库存的各种材料的增减变化及结余情况,包括原料、辅料、外购半成品等,属于资产类账户。

　　账户结构:借方登记已经验收入库材料的实际成本;贷方登记发出材料的实际成本。月末借方余额表示企业库存的各种材料的实际成本。

　　(三) 周转材料

　　"周转材料"账户用来核算企业周转材料的实际成本,包括包装物、低值易耗品以及企业(建造承包商)的钢模板、木模板、脚手架等,属于资产类账户。企业的包装物、低值易耗品,也可以单独设置"包装物""低值易耗品"账户。

　　账户结构:借方登记已经验收入库的周转材料的实际成本;贷方登记发出或已使用周转材料的实际成本。月末借方余额表示库存周转材料的实际成本。

3

（四）应付账款

"应付账款"账户用来核算企业因购买材料、商品和接受劳务供应等而应付给供应单位的款项,属于负债类账户。

账户结构:贷方登记因购买材料、商品和接受劳务供应等而应付未付的款项;借方登记已经支付或已经开出承兑商业汇票抵付的应付款项。期末贷方余额表示尚未支付的应付账款。

（五）应付票据

"应付票据"账户用来核算企业购买材料、商品和接受劳务供应等开出、承兑的商业汇票(包括商业承兑汇票和银行承兑汇票),属于负债类账户。

账户结构:贷方登记企业已经开出、承兑的汇票或以承兑汇票抵付的货款;借方登记收到银行付款通知后实际支付的款项。月末贷方余额表示尚未到期的商业汇票的票面余额。

（六）预付账款

"预付账款"账户用来核算企业按照合同规定预付的款项。如预付的材料款、商品采购款、在建工程价款等,属于资产类账户。

账户结构:借方登记按照合同规定预付给供应单位的货款和补付的款项;贷方登记收到所购货物的货款和退回多付的款项。期末借方余额表示企业预付的款项;期末如为贷方余额,表示企业尚未补付的款项。

（七）应交税费

"应交税费"账户用来核算企业按照税法规定计算应交的各种税费,反映税费的缴纳情况,属负债类账户。

企业应在"应交税费"账户下设置二级明细账户"应交增值税"。其中增值税一般纳税人应在"应交增值税"下设置专栏"进项税额""销项税额"等,反映一般纳税人购进货物及销售货物产生的增值税额。借方"进项税额"专栏反映一般纳税人购进货物、加工修理修配劳务、服务、无形资产或不动产而支付或负担的、准予从当期销项税额中抵扣的增值税额;贷方"销项税额"专栏,反映一般纳税人销售货物、加工修理修配劳务、服务、无形资产或不动产应收取的增值税额。月末,"应交税费——应交增值税"账户如为贷方余额,则反映企业尚未缴纳的增值税额;如为借方余额,表示企业多缴的或尚未抵扣的增值税额。

三、主要经济业务的核算

> **【例3-6】** 成都瑞丰工业有限公司从北京芯力电子材料有限公司购入蓝牙芯片V5.0 15 000个,买价600 000元,增值税78 000元,款项尚未支付,材料暂未验收入库。
>
> 编制会计分录如下:
>
> 借:在途物资——蓝牙芯片 V5.0   600 000
>
> 应交税费——应交增值税(进项税额)   78 000
>
> 贷:应付账款——北京芯力电子材料有限公司   678 000
>
> T形账户如下:

借方	在途物资	贷方	借方	应交税费	贷方	借方	应付账款	贷方
600 000			78 000					678 000

材料验收入库时,编制会计分录如下:

借:原材料——蓝牙芯片 V5.0   600 000

  贷:在途物资——蓝牙芯片 V5.0   600 000

T 形账户如下:

借方	在途物资	贷方		借方	原材料	贷方
600 000				600 000		
		600 000				
	0					

成都瑞丰工业有限公司用银行存款支付上述货款时,编制会计分录如下:

借:应付账款——北京芯力电子材料有限公司   678 000

  贷:银行存款   678 000

T 形账户如下:

借方	应付账款	贷方		借方	银行存款	贷方
		678 000				678 000
678 000						
	0					

【例 3-7】 根据合同规定,成都瑞丰工业有限公司向上海强风材料有限公司预付货款 50 000 元用于采购蓝牙芯片 V4.0。

编制会计分录如下:

借:预付账款——上海强风材料有限公司   50 000

  贷:银行存款   50 000

T 形账户如下:

借方	预付账款	贷方		借方	银行存款	贷方
50 000						50 000

到货入库后,编制会计分录如下:

借:原材料——蓝牙芯片 V4.0 450 000
　应交税费——应交增值税(进项税额) 58 500
　　贷:预付账款——上海强风材料有限公司 508 500

T形账户如下:

借方	原材料	贷方	借方	应交税费	贷方	借方	预付账款	贷方
450 000			58 500			50 000		
							508 500	
							458 500	

成都瑞丰工业有限公司用银行存款支付剩余货款后,编制会计分录如下:

借:预付账款——上海强风材料有限公司 458 500
　　贷:银行存款 458 500

T形账户如下:

借方	预付账款	贷方	借方	银行存款	贷方
50 000					458 500
		508 500			
458 500					
	0				

【例3-8】 成都瑞丰工业有限公司向成都永丰科技有限公司购入印刷电路板25 000块,买价300 000元,增值税39 000元,材料已验收入库,成都瑞丰工业有限公司开出商业汇票支付货款。

采购付款时,编制会计分录如下:

借:原材料——PCB板 300 000
　应交税费——应交增值税(进项税额) 39 000
　　贷:应付票据——成都永丰科技有限公司 339 000

T形账户如下:

借方	原材料	贷方	借方	应交税费	贷方	借方	应付票据	贷方
300 000			39 000					339 000

【例3-9】 成都瑞丰工业有限公司上述票据到期后以银行存款支付票款。

编制会计分录如下:

借:应付票据   339 000
　　贷:银行存款   339 000

T 形账户如下:

借方	应付票据	贷方		借方	银行存款	贷方
	339 000				339 000	
339 000						
	0					

【例3-10】　成都瑞丰工业有限公司向成都永丰科技有限公司购入晶体谐振器
18 000 个,共 90 000 元,购入数字滤波器 20 000 个,共 100 000 元,购入储存器 20 000
个,共 200 000 元,增值税税额合计 50 700 元,所有原材料均已验收入库,款项以银行存
款支付。

编制会计分录如下:

借:原材料——晶体谐振器   90 000
　　原材料——数字滤波器   100 000
　　原材料——REPROM 存储器   200 000
　　应交税费——应交增值税(进项税额)   50 700
　　贷:银行存款   440 700

T 形账户如下:

借方	原材料	贷方		借方	应交税费	贷方		借方	银行存款	贷方
390 000				50 700					440 700	

【例3-11】　成都瑞丰工业有限公司向成都品安贸易有限公司采购电镀设备一台,
采购价为 50 000 元,增值税税额 6 500 元,款项尚未支付。

编制会计分录如下:

借:固定资产   50 000
　　应交税费——应交增值税(进项税额)   6 500
　　贷:应付账款——成都品安贸易有限公司   56 500

T 形账户如下:

借方	固定资产	贷方		借方	应交税费	贷方		借方	应付账款	贷方
50 000				6 500					56 500	

3

【例3-12】　12月15日成都瑞丰工业有限公司向浙江汇创技术有限公司购买非专利技术一项,该非专利技术免税,采购价为30 000元,款项尚未支付。

编制会计分录如下:

借:无形资产　　　　　　　　　　　　　　　　　　　　　　30 000
　　贷:应付账款——浙江汇创技术有限公司　　　　　　　　　　　　30 000

T形账户如下:

借方	无形资产	贷方		借方	应付账款	贷方
30 000						30 000

12月采购业务合计:

借方	原材料	贷方		借方	银行存款	贷方		借方	应交税费	贷方
600 000						678 000		78 000		
450 000						50 000		58 500		
300 000						458 500		39 000		
390 000						339 000		50 700		
						440 700		6 500		
1 740 000						1 966 200		232 700		

借方	固定资产	贷方		借方	无形资产	贷方		借方	应付账款	贷方
50 000				30 000						56 500
										30 000
50 000				30 000						86 500

微课视频:
采购材料
业务处理
(上)

微课视频:
采购材料
业务处理
(下)

四、财务机器人采购业务处理原理

(一)采购材料业务处理

财务机器人处理采购材料业务时,会将采购材料流程拆分为采购、入库等几个环节,各环节对应的单据分别是采购发票、入库单等。财务机器人将为每张业务单据制作凭证(即每张业务单据都有对应的凭证),然后再通过这些凭证分录间的合并抵销,最终形成完整的采购业务凭证。这种先拆分业务流程再合并抵销分录的方法能达到将实际中的复杂业务情景转化为简单、标准化业务组合的目的。

例如,成都瑞丰工业有限公司采购材料,财务部收到的原始凭证包括采购发票与入库单,票据如图3-10—图3-13所示。财务机器人采购材料业务处理原理如表3-3所示,财务机器人采购入库业务处理原理如表3-4所示。

表 3-3　　　　　　　采购材料业务处理原理[电子发票(增值税专用发票)]

方向	科目	科目识别原理	金额识别原理
借	在途物资	按材料【明细】自动识别匹配明细科目	按单据金额进行识别
借	应交税费——应交增值税——进项税额		按单据税额进行识别
贷	应付账款	按【销售方名称】自动识别【供应商】辅助核算	按含税金额进行识别

表 3-4　　　　　　　　采购入库业务处理原理(入库单)

方向	科目	科目识别原理	金额识别原理
借	原材料	"原材料"科目按入库单中的【物资类别】判断,明细科目按材料【明细】自动识别	按单据金额进行识别
借	周转材料	"周转材料"科目按入库单中的【物资类别】判断,明细科目按材料【明细】自动识别	按单据金额进行识别
贷	在途物资	按材料【明细】自动识别明细科目	按单据金额进行识别

1. 数据采集

成都瑞丰工业有限公司此次采购材料业务,财务部收到的原始凭证为电子发票(增值税专用发票)及入库单。因此需先在【票据管理】—【数据采集】中从税务数字账户采集此次材料采购涉及的电子发票(增值税专用发票)信息,然后从仓储系统中采集此次材料采购涉及的入库单信息。

2. 业务票据建模

(1) 票据类别设置。

成都瑞丰工业有限公司财务部收到的原始凭证为电子发票(增值税专用发票)和入库单。因此要在票据类别中新增这些票据。

① 新增采购票据——采购数电专票。在【业务票据建模】—【票据类别】中新增票据大类"采购票据",然后在此大类下新增细类"采购数电专票",为"采购数电专票"设置筛选规则,首先设置"自定义 1"规则下的选择票种为"电子发票(增值税专用发票)"。由于电子发票(增值税专用发票)的购买方等于成都瑞丰工业有限公司,因此设置筛选项为"@购买方",操作符为"等于",匹配值为"成都瑞丰工业有限公司"。电子发票(增值税专用发票)票据类别设置如图 3-17 所示。

② 新增内部票据——入库单。新增票据大类"内部单据",在此大类中新增细类"入库单",设置"自定义 1"规则下的选择票种为"入库单"。由于入库单为企业内部单据,故可以不设票据筛选条件。入库单票据类别设置如图 3-18 所示。

(2) 场景类别设置。

成都瑞丰工业有限公司取得的电子发票(增值税专用发票)的用途为采购材料,并且根据入库单可知材料已入库,因此需新增采购材料与采购入库这两个场景类别。

图 3-17 电子发票(增值税专用发票)票据类别设置

图 3-18 入库单票据类别设置

① 新增采购场景——采购材料。

在【业务票据建模】—【票据类别】中新增场景大类"采购场景",然后再新增细类"采购材料"。根据财务获取的电子发票(增值税专用发票)中的项目明细可知此次采购材料清单包括蓝牙芯片、PCB 板、晶体谐振器、数字滤波器与存储器五种材料,因此针对此业务场景需添加五个筛选规则。首先设置第一个规则,设置"自定义 1"规则下的选择票种为"采购数电专票→电子发票(增值税专用发票)",设置筛选项为"@项目(明细)",操作符为"包含",匹配值为"蓝牙芯片"。

接着可点击自定义 1 的【复制规则】为自定义 2,直接修改自定义 2 下的匹配值为"PCB 板"。其余筛选规则操作同理,此处不再赘述。以上操作即表示项目(明细)包含蓝牙芯片或 PCB 板或晶体谐振器或数字滤波器或存储器的采购数电专票为采购材料业务场景的票据。采购材料场景类别设置部分截图如图 3-19 所示。

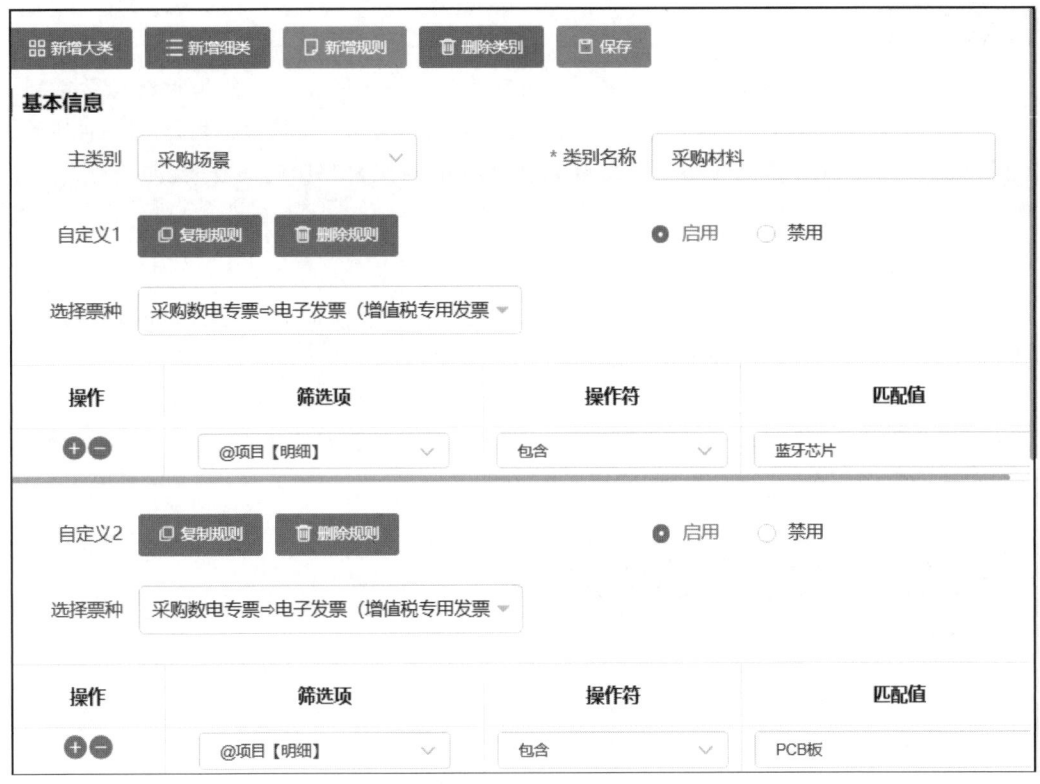

图 3-19　采购材料场景类别设置部分截图

② 新增采购场景——采购入库。

继续在场景大类"采购场景"下新增细类"采购入库",设置"自定义 1"规则下的选择票种为"入库单→入库单",该业务场景的入库单不设置筛选规则。采购入库场景类别设置如图 3-20 所示。

图 3-20　采购入库场景类别设置

3

知识点拨

不同规则之间的关系是"或"的关系,即二者满足其一即可。在采购材料场景类别设置中,"自定义 1"规则和其他自定义规则之间的关系为"或",即财务机器人识别到的票据信息无论是满足规则 1 还是满足规则 2,都会将对应票据归到此场景类别。

(3) 场景配置设置。

成都瑞丰工业有限公司此次采购材料涉及两个批次经济业务,为采购材料与采购入库,因此需要为这两个批次业务配置场景类别与票据类别。

① 采购材料场景配置。新增主场景"采购业务",并在其下新增场景"采购材料"。场景配置设置为:"采购场景—采购材料"场景类别对应"采购数电专票"票据类别,组合名称默认为空,采购材料场景配置设置如图 3-21 所示。

图 3-21 采购材料场景配置设置

② 采购入库场景配置。在主场景"采购业务"下继续新增场景"采购入库"。场景配置设置为:"采购场景—采购入库"场景类别对应"入库单"票据类别,组合名称默认为空,采购入库场景配置设置如图 3-22 所示。

(4) 采购材料业务凭证模板设置。

① 凭证头设置。在【业务票据建模】—【凭证模板】界面中,为"采购业务—采购材料"会计场景设置凭证模板。在凭证头设置中,设置模板名称为"采购材料",记账日期选择为"@开票日期",凭证字为"记账凭证",制单人为业务会计"王欣",凭证推送方式为"自动推送"。

② 分录设置。在分录设置中,将摘要设置为"采购材料"。借贷双方的科目来源都选择"科目"。第一个借方科目为"在途物资",其科目匹配类型为"明细",金额取值公式为"@金额";第二个借方科目为"应交税费——应交增值税——进项税额",其科目金额取值为"@税额"。贷方科目为"应付账款",其金额取值公式为"@含税金额"。采购材料会计

图 3-22　采购入库场景配置设置

分录设置如图 3-23 所示。

	操作	摘要	科目来源	科目	科目匹配类型	方向	金额取值公式	取值匹配
1	➕➖	采购材料	科目 ∨	1402 在途物资 ∨	明细 ∨	借 ∨	@金额	
2	➕➖	采购材料	科目 ∨	22210101 应交税费-应交增值税-进项税额 ∨	请选择 ∨	借 ∨	@税额	
3	➕➖	采购材料	科目 ∨	2202 应付账款 ∨	请选择 ∨	贷 ∨	@含税金额	

图 3-23　材料采购会计分录设置

③ 辅助核算设置。采购材料业务需要进行辅助核算设置。从财务机器人提取到的电子发票信息中可知,供应商是发票的销售方,因此,将供应商辅助核算的取值匹配设置为固定栏位中的"@销售方",操作符设置为"等于"。

④ 合并及排序设置。按照任务要求,设置凭证合并方式为"不合并",分录合并方式为"不合并",分录自定义排序为"启用",排序条件为按照"借贷方"进行排序。

（5）采购入库业务凭证模板设置。

① 凭证头设置。在【业务票据建模】—【凭证模板】界面中,为"采购业务—采购入库"会计场景设置凭证模板。在凭证头设置中,设置模板名称为"采购入库",记账日期选择为"@交易日期",凭证字为"记账凭证",制单人为业务会计"王欣",凭证推送方式为"自动推送"。

② 分录设置。在分录设置中,将摘要设置为"采购入库"。借贷双方的科目来源都选择"科目"。借方科目为"原材料"与"周转材料",其科目金额取值为"@金额"。

"原材料"与"周转材料"两个科目均按照入库单上的"物资类别"进行取值匹配,"原材料"科目取值匹配为"@物资类别等于原材料","周转材料"科目取值匹配为"@物资类别等于周转材料"。贷方科目为"在途物资",其金额取值公式为"@金额"。借贷方的明细科目均按照材料明细进行匹配,因此科目匹配类型均设置为"明细"。采购入库会计分录设置如图 3-24 所示。

	操作	摘要	科目来源	科目	科目匹配类型	方向	金额取值公式	取值匹配
1	➕➖	采购入库	科目 ∨	1403 原材料 ∨	▦ 明细 ∨	借 ∨	@金额	@物资类别等于原材料;
2	➕➖	采购入库	科目 ∨	1411 周转材料 ∨	▦ 明细 ∨	借 ∨	@金额	@物资类别等于周转材料;
3	➕➖	采购入库	科目 ∨	1402 在途物资 ∨	▦ 明细 ∨	贷 ∨	@金额	

图 3-24 材料入库会计分录设置

③ 辅助核算设置。采购入库业务辅助核算设置中,明细辅助核算的固定栏位保持默认设置"@项目【明细】",操作符号为"等于"。

④ 合并及排序设置。按照任务要求,设置凭证合并方式为"不合并",分录合并方式为"不合并",分录自定义排序为"启用",排序条件为按照"借贷方"进行排序。

(二)采购固定资产业务处理

财务机器人将采购固定资产业务处理分为采购、验收和付款这几个环节进行智能账务处理。例如,成都瑞丰工业有限公司采购固定资产,财务部收到的原始凭证包括电子发票(增值税专用发票)和固定资产验收单,票据如图 3-14、图 3-15 所示。财务机器人采购固定资产业务处理原理如表 3-5 所示;财务机器人识别固定资产验收单生成记账凭证的采购固定资产业务处理原理如表 3-6 所示。

微课视频:
采购固定
资产业务
处理

表 3-5 采购固定资产业务处理原理[电子发票(增值税专用发票)]

方向	科目	科目识别原理	金额识别原理
借	固定资产——待验收		按单据金额进行识别
借	应交税费——应交增值税——进项税额		按单据税额进行识别
贷	应付账款	按【销售方名称】自动识别【供应商】辅助核算	按含税金额进行识别

表 3-6 采购固定资产业务处理原理(固定资产验收单)

方向	科目	科目识别原理	金额识别原理
借	固定资产	可设置按照固定资产验收单的【资产类别】取值匹配科目	按单据金额进行识别
贷	固定资产——待验收		按单据金额进行识别

1. 票据扫描与数据采集

成都瑞丰工业有限公司采购固定资产业务,财务部收到的原始凭证为电子发票(增值税专用发票)和固定资产验收单。因此需先在【票据管理】—【票据扫描】中识别此次采购固定资产涉及的固定资产验收单,账期为 2023 年 12 月;然后在【票据管理】—【数据采集】中从税务数字账户采集此次采购固定资产涉及的电子发票(增值税专用发票)信息。

2. 业务票据建模

（1）票据类别设置。

成都瑞丰工业有限公司财务部收到的原始凭证为电子发票（增值税专用发票）及固定资产验收单。因此要在票据类别中新增这些票据。

① 新增内部单据——固定资产验收单。在【业务票据建模】—【票据类别】中新增票据大类"内部单据"，然后在此大类下新增细类"固定资产验收单"，为"固定资产验收单"设置筛选规则，首先设置"自定义 1"规则下的选择票种为"固定资产验收单"。由于固定资产验收单为企业内部单据，故可以不设票据筛选条件。固定资产验收单票据类别设置如图 3-25 所示。

图 3-25　固定资产验收单票据类别设置

② 新增采购票据——采购数电专票。新增采购数电专票的票据类别设置同采购材料业务建模的采购数电专票票据类别设置相同，此处不再赘述。采购数电专票票据类别设置如图 3-26 所示。

图 3-26　采购数电专票票据类别设置

（2）场景类别设置。

成都瑞丰工业有限公司财务部取得的电子发票（增值税专用发票）的用途为采购固定资产，并且根据固定资产验收单可知固定资产已验收入库，因此需新增采购固定资产与固定资产验收入库这两个场景类别。

① 新增采购场景——采购固定资产。在【业务票据建模】—【票据类别】中新增场景大类"采购场景",然后再新增细类"采购固定资产"。根据电子发票(增值税专用发票)中的项目明细可知此次采购固定资产为电镀设备,因此该业务场景设置筛选规则为:设置"自定义1"规则下的选择票种为"采购数电专票→电子发票(增值税专用发票)",设置筛选项为"@项目【明细】",操作符为"包含",匹配值为"电镀设备"。

表示项目(明细)包含电镀设备的采购数电专票为采购固定资产业务场景的票据。采购固定资产场景类别设置如图 3-27 所示。

图 3-27 采购固定资产场景类别设置

② 新增采购场景——固定资产验收入库。继续在场景大类"采购场景"下新增细类"固定资产验收入库",设置"自定义1"规则下的选择票种为"固定资产验收单→固定资产验收单",该业务场景的固定资产验收单不设置筛选规则。固定资产验收入库场景类别设置如图 3-28 所示。

图 3-28 固定资产验收入库场景类别设置

(3) 场景配置设置。

成都瑞丰工业有限公司此次采购固定资产涉及两个批次经济业务,为采购固定资产与固定资产验收入库,因此需要为这两个批次业务配置场景类别与票据类别。

① 采购固定资产场景配置。新增主场景"采购业务",并在其下新增场景"采购固定资产"。场景匹配设置为:"采购场景—采购固定资产"场景类别对应"采购数电专票"票据类别,组合名称默认为空,采购固定资产场景配置设置如图 3-29 所示。

图 3-29　采购固定资产场景配置设置

② 固定资产验收入库场景配置。在主场景"采购业务"下继续新增场景"固定资产验收入库"。场景匹配设置为:"采购场景—固定资产验收入库"场景类别对应"固定资产验收单"票据类别,组合名称默认为空,固定资产验收入库场景配置设置如图 3-30 所示。

图 3-30　固定资产验收入库场景配置设置

(4) 采购固定资产凭证模板设置。

① 凭证头设置。在【业务票据建模】—【凭证模板】界面中,为"采购业务—采购固定资产"会计场景设置凭证模板。在凭证头设置中,设置模板名称为"采购固定资产",记账日期选择为"@开票日期",凭证字为"记账凭证",制单人为业务会计"王欣",凭证推送方式为"自动推送"。

② 分录设置。在分录设置中,将摘要设置为"采购固定资产"。借贷双方的科目来源都选择"科目"。第一个借方科目为"固定资产——待验收",其金额取值公式为"@金额";第二个借方科目为"应交税费——应交增值税——进项税额",其金额取值公式为"@税额"。贷方科目为"应付账款",其金额取值公式为"@含税金额"。采购固定资产会计分录设置如图 3-31 所示。

	操作	摘要	科目来源	科目	科目匹配类型	方向	金额取值公式	取值匹配
				主分录				
1	➕➖	采购固定资产	科目 ∨	160106 固定资产-待验收 ∨	▦ 请选择 ∨	借 ∨	@金额	
2	➕➖	采购固定资产	科目 ∨	22210101 应交税费-应交增值税-进项税额 ∨	▦ 请选择 ∨	借 ∨	@税额	
3	➕➖	采购固定资产	科目 ∨	2202 应付账款 ∨	▦ 请选择 ∨	贷 ∨	@含税金额	

图 3-31　采购固定资产会计分录设置

③ 辅助核算设置。采购固定资产业务需要进行辅助核算设置。从财务机器人提取到的电子发票信息中可知,供应商是发票的销售方,因此,将供应商辅助核算的取值匹配设置为固定栏位中的"@销售方",操作符设置为"等于"。

④ 合并及排序设置。按照任务要求,设置凭证合并方式为"不合并",分录合并方式为"不合并",分录自定义排序为"启用",排序条件为按照"借贷方"进行排序。

(5) 固定资产验收入库凭证模板设置。

① 凭证头设置。在【业务票据建模】—【凭证模板】界面中,为"采购业务—固定资产验收入库"会计场景设置凭证模板。在凭证头设置中,设置模板名称为"固定资产验收入库",记账日期选择为"@交易日期",凭证字为"记账凭证",制单人为业务会计"王欣",凭证推送方式为"自动推送"。

② 分录设置。在分录设置中,将摘要设置为"固定资产验收入库"。借贷双方的科目来源都选择"科目"。由于固定资产明细科目包含房屋建筑类、机械设备类、电子设备类、交通工具类与办公、生产用具类,因此在这设置取值匹配来识别明细科目。

即借方科目为"固定资产——机械设备类",取值匹配为"@资产类别包含机械设备",其金额取值公式为"@金额",其他固定资产明细科目设置同理。贷方科目为"固定资产——待验收",其金额取值公式为"@金额"。固定资产验收入库会计分录设置如图 3-32 所示。

	操作	摘要	科目来源	科目	科目匹配类型	方向	金额取值公式	取值匹配
1	➕➖	固定资产验收入库	科目 ∨	160102 固定资产-机械设备类 ∨	▦ 请选择 ∨	借 ∨	@金额	@资产类别包含机械设备;
2	➕➖	固定资产验收入库	科目 ∨	160101 固定资产-房屋建筑物类 ∨	▦ 请选择 ∨	借 ∨	@金额	@资产类别包含房屋建筑物;
3	➕➖	固定资产验收入库	科目 ∨	160103 固定资产-电子设备类 ∨	▦ 请选择 ∨	借 ∨	@金额	@资产类别包含电子设备;
4	➕➖	固定资产验收入库	科目 ∨	160104 固定资产-交通工具类 ∨	▦ 请选择 ∨	借 ∨	@金额	@资产类别包含交通工具;
5	➕➖	固定资产验收入库	科目 ∨	160105 固定资产-办公、生产用具类 ∨	▦ 请选择 ∨	借 ∨	@金额	@资产类别包含办公、生产用具;
6	➕➖	固定资产验收入库	科目 ∨	160106 固定资产-待验收 ∨	▦ 请选择 ∨	贷 ∨	@金额	

图 3-32　固定资产验收入库会计分录设置

③ 辅助核算设置。采购入库业务辅助核算设置中,明细辅助核算的固定栏位保持默认设置"@项目【明细】",操作符为"等于"。

④ 合并及排序设置。按照任务要求,设置凭证合并方式为"不合并",分录合并方式为"不合并",分录自定义排序为"启用",排序条件为按照"借贷方"进行排序。

(三) 采购无形资产业务处理

财务机器人采购无形资产可分为采购和付款这两个环节进行智能账务处理。例如,

微课视频:
采购无形
资产业务
处理

成都瑞丰工业有限公司采购无形资产,财务部收到的电子发票(普通发票)如图 3-16 所示,此时财务机器人采购无形资产业务处理原理如表 3-7 所示。

表 3-7　　　　　　采购无形资产业务处理原理[电子发票(普通发票)]

方向	科目	科目识别原理	金额识别原理
借	无形资产		按含税金额进行识别
贷	应付账款	按【销售方名称】自动识别【供应商】辅助核算	按含税金额进行识别

1. 数据采集

成都瑞丰工业有限公司采购无形资产业务,财务部收到的原始凭证为电子发票(普通发票)。因此需在【票据管理】—【数据采集】中从税务数字账户采集此次采购无形资产涉及的电子发票(普通发票)信息。

2. 业务票据建模

(1) 票据类别设置。

成都瑞丰工业有限公司财务部收到的原始凭证为电子发票(普通发票),因此要在票据类别中新增该票据。

在【业务票据建模】—【票据类别】中新增采购数电普票的票据类别设置,同采购材料业务建模中新增采购数电专票操作相同,此处不再赘述。采购数电普票票据类别设置如图 3-33 所示。

图 3-33　采购数电普票票据类别设置

(2) 场景类别设置。

成都瑞丰工业有限公司财务部取得的电子发票(普通发票)的用途为采购无形资产,因此需新增采购无形资产这个场景类别。

在【业务票据建模】—【票据类别】中新增场景大类"采购场景",然后再新增细类"采购无形资产"。根据电子发票(普通发票)中的项目明细可知此次采购无形资产为非专利技术,因此该业务场景设置筛选规则为:设置"自定义 1"规则下的选择票种为"采购数电普票→电子发票(普通发票)",设置筛选项为"@项目【明细】",操作符为"包含",匹配值为"非专利技术"。表示项目(明细)包含非专利技术的采购数电普票为采购无形资产业务场景的票据。采购无形资产场景类别设置如图 3-34 所示。

图 3-34　采购无形资产场景类别设置

（3）场景配置设置。

成都瑞丰工业有限公司此次采购无形资产为一个批次经济业务，因此需要为这个批次业务配置场景类别与票据类别。

新增主场景"采购业务"，并在其下新增场景"采购无形资产"。场景配置设置为："采购场景—采购无形资产"场景类别对应"采购数电普票"票据类别，组合名称默认为空，采购无形资产场景配置设置如图 3-35 所示。

图 3-35　采购无形资产场景配置设置

（4）凭证模板设置。

① 凭证头设置。在【业务票据建模】—【凭证模板】界面中，为"采购业务—采购无形资产"会计场景设置凭证模板。在凭证头设置中，设置模板名称为"采购无形资产"，记账日期选择为"@开票日期"，凭证字为"记账凭证"，制单人为业务会计"王欣"，凭证推送方式为"自动推送"。

② 分录设置。在分录设置中，将摘要设置为"采购无形资产"。借贷双方的科目来源都选择"科目"。借方科目为"无形资产——非专利技术"，其金额取值公式为"@含税金额"；贷方科目为"应付账款"，其金额取值公式为"@含税金额"。采购无形资产会计分录设置如图 3-36 所示。

③ 辅助核算设置。采购无形资产业务需要进行辅助核算设置。从财务机器人提取

	操作	摘要	科目来源	科目	科目匹配类型	方向	金额取值公式	取值匹配
主分录								
1	➕➖	采购无形资产	科目 ⌄	170101 无形资产-非专利技术 ⌄	▦ 请选择 ⌄	借 ⌄	@含税金额	
2	➕➖	采购无形资产	科目 ⌄	2202 应付账款 ⌄	▦ 请选择 ⌄	贷 ⌄	@含税金额	

图 3-36 采购无形资产会计分录设置

到的电子发票信息中可知,供应商是发票的销售方,因此,将供应商辅助核算的取值匹配设置为固定栏位中的"@销售方",操作符设置为"等于"。

④ 合并及排序设置。按照任务要求,设置凭证合并方式为"不合并",分录合并方式为"不合并",分录自定义排序为"启用",排序条件为按照"借贷方"进行排序。

知识拓展

💡 **想一想:固定资产的折旧**

成都瑞丰工业有限公司购买了一台电镀设备原价 50 000 元。随着该设备的使用,会导致该设备的价值逐年贬损,5 年后该设备的市场价值将大大低于一个全新设备的价值。但是在企业账面上该项固定资产还是购买时的金额,怎么做才能体现该设备使用后的实际价值呢?

固定资产折旧,是在固定资产的有效使用期内对固定资产成本进行系统合理分配的过程。企业在生产经营过程中使用固定资产而使其损耗导致价值减少仅余一定残值,其原值与残值之差在其使用年限内分摊。企业计提固定资产折旧的方法有多种,基本上可以分为两类,即直线法(包括年限平均法和工作量法)和加速折旧法(包括年数总和法和双倍余额递减法),企业应当根据固定资产所含经济利益预期实现方式选择不同的方法。企业折旧方法不同,计提折旧额相差很大。

企业应当按月计提固定资产折旧,当月增加的固定资产,当月不计提折旧,从下月起计提折旧;当月减少的固定资产,当月仍计提折旧,从下月起停止计提折旧。提足折旧后,不管能否继续使用,均不再提取折旧;提前报废的固定资产,也不再补提折旧。

1. 直线法

(1)年限平均法。年限平均法,是指将固定资产的应计折旧额均衡地分摊到固定资产预定使用寿命内的一种方法。采用这种方法计算的每期折旧额相等。计算公式如下:

$$年折旧率 = \frac{1-预计净残值率}{预计使用寿命(年)} \times 100\%$$

$$月折旧率 = 年折旧率 \div 12$$

$$月折旧额 = 固定资产原价 \times 月折旧率$$

（2）工作量法。工作量法，是根据实际工作量计算每期应提折旧额的一种方法。计算公式如下：

$$单位工作量折旧额＝固定资产原价×（1－预计净残值率）÷预计总工作量$$

$$某项固定资产月折旧额＝该项固定资产当月工作量×单位工作量折旧额$$

2. 加速折旧法

（1）年数总和法。年数总和法也称合计年限法，是指将固定资产的原价减去预计净残值后的净额，乘以一个逐年递减的分数（称为年折旧率）来计算每年折旧额的一种方法。这个逐年递减的分数，其分子代表固定资产尚可使用的年数，分母则代表使用年限的年数总和。计算公式如下：

$$年折旧率＝\frac{尚可使用年限}{预计使用年限的年数总和}×100\%$$

$$预计使用年限的年数总和＝\frac{n(n+1)}{2}$$

$$月折旧率＝\frac{年折旧率}{12}$$

$$月折旧额＝（固定资产原价－预计净残值）×月折旧率$$

（2）双倍余额递减法。双倍余额递减法，是指不考虑固定资产预计净残值的情况下，根据每期期初固定资产原价减去累计折旧后的余额（即固定资产净值）和双倍的直线折旧率计算固定资产折旧的一种方法。计算公式如下：

$$年折旧率＝\frac{2}{预计使用寿命（年）}×100\%$$

$$月折旧率＝\frac{年折旧率}{12}$$

$$月折旧额＝固定资产净值×月折旧率$$

由于每年年初固定资产价值没扣除预计净残值，因此，在应用这种方法计算折旧额时，必须注意不能使固定资产的净值降低到其预计净残值以下。为了简化核算，采用双倍余额递减法计提折旧的固定资产，通常在其折旧年限到期前两年内，将固定资产净值扣除预计净残值后的余额平均分摊。

固定资产计提折旧的会计分录如下：

借：制造费用（管理费用、销售费用等）

　　贷：累计折旧

会计基础与
智能应用平台

项目三
任务二
实训成果
参考答案

自我检测

一、单项选择题

1. 企业销售商品时，代垫的运杂费应记入（　　）账户。

A. "应收账款"　　　　B. "预付账款"　　　　C. "应付账款"　　　　D. "销售费用"

2. 某增值税一般纳税人企业购入一台设备,买价 10 000 元,增值税税额 1 300 元,运杂费 400 元,安装调试费 1 000 元,现已投入使用,该项固定资产的原价应为(   )元。

A. 10 000   B. 11 400   C. 11 300   D. 12 700

3. 企业购买材料时发生的途中合理损耗应(   )。

A. 由供应单位赔偿   B. 计入材料采购成本

C. 由保险公司赔偿   D. 计入管理费用

4. 下列各项与存货相关的费用中,不应计入存货成本的是(   )。

A. 材料采购过程中发生的运输费   B. 材料入库前发生的挑选整理费

C. 材料入库后发生的仓储费   D. 材料采购过程中发生的装卸费

5. 下列各项中,不属于材料采购成本构成项目的是(   )。

A. 材料的买价   B. 运输途中的合理损耗

C. 外地运杂费   D. 专设采购机构经费

6. 企业发生因债权人撤销而无法支付应付账款时,应将其计入(   )。

A. 资本公积   B. 其他应付款   C. 营业外收入   D. 营业外支出

7. 企业"应付账款"账户的借方余额反映的是(   )。

A. 应付未付供货单位的款项   B. 预收购货单位的款项

C. 预付供货单位的货款   D. 应收购货单位的货款

8. 下列能在"固定资产"账户核算的有(   )。

A. 购入正在安装的设备   B. 经营性租入的设备

C. 融资租入的正在安装的设备   D. 购入的不需安装的设备

9. 企业出售一辆自用轿车,银行通知收到购买方汇来的购车款,此项业务应贷记的账户是(   )。

A."固定资产清理" B."营业外收入" C."其他业务收入" D."主营业务收入"

10. 使用寿命超过(   )会计年度的资产,才有可能作为固定资产来核算。

A. 一个   B. 两个   C. 三个   D. 四个

11. 某增值税一般纳税人,购入甲材料一批,取得的增值税专用发票上记载的价格为 50 000 元,增值税税额 8 500 元,以银行存款支付,材料同日验收入库。正确的会计处理是(   )。

A. 借:原材料——甲材料   58 500

贷:银行存款   58 500

B. 借:原材料——甲材料   50 000

应交税费——应交增值税(进项税额)   8 500

贷:库存现金   58 500

C. 借:原材料——甲材料   50 000

应交税费——应交增值税(进项税额)   8 500

贷:应付票据   58 500

D. 借:原材料——甲材料   50 000

应交税费——应交增值税(进项税额)   8 500

贷:银行存款   58 500

12. 某企业为增值税一般纳税人,购入材料一批,增值税专用发票上标明的价款为100万元,增值税税额为17万元,另支付材料的保险费2万元,包装物押金3万元。该批材料的采购成本为(　　)万元。

A. 100　　　　　　　B. 102　　　　　　　C. 117　　　　　　　D. 10

二、多项选择题

1. 下列选项中,构成企业购入材料采购成本的内容包括(　　)。

A. 材料买价　　　　　　　　　　B. 增值税进项税额

C. 采购人员差旅费　　　　　　　D. 采购费用

2. 计算固定资产折旧时,应考虑的主要因素有固定资产的(　　)。

A. 使用年限　　　B. 原始价值　　　C. 使用强度　　　D. 管理部门

3. 下列选项中,构成增值税一般纳税人企业存货实际成本的有(　　)。

A. 支付的买价　　　　　　　　　B. 支付的外地运杂费

C. 运输途中的合理损耗　　　　　D. 支付的增值税税款

4. 将当月发生的增值税进项税额,错计入材料采购成本,其结果会使(　　)。

A. 月末资产增加　　　　　　　　B. 月末利润增加

C. 月末财务费用增加　　　　　　D. 月末负债增加

5. 供应过程核算中,与借记"原材料"账户相对应的贷方账户可能有(　　)账户。

A. "应付账款"　　B. "应付票据"　　C. "银行存款"　　D. "预付账款"

6. 下列关于"应付账款"账户的表述中,正确的有(　　)。

A. 一般应按照债权人设置明细账户进行明细核算

B. 借方登记偿还的应付账款或已冲销的无法支付的应付账款

C. 贷方登记企业购买材料、商品和接受劳务等而发生的应付账款

D. 期末贷方余额反映企业尚未支付的应付账款

7. 下列账户中,与固定资产核算相关的有(　　)。

A. "在建工程"　　B. "累计摊销"　　C. "累计折旧"　　D. "固定资产"

8. 企业计提固定资产折旧时,可能涉及的账户有(　　)。

A. "制造费用"　　　　　　　　　B. "管理费用"

C. "销售费用"　　　　　　　　　D. "其他业务成本"

9. 固定资产按照使用情况可以分为(　　)。

A. 生产经营用固定资产　　　　　B. 使用中固定资产

C. 租入固定资产　　　　　　　　D. 未使用固定资产

10. 某小规模纳税企业购入原材料11 700元,其中以银行存款支付1 700元,开出一张面值10 000元的商业汇票。所做会计分录涉及的账户及金额有(　　)。

A. 原材料11 700元　　　　　　　B. 应付票据10 000元

C. 银行存款1 700元　　　　　　　D. 应付账款10 000元

三、判断题

1. 企业用支票支付购货款时,应通过"应付票据"账户进行核算。　　　　　　　(　　)

2. 企业购入需要安装的固定资产,应将购入时发生的成本和安装过程中发生的相关

支出,先通过"在建工程"账户核算。　　　　　　　　　　　　　　　　　(　　)

　　3."固定资产"账户的期末借方余额,反映期末实有固定资产的净值。　　(　　)

　　4.预付账款核算企业按照合同规定预付的款项,属于企业的一项负债。　(　　)

　　5.原材料的单位成本,是指从供货方取得的发货票上列明的原材料的单价。(　　)

　　6.企业对外出售固定资产时获得的出售收入应记入"其他业务收入"账户。(　　)

项目三
任务二
自我检测
参考答案

 自我评价

本任务完成情况评价表

(在□中打√,A掌握,B基本掌握,C未掌握)

评价指标	自测结果
1.能够梳理采购环节核算流程	□A □B □C
2.能够设立采购环节相关的会计账户	□A □B □C
3.能够掌握采购环节基本会计核算	□A □B □C
4.能够掌握财务机器人采购业务建模原理	□A □B □C

3

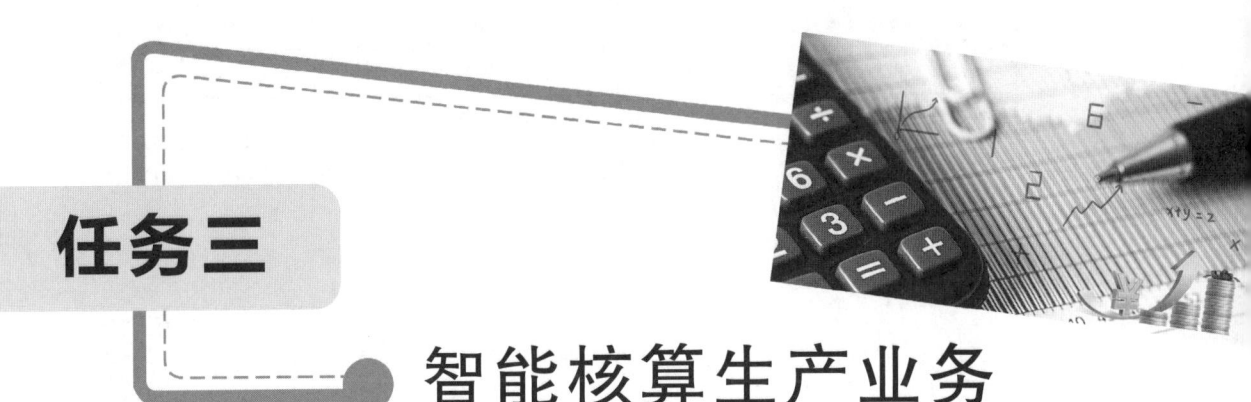

任务三

智能核算生产业务

任 务 描 述

　　成都瑞丰工业有限公司在完成适量的原材料采购后,便启动了产品的生产流程。在生产环节,公司首先从仓库领用所需的原材料,并根据实际领用的原材料计算直接材料成本。同时,公司还会根据生产工人的实际工时来计算直接人工成本。此外,水电费等制造费用也将按合理方式分配至各产品,以计入其生产成本。产品生产完成后,相应的生产成本会被转入至库存商品中。

　　在生产过程中,林晟对产品生产流程进行了详细梳理,并深入了解了相关的会计账户和会计核算方法。同时,通过学习,他掌握了应用财务机器人对生产业务进行智能核算的技能。

任务训练

1. 根据任务描述，帮助林晟理清企业生产业务的核算流程。

2. 根据任务描述，为林晟列出生产业务涉及的会计账户。

3. 根据任务描述，帮助林晟完成生产业务的会计核算。

（1）2023 年 12 月，成都瑞丰工业有限公司领用材料。财务部收到原始凭证，如图 3-37—图 3-41 所示。

图 3-37 领料单 1

图 3-38 领料单 2

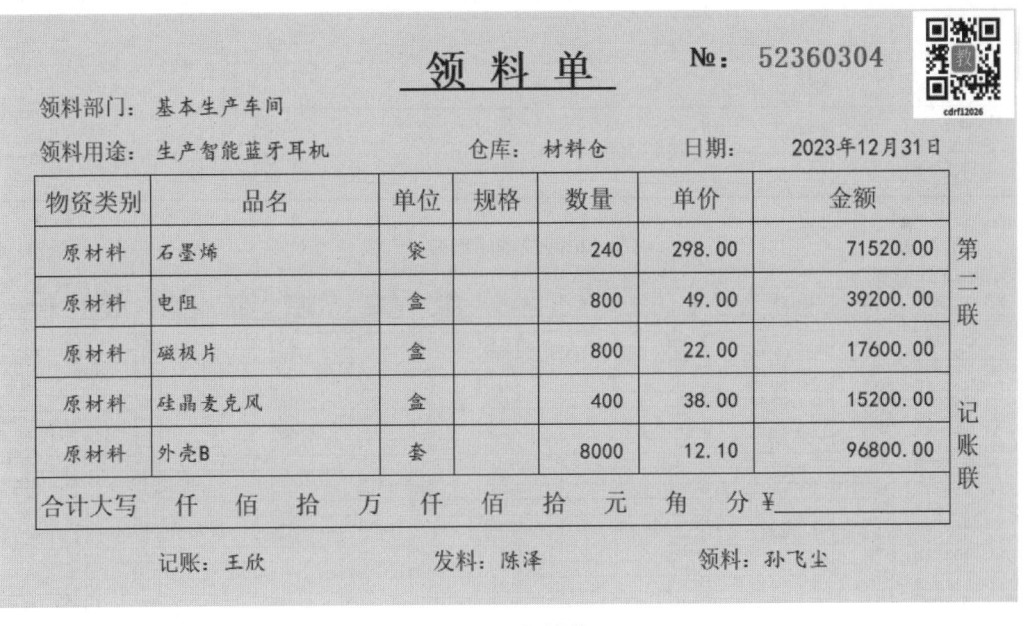

领料单　　№：52360303

领料部门：基本生产车间

领料用途：生产智能蓝牙耳机　　　仓库：材料仓　　　日期：2023年12月31日

物资类别	品名	单位	规格	数量	单价	金额
原材料	蓝牙芯片V5.0	个		8000	39.91	319280.00
原材料	PCB板	块		8000	11.97	95760.00
原材料	晶体谐振器	个		8000	5.02	40160.00
原材料	数字滤波器	个		8000	4.99	39920.00
原材料	REPROM存储器	个		8000	10.01	80080.00

合计(大写) 仟 佰 拾 万 仟 佰 拾 元 角 分 ¥_____

第二联　记账联

记账：王欣　　　发料：陈泽　　　领料：孙飞尘

图 3-39　领料单 3

领料单　　№：52360304

领料部门：基本生产车间

领料用途：生产智能蓝牙耳机　　　仓库：材料仓　　　日期：2023年12月31日

物资类别	品名	单位	规格	数量	单价	金额
原材料	石墨烯	袋		240	298.00	71520.00
原材料	电阻	盒		800	49.00	39200.00
原材料	磁极片	盒		800	22.00	17600.00
原材料	硅晶麦克风	盒		400	38.00	15200.00
原材料	外壳B	套		8000	12.10	96800.00

合计大写 仟 佰 拾 万 仟 佰 拾 元 角 分 ¥_____

第二联　记账联

记账：王欣　　　发料：陈泽　　　领料：孙飞尘

图 3-40　领料单 4

（2）2023 年 12 月，成都瑞丰工业有限公司期末计提车间工资、社保及工会经费 3 159.12 元(生产管理部门 244 元,基本生产车间 2 915.12 元),已知财务部门已将车间人工费记入"生产成本——基本生产成本——待分配人工费"科目,现在需要将该科目金额分配到对应产品的直接人工中。人工工时统计表和车间工资明细表分别如表 3-8、表 3-9 所示。

领　料　单

№: 52360305

领料部门: 基本生产车间

领料用途: 基本生产车间领用　　　仓库: 材料仓　　　日期: 2023年12月31日

物资类别	品名	单位	规格	数量	单价	金额
周转材料	口罩	盒		600	40.00	24000.00
周转材料	手套	包		800	20.00	16000.00
周转材料	工作服	套		400	50.00	20000.00

合计大写　仟　佰　拾　万　仟　佰　拾　元　角　分¥_____

第二联　记账联

记账: 王欣　　　发料: 陈泽　　　领料: 孙飞尘

图 3-41　领料单 5

表 3-8　　　　　　　　　　　人工工时统计表　　　　　　　　　　单位:小时

产成品	人工工时
音乐蓝牙耳机	5 500
智能蓝牙耳机	5 800
合计	11 300

表 3-9　　　　　　　　　　　车间工资明细表　　　　　　　　　　单位:元

单位:成都瑞丰工业有限公司　　　　　　　　　　　　　　　　　　　　　　　日期:12月31日

工号	部门	职员	基本工资	加班费	奖金	补贴	应付工资	养老保险(单位)	医疗保险(单位)	失业保险(单位)	工伤保险(单位)	生育保险(单位)	五险合计(单位)	单位总支出
RF24001	生产管理部	刘凯素	5000.00	1500.00			6500.00	238.00	136.00	25.50	1.70	13.60	414.80	6914.80
RF24002	生产管理部	曾姐伟	4500.00	1200.00			5700.00	238.00	136.00	25.50	1.70	13.60	414.80	6114.80
	小计		9500.00	2700.00	0.00	0.00	12200.00	476.00	272.00	51.00	3.40	27.20	829.60	13029.60
RF24003	基本生产车间	林碧玫	3500.00	1250.00			4750.00	238.00	136.00	25.50	1.70	13.60	414.80	5164.80
RF24004	基本生产车间	刘羽洁	3200.00	1140.00			4340.00	238.00	136.00	25.50	1.70	13.60	414.80	4754.80
RF24005	基本生产车间	伍榆	3200.00	1250.00			4450.00	238.00	136.00	25.50	1.70	13.60	414.80	4864.80
RF24006	基本生产车间	游之富	3200.00	1320.00			4520.00	238.00	136.00	25.50	1.70	13.60	414.80	4934.80
RF24007	基本生产车间	张辰智	3200.00	1000.00			4200.00	238.00	136.00	25.50	1.70	13.60	414.80	4614.80
RF24008	基本生产车间	章德睿	3200.00	1300.00			4500.00	238.00	136.00	25.50	1.70	13.60	414.80	4914.80
RF24009	基本生产车间	何智明	3200.00	1400.00			4600.00	238.00	136.00	25.50	1.70	13.60	414.80	5014.80
RF24010	基本生产车间	黄志寰	3400.00	1000.00			4400.00	238.00	136.00	25.50	1.70	13.60	414.80	4814.80
RF24011	基本生产车间	郭丽	3500.00	1500.00			5000.00	238.00	136.00	25.50	1.70	13.60	414.80	5414.80
RF24012	基本生产车间	杜伟	3500.00	1610.00			5110.00	238.00	136.00	25.50	1.70	13.60	414.80	5524.80
RF24013	基本生产车间	章天琪	3800.00	1200.00			5000.00	238.00	136.00	25.50	1.70	13.60	414.80	5414.80
RF24014	基本生产车间	柯顺杰	3800.00	1450.00			5250.00	238.00	136.00	25.50	1.70	13.60	414.80	5664.80
RF24015	基本生产车间	张晚红	3800.00	1456.00			5256.00	238.00	136.00	25.50	1.70	13.60	414.80	5670.80
RF24016	基本生产车间	林秀秀	3800.00	1400.00			5200.00	238.00	136.00	25.50	1.70	13.60	414.80	5614.80
RF24017	基本生产车间	刁婧宇	3800.00	1350.00			5150.00	238.00	136.00	25.50	1.70	13.60	414.80	5564.80
RF24018	基本生产车间	钟辰夹	3600.00	1250.00			4850.00	238.00	136.00	25.50	1.70	13.60	414.80	5264.80
RF24019	基本生产车间	梁传博	3600.00	1540.00			5140.00	238.00	136.00	25.50	1.70	13.60	414.80	5554.80
RF24020	基本生产车间	胡云龙	3300.00	1250.00			4550.00	238.00	136.00	25.50	1.70	13.60	414.80	4964.80
RF24021	基本生产车间	孙传武	3300.00	1680.00			4980.00	238.00	136.00	25.50	1.70	13.60	414.80	5394.80
RF24022	基本生产车间	吴翻旺	3800.00	1400.00			5200.00	238.00	136.00	25.50	1.70	13.60	414.80	5614.80
RF24023	基本生产车间	郁其丰	3500.00	1650.00			5150.00	238.00	136.00	25.50	1.70	13.60	414.80	5564.80
RF24024	基本生产车间	傅启辰	3500.00	1450.00			4950.00	238.00	136.00	25.50	1.70	13.60	414.80	5364.80
RF24025	基本生产车间	孙俊宇	3500.00	1650.00			5150.00	238.00	136.00	25.50	1.70	13.60	414.80	5564.80
RF24026	基本生产车间	宇传鑫	2800.00	1000.00			3800.00	238.00	136.00	25.50	1.70	13.60	414.80	4214.80
RF24027	基本生产车间	柳金龙	2800.00	1100.00			3900.00	238.00	136.00	25.50	1.70	13.60	414.80	4314.80
RF24028	基本生产车间	丁争惠	2800.00	1050.00			3850.00	238.00	136.00	25.50	1.70	13.60	414.80	4264.80
RF24029	基本生产车间	尹凤鑫	3200.00	1420.00			4620.00	238.00	136.00	25.50	1.70	13.60	414.80	5034.80
RF24030	基本生产车间	邵慧玲	3200.00	1300.00			4500.00	238.00	136.00	25.50	1.70	13.60	414.80	4914.80
RF24031	基本生产车间	孟木柏	3200.00	1200.00			4400.00	238.00	136.00	25.50	1.70	13.60	414.80	4814.80
RF24032	基本生产车间	陈晴明	3200.00	1350.00			4550.00	238.00	136.00	25.50	1.70	13.60	414.80	4964.80
RF24033	基本生产车间	梅展哲	3200.00	1240.00			4440.00	238.00	136.00	25.50	1.70	13.60	414.80	4854.80
	小计		104600.00	41156.00	0.00	0.00	145756.00	7378.00	4216.00	790.50	52.70	421.60	12858.80	158614.80
	合计		114100.00	43856.00	0.00	0.00	157956.00	7854.00	4488.00	841.50	56.10	448.80	13688.40	171644.40

（3）2023年12月，成都瑞丰工业有限公司的制造费用发生如下：材料费60 000元，水电费3 250元，折旧费853.2元，人工费13 029.6元，福利费2 000元，工会经费244元，办公费0元，职工教育经费7 300元，共计86 676.8元。公司根据机器工时比例法进行了制造费用的结转。机器工时表如表3-10所示。

表3-10　　　　　　　　　　　　机器工时表　　　　　　　　　　　　单位：小时

产成品	机器工时
音乐蓝牙耳机	5 500
智能蓝牙耳机	5 800
合计	11 300

（4）2023年12月，成都瑞丰工业有限公司期末结转完工产品成本。产品完工情况和产品约当产量统计分别如表3-11、表3-12所示。

表3-11　　　　　　　　　　　产品完工情况表　　　　　　　　　　　单位：个

产成品	期初在产品	本月投入	本月完工	月末在产品
音乐蓝牙耳机	1 600	7 000	6 500	2 100
智能蓝牙耳机	1 800	8 000	7 600	2 200

表3-12　　　　　　　　　　产品约当产量统计表　　　　　　　　　　单位：个

产成品	直接材料	直接人工	制造费用
音乐蓝牙耳机	8 600	7 550	7 550
智能蓝牙耳机	9 800	8 700	8 700

4. 根据任务描述，帮助林晟在会计基础与智能应用平台上建立生产业务的票据模型与成本核算模型，并智能生成记账凭证。

知 识 准 备

一、生产过程的定义

从材料投入生产到产品完工的过程称为生产过程。生产过程是制造业生产经营过程的中心环节，它一方面生产出各种产成品，另一方面又要消耗掉原材料等劳动对象，机器、设备等劳动资料以及劳动者的活劳动。这些在一定时期内为生产产品所发生的耗费称作生产费用。这些耗费计入产品成本的方式，有些是直接的，如生产过程中直接消耗掉的直接材料费用和从事产品生产人员的直接工资费用，称为直接费用；有些是不能直接计入产品成本的，需要按一定的标准，采取一定的方式分配计入产品成本，如生产车间为组织和管理生产所发生的生产管理人员工资，机器设备的折旧费、修理费等，称为间接费用，又称为制造费用。企业在生产过程中实际消耗的直接费用和制造费用，构成产品的制造成本。

因此,产品生产成本既包括了直接费用,又包括了间接费用(产品成本＝直接费用＋间接费用)。此外,企业为组织和管理生产经营活动,还会发生一些其他费用,如企业行政管理部门的人员工资、办公室差旅费等管理费用;为销售产品而发生的销售费用;为筹集资金而发生的财务费用。管理费用、销售费用和财务费用统称为期间费用。期间费用不计入产品成本,直接计入当期损益。

二、账户设置

(一)生产成本

"生产成本"账户是用来核算生产过程发生的各项生产成本,属于成本类账户。

账户结构:发生的直接材料、直接人工和其他直接费用直接记入本账户的借方;发生间接费用,先在"制造费用"账户归集,月末分配转入本账户的借方,贷记"制造费用"账户。完工并验收入库的产品成本,借记"库存商品"账户,贷记"生产成本"账户。期末余额在借方,反映尚未生产完成的在产品成本。

该账户可按成本核算对象设置明细账,账内按成本项目(如直接材料、直接人工、其他直接费用、制造费用)设专栏进行明细核算。

(二)制造费用

"制造费用"账户用来核算生产车间为生产产品或提供劳务而发生的各项间接费用,属于成本类账户。

账户结构:借方归集本月内发生的一切间接费用;贷方登记月末分配转入"生产成本"账户借方的全部间接费用。月末该账户无余额。该账户可按不同的生产车间、部门和费用项目设置明细账户,进行明细核算。

(三)应付职工薪酬

"应付职工薪酬"账户用来核算企业应付给职工的各种薪酬,包括职工在职期间和离职后提供给职工的全部货币性薪酬和非货币性福利,属于负债类账户。

账户结构:贷方记录应付薪酬数额;借方记录薪酬发放数额。期末余额在贷方表示应付而未付的薪酬数额。该账户可按"工资""职工福利""社会保险费""住房公积金""工会经费""职工教育经费""非货币性福利""辞退福利""股份支付"等设置明细账户。

(四)库存商品

"库存商品"账户用来核算企业库存的各种产品的实际成本,属于资产类账户。

账户结构:借方记录完工验收入库产品的成本和外购直销商品的采购成本;贷方记录发出产品的成本。期末余额在借方表示企业库存产品的成本。该账户可按库存产品的种类、品种和规格等设置明细账户。

(五)管理费用

"管理费用"账户用来核算企业为组织和管理企业生产经营所发生的管理费用,包括行政管理部门职工的工资及福利费、职工失业保险费、业务招待费、工会经费、董事会费等,属于损益类账户。

账户结构:借方记录实际发生的管理费用;贷方记录期末结转到"本年利润"账户的数额。结转后期末应无余额。该账户可按管理部门设置明细账户,按费用项目设专栏,以反映各部门、各项目管理费用发生的情况。

三、主要经济业务的核算

（一）材料费用的核算

这类经济业务的发生,一方面使企业成本费用增加,记入"生产成本"账户的借方;另一方面使企业的库存材料减少,记入"原材料"账户的贷方。

【例3-13】 成都瑞丰工业有限公司从仓库领用原材料,领料单如图 3-37—图 3-41 所示。

(1) 根据领料单填写领料汇总表,如表 3-13 所示。

表 3-13　　　　　　　　　　　　　　　　领料汇总表

所属单位:成都瑞丰工业有限公司　　　　　　　　　　所属期:2023年12月　　　　　　　　　　日期:2023年12月31日

序号	材料	月末一次加权平均单价	音乐蓝牙耳机数量	音乐蓝牙耳机金额	智能蓝牙耳机数量	智能蓝牙耳机金额	基本生产车间数量	基本生产车间金额	合计数量	合计金额
1	蓝牙芯片V5.0	39.91			8000.00	319280.00			8000.00	319280.00
2	蓝牙芯片V4.0	30.03	7000.00	210210.00					7000.00	210210.00
3	PCB板	11.97	7000.00	83790.00	8000.00	95760.00			15000.00	179550.00
4	晶体谐振器	5.02	7000.00	35140.00	8000.00	40160.00			15000.00	75300.00
5	数字滤波器	4.99	7000.00	34930.00	8000.00	39920.00			15000.00	74850.00
6	REPROM存储器	10.01	7000.00	70070.00	8000.00	80080.00			15000.00	150150.00
7	石墨烯	298.00			240.00	71520.00			240.00	71520.00
8	电阻	49.00	700.00	34300.00	800.00	39200.00			1500.00	73500.00
9	磁极片	22.00	700.00	15400.00	800.00	17600.00			1500.00	33000.00
10	硅晶麦克风	38.00	350.00	13300.00	400.00	15200.00			750.00	28500.00
11	外壳A	7.80	7000.00	54600.00					7000.00	54600.00
12	外壳B	12.10			8000.00	96800.00			8000.00	96800.00
13	口罩	40.00					600.00	24000.00	600.00	24000.00
14	手套	20.00					800.00	16000.00	800.00	16000.00
15	工作服	50.00					400.00	20000.00	400.00	20000.00
	合计	——	——	551740.00	——	815520.00	——	60000.00	——	1427260.00

制单:于欣

(2) 根据以上资料,编制会计分录如下:

借:生产成本——音乐蓝牙耳机——直接材料　　　　551 740

　　生产成本——智能蓝牙耳机——直接材料　　　　815 520

　　制造费用——材料费　　　　　　　　　　　　　60 000

　　贷:原材料——蓝牙芯片 V5.0　　　　　　　　　319 280

　　　　原材料——蓝牙芯片 V4.0　　　　　　　　　210 210

　　　　原材料——PCB 板　　　　　　　　　　　　179 550

　　　　原材料——晶体谐振器　　　　　　　　　　75 300

　　　　原材料——数字滤波器　　　　　　　　　　74 850

　　　　原材料——REPROM 存储器　　　　　　　　150 150

　　　　原材料——石墨烯　　　　　　　　　　　　71 520

　　　　原材料——电阻　　　　　　　　　　　　　73 500

　　　　原材料——磁极片　　　　　　　　　　　　33 000

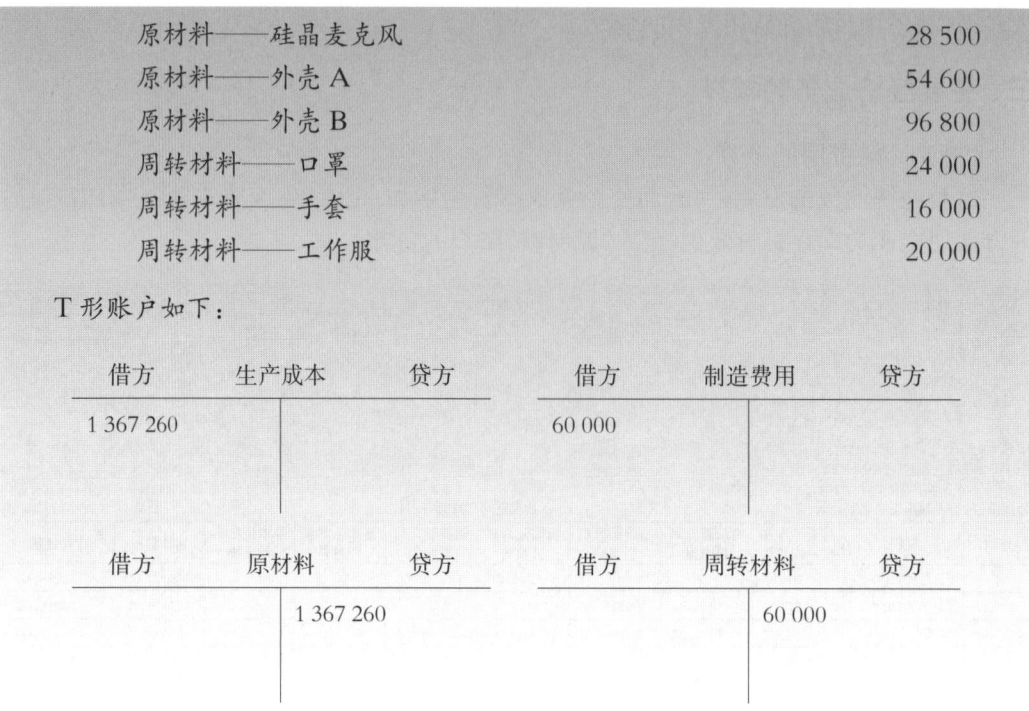

原材料——硅晶麦克风	28 500
原材料——外壳A	54 600
原材料——外壳B	96 800
周转材料——口罩	24 000
周转材料——手套	16 000
周转材料——工作服	20 000

T形账户如下：

借方	生产成本	贷方		借方	制造费用	贷方
1 367 260				60 000		

借方	原材料	贷方		借方	周转材料	贷方
		1 367 260				60 000

（二）工资、福利费用的核算

该类业务的发生，一方面使生产过程中消耗的劳动增加，从而引起成本费用的增加，记入成本费用类账户的借方；另一方面，在工资尚未实际发放、福利费尚未实际支付前形成了对职工的一种债务，即引起应付工资及应付福利费增加，记入"应付职工薪酬"账户的贷方。

【例3-14】　月末两项产品按照人工工时分配并计提本月份车间应付职工工资、社保及工会经费3 159.12元（生产管理部门244元，基本生产车间2 915.12元），车间工资明细表、车间工资分配表、工会经费分配表分别如表3-9、表3-14和表3-15所示。

表3-14　　　　　　　　　　　车间工资分配表

车间：基本生产车间

分配金额/元	分配标准/小时	分配率/(元/小时)	音乐蓝牙耳机	智能蓝牙耳机
158 614.80	11 300	14.036 7	77 201.85	81 412.95

表3-15　　　　　　　　　　　车间工会经费分配表

车间：基本生产车间

分配金额/元	分配标准/小时	分配率/(元/小时)	音乐蓝牙耳机	智能蓝牙耳机
2 915.12	11 300	0.258 0	1 419	1 496.12

根据以上资料，编制会计分录如下：

借:生产成本——音乐蓝牙耳机——直接人工	77 201.85
生产成本——智能蓝牙耳机——直接人工	81 412.95
制造费用——人工费	13 029.60
贷:应付职工薪酬——工资	157 956.00
应付职工薪酬——设定提存计划(养老、失业保险)	8 695.50
应付职工薪酬——工伤保险	56.10
应付职工薪酬——生育保险	448.80
应付职工薪酬——医疗保险	4 488.00
借:生产成本——音乐蓝牙耳机——直接人工	1 419.00
生产成本——智能蓝牙耳机——直接人工	1 496.12
制造费用——人工费	244.00
贷:应付职工薪酬——工会经费	3 159.12

T 形账户如下:

借方	生产成本	贷方	借方	制造费用	贷方	借方	应付职工薪酬	贷方
161 529.92			13 273.60					174 803.52

企业的工资必须按月发放,发放时应付工资减少,记入"应付职工薪酬"账户借方,同时,企业货币资金减少,记入"银行存款"等账户贷方。

编制会计分录如下:

借:应付职工薪酬——工资	157 956
贷:银行存款	157 956

T 形账户如下:

借方	应付职工薪酬	贷方	借方	银行存款	贷方
		174 803.52			157 956
157 956.00					
		16 847.52			

而对于按工资总额计提的福利费用,主要用于职工医药卫生、集体福利、生活困难补助等方面。当发生以上支出时,一方面引起应付福利费的减少,记入"应付职工薪酬"账户的借方,同时,引起企业货币资金的减少,记入"库存现金"等账户的贷方。

(三)折旧费用的核算

按规定,企业必须每期计提折旧费用,因计提折旧而减少的价值不直接冲减固定资产的原值,而是设置"累计折旧"账户作为"固定资产"账户的调整账户进行核算。"累计折旧"账户的设置是为冲减"固定资产"的原值的,因此,该账户虽然属于资产类账户,但结构与"固定资产"账户的结构相反,增加记贷方,减少记借方。企业每期计提折旧时,折旧费用增加,记入"累计折旧"账户的贷方;同时,按固定资产的用途,作为一项物质资料的耗费,引起费用增加,分别记入有关费用账户的借方。

> **【例3-15】**　按规定计提本月固定资产折旧费。其中,管理用固定资产折旧费为300元,车间用固定资产折旧费为853.20元。
>
> 编制会计分录如下:
>
> 借:管理费用——折旧费　　　　　　　　　　　　　　　　　300.00
> 　　制造费用——折旧费　　　　　　　　　　　　　　　　　853.20
> 　　贷:累计折旧　　　　　　　　　　　　　　　　　　　1 153.20
>
> T形账户如下:

借方	管理费用	贷方	借方	制造费用	贷方	借方	累计折旧	贷方
300			853.20					1 153.20

(四)制造费用分配的核算

制造费用是成本的组成部分,月末应将月份内归集的各种间接费用从"制造费用"账户贷方转入"生产成本"账户借方,以便计算产品的生产成本。

> **【例3-16】**　将本月发生的制造费用86 676.80元,按音乐蓝牙耳机、智能蓝牙耳机的生产工时分配转入两种产品的生产成本。
>
> $$分配率 = \frac{86\ 676.8}{(5\ 500 + 5\ 800)} = 7.670\ 5(元/小时)$$
>
> 音乐蓝牙耳机分配的制造费用 $= 5\ 500 \times 7.670\ 5 = 42\ 187.75(元)$
>
> 智能蓝牙耳机分配的制造费用 $= 86\ 676.8 - 42\ 187.75 = 44\ 489.05(元)$

制造费用分配表如表3-16所示。

表3-16　　　　　　　　　　　制造费用分配表

车间:基本生产车间

项　目		金额/元
制造费用归集	制造费用——材料费	60 000.00
	制造费用——水电费	3 250.00
	制造费用——折旧费	853.20
	制造费用——人工费	13 029.60
	制造费用——福利费	2 000.00

（续表）

项　目		金额/元
制造费用归集	制造费用——工会经费	244.00
	制造费用——办公费	0
	制造费用——职工教育经费	7 300.00
	制造费用合计	86 676.80
制造费用分配	分配标准/生产工时	11 300.00
	分配率（保留 4 位小数）	7.670 5
	基本生产车间　音乐蓝牙耳机	42 187.75
	基本生产车间　智能蓝牙耳机	44 489.05

编制会计分录如下：

借：生产成本——音乐蓝牙耳机——制造费用　42 187.75
　　生产成本——智能蓝牙耳机——制造费用　44 489.05
　　贷：制造费用——材料费　60 000.00
　　　　制造费用——水电费　3 250.00
　　　　制造费用——折旧费　853.20
　　　　制造费用——人工费　13 029.60
　　　　制造费用——福利费　2 000.00
　　　　制造费用——工会经费　244.00
　　　　制造费用——职工教育经费　7 300.00

T 形账户如下：

借方	生产成本	贷方		借方	制造费用	贷方
86 676.80				8 6676.80		
						86 676.80
					0	

（五）完工产品的核算

产品生产完工并验收入库后，使企业的库存商品增加，应按完工产品在生产过程所发生的实际成本记入"库存商品"账户的借方；同时，将原记入"生产成本"账户借方的该批产品的成本通过"生产成本"账户的贷方转出。

【例3-17】　期末按照品种法结转产成品成本并编制产品成本计算单，期初各在产品成本如表3-17、表3-18所示。

表 3-17　　　　　　　　　　　　　音乐蓝牙耳机产品成本计算单

车间:基本生产车间　　　　　　产品名称:音乐蓝牙耳机　　　　　　日期:2023 年 12 月 31 日

项目	直接材料	直接人工	制造费用	合计
期初在产品成本/元	125 321.00	17 525.00	9 625.20	152 471.20
本月发生额/元	551 740.00	78 620.85	42 187.75	672 548.60
合计	677 061.00	96 145.85	51 812.95	825 019.80
完工产品数量/个	6 500	6 500	6 500	
广义在产品数量/个	2 100	1 050	1 050	
约当产量/个	8 600	7 550	7 550	
分配率(保留 4 位小数)	78.728 0	12.734 5	6.862 6	98.325 1
完工产品成本/元	511 732.00	82 774.25	44 606.90	639 113.15
月末在产品成本/元	165 329.00	13 371.60	7 206.05	185 906.65

表 3-18　　　　　　　　　　　　　智能蓝牙耳机产品成本计算单

车间:基本生产车间　　　　　　产品名称:智能蓝牙耳机　　　　　　日期:2023 年 12 月 31 日

项目	直接材料	直接人工	制造费用	合计
期初在产品成本/元	175 230.00	18 632.00	10 015.00	203 877.00
本月发生额/元	815 520.00	82 909.07	44 489.05	942 918.12
合计	990 750.00	101 541.07	54 504.05	1 146 795.12
完工产品数量/个	7 600	7 600	7 600	
广义在产品数量/个	2 200	1 100	1 100	
约当产量/个	9 800	8 700	8 700	
分配率(保留 4 位小数)	101.096 9	11.671 4	6.264 8	119.033 1
完工产品成本/元	768 336.44	88 702.64	47 612.48	904 651.56
月末在产品成本/元	222 413.56	12 838.43	6 891.57	242 143.56

编制音乐蓝牙耳机的相关会计分录如下:

借:库存商品——音乐蓝牙耳机　　　　　　　　　　　　　　639 113.15

　　贷:生产成本——音乐蓝牙耳机——直接材料　　　　　　　511 732.00

　　　　生产成本——音乐蓝牙耳机——直接人工　　　　　　　82 774.25

　　　　生产成本——音乐蓝牙耳机——制造费用　　　　　　　44 606.90

编制智能蓝牙耳机的相关会计分录如下:

借:库存商品——智能蓝牙耳机　　　　　　　　　　　　　　904 651.56

　　贷:生产成本——智能蓝牙耳机——直接材料　　　　　　　768 336.44

　　　　生产成本——智能蓝牙耳机——直接人工　　　　　　　88 702.64

　　　　生产成本——智能蓝牙耳机——制造费用　　　　　　　47 612.48

T形账户如下：

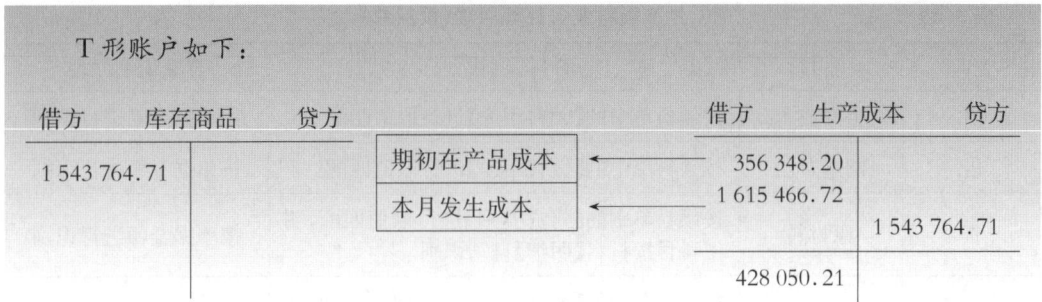

借方	库存商品	贷方			借方	生产成本	贷方
1 543 764.71			期初在产品成本 ←			356 348.20	
			本月发生成本 ←			1 615 466.72	
							1 543 764.71
						428 050.21	

（六）支付借款的利息

【例3-18】　成都瑞丰工业有限公司以银行存款支付本年的借款利息,共计130 000元。
编制会计分录如下：

借:财务费用　　　　　　　　　　　　　　　　　　　130 000
　　贷:银行存款　　　　　　　　　　　　　　　　　　　130 000

T形账户如下：

借方	财务费用	贷方		借方	银行存款	贷方
130 000						130 000

12月生产业务合计：

借方	原材料	贷方		借方	周转材料	贷方		借方	制造费用	贷方
		1 367 260				60 000		86 676.80		86 676.80
								0		
		1 367 260				60 000				

借方	库存商品	贷方			借方	生产成本	贷方
1 543 764.71			期初在产品成本 ←			356 348.20	
			本月发生成本 ←			1 615 466.72	
							1 543 764.71
1 543 764.71						428 050.21	

四、财务机器人生产业务处理原理

（一）生产领料业务处理

企业生产经营领用材料时,按照领用材料的用途,借记"生产成本""制造费用"等科目,贷记"原材料""周转材料"科目。例如,成都瑞丰工业有限公司领用材料,财务部收到相关领料单如图3-37—图3-41所示,财务机器人就领料单进行生产领料业务处理,原理如表3-19所示。

微课视频：
生产领料
业务处理

3

表 3-19　　　　　　　　　　生产领料业务处理原理(领料单)

方向	科目	科目识别原理	金额识别原理
借	生产成本	按领料单中的【领料用途】进行取值匹配	按单据金额进行识别
借	制造费用	按领料单中的【领料用途】进行取值匹配	按单据金额进行识别
贷	原材料	按领料单中的【物资类别】进行取值匹配,明细科目按材料【明细】自动识别	按单据金额进行识别
贷	周转材料	按领料单中的【物资类别】进行取值匹配,明细科目按材料【明细】自动识别	按单据金额进行识别

1. 数据采集

成都瑞丰工业有限公司发生生产领料业务,财务部收到的原始凭证为领料单。因此需先在【票据管理】—【数据采集】中从仓储系统采集领料单的信息。

2. 业务票据建模

(1) 票据类别设置。

成都瑞丰工业有限公司财务部收到的原始凭证为领料单,因此要在票据类别中新增该票据。

在【业务票据建模】—【票据类别】中新增内部票据"领料单",操作与新增票据"入库单"同理,此处不再赘述。领料单票据类别设置如图 3-42 所示。

图 3-42　领料单票据类别设置

(2) 场景类别设置。

成都瑞丰工业有限公司财务部取得的领料单为生产领料填写的原始凭证,因此需新增生产领料这个场景类别。

在【业务票据建模】—【票据类别】中新增场景大类"生产场景",然后再新增细类"生产领料"。接着设置"自定义 1"规则下的选择票种为"领料单→领料单",该场景票据不设筛选条件。生产领料场景类别设置如图 3-43 所示。

(3) 场景配置设置。

成都瑞丰工业有限公司此次生产领料为一个批次经济业务,因此需要为这个批次业务配置场景类别与票据类别。

图 3-43　生产领料场景类别设置

新增主场景"生产业务",并在其下新增场景"生产领料"。场景配置设置为:"生产场景—生产领料"场景类别对应"领料单"票据类别,组合名称默认为空。生产领料场景配置设置如图 3-44 所示。

图 3-44　生产领料场景配置设置

(4) 凭证模板设置。

① 凭证头设置。在【业务票据建模】—【凭证模板】界面中,为"生产业务—生产领料"会计场景设置凭证模板。在凭证头设置中,设置模板名称为"生产领料",记账日期选择为"@交易日期",凭证字为"记账凭证",制单人为业务会计"王欣",凭证推送方式为"自动推送"。

② 分录设置。在分录设置中,将摘要设置为"生产领料"。借贷双方的科目来源都选择为"科目"。第一个借方科目为"生产成本——基本生产成本——音乐蓝牙耳机——直接材料",取值匹配为"@用途包含音乐蓝牙耳机";第二个借方科目为"生产成本——基本生产成本——智能蓝牙耳机——直接材料",取值匹配为"@用途包含智能蓝牙耳机";第三个借方科目为"制造费用——材料费",取值匹配为"@用途包含基本生产车间"。第一个贷方科目为"原材料",科目匹配类型为"明细",取值匹配为"@物资类别包含原材料";第二个贷方科目为"周转材料",科目匹配类型为"明细",取值匹配为"@物资类别包含周转材料"。借贷方的金额取值公式均为"@金额"。生产领料会计分录设置如图 3-45 所示。

③ 辅助核算设置。生产领料业务场景辅助核算设置中,明细辅助核算的固定栏位保持默认设置"@项目【明细】",操作符为"等于"。

	操作	摘要	科目来源		科目		科目匹配类型	方向	金额取值公式	取值匹配
1	⊕⊖	生产领料	科目	∨	5001010101 生产成本-基本生产成本-音乐蓝牙耳机-直接材料 ∨	⊞	请选择 ∨	借 ∨	@金额	@用途包含音乐蓝牙耳机;
2	⊕⊖	生产领料	科目	∨	5001010201 生产成本-基本生产成本-智能蓝牙耳机-直接材料 ∨	⊞	请选择 ∨	借 ∨	@金额	@用途包含智能蓝牙耳机;
3	⊕⊖	生产领料	科目	∨	510101 制造费用-材料费 ∨	⊞	请选择 ∨	借 ∨	@金额	@用途包含基本生产车间;
4	⊕⊖	生产领料	科目	∨	1403 原材料 ∨	⊞	明细 ∨	贷 ∨	@金额	@物资类别包含原材料;
5	⊕⊖	生产领料	科目	∨	1411 周转材料 ∨	⊞	明细 ∨	贷 ∨	@金额	@物资类别包含周转材料;

图 3-45　生产领料会计分录设置

④ 合并及排序设置。按照任务要求,设置凭证合并方式为"不合并",分录合并方式为"不合并",分录自定义排序为"启用",排序条件为按照"借贷方"进行排序。

（二）人工成本业务处理

企业生产产品发生的直接职工薪酬需要分配到各个产品上,财务机器人就该业务的智能账务处理是在成本核算建模中进行的。例如,成都瑞丰工业有限公司的人工成本分配业务,其工作原理为先将产生的直接人工费用转到"生产成本——基本生产成本——待分配人工费"科目中,然后财务机器人会在此科目中取值,根据设定的分配方法、分配标准再智能计算各个产品成本,最后财务机器人再根据设定的凭证模板生成凭证。财务机器人人工成本分配业务处理原理如表 3-20 所示。

表 3-20　　　　　　　　人工成本分配业务处理原理

方向	科目	取值对象
借	生产成本——基本生产成本——A产品——直接人工	A产品
借	生产成本——基本生产成本——B产品——直接人工	B产品
贷	生产成本——基本生产成本——待分配人工费	基本生产车间

1. 参数配置

成都瑞丰工业有限公司期末计提车间工资及结转医保、社保、工会经费,已知财务部门已将车间人工费记入"生产成本——基本生产成本——待分配人工费"科目,分配方法为人工工时比例法。因此该业务参数配置的待分配金额记账科目为"生产成本——基本生产成本——待分配人工费",待分配金额记账科目类型选择"本期借方",分配方法选择"人工工时比例法"。该参数设置表示令财务机器人从科目余额表中获取"生产成本——基本生产成本——待分配人工费"科目本期借方的金额,并选定成本分配方法为人工工时比例法。直接人工分配参数配置如图 3-46 所示。

参数配置　　　　　　　　　　　　　　　　　　　　　　　　　　　　　　　　×

直接人工分配参数配置

待分配直接人工	待分配金额记账科目	待分配金额记账科目类型	分配方法	分配标准公式
基本生产车间	50010103 生产成本-基本生产成本-待分配人工费 ∨	本期借方 ∨	人工工时比例法 ∨	分配标准=分配对象的人工工时合计

取消　　确定

图 3-46　直接人工分配参数配置

微课视频:
人工成本
业务处理

3

2. 智能计算

财务机器人根据参数配置的会计科目从科目余额表中取值后,会在智能计算模块显示,此处财务机器人会根据设定的分配标准自动计算分配率及分摊到各个产品的人工成本。智能计算直接人工分配表如图 3-47 所示。

参数配置	智能计算	凭证模板	生成凭证	数据重置				

直接人工分配表

账期: 2023-12   单位: 元

待分配直接人工	分配对象	分配方法	待分配金额	分配标准	分配率	分配金额
基本生产车间	音乐蓝牙耳机	人工工时比例法	161529.92	5500	14.2947	78620.85
	智能蓝牙耳机			5800		82909.07

图 3-47　智能计算直接人工分配表

3. 凭证模板

成都瑞丰工业有限公司人工成本分配的产品包括音乐蓝牙耳机和智能蓝牙耳机,这些产品成本已经计算完成,凭证模板金额设置可直接通过选择产品对象取值。因此该凭证模板摘要设置为"直接人工分配",第一个借方科目为"生产成本——基本生产成本——音乐蓝牙耳机——直接人工",取值对象选择"音乐蓝牙耳机";第二个借方科目为"生产成本——基本生产成本——智能蓝牙耳机——直接人工",取值对象选择"智能蓝牙耳机"。贷方科目为"生产成本——基本生产成本——待分配人工费",取值对象选择"基本生产车间"。制单人为"王欣"。直接人工分配凭证模板设置如图 3-48 所示。

凭证模板

分录设置

操作	摘要	科目	方向	取值对象
➕➖	直接人工分配	5001010102 生产成本-基本生产成本-音乐蓝牙耳机-直接人工 🔍		音乐蓝牙耳机
➕➖	直接人工分配	5001010202 生产成本-基本生产成本-智能蓝牙耳机-直接人工 🔍		智能蓝牙耳机
➕➖	直接人工分配	50010103 生产成本-基本生产成本-待分配人工费 🔍		基本生产车间

制单人　王欣

取消　确定

图 3-48　直接人工分配凭证模板设置

（三）制造费用分配业务处理

企业发生的制造费用属于间接费用,所以需要采用一定的标准在各种产品之间合理地分配。例如,成都瑞丰工业有限公司的制造费用分配业务,其工作原理为财务机器人会在科目余额表中获取"制造费用"科目的本期借方金额,根据设定的分配方法、分配标准再智能计算分配到各个产品成本中,最后财务机器人再根据设定的凭证模板生成凭证。财务机器人制造费用分配业务处理原理如表 3-21 所示。

微课视频:
制造费用
分配业务
处理

3

表 3-21　　　　　　　　　　　制造费用分配业务处理原理

方向	科目	取值对象
借	生产成本——基本生产成本——A 产品——制造费用	A 产品
借	生产成本——直接生产成本——B 产品——制造费用	B 产品
贷	制造费用——材料费	基本生产车间
贷	制造费用——水电费	基本生产车间
贷	制造费用——折旧费	基本生产车间
贷	制造费用——人工费	基本生产车间
贷	制造费用——福利费	基本生产车间
贷	制造费用——工会经费	基本生产车间
贷	制造费用——职工教育经费	基本生产车间

1. 参数配置

成都瑞丰工业有限公司期末结转制造费用,分配方法为机器工时比例法。因此该业务参数配置的待分配金额记账科目为"制造费用",待分配金额记账科目类型选择"本期借方",分配方法选择"机器工时比例法"。制造费用分配参数配置如图 3-49 所示。

图 3-49　制造费用分配参数配置

2. 智能计算

财务机器人根据参数配置的会计科目从科目余额表中取值后,会在智能计算模块中显示,然后财务机器人会根据设定的分配标准自动计算分配率及分摊到各个产品的间接费用。智能计算制造费用分配表如图 3-50 所示。

参数配置　智能计算　凭证模板　生成凭证　数据重置

制造费用分配表

账期: 2023-12　　　　　　　　　　　　　　　　　　　　　　　　　　　　　　　　　单位: 元

待分配直接制造费用	分配对象	分配方法	待分配金额	分配标准	分配率	分配金额
基本生产车间	音乐蓝牙耳机	机器工时比例法	86676.8	5500	7.6705	42187.75
	智能蓝牙耳机			5800		44489.05

图 3-50　智能计算制造费用分配表

3. 凭证模板

成都瑞丰工业有限公司制造费用分配的产品包括音乐蓝牙耳机和智能蓝牙耳机,这些产品应计入的间接费用已经计算完成,现在进行凭证模板设置。凭证摘要设置为"制造费用分配",第一个借方科目为"生产成本——基本生产成本——音乐蓝牙耳机——制造费用",取值对象选择"音乐蓝牙耳机";第二个借方科目为"生产成本——基本生产成本——智能蓝牙耳机——制造费用",取值对象选择"智能蓝牙耳机";贷方科目为"制造费用"下的各级明细科目,取值对象选择"基本生产车间"。制单人为"王欣"。制造费用分配凭证模板设置如图 3-51 所示。

操作	摘要	科目	方向	取值对象
⊕⊖	制造费用分配	5001010103 生产成本-基本生产成本-音乐蓝牙耳机-制造费用	借	音乐蓝牙耳机
⊕⊖	制造费用分配	5001010203 生产成本-基本生产成本-智能蓝牙耳机-制造费用	借	智能蓝牙耳机
⊕⊖	制造费用分配	510101 制造费用-材料费	贷	基本生产车间
⊕⊖	制造费用分配	510102 制造费用-水电费	贷	基本生产车间
⊕⊖	制造费用分配	510103 制造费用-折旧费	贷	基本生产车间
⊕⊖	制造费用分配	510104 制造费用-人工费	贷	基本生产车间
⊕⊖	制造费用分配	510105 制造费用-福利费	贷	基本生产车间
⊕⊖	制造费用分配	510106 制造费用-工会经费	贷	基本生产车间
⊕⊖	制造费用分配	510108 制造费用-职工教育经费	贷	基本生产车间

图 3-51 制造费用分配凭证模板设置

(四)产品完工入库业务处理

企业生产产品需要将直接材料、直接人工、制造费用等成本归集到每个产品上。财务机器人智能处理产品完工入库业务的处理步骤为:先选择产品成本计算方法,再进行参数配置、智能计算、凭证模板设置,最后再智能生成记账凭证。财务机器人产品完工入库分配业务处理原理如表 3-22 所示。

微课视频:
产品完工
入库业务
处理

表 3-22　　　　　　　　产品完工入库分配业务处理原理

方向	科目	取值对象
借	库存商品——A 产品	A 产品
借	库存商品——B 产品	B 产品
贷	生产成本——基本生产成本——A 产品——直接材料	A 产品——直接材料
贷	生产成本——基本生产成本——A 产品——直接人工	A 产品——直接人工
贷	生产成本——基本生产成本——A 产品——制造费用	A 产品——制造费用
贷	生产成本——基本生产成本——B 产品——直接材料	B 产品——直接材料
贷	生产成本——基本生产成本——B 产品——直接人工	B 产品——直接人工
贷	生产成本——基本生产成本——B 产品——制造费用	B 产品——制造费用

1. 计算方法配置

关于产品成本计算方法,会计基础与智能应用平台中有品种法、分批法、综合结转分步法、分项结转分步法和平行结转分步法可供选择。成都瑞丰工业有限公司使用品种法计算产品成本,因此在此处选择"品种法",点击【完成】即可。计算方法配置如图 3-52 所示。

图 3-52　计算方法配置

2. 参数配置

成都瑞丰工业有限公司待分配产品对象包括智能蓝牙耳机和音乐蓝牙耳机,每个产品对象待分配的明细成本包括直接材料、直接人工、制造费用,使用的分配方法为约当产量比例法,分配标准按照产品约当产量统计表设置,如表 3-12 所示。先设置待分配对象"音乐蓝牙耳机"的参数,其待分配对象明细项目为"直接材料""直接人工""制造费用",其对应的待分配金额记账科目依次为"生产成本——基本生产成本——音乐蓝牙耳机——直接材料""生产成本——基本生产成本——音乐蓝牙耳机——直接人工""生产成本——基本生产成本——音乐蓝牙耳机——制造费用",待分配金额记账科目类型均为"期末借方",分配方法均为"约当产量比例法"。同理,待分配对象"智能蓝牙耳机"的参数设置相同,此处不再赘述。产品成本分配参数配置如图 3-53 所示。

产品成本分配参数配置					
操作	待分配对象	待分配对象明细项目	待分配金额记账科目	待分配金额记账科目类型	分配方法	分配标准
➕➖	智能蓝牙耳机	直接材料	5001010201 生产成本-基本生产成本-智能蓝牙耳机-直接材料	期末借方	约当产量比例	9800
➕➖	智能蓝牙耳机	直接人工	5001010202 生产成本-基本生产成本-智能蓝牙耳机-直接人工	期末借方	约当产量比例	8700
➕➖	智能蓝牙耳机	制造费用	5001010203 生产成本-基本生产成本-智能蓝牙耳机-制造费用	期末借方	约当产量比例	8700
➕➖	音乐蓝牙耳机	直接材料	5001010101 生产成本-基本生产成本-音乐蓝牙耳机-直接材料	期末借方	约当产量比例	8600
➕➖	音乐蓝牙耳机	直接人工	5001010102 生产成本-基本生产成本-音乐蓝牙耳机-直接人工	期末借方	约当产量比例	7550
➕➖	音乐蓝牙耳机	制造费用	5001010103 生产成本-基本生产成本-音乐蓝牙耳机-制造费用	期末借方	约当产量比例	7550

图 3-53　产品成本分配参数配置

3. 智能计算

财务机器人根据参数配置情况从科目余额表中取值,然后财务机器人会进入智能计算环节,各个待分配产品对象使用约当产量比例法,按照分配标准自动计算出分配率、完工数量与分配金额。品种法产品成本分配表如图 3-54 所示。

4. 凭证模板

成都瑞丰工业有限公司待分配料工费的完工产品包括音乐蓝牙耳机和智能蓝牙耳机,这些产品应计入的料工费已经计算完成,现在进行凭证模板设置。凭证摘要设置为

品种法产品成本分配表

账期：2023-12　　　　　　　　　　　　　　　　　　　　　　　　　　　　　　　　　　单位：元

待分配对象	分配对象	分配方法	待分配金额	分配标准	分配率	完工数量	分配金额
智能蓝牙耳机·直接材料	智能蓝牙耳机	约当产量比例法	990750	9800	101.0969	7600.00	768336.44
智能蓝牙耳机·直接人工		约当产量比例法	101541.07	8700	11.6714	7600.00	88702.64
智能蓝牙耳机·制造费用		约当产量比例法	54504.05	8700	6.2648	7600.00	47612.48
音乐蓝牙耳机·直接材料	音乐蓝牙耳机	约当产量比例法	677061	8600	78.7280	6500.00	511732.00
音乐蓝牙耳机·直接人工		约当产量比例法	96145.85	7550	12.7345	6500.00	82774.25
音乐蓝牙耳机·制造费用		约当产量比例法	51812.95	7550	6.8626	6500.00	44606.90

图 3-54　品种法产品成本分配表

"品种法产品成本核算"。首先结转音乐蓝牙耳机成本，借方科目为"库存商品——音乐蓝牙耳机"，取值对象选择"音乐蓝牙耳机"；贷方科目分别为"生产成本——基本生产成本——音乐蓝牙耳机——直接材料""生产成本——基本生产成本——音乐蓝牙耳机——直接人工""生产成本——基本生产成本——音乐蓝牙耳机——制造费用"，其取值对象依次为"音乐蓝牙耳机—直接材料""音乐蓝牙耳机—直接人工"和"音乐蓝牙耳机—制造费用"。结转智能蓝牙耳机成本的凭证模板设置同理。制单人为王欣。产品完工入库凭证模板设置如图 3-55 所示。

图 3-55　产品完工入库凭证模板设置

知识拓展

想一想：发出存货的计价方法有哪些？

一、先进先出法

先进先出法是指以先购入的存货先发出为假设条件，按照货物购入的先后顺序确定发出存货和期末存货实际成本的方法。采用这种方法,先购入的存货成本在后购入存货成本之前转出,据此确定发出存货和期末存货成本。

先进先出法可以随时结转存货发出成本,但较烦琐。如果存货收发业务较多且存货单价不稳定时,其工作量较大。在物价持续上升时,期末存货成本接近于市价,而发出成本偏低,利润偏高。

二、加权平均法

加权平均法又称全月一次加权平均法,是指以本月全部进货数量加月初存货数量作为权数,去除当月全部进货成本加本月初存货成本,计算出存货的加权单位成本,以此为基础计算当月发出存货的成本和期末存货成本的一种方法。

其计算公式为:

$$加权平均单价 = \frac{期初结存存货实际成本 + 本期收入存货实际成本}{期初结存存货数量 + 本期收入存货数量}$$

$$本期发出存货实际成本 = 本期发出存货数量 \times 加权平均单价$$

$$本期期末存货成本 = 期初结存存货实际成本 + 本期收入存货实际成本 - 本期发出存货实际成本$$

加权平均法相对简便,有利于简化成本计算工作,但不利于存货成本的日常管理和控制。

三、移动加权平均法

移动加权平均法是指在每次进货以后,立即为存货计算出新的平均单位成本,作为下次发货计价基础的一种方法。

其计算公式为:

$$加权平均单价 = \frac{收入存货前结存存货实际成本 + 本期收入存货实际成本}{收入存货前结存存货数量 + 本期收入存货数量}$$

$$本期发出存货实际成本 = 本期发出存货数量 \times 加权平均单价$$

采用移动加权平均法能够使管理当局及时了解存货的结存情况,计算的平均单位成本及发出和结存的存货成本数据相对客观。但由于每次收货都要计算一次平均单价,计算工作量较大,不适用收发货较频繁的企业。

四、个别计价法

个别计价法是指每次发出存货的实际成本按其购入时的实际成本分别计价的方法。

个别计价法的成本计算准确符合实际情况,但在存货收发频繁的情况下,其发出成本分辨的工作量较大。

会计基础与
智能应用
平台

🖥 实训成果

项目三
任务三
实训成果
参考答案

📝 自我检测

一、单项选择题

1. 分配生产车间直接参加产品生产的工人的职工薪酬时,应借记的账户是(　　　)。

A. "生产成本"　　　B. "制造费用"　　　C. "管理费用"　　　D. "应付职工薪酬"

2. 某企业生产产品领用原材料,将剩余材料退回仓库,价值 800 元,正确反映此事项的会计分录是(　　)。

A. 借:原材料　　　　　　　　　　　　　　　　　　　　　　　　　800

　　贷:生产成本　　　　　　　　　　　　　　　　　　　　　　　　　800

B. 借:生产成本　　　　　　　　　　　　　　　　　　　　　　　　800

　　贷:原材料　　　　　　　　　　　　　　　　　　　　　　　　　800

C. 借:原材料　　　　　　　　　　　　　　　　　　　　　　　　　800

　　贷:库存商品　　　　　　　　　　　　　　　　　　　　　　　　800

D. 借:管理费用　　　　　　　　　　　　　　　　　　　　　　　　800

　　贷:生产成本　　　　　　　　　　　　　　　　　　　　　　　　800

3. 应在"应付职工薪酬"账户贷方登记的是(　　)。

A. 本月实际支付的工资数　　　　　　　B. 本月应分配的工资总额

C. 本月结转的代扣款项　　　　　　　　D. 本月多支付的工资数

4. 下列账户中,用于计算商品产品生产成本的是(　　)。

A. "主营业务成本"　　　　　　　　　　B. "其他业务成本"

C. "库存商品"　　　　　　　　　　　　D. "制造费用"

5. 下列不通过"制造费用"账户核算的是(　　)。

A. 生产用设备的日常修理费　　　　　　B. 车间的折旧费

C. 车间的办公费　　　　　　　　　　　D. 车间的机物料消耗

6. (　　)是制造企业经营的核心,在这一过程中,通过各种生产要素的结合,制造出各种产品,产品生产过程就是生产消耗过程。

A. 生产业务　　　B. 销售业务　　　C. 采购业务　　　D. 资金筹集业务

二、多项选择题

1. 职工薪酬中的"职工"是指与企业订立劳动合同的所有人员,包含(　　)。

A. 董事会成员　　　　　　　　　　　　B. 兼职人员

C. 临时职工　　　　　　　　　　　　　D. 劳务合同用工

2. 企业的职工薪酬主要包括(　　)。

A. 工资　　　　　B. 奖金　　　　　C. 津贴　　　　　D. 福利费

3. 生产费用是与企业日常生产经营活动相关的费用,按经济用途不同可分为(　　)。

A. 直接材料　　　B. 直接人工　　　C. 制造费用　　　D. 管理费用

4. 企业结转生产完工验收入库产品的生产成本时,编制会计分录可能涉及的账户有(　　)。

A. "生产成本"　　　　　　　　　　　　B. "制造费用"

C. "主营业务成本"　　　　　　　　　　D. "库存商品"

5. 发出材料的核算中可能记入的账户有(　　)。

A. "生产成本"　　　B. "制造费用"　　　C. "管理费用"　　　D. "在建工程"

三、判断题

1. 企业根据有关规定应付给职工的各种薪酬,包括职工工资、奖金、津贴和补贴、职

工福利费等均应通过"应付职工薪酬"账户进行核算。　　　　　　　　　　（　　　）

2. 对于直接用于某种产品生产的材料费用,要先通过"制造费用"账户进行归集,期末再同其他间接费用一起按照一定的标准分配计入有关产品成本。　　　　（　　　）

3. 为核算各种商品的收发和使用情况,企业应当设置"库存商品"账户,其期末余额通常在借方,反映各种库存商品的成本。　　　　　　　　　　　　　　　　（　　　）

4. 生产车间使用的固定资产,所计提的折旧应计入生产成本。　　　　　（　　　）

5. 某项费用计入制造费用和计入管理费用对当期损益的影响一定是不同的。（　　　）

6. 车间固定资产修理所发生的全部修理费,均应记入"管理费用"账户。　（　　　）

7. 制造业企业的生产费用,随着生产产品完工转变为产品生产成本。　　（　　　）

8. 生产费用按其经济内容分类而形成的若干个项目,称为成本项目。　　（　　　）

项目三
任务三
自我检测
参考答案

自我评价

本任务完成情况评价表

（在□中打√,A 掌握,B 基本掌握,C 未掌握）

评价指标	自测结果
1. 能够梳理生产环节核算流程	□A □B □C
2. 能够设立生产环节相关的会计账户	□A □B □C
3. 能够掌握生产环节基本会计核算	□A □B □C
4. 能够掌握财务机器人生产业务建模原理	□A □B □C

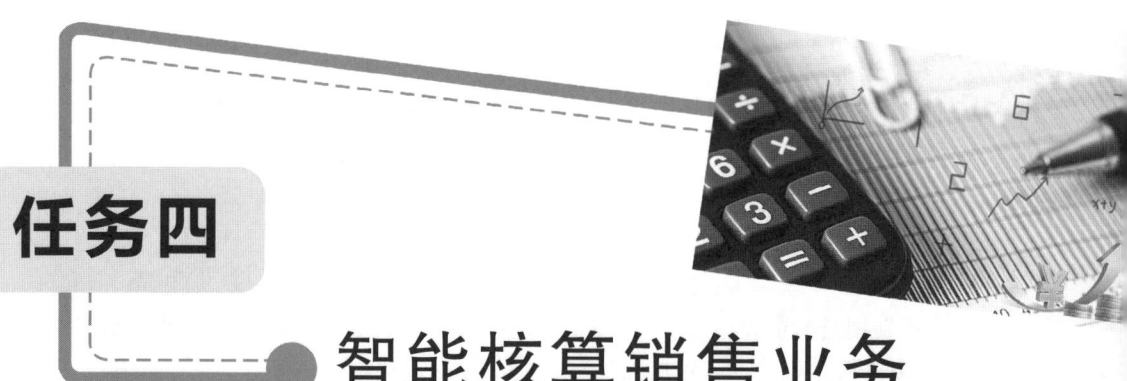

任务四

智能核算销售业务

任务描述

成都瑞丰工业有限公司已顺利完成音乐蓝牙耳机和智能蓝牙耳机的生产流程,产品已入库,目前正待将这些产品推向市场以实现盈利目标。公司已与北京华联贸易有限公司等多家合作伙伴签订了不同销售方式的销售合同,并在销售过程中确认收入和结转成本。在销售过程中,林晟对销售业务流程进行了详细梳理,并深入了解了相关的会计账户和会计核算方法。同时,通过学习,他掌握了应用财务机器人对销售业务进行智能核算的技能。

任务训练

1．根据任务描述,帮助林晟理清企业销售的核算流程。

2．根据任务描述,为林晟列出销售业务涉及的会计账户。

3．根据任务描述,帮助林晟完成销售业务的会计核算。

(1) 2023 年 12 月,成都瑞丰工业有限公司销售商品。财务部收到的原始凭证。如图 3-56 所示。

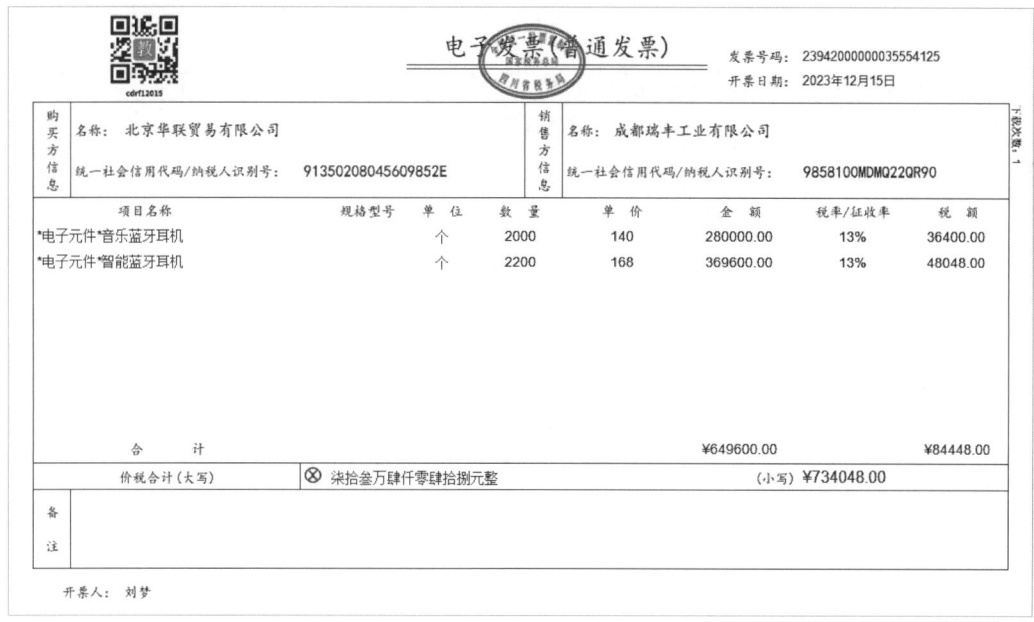

图 3-56　电子发票 1

(2) 2023 年 12 月,成都瑞丰工业有限公司销售商品。财务部收到的原始凭证,如图 3-57 所示。

(3) 2023 年 12 月,成都瑞丰工业有限公司销售商品。财务部收到的原始凭证,如图 3-58 所示。

(4) 2023 年 12 月,成都瑞丰工业有限公司出租厂房。财务部收到的原始凭证,如图 3-59、图 3-60 所示。

4．根据任务描述,帮助林晟在会计基础与智能应用平台上建立销售业务的票据模型并智能生成记账凭证。

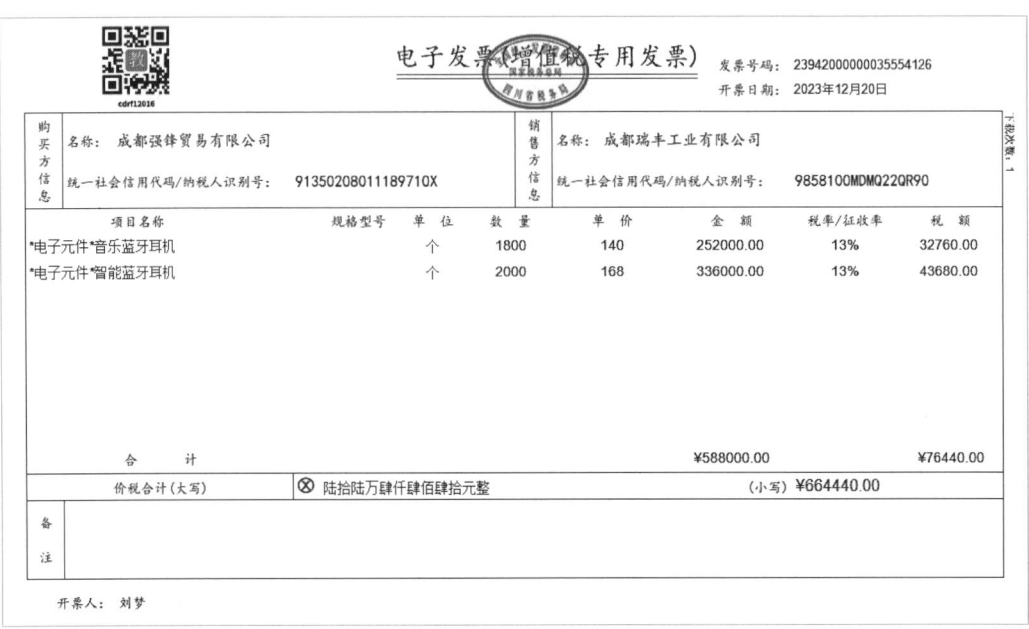

图 3-57　电子发票 2

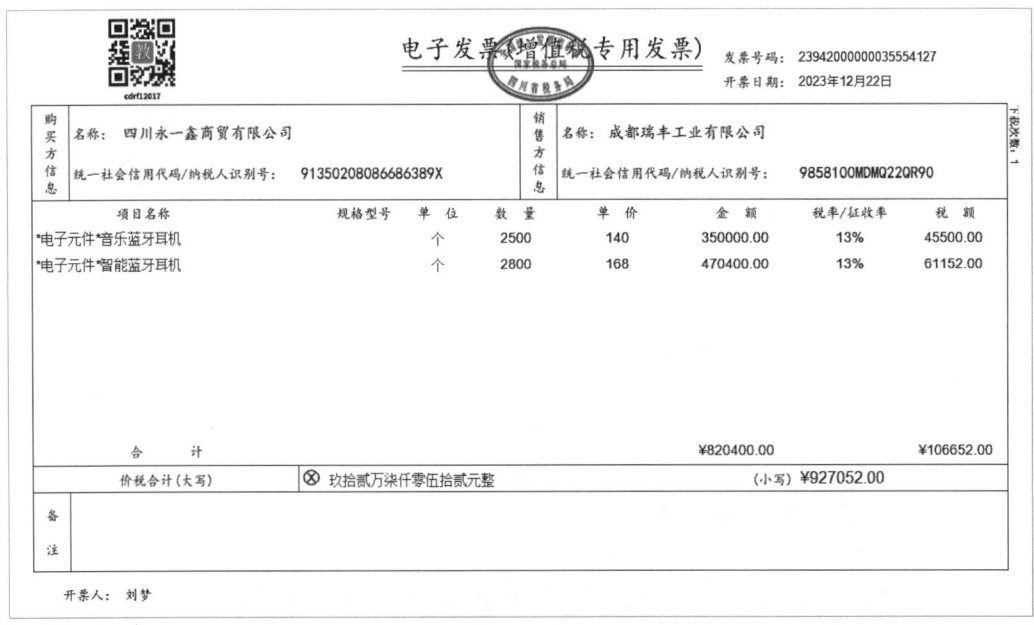

图 3-58　电子发票 3

国内支付业务收款回单

客户号：697526099	日期：2023年12月25日
收款人账号：621600155639	付款人账号：11000760904878806415
收款人名称：成都瑞丰工业有限公司	付款人名称：成都宸合电子有限公司
收款人开户行：中国银行成都分行	付款人开户行：中国工商银行成都新湖支行

金额：CNY 10,900.00
　人民币 壹万零玖佰元整

业务种类：A100-普通汇兑 业务编码：23898258　　　凭证号码：11502050741670
用途：厂房租金
备注：
附言：

交易机构：18390　　交易渠道：其他　　交易流水号：2194039
　　　　　　　　　　　　　　　　　　　　　　　经办

自助打印，请避免重复
打印次数：1次

回单编号：36610654　　　回单验证：87BED3547293GHLK3447EI

打印时间：2023/12/25　15:42:47　打印次数：1（自助打印，注意重复）
盖章验证：97BED3814749GHLK6057

3

图 3-59　收款回单

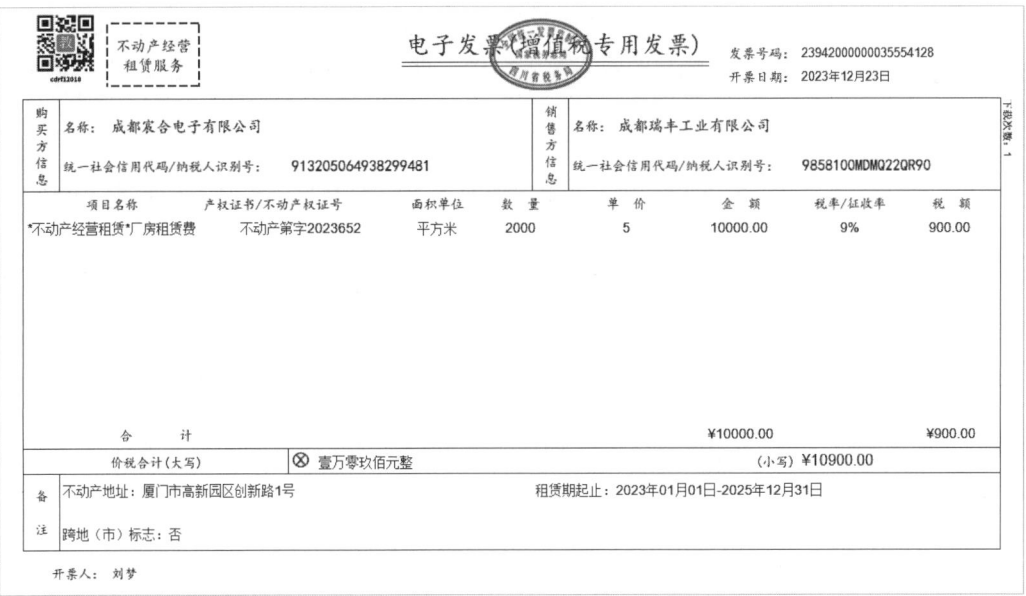

图 3-60　电子发票4

3

知识准备

一、销售活动主要业务内容

销售过程,是企业将生产的产品进行销售,取得收入实现产品价值的过程。这一过程的主要经济业务包括:进行产品销售并实现主营业务收入,取得销货款或收取货款的权利;支付相关营业费用,如广告宣传费等;按照国家税法规定的税率与销售收入,计算应交的产品销售税金及附加;确认并结转已售产品的生产成本等。

二、账户设置

(一)主营业务收入

"主营业务收入"账户用来核算企业确认销售产品、提供劳务等主营业务所获取的收入,属于损益类账户。

账户结构:贷方登记企业实现的主营业务收入;借方登记销售退回冲销的收入及期末转入"本年利润"账户的收入数。结转后期末应无余额。其明细账户可按主营业务的种类设置。

(二)其他业务收入

"其他业务收入"账户用来核算除主营业务活动以外的其他业务活动实现的收入,属于损益类账户。

账户结构:贷方登记实现的其他经营业务带来的实际收入;借方登记销售退回冲销的收入及期末转入"本年利润"账户的收入数。结转后期末应无余额。其明细账户可按其他业务的种类设置。

(三)主营业务成本

"主营业务成本"账户用来核算企业确认销售商品、提供劳务等主营业务收入时应结转的成本,属于损益类账户。

账户结构:借方登记已售出商品或已提供劳务的实际成本;贷方登记销售退回的商品成本及期末转入"本年利润"账户的数额。结转后期末应无余额。其明细账户可按主营业务成本的种类设置。

(四)其他业务成本

"其他业务成本"账户用来核算企业确认的除主营业务活动以外的其他业务活动所产生的成本,属于损益类账户。

账户结构:借方登记已确认的其他业务成本;贷方登记销售退回的商品成本及期末转入"本年利润"账户的数额。结转后期末无余额。其明细账户可按其他业务成本的种类设置。

(五)税金及附加

"税金及附加"账户用来核算企业经营活动产生的消费税、城市维护建设税、教育费附加、资源税、房产税、城镇土地使用税、车船税、环境保护费、印花税等相关税费,属于损益类账户。

账户结构：借方登记本期发生的销售税金及附加；贷方登记期末转入"本年利润"账户的销售税金及附加。结转后应无余额。

（六）销售费用

"销售费用"账户用来核算企业在销售商品、材料和提供劳务过程中发生的运杂费、包装费、保险费、广告费等各项费用，属于损益类账户。

账户结构：借方登记已经发生的销售费用；贷方登记期末转入"本年利润"账户的销售费用。结转后应无余额。其明细账户可按销售费用的项目设置。

（七）应交税费

"应交税费"账户用来核算应缴纳的各种税费，属于负债类账户。

账户结构：借方登记实际缴纳或抵扣冲减的各种税费；贷方登记企业应缴纳的各种税费。期末该账户一般为贷方余额，表示企业应交而未交的税费数额。其明细账户可按应交税费的种类设置。

（八）应收账款

"应收账款"账户用来核算企业因销售商品、提供劳务等经营活动应收取的款项，属于资产类账户。

账户结构：借方登记应向购货单位收取的货款以及为购货单位垫付的运杂费等；贷方登记已经收回的货款及代垫的运杂费等。期末一般为借方余额，表示购货单位暂欠的货款或代垫的运杂费等。其明细账户可按购货单位设置。

（九）应收票据

"应收票据"账户用来核算企业因销售商品、提供劳务等而收到的商业汇票，包括银行承兑汇票和商业承兑汇票，属于资产类账户。

账户结构：借方登记因销售商品或提供劳务而收到的商业汇票额；贷方登记收到的购货方支付的票据款或向银行办理贴现的应收票据额。期末余额在借方，表示未到期的应收票据额。

三、主要经济业务的核算

【例3-19】　成都瑞丰工业有限公司向北京华联贸易有限公司销售音乐蓝牙耳机2 000件，每件单价140元，成本为每件80元；智能蓝牙耳机2 200件，每件单价168元，成本为每件100元。该款项暂未收到，已开具增值税发票，如图3-56所示。

（1）销售货物时，编制会计分录如下：

借：应收账款——北京华联贸易有限公司　　　　　　　　　　　　　734 048

　　贷：主营业务收入——音乐蓝牙耳机　　　　　　　　　　　　　280 000

　　　　主营业务收入——智能蓝牙耳机　　　　　　　　　　　　　369 600

　　　　应交税费——应交增值税（销项税额）　　　　　　　　　　　84 448

　　T形账户如下：

借方	应收账款	贷方	借方	应交税费	贷方	借方	主营业务收入	贷方
734 048					84 448			649 600

（2）结转本次销售的成本时，编制会计分录如下：

借：主营业务成本——音乐蓝牙耳机　　　　　　　　　　　160 000
　　主营业务成本——智能蓝牙耳机　　　　　　　　　　　220 000
　　贷：库存商品——音乐蓝牙耳机　　　　　　　　　　　　　160 000
　　　　库存商品——智能蓝牙耳机　　　　　　　　　　　　　220 000

T形账户如下：

借方	主营业务成本	贷方	借方	库存商品	贷方
380 000					380 000

（3）成都瑞丰工业有限公司收到北京华联贸易有限公司的货款时，编制会计分录如下：

借：银行存款　　　　　　　　　　　　　　　　　　　　　734 048
　　贷：应收账款——北京华联贸易有限公司　　　　　　　　　734 048

T形账户如下：

借方	应收账款	贷方	借方	银行存款	贷方
734 048		734 048	734 048		
	0				

【例3-20】　成都瑞丰工业有限公司向成都强锋贸易有限公司销售音乐蓝牙耳机1 800件，每件单价140元，成本为每件80元；智能蓝牙耳机2 000件，每件单价168元，成本为每件100元。该笔销售款项在销售当日已收到并开具增值税发票，如图3-57所示。

（1）销售货物时，编制会计分录如下：

借：银行存款　　　　　　　　　　　　　　　　　　　　　664 440
　　贷：主营业务收入——音乐蓝牙耳机　　　　　　　　　　　252 000
　　　　主营业务收入——智能蓝牙耳机　　　　　　　　　　　336 000
　　　　应交税费——应交增值税（销项税额）　　　　　　　　　76 440

T形账户如下:

借方	银行存款	贷方	借方	应交税费	贷方	借方	主营业务收入	贷方
664 440					76 440			588 000

(2) 结转本次销售的成本时,编制会计分录如下:

借:主营业务成本——音乐蓝牙耳机　　　　　　　　　　　　144 000
　　主营业务成本——智能蓝牙耳机　　　　　　　　　　　　200 000
　　贷:库存商品——音乐蓝牙耳机　　　　　　　　　　　　　144 000
　　　　库存商品——智能蓝牙耳机　　　　　　　　　　　　　200 000

T形账户如下:

借方	主营业务成本	贷方	借方	库存商品	贷方
344 000					344 000

【例3-21】　成都瑞丰工业有限公司出租一小厂房,租赁期为1年,收到租金10 000元,开出增值税发票,增值税税额为900元。该厂房全年的折旧费用为8 000元。

(1) 出租厂房时,编制会计分录如下:

借:银行存款　　　　　　　　　　　　　　　　　　　　　　10 900
　　贷:其他业务收入　　　　　　　　　　　　　　　　　　　10 000
　　　　应交税费——应交增值税(销项税额)　　　　　　　　　　900

(2) 计提折旧时,编制会计分录如下:

借:其他业务成本　　　　　　　　　　　　　　　　　　　　8 000
　　贷:累计折旧　　　　　　　　　　　　　　　　　　　　　8 000

T形账户如下:

借方	银行存款	贷方	借方	应交税费	贷方	借方	其他业务收入	贷方
10 900					900			10 000

借方	其他业务成本	贷方	借方	累计折旧	贷方
8 000					8 000

【例3-22】 成都瑞丰工业有限公司以银行存款支付广告费10 000元。

编制会计分录如下:

借:销售费用 10 000
  贷:银行存款 10 000

T形账户如下:

借方	销售费用	贷方		借方	银行存款	贷方
10 000						10 000

【例3-23】 经计算,成都瑞丰工业有限公司本月销项税额为268 440元,进项税额为232 700元,确定本月应交增值税额为35 740元。按照应交增值税的7%计算应交城市维护建设税,按3%计算应交教育费附加。

$$应交城市维护建设税 = 35\,740 \times 7\% = 2\,501.80(元)$$
$$应交教育费附加 = 35\,740 \times 3\% = 1\,072.20(元)$$

编制会计分录如下:

借:税金及附加 3 574.00
  贷:应交税费——应交城市维护建设税 2 501.80
           ——应交教育费附加 1 072.20

T形账户如下:

借方	税金及附加	贷方		借方	应交税费	贷方
3 574						3 574

12月销售业务合计:

借方	主营业务成本	贷方		借方	库存商品	贷方
380 000						380 000
344 000						344 000
724 000						724 000

借方	主营业务收入	贷方		借方	应交税费	贷方
		649 600				84 448
		588 000				76 440
						900
		1 237 600				3 574
						165 362

借方	银行存款	贷方
734 048		
664 440		
10 900	10 000	
1 399 388		

借方	累计折旧	贷方
		8 000
		8 000

借方	其他业务收入	贷方
		10 000
		10 000

借方	其他业务成本	贷方
8 000		
8 000		

借方	销售费用	贷方
10 000		
10 000		

借方	税金及附加	贷方
3 574		
3 574		

3

四、财务机器人销售业务处理原理

(一) 销售商品业务处理

财务机器人针对企业销售商品业务可分为销售商品、收到货款等环节。其中,销售商品对应的票据为开出的电子发票(增值税专用发票)与电子发票(普通发票),收到货款对应的票据为银行回单等。财务机器人会将单据分解成能理解的记账方式,识别一张票据并做凭证,最终通过合并分录或分录之间相互抵销来达到自动账务处理的目的。

例如,成都瑞丰工业有限公司销售商品,财务部收到电子发票(增值税专用发票)与电子发票(普通发票),票据如图 3-56—图 3-58 所示,财务机器人销售商品业务处理原理如表 3-23 所示。

微课视频:
销售商品
业务处理

表 3-23　　　　　　　　销售商品业务处理原理(电子发票)

方向	科目	科目识别原理	金额识别原理
借	应收账款	按【购买方名称】自动识别【客户】辅助核算	按含税金额自动识别
贷	主营业务收入	按项目【明细】自动识别明细科目	按金额【明细】自动识别
贷	应交税费——应交增值税——销项税额		按发票税额自动识别

1. 数据采集

成都瑞丰工业有限公司发生销售商品业务,财务开具电子发票,因此要在【票据管理】—【数据采集】中,选择数据采集来源为税务数字账户,采集此次销售商品涉及的电子发票信息。

2. 业务票据建模

（1）票据类别设置。

成都瑞丰工业有限公司销售商品，财务开具一张电子发票（普通发票）和两张电子发票（增值税专用发票），因此要在票据类别中新增这些票据。

① 新增销售票据——销售数电专票。在【业务票据建模】—【票据类别】中，新增票据主类别为"销售票据"，然后新增细类为"销售数电专票"。"自定义1"规则下选择票种为"电子发票（增值税专用发票）"，筛选条件为"@销售方"，操作符为"等于"，匹配值为"成都瑞丰工业有限公司"。销售数电专票票据类别设置如图3-61所示。

图3-61　销售数电专票票据类别设置

② 新增销售票据——销售数电普票。同样地为销售普票设置票据类别。在"销售票据"主类别下新增票据细类"销售数电普票"，"自定义1"规则下的票种选择"电子发票（普通发票）"，筛选条件与销售数电专票一致。销售数电普票票据类别设置如图3-62所示。

图3-62　销售数电普票票据类别设置

（2）场景类别设置。

成都瑞丰工业有限公司财务此次是因为销售商品开具了电子发票（普通发票）和电子发票（增值税专用发票），因此需新增"销售商品"这个场景类别。

在【业务票据建模】—【票据类别】中新增场景大类"销售场景"，然后再新增细类"销售商品"。此次销售业务涉及两种票据，因此需添加两个规则。先设置"自定义1"规则下的选择票种为"销售数电专票→电子发票(增值税专用发票)",设置筛选项为"@项目【明细】",操作符为"包含",匹配值为"蓝牙耳机"。点击【新增规则】,设置"自定义 2"规则下的选择票种为"销售数电普票→电子发票(普通发票)",设置筛选项为"@项目【明细】",操作符为"包含",匹配值为"蓝牙耳机"。即财务机器人识别到项目明细包含蓝牙耳机的销售数电专票或者销售数电普票为销售商品场景的票据。销售商品场景类别设置如图 3-63 所示。

图 3-63　销售商品场景类别设置

(3)场景配置设置。

成都瑞丰工业有限公司此次销售商品为一个批次经济业务,因此需要为这个批次业务配置场景类别与票据类别。

新增主场景"销售业务",并在其下新增场景"销售商品"。场景匹配设置为:"销售场景—销售商品"场景类别对应"销售数电专票""销售数电普票"票据类别。由于"销售数电专票"与"销售数电普票"对应的会计分录相同,因此组合名称默认为空。销售商品场景配置设置如图 3-64 所示。

图 3-64　销售商品场景配置设置

（4）凭证模板设置。

① 凭证头设置。在【业务票据建模】—【凭证模板】界面中，为"销售业务—销售商品"会计场景设置凭证模板。在凭证头设置中，设置模板名称为"销售商品"，记账日期选择为"@开票日期"，凭证字为"记账凭证"，制单人为业务会计"王欣"，凭证推送方式为"自动推送"。

② 分录设置。在分录设置中，将摘要设置为"销售商品"。借贷双方的科目来源都选择"科目"。借方科目为"应收账款"，其金额取值公式为"@含税金额"。第一个贷方科目为"主营业务收入"，其科目匹配类型为"明细"，金额取值公式为"@金额"；第二个贷方科目为"应交税费——应交增值税——销项税额"，其金额取值公式为"@税额"。销售商品会计分录设置如图 3-65 所示。

	操作	摘要	科目来源		科目		科目匹配类型		方向		金额取值公式	取值匹配
1	➕➖	销售商品	科目	∨	1122 应收账款	∨	请选择	∨	借	∨	@含税金额	
2	➕➖	销售商品	科目	∨	6001 主营业务收入	∨	明细	∨	贷	∨	@金额	
3	➕➖	销售商品	科目	∨	22210102 应交税费-应交增值税-销项税额	∨	请选择	∨	贷	∨	@税额	

图 3-65　销售商品会计分录设置

③ 辅助核算设置。销售商品业务需要进行辅助核算设置。从财务机器人提取到的电子发票信息中可知，客户是发票的购买方。因此，将客户辅助核算的取值匹配设置为固定栏位中的"@购买方"，操作符设置为"等于"。

④ 合并及排序设置。按照任务要求，设置凭证合并方式为"不合并"，分录合并方式为"不合并"，分录自定义排序为"启用"，排序条件为按照"借贷方"进行排序。

（二）其他收支业务处理

微课视频：
其他收支
业务处理

财务机器人处理让渡资产使用权业务的工作原理同销售商品一样，都是将单据分解成财务机器人能理解的记账方式，识别一张票据并做凭证，最终通过合并分录或分录之间相互抵销来达到自动账务处理的目的。企业让渡资产使用权的使用费收入一般通过"其他业务收入"科目核算，让渡资产使用权计提的摊销额等通过"其他业务成本"科目核算。

例如，成都瑞丰工业有限公司出租厂房，财务部收到银行回单和电子发票（增值税专用发票），如图 3-59、图 3-60 所示，那么财务机器人会将这两张票据识别成两笔业务。当财务机器人识别电子发票（增值税专用发票）时，其账务处理原理如表 3-24 所示；当财务机器人识别银行回单时，其账务处理原理如表 3-25 所示。

表 3-24　　　让渡资产使用权业务处理原理［电子发票（增值税专用发票）］

方向	科目	科目识别原理	金额识别原理
借	应收账款	按【购买方名称】自动识别【客户】辅助核算	按含税金额自动识别
贷	其他业务收入		按发票金额自动识别
贷	应交税费——应交增值税——销项税额		按发票税额自动识别

表 3-25　　　　　　　　让渡资产使用权业务处理原理（银行回单）

方向	科目	科目识别原理	金额识别原理
借	银行存款		按票据金额自动识别
贷	应收账款	按【付款方名称】自动识别【客户】辅助核算	按票据金额自动识别

1. 数据采集

成都瑞丰工业有限公司发生出租厂房业务，财务开具电子发票并且收到银行回单，因此要先在【票据管理】—【数据采集】中，选择数据采集来源为税务数字账户，采集此次出租厂房涉及的电子发票信息，然后在【票据管理】—【票据扫描】中识别收到厂房租金涉及的银行回单信息。

2. 业务票据建模

（1）票据类别设置。

成都瑞丰工业有限公司出租厂房，财务开具一张电子发票（增值税专用发票），收到款项并拿到银行回单。因此要在票据类别中新增这些票据。新增电子发票（增值税专用发票）与银行收款回单操作前面章节已有讲述，此处不再赘述。销售数电专票票据类别设置如图 3-66 所示。银行收款回单票据类别设置如图 3-67 所示。

图 3-66　销售数电专票票据类别设置

图 3-67　银行收款回单票据类别设置

（2）场景类别设置。

成都瑞丰工业有限公司此次涉及的业务场景为出租厂房和收取厂房租金，因此需新增这两个场景类别。

① 新增销售场景——出租厂房。在【业务票据建模】—【票据类别】中新增场景大类"销售场景"，然后再新增细类"出租厂房"。设置"自定义1"规则下的选择票种为"销售数电专票→电子发票（增值税专用发票）"，设置筛选项为"@项目【明细】"，操作符为"包含"，匹配值为"厂房租赁费"。出租厂房场景类别设置如图3-68所示。

图3-68　出租厂房场景类别设置

② 新增往来场景——收取厂房租金。在【业务票据建模】—【票据类别】中新增场景大类"往来场景"，然后再新增细类"收取厂房租金"。设置"自定义1"规则下的选择票种为"银行收款回单→银行回单"，设置筛选项为"@摘要"，操作符为"包含"，匹配值为"厂房租金"。收取厂房租金场景类别设置如图3-69所示。

图3-69　收取厂房租金场景类别设置

（3）场景配置设置。

成都瑞丰工业有限公司此次出租厂房涉及两个批次经济业务，因此需要为这两批次业务配置场景类别与票据类别。

① 出租厂房场景配置。新增主场景"销售业务"，并在其下新增场景"出租厂房"。场景配置设置为："销售场景—出租厂房"场景类别对应"销售数电专票"票据类别，组合名称

默认为空。出租厂房场景配置设置如图 3-70 所示。

图 3-70　出租厂房场景配置设置

② 收取厂房租金场景配置。新增主场景"往来业务",并在其下新增场景"收取厂房租金"。场景配置设置为:"往来场景—收取厂房租金"场景类别对应"银行收款回单"票据类别,组合名称默认为空。收取厂房租金场景配置设置如图 3-71 所示。

图 3-71　收取厂房租金场景配置设置

(4) 出租厂房凭证模板设置。

① 凭证头设置。在【业务票据建模】—【凭证模板】界面中,为"销售业务—出租厂房"会计场景设置凭证模板。在凭证头设置中,设置模板名称为"出租厂房",记账日期选择为"@开票日期",凭证字为"记账凭证",制单人为业务会计"王欣",凭证推送方式为"自动推送"。

② 分录设置。在分录设置中,将摘要设置为"出租厂房"。借贷双方的科目来源都选择"科目"。借方科目为"应收账款",其金额取值公式为"@含税金额"。第一个贷方科目为"其他业务收入——租赁费",金额取值公式为"@金额";第二个贷方科目为"应交税费——应交增值税——销项税额",其金额取值公式为"@税额"。出租厂房会计分录设置如图 3-72 所示。

③ 辅助核算设置。出租厂房业务需要进行辅助核算设置。将客户辅助核算的取值匹配设置为固定栏位中的"@购买方",操作符设置为"等于"。

主分录								
	操作	摘要	科目来源	科目	科目匹配类型	方向	金额取值公式	取值匹配
1	➕➖	出租厂房	科目 ∨	1122 应收账款	∨ 请选择 ∨	借	@含税金额	
2	➕➖	出租厂房	科目 ∨	605101 其他业务收入-租赁费	∨ 请选择 ∨	贷	@金额	
3	➕➖	出租厂房	科目 ∨	22210102 应交税费-应交增值税-销项税额	∨ 请选择 ∨	贷	@税额	

图 3-72　出租厂房会计分录设置

④ 合并及排序设置。按照任务要求,设置凭证合并方式为"不合并",分录合并方式为"不合并",分录自定义排序为"启用",排序条件为按照"借贷方"进行排序。

(5) 收到厂房租金凭证模板设置。

① 凭证头设置。在【业务票据建模】—【凭证模板】界面中,为"往来业务—收取厂房租金"会计场景设置凭证模板。在凭证头设置中,设置模板名称为"收取厂房租金",记账日期选择为"@交易日期",凭证字为"记账凭证",制单人为业务会计"王欣",凭证推送方式为"自动推送"。

② 分录设置。在分录设置中,将摘要设置为"收取厂房租金"。借贷双方的科目来源都选择"科目"。借方科目为"银行存款——中国银行成都分行",其金额取值公式为"@含税金额"。贷方科目为"应收账款",金额取值公式为"@含税金额"。收取厂房租金会计分录设置如图 3-73 所示。

主分录								
	操作	摘要	科目来源	科目	科目匹配类型	方向	金额取值公式	取值匹配
1	➕➖	收取厂房租金	科目 ∨	100201 银行存款-中国银行成都分行621600155639	∨ 请选择 ∨	借	@含税金额	
2	➕➖	收取厂房租金	科目 ∨	1122 应收账款	∨ 请选择 ∨	贷	@含税金额	

图 3-73　收取厂房租金会计分录设置

③ 辅助核算设置。收取厂房租金业务需要进行辅助核算设置。将客户辅助核算的取值匹配设置为固定栏位中的"@付款方名称",操作符设置为"等于"。

④ 合并及排序设置。按照任务要求,设置凭证合并方式为"不合并",分录合并方式为"不合并",分录自定义排序为"启用",排序条件为按照"借贷方"进行排序。

会计基础与
智能应用
平台

项目三
任务四
实训成果
参考答案

📝 自我检测

一、单项选择题

1. 企业 3 月发生城市维护建设税 100 元,教育费附加 30 元,房产税 20 元,车船税 40 元。则根据此资料,应记入"税金及附加"账户的金额为(　　)元。

  A. 130　　　　　　B. 150　　　　　　C. 190　　　　　　D. 60

2. 下列应记入利润表"税金及附加"项目的是(　　)。

  A. 增值税,消费税　　　　　　　　　B. 消费税,企业所得税

  C. 城市维护建设税,教育费附加　　　D. 资源税,个人所得税

3. 下列属于期间费用的是(　　　)。

A. 财务费用　　　　B. 生产费用　　　　C. 营业成本　　　　D. 制造费用

4. 下列项目中,不应计入企业销售费用的是(　　　)。

A. 销售部门人员工资　　　　　　　　B. 销售部门设备折旧费

C. 销售产品广告费　　　　　　　　　D. 销售产品代垫运杂费

5. 用银行存款支付销售商品广告费 500 元,该业务正确的会计分录为(　　　)。

A. 借:管理费用　　　　　　　　　　　　　　　500

贷:银行存款　　　　　　　　　　　　　　　　　500

B. 借:财务费用　　　　　　　　　　　　　　　500

贷:银行存款　　　　　　　　　　　　　　　　　500

C. 借:银行存款　　　　　　　　　　　　　　　500

贷:财务费用　　　　　　　　　　　　　　　　　500

D. 借:销售费用　　　　　　　　　　　　　　　500

贷:银行存款　　　　　　　　　　　　　　　　　500

6. "坏账准备"账户在期末结账前如为借方余额,反映的内容是(　　　)。

A. 提取的坏账准备

B. 已经发生的坏账损失

C. 收回以前已经确认并转销的坏账损失

D. 已确认的坏账损失超过坏账准备金额

二、多项选择题

1. 甲公司主营业务是生产并销售 A 产品,该公司某月销售一批原材料,共 500 千克,单位成本为每千克 30 元(未计提减值),单价为每千克 40 元,不考虑增值税,款项已经收到。应编制会计分录(　　　)。

A. 借:银行存款　　　　　　　　　　　　　　　20 000

贷:主营业务收入　　　　　　　　　　　　　　　20 000

B. 借:银行存款　　　　　　　　　　　　　　　20 000

贷:其他业务收入　　　　　　　　　　　　　　　20 000

C. 借:其他业务成本　　　　　　　　　　　　　15 000

贷:原材料　　　　　　　　　　　　　　　　　15 000

D. 借:主营业务成本　　　　　　　　　　　　　15 000

贷:原材料　　　　　　　　　　　　　　　　　15 000

2. 下列选项中,通过"其他业务成本"账户核算的有(　　　)。

A. 出租无形资产的摊销额　　　　　　B. 销售材料的成本

C. 出租包装物的成本或摊销额　　　　D. 销售商品的成本

3. 下列各项中,应计入营业收入的有(　　　)。

A. 商品销售收入　　　　　　　　　　B. 原材料销售收入

C. 固定资产租金收入　　　　　　　　D. 无形资产使用费收入

4. 下列各项费用,应通过"管理费用"账户核算的有(　　　)。

A. 诉讼费 　　　　　　　　　　B. 研究费用

C. 排污费 　　　　　　　　　　D. 日常经营活动中的聘请中介机构费

三、判断题

1. 商品取得的收入均属于主营业务收入,而提供劳务取得的收入则属于其他业务收入。 （　　）

2. 企业销售一批原材料,应计入主营业务收入。 （　　）

3. "税金及附加"账户在期末结转时,借记"税金及附加"账户,贷记"本年利润"账户。 （　　）

4. "税金及附加"账户主要核算企业经营活动发生的增值税、消费税、所得税等相关税费。 （　　）

项目三
任务四
自我检测
参考答案

自我评价

本任务完成情况评价表

（在□中打√,A 掌握,B 基本掌握,C 未掌握）

评价指标	自测结果
1. 能够梳理销售环节核算流程	□A □B □C
2. 能够设立销售环节相关的会计账户	□A □B □C
3. 能够掌握销售环节基本会计核算	□A □B □C
4. 能够掌握财务机器人销售业务建模原理	□A □B □C

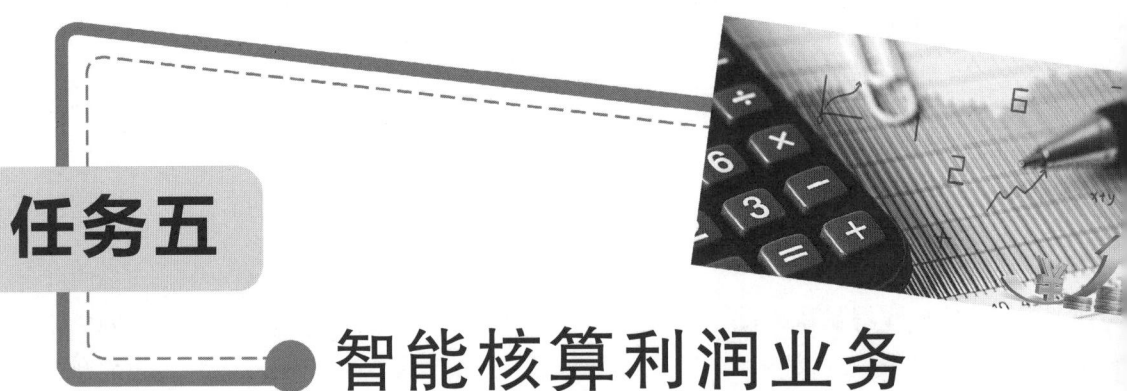

任务五

智能核算利润业务

任务描述

在年终结算的关键时刻,林晟想要了解自己公司的经营状态,究竟是实现盈利还是发生亏损。他详细梳理了利润形成的过程,掌握了相关账户的设置和会计核算方法。通过对各项收入与支出进行归集,林晟成功计算出了公司当期的税前利润以及净利润。此外,通过学习,他掌握了应用财务机器人对利润业务进行智能核算的技能。

任务训练

1. 根据任务描述,帮助林晟理清企业利润业务的核算流程。

2. 根据任务描述,为林晟列出利润归集、分配环节涉及的会计账户。

3. 根据任务描述,请帮助林晟完成期末利润相关的会计核算。

（1）2023 年 12 月,成都瑞丰工业有限公司结转本年实现的净利润 27 850 000 元。

（2）2023 年 12 月,成都瑞丰工业有限公司股东会议决定根据本年实现的净利润,提取 10% 作为法定盈余公积。

（3）2023 年 12 月,成都瑞丰工业有限公司股东会议决定根据本年实现的净利润,提取 50% 分配现金股利。

（4）2023 年 12 月,成都瑞丰工业有限公司将法定盈余公积转增资本。

（5）2023 年 12 月,成都瑞丰工业有限公司结转未分配利润。

4. 根据任务描述,帮助林晟在会计基础与智能应用平台上建立利润业务的 Excel 数据模型并智能生成记账凭证。

知 识 准 备

一、利润的概念及计算

利润,是指企业在一定会计期间的经营成果。利润包括收入减去费用后的净额、直接计入当期利润的利得和损失等。收入大于支出为利润;反之,为亏损。企业利润包括营业利润、利润总额和净利润等指标。

（1）营业利润计算公式：

$$营业利润 = 营业收入 - 营业成本 - 税金及附加 - 期间费用 + 其他收益 + 投资损益$$
$$+ 公允价值变动净损益 - 资产减值损失 - 信用减值损失 + 资产处置损益$$

（2）利润总额计算公式：

$$利润总额 = 营业利润 + 营业外收入 - 营业外支出$$

（3）净利润计算公式：

$$净利润 = 利润总额 - 所得税费用$$

二、账户设置

（一）本年利润

"本年利润"账户用来核算企业当期实现的净利润（或发生的净亏损）,属于所有者权益类账户。

账户结构:贷方登记期末各收入账户转入数;借方登记期末各成本、费用账户转入数。期末该账户若为贷方余额,表示本年累计利润总额;若为借方余额,表示本年累计的亏损总额。年度终了,企业应将本年收入和费用相抵后结出的本年实现的利润总额(或亏损总额)全部转入"利润分配——未分配利润"账户的贷方(或借方),结转后该账户应无余额。

(二)利润分配

"利润分配"账户用来核算企业利润的分配(或亏损的弥补)和历年分配(或弥补)后的结余数额,属于所有者权益类账户。

账户结构:该账户一般应设置"提取法定盈余公积""提取任意盈余公积""应付现金股利或利润""未分配利润"等明细账户。前三个明细账户的结构相同,借方记录当期提取的盈余公积、计算的应付给投资者的利润;贷方记录年末结转"未分配利润"明细账户的数额。平时三者借方余额分别表示年初至本期的累积利润分配数,年终结转后应无余额。

"未分配利润"明细账户的贷方记录年末转入的全年实现的净利润数;借方记录年末转入的全年利润分配数。年终余额一般在贷方,表示本年累计未分配利润数。

(三)盈余公积

"盈余公积"账户用来核算企业从净利润中提取的盈余公积,属于所有者权益类账户。

账户结构:贷方登记企业按规定提取的盈余公积,包括法定盈余公积和任意盈余公积;借方登记经股东大会或类似机构决议,用盈余公积弥补亏损或转增资本等的金额。期末余额一般在贷方,反映企业的盈余公积结存数。

(四)所得税费用

"所得税费用"账户用来核算企业确认的应当从当期利润总额中扣除的所得税费用,属于损益类账户。

账户结构:借方登记按利润总额一定比例计算的应缴纳的所得税费用;贷方登记期末转入"本年利润"账户的所得税费用,结转后期末应无余额。

(五)营业外收入

"营业外收入"账户用来核算与企业日常营业活动没有直接关系的各项利得,如企业合并损益、盘盈利得、因债权人原因确实无法支付的应付款项、与日常活动无关的政府补助、教育费附加返还款、罚款收入、捐赠利得等,属于损益类账户。

账户结构:贷方登记确认的各项营业外收入实际发生额;借方登记期末结转至"本年利润"账户的金额。期末一般无余额。

(六)营业外支出

"营业外支出"账户用来核算除主营业务成本和其他业务成本等以外的各项非营业性支出,如罚款支出、捐赠支出、非正常损失等,属于损益类账户。

账户结构:借方登记实际发生的各项营业外支出;贷方登记期末结转至"本年利润"账户的金额。期末一般无余额。

(七)应付股利

"应付股利"账户用来核算企业股东大会或类似机构已决定向投资者分配而尚未支付的现金股利或利润,属于负债类账户。

账户结构:贷方登记应付而未付的现金股利或利润;借方登记已经支付的现金股利或

利润。期末余额一般在贷方,表示尚未支付的现金股利或利润。

三、利润相关核算

(一)营业外收支的核算

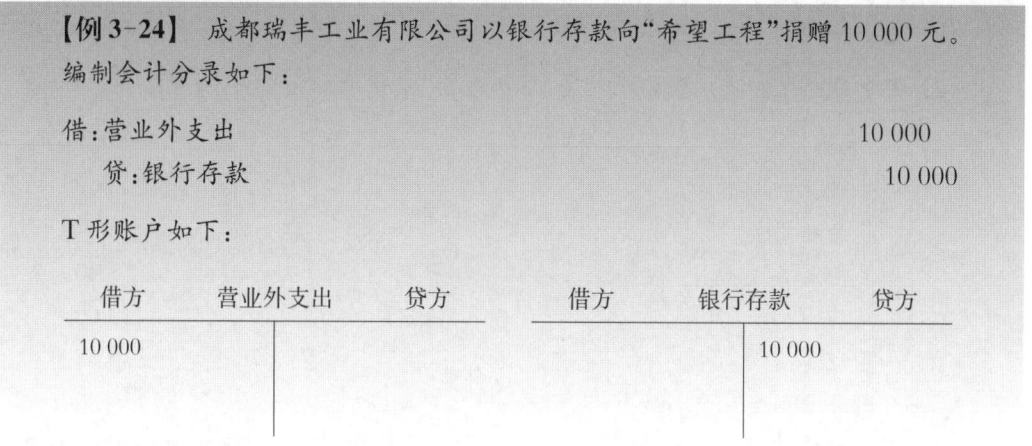

【例3-24】 成都瑞丰工业有限公司以银行存款向"希望工程"捐赠10 000元。

编制会计分录如下:

借:营业外支出　　　　　　　　　　　　　　　　　　　10 000

　　贷:银行存款　　　　　　　　　　　　　　　　　　　10 000

T形账户如下:

借方	营业外支出	贷方		借方	银行存款	贷方
10 000						10 000

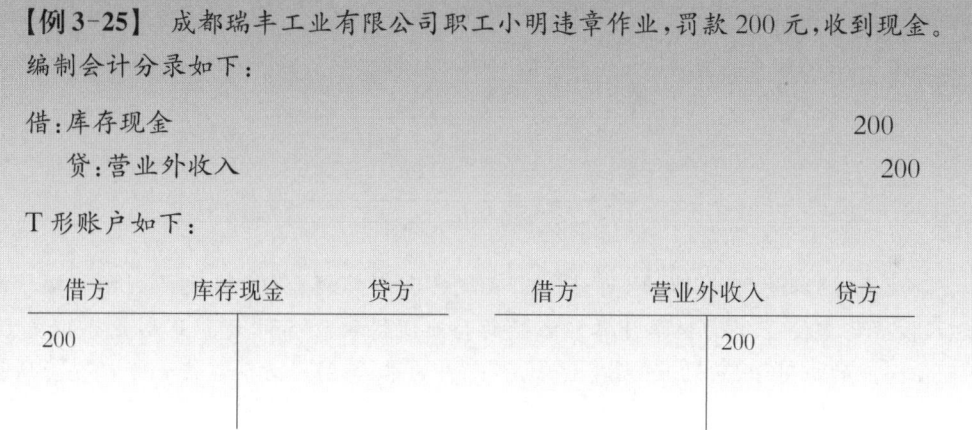

【例3-25】 成都瑞丰工业有限公司职工小明违章作业,罚款200元,收到现金。

编制会计分录如下:

借:库存现金　　　　　　　　　　　　　　　　　　　　　200

　　贷:营业外收入　　　　　　　　　　　　　　　　　　　200

T形账户如下:

借方	库存现金	贷方		借方	营业外收入	贷方
200						200

(二)利润归集的核算

当企业一个会计期间的所有收入、费用支出全部通过相应账户归集后,期末要将分散在不同账户中的资料通过一个账户进行汇总,以便反映一定时期内最终的财务成果,即利润或亏损数额。"本年利润"账户则属于财务成果的计算账户。因此,期末要将原记入收入类账户贷方的数额通过借方转入"本年利润"账户的贷方,将原记入费用、支出类账户借方的数额通过贷方转入"本年利润"账户的借方。

【例3-26】 将本年各收入类、费用支出类账户的全额结转到"本年利润"账户中。本年取得主营业务收入2 000 000元,其他业务收入10 000元,营业外收入200元;发生主营业务成本1 200 000元,其他业务成本8 000元,税金及附加12 000元,销售费用10 000元,管理费用250 000元,财务费用130 000,营业外支出10 000元。

（1）将收入类账户金额结转到"本年利润"账户中，编制会计分录如下：

借：主营业务收入 2 000 000

其他业务收入 10 000

营业外收入 200

贷：本年利润 2 010 200

（2）将费用支出类账户金额结转到"本年利润"账户中，编制会计分录如下：

借：本年利润 1 620 000

贷：主营业务成本 1 200 000

税金及附加 12 000

其他业务成本 8 000

销售费用 10 000

管理费用 250 000

财务费用 130 000

营业外支出 10 000

T 形账户如下：

借方	本年利润	贷方
	2 010 200	
1 620 000		
	390 200	

企业通过"本年利润"账户，可计算出实现的利润总额 390 200 元。利润总额计算出来后，按规定需按 25% 的税率计算应缴纳的企业所得税 97 550 元。此类业务的发生，一方面使企业的费用增加，记入"所得税费用"账户的借方；另一方面在尚未缴纳企业所得税之前，使企业的负债增加，记入"应交税费——应交所得税"账户的贷方。

根据利润总额计算企业的所得税并编制会计分录如下：

借：所得税费用 97 550

贷：应交税费——应交所得税 97 550

T 形账户如下：

借方	所得税费用	贷方		借方	应交税费	贷方
97 550						97 550

因为"所得税费用"也属于损益类账户中的费用类账户，因此，期末也应将其借方金额通过贷方转入"本年利润"账户的借方。

将"所得税费用"账户的全额结转到"本年利润"账户中,编制会计分录如下:

借:本年利润 97 550

　　贷:所得税费用 97 550

T形账户如下:

借方	所得税费用	贷方		借方	本年利润	贷方
97 550						390 200
	97 550			97 550		
0						292 650

(三)利润的清算

【例3-27】 年终将本年利润结转到"利润分配——未分配利润"账户中。

编制会计分录如下:

借:本年利润 292 650

　　贷:利润分配——未分配利润 292 650

T形账户如下:

借方	本年利润	贷方		借方	利润分配	贷方
		292 650				
292 650						292 650
		0				

(四)利润分配的核算

企业的净利润形成以后,必须按规定对其进行分配。首先必须按净利润的10%提取法定盈余公积金,然后向投资者分配利润。

企业提取盈余公积金,一方面使企业已分配的利润增加,记入"利润分配——提取盈余公积"账户的借方;另一方面,使企业的盈余公积增加,记入"盈余公积"账户的贷方。

【例3-28】 按税后净利润的10%提取法定盈余公积金。

编制会计分录如下:

借:利润分配——提取盈余公积 29 265

　　贷:盈余公积——法定盈余公积 29 265

T形账户如下:

借方	利润分配	贷方		借方	盈余公积	贷方
	292 650					29 265
29 265						
	263 385					

　　企业向投资者按净利润的 20% 分配现金股利,一方面要记入"利润分配——应付股利"账户的借方;另一方面在未向投资者实际支付股利前,企业的负债增加,应记入"应付股利"账户的贷方。

【例 3-29】　期末,企业计算出应向投资者分配的利润为 58 530 元。

编制会计分录如下:

借:利润分配——分配股利　　　　　　　　　　　　　　　　58 530

　　贷:应付股利　　　　　　　　　　　　　　　　　　　　　　58 530

T 形账户如下:

借方	利润分配	贷方		借方	应付股利	贷方
	292 650					58 530
29 265						
58 530						
	204 855					

【例 3-30】　结转"利润分配"各明细账户。

编制会计分录如下:

借:利润分配——未分配利润　　　　　　　　　　　　　　　87 795

　　贷:利润分配——提取盈余公积　　　　　　　　　　　　　29 265

　　　　　　　　　——分配股利　　　　　　　　　　　　　　58 530

12 月利润业务合计:

借方	营业外支出	贷方		借方	银行存款	贷方
10 000						10 000
10 000						10 000

借方	营业外收入	贷方		借方	库存现金	贷方
		200		200		
		200		200		

借方	所得税费用	贷方		借方	应交税费	贷方
97 550						97 550
		97 550				
0						97 550

借方	本年利润	贷方		借方	利润分配	贷方
		2 010 200				292 650
1 620 000				29 265		
97 550				58 530		
292 650						
	0					204 855

借方	应付股利	贷方		借方	盈余公积	贷方
		58 530				29 265
		58 530				29 265

四、财务机器人利润业务处理原理

(一)利润结转业务

财务机器人处理年末结转利润及利润分配相关业务没有对应的原始票据,因此,其凭证的自动生成也就不能通过扫描和识别票据的方式来实现,而需借助系统提供的 Excel 数据建模功能。通过 Excel 数据建模自动生成记账凭证中的会计科目,由财务机器人模型配置进行定义,科目对应的金额从 Excel 计提模板文件中提取。

微课视频:
利润结转
业务处理

以结转本年利润为例,在建立 Excel 数据模型时,财务机器人依据所选择计提结转的项目对应匹配模型。金额取值原理就是以 Excel 表中所要匹配的值的横纵表项名称进行取值,相当于选取坐标,只不过这里不是填写数字和字母,而是填写表项名称。结转本年净利润业务处理原理如表 3-26 所示。

表 3-26　　　　　　　　　结转本年净利润业务处理原理

方向	科目	模板匹配原理	金额取值原理
借	本年利润	根据【计提结转项目】匹配模型	取通用表中【全年净利润】和【金额】交汇处的值
贷	利润分配——未分配利润	根据【计提结转项目】匹配模型	取通用表中【合计】和【金额】交汇处的值

下面在会计基础与智能应用平台上对结转成都瑞丰工业有限公司的本年利润进行

Excel 数据建模,并由财务机器人自动生成记账凭证(账期:2023 年 12 月;上传文件名称:结转本年净利润.xlsx;计提金额保留两位小数)。

1. 下载 Excel 模板文件

从【Excel 数据建模】—【模板下载】界面下载"通用表单.xlsx"模板文件,用于填制结转本年净利润的相关信息。

2. 填制模板文件

开始填制"通用表单.xlsx",通用表单中的所属单位、计提结转项目、所属账期、编制日期、项目、计提金额以及合计均为必填项。已知成都瑞丰工业有限公司结转本年实现的净利润 27 850 000 元。结转本年净利润通用表单填制结果如图 3-74 所示。

通用表单

| | 所属单位: 成都瑞丰工业有限公司 | | | 计提结转项目: 结转本年净利润 | |
| | 所属账期: 2023年12月 | | | 编制日期: 2023年12月31日 | |
序号	项目	—	—	金额
1	全年净利润			27850000.00
2				
3				
4				
5				
6				
—	合计			27850000.00

制单: 王欣

图 3-74 结转本年净利润通用表单填制

3. 重命名模板文件

填制完成的通用表单需要重新命名,不能使用原命名"通用表单.xlsx"。若在同一模板中使用相同文件名上传通用表单,则会导致原先上传形成的凭证被后面上传的凭证数据所覆盖。因此,此处需将填制完成的表格重命名或另存为"结转本年净利润.xlsx",为财务机器人根据模板自动生成凭证作好准备。

4. 模型配置

模型配置是为财务机器人从 Excel 模板文件中自动提取相关数据及自动生成凭证,为以后由财务机器人自动处理同类型业务、自动生成凭证作好准备。

(1)凭证头设置。

在【Excel 数据建模】—【模型配置】界面,单击【新增】按钮增加凭证模板。在凭证头设置中,设置模板名称为"结转本年净利润",文档类型为"通用表单",记账日期为"@编制日期",账期为"@所属账期",制单人为"@制单",推送方式为"自动推送",计提结转项目为"结转本年净利润"。

(2)分录设置。

设置凭证摘要为"@模板名称";借方科目为"本年利润",金额取值为"全年净利润"和"金额";贷方科目为"利润分配——未分配利润",金额取值为"合计"和"金额"。分录设置如图 3-75 所示。

操作	摘要	科目	明细设置	方向	金额取值		数量取值	
⊕ ⊖	@模板名称	4103 本年利润		借	全年净利润	金额 ⊕		⊕
⊕ ⊖	@模板名称	410401 利润分配-未分配利润		贷	合计	金额 ⊕		⊕

图 3-75　分录设置

（3）合并及排序。

分录合并方式设置为"不合并"，分录自定义排序设置为"启用"，排序条件设置为按照"借贷方"排序。

① Excel 计提模板与 Excel 模型配置之间具有关联，在凭证头设置中，记账日期为"@编制日期"，账期为"@所属账期"，制单人为"@制单"，这三项为默认设置无须添加。其中"@编制日期""@所属账期""@制单"对应的就是通用计提表中的编制日期、所属账期和制单，上传表单时会从对应单元格中取值，默认项如图 3-76 所示。

通用表单

所属单位：成都瑞丰工业有限公司			计提结转项目：	
所属账期 2023年12月			编制日期 2023年12月31日	
序号	项目	—		
1				
2				
3				
4				
5				
6				
—	合计			
			制单 王欣	

图 3-76　通用表单

② 在分录设置中，摘要栏的项目可以选择"@模板名称""@文档类型"或"@计提结转项目"，这三项对应的就是凭证头中的设置。凭证头如何设置，摘要对应选取的项目便如何显示。

③ 凭证模型配置一旦完成，以后涉及模型对应业务只需填写和上传 Excel 表单即可由财务机器人自动生成相应凭证。

5. 导入"结转本年净利润"模板文件

在【Excel 数据建模】—【Excel 数据导入】界面中，先单击【选择文件】按钮选择已填制完成的"结转本年净利润.xlsx"表，再单击【上传】按钮，由财务机器人自动生成记账凭证，生成的凭证如图 3-77 所示。

（二）利润分配业务

年末结转本年净利润后还有利润分配相关业务需要进行处理，包括提取盈余公积、分配现金股利、盈余公积转增资本、结转未分配利润等，其建模原理与结转本年净利润业务

微课视频：提取盈余公积业务处理

3

凭证号	凭证日期	摘要	会计科目	借方金额	贷方金额	附件张数	制单人	影像	操作
记-1	2023-12-31	结转本年净利润	4103 本年利润	27,850,000.00		1	王欣	下载	详情 编辑
		结转本年净利润	410401 利润分配-未分配利润		27,850,000.00				

图 3-77　结转本年净利润生成凭证

一致,都是导入填制完成的通用表单,匹配建立的 Excel 数据模型并自动生成凭证,区别仅在于会计科目和金额取值选取表项位置的差异。因此利润分配相关业务的建模,此处不再赘述。

自我检测

一、单项选择题

1. "利润分配"账户归属于(　　)。

A. 资产要素 　　　　　　　　　　B. 负债要素

C. 利润要素 　　　　　　　　　　D. 所有者权益要素

2. 假设企业全年应纳税所得额为 180 000 元,按税法规定 25% 的税率计算应纳所得税额。下列账务处理中正确的是(　　)。

A. 借:所得税费用　　　　　　　　　　　　　　　　　　45 000

　　贷:银行存款　　　　　　　　　　　　　　　　　　　45 000

B. 借:税金及附加　　　　　　　　　　　　　　　　　　45 000

　　贷:应交税费——应交所得税　　　　　　　　　　　45 000

C. 借:税金及附加　　　　　　　　　　　　　　　　　　45 000

　　贷:银行存款　　　　　　　　　　　　　　　　　　　45 000

D. 借:所得税费用　　　　　　　　　　　　　　　　　　45 000

　　贷:应交税费——应交所得税　　　　　　　　　　　45 000

3. 下列账户中,(　　)账户期末一般无余额。

A. "管理费用"　　　B. "生产成本"　　　C. "利润分配"　　　D. "应付账款"

4. 按照《公司法》的有关规定,公司应当按照当年净利润(抵减年初累计亏损)后的(　　)提取法定盈余公积。

A. 10%　　　　　　B. 15%　　　　　　C. 5%　　　　　　D. 7%

5. 企业根据净利润的一定比例计提盈余公积,会计分录为(　　)。

A. 借:利润分配——提取法定(或任意)盈余公积

　　贷:盈余公积——法定(或任意)盈余公积

B. 借:利润分配——未分配利润

　　贷:盈余公积——法定(或任意)盈余公积

C. 借:盈余公积——法定(或任意)盈余公积

　　贷:未分配利润

D. 借：盈余公积——法定（或任意）盈余公积

　　　贷：本年利润

6. 下列各项中，不会引起利润总额增减变化的是（　　）。

A. 销售费用　　　　　　　　　　B. 管理费用

C. 所得税费用　　　　　　　　　D. 营业外支出

二、多项选择题

1. 利润分配的明细账户包括（　　）账户。

A. "提取任意盈余公积"　　　　　B. "盈余公积补亏"

C. "未分配利润"　　　　　　　　D. "转作股本的股利"

2. 企业当年实现净利润 100 万元，按 25% 的所得税税率计算企业所得税，本年度应交所得税为 25 万元，则该项经济业务涉及（　　）账户。

A. "应交税费"　　　　　　　　　B. "税金及附加"

C. "银行存款"　　　　　　　　　D. "所得税费用"

3. 下列项目中，应记入"营业外支出"账户的有（　　）。

A. 广告费　　　　　　　　　　　B. 借款利息

C. 固定资产盘亏　　　　　　　　D. 捐赠支出

4. 下列科目属于损益类账户的有（　　）账户。

A. "管理费用"　　　　　　　　　B. "销售费用"

C. "制造费用"　　　　　　　　　D. "财务费用"

5. 为了核算企业利润分配的过程、去向和结果，企业应设置（　　）账户。

A. "利润分配"　　　　　　　　　B. "管理费用"

C. "盈余公积"　　　　　　　　　D. "应付股利"

6. 下列项目中，会影响营业利润计算的有（　　）。

A. 营业外收入　　B. 税金及附加　　C. 营业成本　　D. 销售费用

三、判断题

1. 企业计算所得税费用时应以净利润为基础，根据适用税率计算确定。　　　　　（　　）

2. 营业外支出是指跟主营业务相关的支出。　　　　　　　　　　　　　　　　（　　）

3. 如果不存在年初累计亏损，提取法定盈余公积的基数为可供分配利润；如果存在年初累计亏损，提取的法定盈余公积的基数为当年实现的净利润。　　　　　　　　（　　）

4. 利润总额 = 营业利润 + 营业外收入 − 营业外支出。　　　　　　　　　　　（　　）

5. 企业的利得和损失包括直接计入所有者权益的利得和损失以及直接计入当期利润的利得和损失。　　　　　　　　　　　　　　　　　　　　　　　　　　（　　）

6. 向投资者支付分配的利润不影响所有者权益总额。　　　　　　　　　　　　（　　）

7. 盈余公积金和未分配利润，均可以用来弥补亏损。　　　　　　　　　　　　（　　）

8. 企业的资本公积金和未分配利润统称为留存收益。　　　　　　　　　　　　（　　）

9. 利润是企业在日常活动中取得的经营成果，因此它不应包括企业在偶发事件中产生的利得和损失。　　　　　　　　　　　　　　　　　　　　　　　　　　（　　）

项目三
任务五
自我检测
参考答案

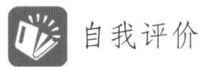 自我评价

本任务完成情况评价表
（在□中打√，A掌握，B基本掌握，C未掌握）

评价指标	自测结果
1. 能够梳理利润归集的方法	□A □B □C
2. 能够设立利润环节相关的会计账户	□A □B □C
3. 能够掌握利润环节基本会计核算	□A □B □C
4. 能够掌握财务机器人利润业务建模原理	□A □B □C

素养课堂

坚持诚信，守法奉公：2023 年"诚信之星"——安踏集团

　　创立于 1991 年的安踏，在它诞生之初，并不显眼，仅仅在福建省晋江市，和它一样从事服装鞋类生产的知名企业就多达十几家。但经过 30 多年的风云变幻，有企业退市，有企业破产，还有的企业一直挣扎在亏损边缘。只有安踏一路崛起，成为中国体育的领先品牌。安踏成功的秘诀是什么呢？安踏集团董事局主席丁世忠表示："我觉得我们过去特别幸运，背靠着 14 多亿人口大市场大需求的大背景当中，实实在在三十几年心无旁骛地做好主业。"受 2008 年北京奥运会刺激，中国运动鞋服品牌曾经历了一段疯狂扩张的野蛮生长阶段，各种营销大战、渠道大战层出不穷。奥运过后，国内运动鞋服市场增速急剧下跌，爆发了库存危机，许多鞋服企业不得不打折促销，不计成本大甩卖，导致严重亏损。在这场危机中，安踏深刻地认识到，一个企业如果仅仅靠物美价廉，是难以在市场上做大做强的。2015 年，安踏把研发费用提升到销售总成本的 5% 以上，不仅在国内同行中排名第一，也接近了国际运动品牌的研发占比。当年安踏的营收达到 111.26 亿元，成为中国首家进入百亿元俱乐部的运动品牌企业。承重超过 1 吨的"安踏吨位鞋"、钢架雪车鞋、"运动前掌王"、炽热科技保暖服等一系列高科技产品横空出世。同时安踏把为运动员打造的高科技比赛服推向了大众市场，从中国制造到中国创造，安踏以自己的成功实践诠释了中国企业对于诚信经营的新定义：以满足人民日益增长的美好生活需要为出发点，把高质量发展成果转化为高品质生活，让亿万消费者有更多的获得感、幸福感。这就是新时代中国企业的历史使命。

　　多年来，安踏集团坚持诚信经营、质量为先，着力打造有品质有实力的国货品牌，模范践行社会主义核心价值观，以实际行动展现了以诚立身、诚信为本的时代风貌和崇高精神。作为会计专业的一名学生，无论任何情形都更应该坚持诚实守信，遵守法律法规的原则。这意味着在处理财务事务时，必须遵守诚实守信的基本原则，确保数据的真实、准确和完整。同时，会计人员应当遵守所有相关的财务法规和公司规定，确保公司的财务活动合法合规。

项目四

组织财产清查

（一）知识目标

1. 明确财产清查的内容及意义、财产清查的一般程序。

2. 熟悉财产清查制度及其应用。

3. 掌握财产清查的方法及智能核算财产清查结果的账务处理。

（二）能力目标

1. 能够理解财产清查的原因，包括财产清查的概念及作用。

2. 能够掌握货币资金清查方法，包括库存现金、银行存款的清查。

3. 能够了解两种存货的盘存制度下确定存货资产期末结存数量的方法。

4. 能够根据财产清查账务处理原理，设置财务机器人可识别的财产清查 Excel 配置模型。

（三）素养目标

1. 培养在财产清查中形成严谨、细致、耐心的职业态度和敬业精神。

2. 增强对财产清查意义的认识，提高财务管理意识。

3. 培养学会应用新知识、新技术解决财会问题的能力。

4. 培养"坚持诚信、守法奉公"的职业素养，树立正确的价值观。

项目分解 ▶

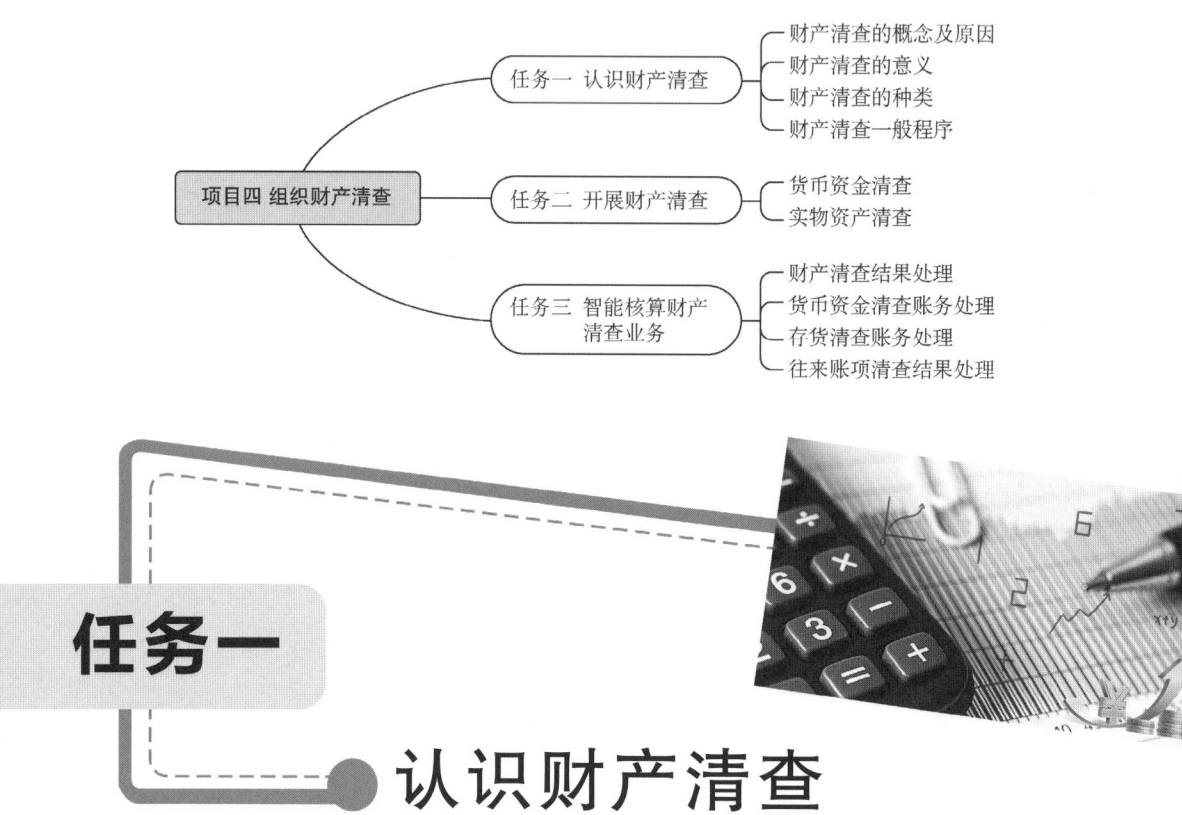

任务一 认识财产清查
- 财产清查的概念及原因
- 财产清查的意义
- 财产清查的种类
- 财产清查一般程序

项目四 组织财产清查

任务二 开展财产清查
- 货币资金清查
- 实物资产清查

任务三 智能核算财产清查业务
- 财产清查结果处理
- 货币资金清查账务处理
- 存货清查账务处理
- 往来账项清查结果处理

任务一

认识财产清查

任务描述

成都瑞丰工业有限公司法人代表林晟将财务王欣叫来了办公室:"王欣,我考虑了一下,觉得我们有必要对公司的财产进行一次全面的清查。"

王欣点点头:"是的,林总。我也这么想过。随着公司业务的不断扩展,财产的种类和数量都在增加,进行一次清查确实很有必要。"

林晟:"对,财产清查不仅可以让我们更清楚地了解公司的资产状况,还能发现可能存在的风险和问题,提前进行防范。"

王欣:"确实如此。财产清查的价值不仅在于确认资产的存在和数量,更重要的是通过清查可以发现管理上的漏洞,提升资产使用效率。"

林晟:"那你觉得我们应该如何进行这次财产清查呢?"

王欣:"林总,我建议我们可以采取分步骤的方式。首先,对所有的固定资产和流动资产进行登记和盘点,确保账实相符;其次,对各项资产的使用情况进行评估,看是否存在浪费或者不合理使用的情况;最后,针对清查中发现的问题,制定改进措施并跟进执行。"

林晟点头赞许:"你的想法很全面。那就按照你的建议,我们开始着手准备吧。记住,这次财产清查要严谨细致,不能有任何遗漏。"

王欣:"明白,林总。我会组织财务部门的人员,制订详细的清查计划,确保清查工作的顺利进行。"

任务训练

1. 根据任务描述,帮助林晟梳理财产清查的背景。
2. 根据任务描述,为林晟阐述财产清查的作用。
3. 根据任务描述,为林晟列出组织财产清查的方式。

知识准备

一、财产清查的概念及原因

企业的流动资产、固定资产和债权资产等各项财产物资的增减变动和结余情况一般通过登记会计账簿可以得到正确地反映。但实际工作中,由于多方面原因,企业财产物资的账面数和实有数会存在差异,账实不相符。

造成各种财产物资账实不符的原因如图 4-1 所示。

动画视频:
财产清查

| 在收、发各项财产过程中,由于计量、检验不准确而发生品种、数量或质量上的差错 | 在财产发生增减变动时,发生漏记、多记或计算上的差错 | 在财务的保管过程中,受到气候等自然因素影响而发生的数量和质量上的变化 | 因管理不善、贪污盗窃、徇私舞弊等行为造成财产的腐烂变质及毁损、财产短缺 | 存在未达账项 |

图 4-1　账实不符原因

为了保证会计记录的准确性和真实性,企业必须有计划、有组织地进行财产清查工作。财产清查,是通过对实物资产、现金资产的实地盘点和对银行存款、债权债务的核对或查询,查明各项财产物资、货币资金、债权债务的实存数,用以确定其实存数与账存数是否相符的一种专门方法。

二、财产清查的意义

财产清查是企业内部实施会计控制和会计监督的重要活动,运用财产清查这一行之有效的方法,不仅有利于摸清企业"家底",也有利于企业财产的保存完好。财产清查的意义主要有以下几点:

1. 保证会计资料的准确可靠

通过财产清查,可查明各项财产的实存数与账存数的差异,以及发生差异的原因及责任,及时按照规定把账存数调整为实存数,从而达到账实相符,保证会计资料的准确可靠。

4

2. 充分利用企业的各项资源

通过财产清查,可查明各种财产的结存和利用情况,发现有无储备不足、积压、闲置等情况,以便采取措施,充分挖掘物资潜力,合理有效地利用企业的各项资源。

3. 提升企业财产管理的水平

通过财产清查,可以发现财产管理工作中各项财产有无短缺、毁损、变质、贪污盗窃等各种问题,对发现的问题应及时分析原因,追查责任,同时要吸取教训,提升管理工作,切实保证各项财产物资的安全与完整。

4. 提高财产管理人员的业务素质

通过财产清查,可以加强工作人员岗位责任制,促使其吸取教训,总结经验,增强岗位工作谨慎性和敬业精神,提高业务素质。

三、财产清查的种类

财产清查按照清查范围,分为全面清查和局部清查;按照清查的时间,分为定期清查和不定期清查;按照清查的执行系统,分为内部清查和外部清查。

（一）按照清查范围分类

1. 全面清查

全面清查是指对一个企业所有的财产进行全面的盘点和核对。需要进行全面清查的情况通常有:①年终决算前;②合并改属关系前;③中外合资、国内合资前;④股份制改造前;⑤开展全面的资产评估、清产核资前;⑥单位主要领导调离工作前等。

2. 局部清查

局部清查是指根据需要只对部分财产进行盘点和核对。局部清查的范围和对象,应根据业务需要和相关情况具体而定。一般而言,局部清查的情况通常有:

（1）对于流动性较大的财产物资,如原材料、在产品、产成品,应根据需要随时轮流盘点或重点抽查。

（2）对于贵重财产物资,每月都要进行清查盘点。

（3）对于库存现金,每日终了,应由出纳人员进行清点核对。

（4）对于银行存款,企业至少每月同银行核对一次。

（5）对于债权、债务,企业应每年至少同债权人、债务人核对一至两次。

（二）按照清查的时间分类

1. 定期清查

定期清查是指按照预先计划安排的时间对财产物资进行盘点和核对。定期清查一般在年末、季末、月末进行。

2. 不定期清查

不定期清查是指事前不规定清查日期,而是根据特殊需要临时进行的盘点和核对。不定期清查主要在以下情况下进行,如图4-2所示。

（三）按照清查的执行系统分类

1. 内部清查

内部清查是指由本单位内部自行组织清查工作小组所进行的财产清查工作。大多数

| (1) 财产物资、库存现金保管人员更换时，要对有关人员保管的财产物资、库存现金进行清查，以分清经济责任，便于办理交接手续 | (2) 发生自然灾害和意外损失时，要对损失的财产物资进行清查，以查明损失情况 | (3) 上级主管、财政、审计和银行等部门，对本单位进行会计检查时应按检查的要求和范围对财产物资进行清查，以验证会计资料的可靠性 | (4) 因管理不善、贪污盗窃、徇私舞弊等行为造成财产的腐烂变质及毁损、财产短缺 | (5) 开展临时性清产核资时，要对本单位的财产物资进行清查，以便摸清家底 |

图 4-2　不定期清查的情况

财产清查都是内部清查。

2. 外部清查

外部清查是指由上级主管部门、审计机关、司法部门、注册会计师等根据国家有关规定或情况需要对本单位进行的财产清查。一般来讲，进行外部清查时应有本单位相关人员参加。

四、财产清查一般程序

财产清查不仅是会计核算的一种专门方法，也是财产物资管理的一项重要制度，必须有序、有组织地进行。财产清查一般程序如图 4-3 所示。

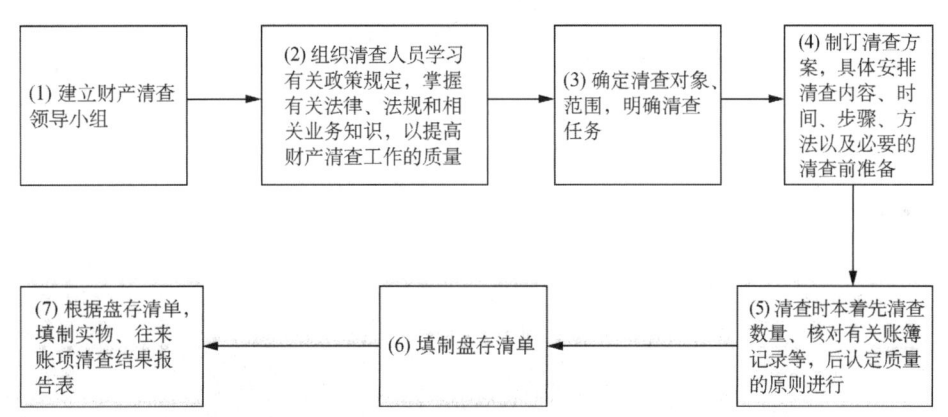

图 4-3　财产清查一般程序

 自我检测

一、单项选择题

1. 财产清查是通过对货币资金、实物资产和往来款项进行实地盘点或核对，来查明其（　　）是否相符的一种专门方法。

A. 账簿记录与会计凭证　　　　　B. 有关账簿之间

C. 账存数与实存数　　　　　　　D. 账簿记录与会计报表

2. 一般而言，单位撤销、合并时，要进行（　　）。

A. 定期清查　　B. 全面清查　　C. 局部清查　　D. 实地清查

实训成果

项目四
任务一
实训成果
参考答案

3. 企业发生自然灾害或意外损失时的财产清查属于(　　)。

A. 不定期清查　　　B. 全面清查　　　C. 技术清查　　　D. 定期清查

二、多项选择题

1. 财产清查按照清查的时间可分为(　　)。

A. 全面清查　　　B. 局部清查　　　C. 定期清查　　　D. 不定期清查

2. 既属于不定期清查,又属于全面清查的有(　　)。

A. 开展清产核资时的清查　　　　B. 更换物资保管员时的凭证清查

C. 企业更换主要负责人时的清查　　D. 单位撤销、合并或改变隶属关系前的清查

三、判断题

1. 进行财产清查可以保证会计核算资料的真实可靠。 (　　)

2. 按照清查的对象,财产清查分为定期清查和不定期清查。 (　　)

3. 资产清查不仅是会计核算的一种专门方法,也是财产物资管理的一项重要制度,必须有序、有组织地进行。 (　　)

项目四
任务一
自我检测
参考答案

 自我评价

本任务完成情况评价表

(在□中打√,A 掌握,B 基本掌握,C 未掌握)

评价指标	自测结果
1. 能够了解进行财产清查的原因	□A □B □C
2. 能够清楚进行财产清查的意义	□A □B □C
3. 能够掌握财产清查的种类	□A □B □C
4. 能够掌握财产清查的一般程序	□A □B □C

4

任务二

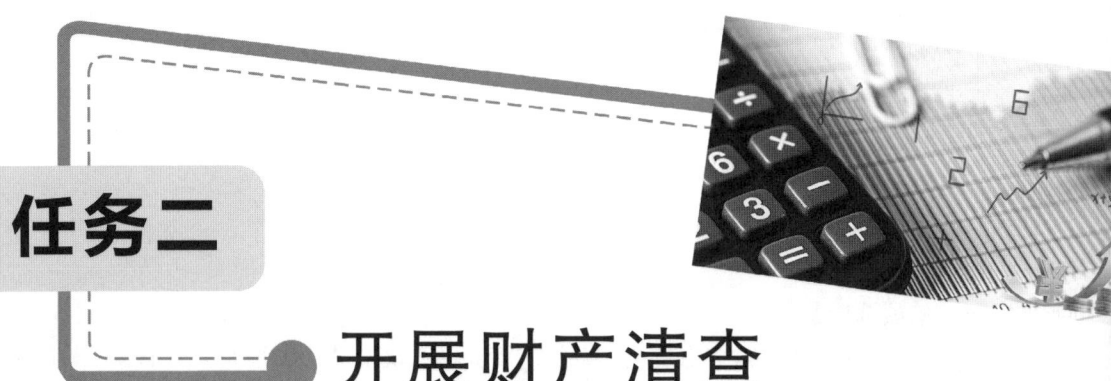

开展财产清查

任务描述

成都瑞丰工业有限公司法人代表林晟与财务王欣在公司会议室进行了一次关于库存

现金和银行存款财产清查的讨论。企业实点现金 100 元面额 38 张,50 元面额 4 张,10 元面额 5 张,5 元面额 1 张,1 元面额 5 张,且基准日现金账面余额为 4 160 元,基准日至清查日无现金收支;2023 年 12 月 31 日银行存款日记账的余额为 5 400 000 元,银行转来对账单的余额为 8 300 000 元。林晟对清查结果有些不满并询问银行存款金额不一致的原因。

王欣站在林晟对面,拿着自己的笔记本,认真地解释道:"林总,我也注意到了这个问题。经过初步核查,我发现有几个可能的原因。首先,可能是银行在记账时出现了误差,或者是我们这边在录入数据时出了错。其次,也有可能是存在未达账项,比如银行已经收到款项,但我们这边还没收到通知,或者我们已经付款,但银行还没处理。"

林晟点了点头,表示理解,但仍然有些担忧:"这些原因我都理解,但问题是我们现在要怎么办? 这种金额不一致的情况对公司的财务健康影响很大,必须尽快解决。"

王欣回答说:"是的,林总。我已经联系了银行方面,他们正在核查相关记录。同时,我也会组织团队对我们这边的数据进行再次核对,确保没有录入错误。另外,我们也会加强内部控制,防止类似问题再次发生。"

下午王欣向林晟汇报银行存款余额不一致的原因。"林总,经核查是存在这四笔未达账项:(1)公司已送存转账支票 6 000 000 元,但银行尚未记账;(2)公司开出转账支票 4 500 000 元,但持票单位尚未到银行办理转账,银行尚未记账;(3)公司委托银行代收了一笔购货款 4 800 000 元,但公司仍未收到收款通知,尚未记账;(4)银行代公司支付电话费 400 000 元,公司仍未收到银行付款通知,尚未记账。"林晟听后:"辛苦你和你的团队了。公司的财务健康是我们每个人都应该关心的事情。"两人便结束了这次讨论。

任务训练

1. 根据任务描述,填制表 4-1"库存现金盘点报告表"。

表 4-1　　　　　　　　　库存现金盘点报告表

所属单位:　　　　　　　所属账期:　　　　　　　编制日期:

清查基准日:			2023 年 12 月 31 日	币种:人民币
清查日清点现金			核对账目	
货币面额	张数	实点金额	项目	金额
100 元			基准日现金账面余额	
50 元			加:清查基准日至清查日的现金收入	
20 元			减:清查基准日至清查日的现金支出	
10 元			调整后现金余额	
5 元			实点现金	
2 元			长款金额	
1 元			短款金额	

（续表）

货币面额	张数	实点金额	项目	金额
5角				
2角				
1角				
5分				
2分				
1分				
实点合计:				

审核会计:　　　　　　　　　　　　监盘人:　　　　　　　　　　出纳员:

2．根据任务描述,帮助林晟编制表 4-2"银行存款余额调节表"。

表 4-2　　　　　　　　　　　　　　银行存款余额调节表

开户行:　　　　　　　　　　　日期:　　　　年　　月　　日　　　账号:

项目	金额	项目	金额
银行存款日记账余额		银行对账单余额	
加:银行已收企业未收		加:企业已收银行未收	
减:银行已付企业未付		减:企业已付银行未付	
调节后的存款余额		调节后的存款余额	

3．根据任务描述,帮助林晟阐述企业实物资产进行清查的方法。

4．根据任务描述,帮助林晟进一步了解往来账项的清查知识。

知 识 准 备

一、货币资金清查

（一）库存现金清查

库存现金的清查,是采用实地盘点法确定库存现金的实存数,然后与库存现金日记账的账面余额相核对,确定账实是否相符。

1．库存现金的清查方法

库存现金清查一般由主管会计或财务负责人和出纳人员共同清点出各种纸币的张数和硬币的个数,并填制库存现金盘点报告表。

2．库存现金的清查手续

对库存现金进行盘点时,出纳人员必须在场,有关业务必须在库存现金日记账中全部登记完毕。盘点时,一方面要注意账实是否相符;另一方面还要检查现金管理制度的遵守情况,如库存现金有无超过其限额,有无白条抵库、挪用舞弊等情况。盘点结束后,应填制

动画视频:
库存现金
清查

库存现金盘点报告表,如表 4-1 所示,其是重要的原始凭证。

（二）银行存款清查

银行存款的清查,是采用与开户银行核对账目的方法进行的,即将本单位银行存款日记账的账簿记录与开户银行转来的对账单逐笔进行核对,查明银行存款的实有数额。

1. 银行存款的清查方法

动画视频:
银行存款
清查

银行存款的清查一般在月末进行。将截至清查日所有银行存款的收付业务都登记入账后,对发生的错账、漏账应及时查清更正,再与银行的对账单逐笔核对。如果二者余额相符,通常说明没有错误;如果二者余额不相符,则可能是企业或银行一方或双方记账过程有错误或者存在未达账项。

2. 银行存款的清查程序

银行存款的清查按以下步骤进行:

（1）核对银行存款日记账与银行对账单具体业务。根据经济业务、结算凭证的种类、号码和金额等资料,逐日逐笔核对银行存款日记账和银行对账单,凡双方都有记录的,用铅笔在金额旁打上记号"√"。

（2）核对银行存款日记账与银行对账单余额。如果核对后双方余额相等,一般说明无错误。如果余额不相符,原因主要有两个:①某方（尤其是存款单位）账簿登记发生差错,对于这种情况应查明原因,及时予以更正;②多数原因是"未达账项"所造成的。

（3）查找未达账项。将日记账和对账单的月末余额及找出的未达账项填入银行存款余额调节表,并计算出调整后的余额。

（4）调整平衡的银行存款余额调节表经主管会计签章后,作为企业的会计档案保存。

银行存款清查流程如图 4-4 所示。

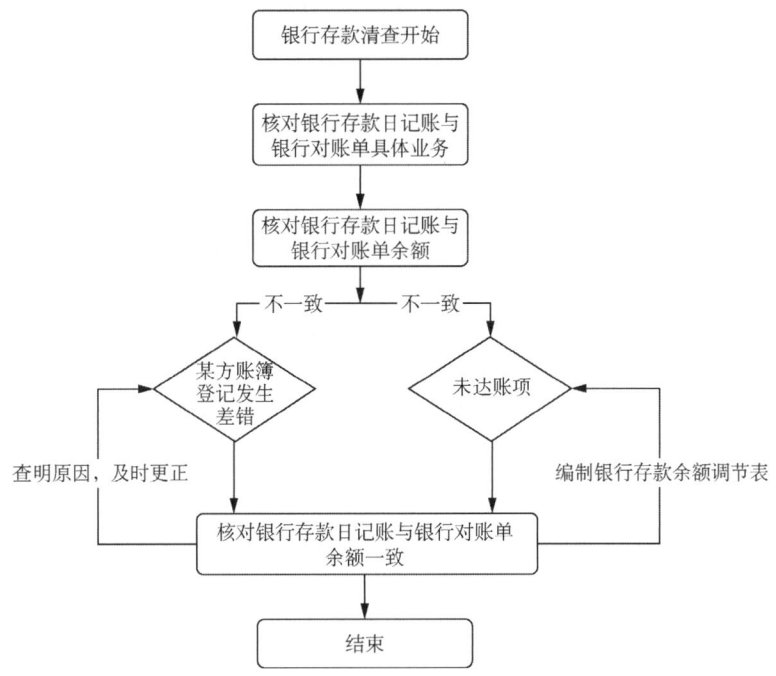

图 4-4　银行存款清查流程图

3. 未达账项

未达账项，是指企业与其开户银行之间，一方收到凭证并已入账，另一方未收到凭证因而未能入账的账项。

未达账项一般分为以下四种情况：

（1）企业已收款记账，银行未收款未记账的款项。例如，企业已将收到的购货单位开出的转账支票送存银行并且入账，但是银行因尚未办妥转账收款手续而没有入账。

（2）企业已付款记账，银行未付款未记账的款项。例如，企业开出转账支票并已入账，但银行因收款单位尚未办理转账手续或银行尚未办妥转账付款手续而没有入账。

（3）银行已收款记账，企业未收款未记账的款项。例如，企业委托银行代收的款项，银行已办妥收款手续并已入账，但是因收款通知尚未到达企业，故企业尚未入账。

（4）银行已付款记账，企业未付款未记账的款项。例如，企业应付给银行的借款利息，银行已经办妥付款手续并已入账，但是因付款通知尚未到达企业，故企业尚未入账。

上述任何一种未达账项的存在，都会使企业银行存款日记账的余额与银行开出的对账单的余额不符。所以，在与银行对账时首先应查明是否存在未达账项，如果存在未达账项，就应当编制银行存款余额调节表，据以确定企业银行存款实有数。

4. 银行存款余额调节表的编制

银行存款余额调节表（表4-2）的编制，是以企业银行存款日记账余额和银行对账单余额为基础，各自分别加上对方已收款入账而己方尚未入账的数额，减去对方已付款入账而己方尚未入账的数额。

其计算公式如下：

$$\begin{array}{l}企业银行存款\\日记账余额\end{array} + \begin{array}{l}银行已收\\企业未收款\end{array} - \begin{array}{l}银行已付\\企业未付款\end{array} = \begin{array}{l}银行对账单\\存款余额\end{array} + \begin{array}{l}企业已收\\银行未收款\end{array} - \begin{array}{l}企业已付\\银行未付款\end{array}$$

重点提示：未达账项不是错账、漏账，因此，不能根据银行存款余额调节表做任何账务处理。对于其中所涉及的全部未达账项，都必须在收到有关结算凭证后方可登记入账。

二、实物资产清查

实物资产的清查是对实物资产数量和质量进行的清查。本书重点阐述存货的相关清查方法。

（一）存货清查制度

存货清查的重要环节是盘点其数量，为确保盘点工作进行顺利，需要建立存货的盘存制度。通常有实地盘存制和永续盘存制两种制度。

（1）实地盘存制。实地盘存制也称为以存计耗制，是指在期末通过盘点实物来确定财产的数量，并据以计算财产期末结存额和本期减少额的一种方法。其计算公式如下：

$$本期减少数 = 期初结存数 + 本期增加数 - 期末结存数$$

在实地盘存制下，对各项存货资产进行清查盘点的目的，不是为了查明账实是否相符，而是以清查盘点的结果作为期末结存数，从而计算本期减少数。

实地盘存制的优点：核算手续比较简单，工作量较小。实地盘存制的缺点：核对手续

动画视频：
实物清查

不够严密,除盘存外的所有存货资产都被认为已耗用或售出,不能随时反映存货资产的收入、发出和结存的动态情况,不利于财产物资的日常监督和管理。

实地盘存制的适用范围:只适用于少数单价低、品种杂、进出频繁的商品,以及数量不稳定、损耗大且难以控制的鲜活商品流通企业。

(2) 永续盘存制。永续盘存制也称为账面盘存制,是指平时对存货资产的增加和减少数都要根据会计凭证记入有关账簿,并随时结出账面结存数的一种盘存制度。其计算公式如下:

$$期末结存数 = 期初结存数 + 本期增加数 - 本期减少数$$

永续盘存制的优点:核算手续比较严密,通过账簿记录能够随时了解存货资产的增减变动情况,有利于加强存货资产的管理,保证存货资产的安全与完整。永续盘存制的缺点:如果存货资产的品种繁多、规格复杂,核算的工作量就比较大。

永续盘存制的适用范围:除非有特殊情况,否则存货的核算程序一般都应采用永续盘存制。

(二) 存货清查方法

存货的实物形态和存放或使用方式等各不相同,因此确定其存货数量的方法也不同,具体有以下四种方法:

(1) 全面盘点法。对企业的所有存货通过点数、过磅、量尺等方式确定其实有数量的方法。

(2) 技术推算法。通过量方、计尺等技术推算测定存货实有数量的方法,该方法只适用于成堆量大而价值不高,逐一清点的工作量和难度较大的财产物资的清查。例如,露天堆放的煤炭等。

(3) 抽样盘存法。对于数量多、价值小、重量均匀的存货,采用从中抽取少量样品,以确定其数量的方法。

(4) 查询核实法。通过向对方单位发函调查,并与本企业的账存数相核对的方法。

(三) 存货清查程序

在实物清查过程中,实物保管人员和盘点人员必须同时在场。对于盘点结果,应如实登记盘存单,并由盘点人和实物保管人签字或盖章,以明确经济责任。盘存单既是记录盘点结果的书面证明,也是反映财产物资实存数的原始凭证。其格式如表 4-3 所示。

表 4-3　　　　　　　　　　　　　　　盘存单

单位名称　　　　　　　　　　　　盘点时间:

财产类别　　　　　　　　　　　　存放地点:　　　　　　　　编号:

编号	名称	规格或型号	计量单位	数量	单价	金额	备注

4

（续表）

编号	名称	规格或型号	计量单位	数量	单价	金额	备注

　　若查明实存数与账存数不一致，存在盘盈或盘亏的情况，应根据盘存单和有关账簿记录，编制"实存账存对比表"。实存账存对比表是用以调整账簿记录的重要原始凭证，也是分析产生差异的原因、明确经济责任的依据。其格式如表4-4所示。

表 4-4　　　　　　　　　　　　　　实存账存对比表

所属单位：　　　　　　　　　　　　　　　　　　　　　　　　　　　　　盘点日期：

编号	类别	存货名称	单价	账存		实存		盘盈		盘亏		备注
				数量	金额	数量	金额	数量	金额	数量	金额	
	合计		—									

监盘人：　　　　　　　　　　　　盘点人：　　　　　　　　制单：

根据以上叙述,存货清查程序如图 4-5 所示。

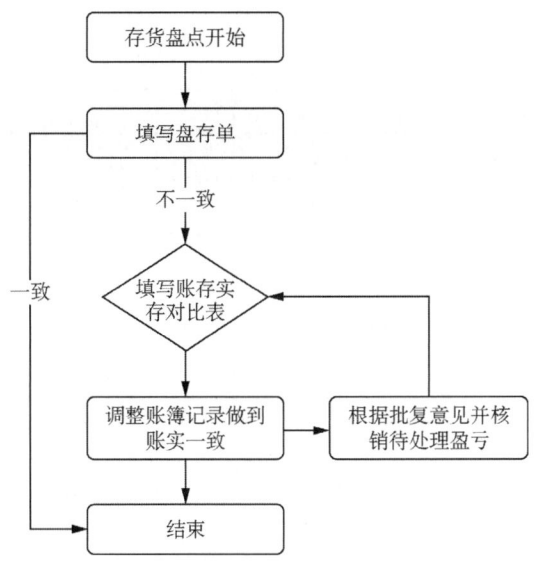

图 4-5 存货清查程序

想一想:企业发生的各种往来账项应如何进行清查?

往来账项,是指企业的各种应收款项、预付款项、应付款项和预收款项等。其中前两项属于企业的债权,后两项属于企业的债务。

(一)往来账项的清查方法

往来账项的清查一般采用询证函的方法,与债权债务企业核对账目。往来账项询证函如表 4-5 所示。

表 4-5　　　　　　　　　　　往来账项询证函

索引号:

编号:

致:北京信拓商贸有限公司

本公司聘请的信达会计师事务所(特殊普通合伙)正在对本公司 2023 年度财务报表进行审计,按照中国注册会计师审计准则的要求,应当询证本公司与贵公司的往来账项等事项。下列信息出自本公司账簿记录,如与贵公司记录相符,请在本函下端"信息证明无误"处签章证明;如有不符,请在"信息不符"处列明不符项目。如存在与本公司有关的未列入本函的其他项目,请在"信息不符"处列出这些项目的金额及详细资料。回函请寄信达会计师事务所(特殊普通合伙)　北京　分所业务　一　部　李复　注册会计师。

(如本次询函为多页次,请加盖骑缝章)

地址:北京市海淀区西四环中路 16 号

邮政编码:100000　　　电话:(010)63391166　　　传真:(010)63392558

动画视频:
往来账项
清查

4

（续表）

1. 销售与未结算

（1）销售与应（预）收账款

截止日期	贵公司欠	销售给贵公司（不含税）	欠贵公司	本公司科目
2023 年 12 月 31 日	85 000.00	270 000.00		应（预）收账款

（2）应收贵公司票据

出票日期	票据编号	金额	出票人	前手

2. 采购与未结算

（1）预购与预（应）付账款

截止日期	贵公司欠	向贵公司采购（不含税）	欠贵公司	本公司科目
				预（应）付账款

（2）应付贵公司票据

出票日期	票据编号	金额	受票人	备注

3. 其他往来账项

截止日期	贵公司欠	欠贵公司	备注（内容、性质）	本公司科目
				其他应收（应付）款
				长期应收（应付）款

（续表）

4. 其他事项

（公司盖章）

<u>2024</u> 年 <u>01</u> 月 <u>10</u> 日

经办人:霍珍珍

（如本次询函为多页次,请加盖骑缝章）

信息证明无误	信息不符及需加证明事项(详细附后)
（公司盖章） ____年____月____日 经办人:	（公司盖章） ____年____月____日 经办人:

（二）往来账项的清查程序

清查单位应在其各种往来账项记录准确的基础上,按每一个经济往来单位填制"往来款项对账单",一式两联,其中一联送交对方单位核对账目,另一联作为回单联。对方单位经过核对相符后,在回单联上加盖公章退回,表示已核对。如有数字不符,对方单位应在对账单中注明情况退回本单位,本单位进一步查明原因,再行核对。

往来账项清查以后,按清查结果编制"往来账项清查报告单",填列各项债权、债务的余额。对于有争执的款项以及无法收回的款项,应在报告单上详细列明情况,并及时采取措施,避免或减少坏账损失。往来账项清查报告单如表4-6所示。

表4-6　　　　　　　　往来账项清查报告单

编制单位:　　　　　　　年　月　日　　　　　　　　　单位:元

总账及明细分类账名称	账面金额	核对金额	核对不符原因分析					备注
		相符金额	不符金额	未达账金额	有争议金额	其他		

清查人员:　　　　　　　　　　　　　　　　　　　记账人员:

4

实训成果

自我检测

一、单项选择题

1. 企业月末银行存款日记账的余额为 420 万元,银行对账单的余额为 600 万元。经逐笔核对,发现当期存在以下未达账项:企业签发转账支票 80 万元,对方尚未送存银行;银行代企业收取销售货款 100 万元并登记入账,但企业未收到收款通知。月末该企业编制的银行存款余额调节表中调节后的存款余额为(　　)万元。

A. 520　　　　　B. 500　　　　　C. 420　　　　　D. 680

2. 采用实地盘存制,平时账簿记录中不能反映(　　)。

A. 财产物资的购进业务　　　　　B. 财产物资的减少数额

C. 财产物资的盘盈数额　　　　　D. 财产物资的增加和减少数额

3. 在记账无误的情况下,造成银行对账单和银行存款日记账不一致的原因是(　　)。

A. 应付账款　　　B. 应收账款　　　C. 未达账项　　　D. 外埠存款

4. 对于库存现金的清查,应按其结果及时填列(　　)。

A. 盘存单　　　　　　　　　　B. 实存账存对比表

C. 对账单　　　　　　　　　　D. 库存现金盘点报告表

5. 会使银行存款日记账余额与银行对账单余额不一致的项目是(　　)。

A. 未达账项　　　　　　　　　B. 银行对账单有误

C. 银行存款日记账有误　　　　D. 以上三项均有可能

二、多项选择题

1. 财产物资或存货的盘存制度有(　　)。

A. 收付实现制　　B. 权责发生制　　C. 永续盘存制　　D. 实地盘存制

2. 库存现金清查的主要内容包括(　　)。

A. 是否有白条抵库　　　　　　B. 是否超限额留存现金

C. 是否坐支现金　　　　　　　D. 是否有大额差旅费借款

3. 编制银行存款余额调节表时,应以银行存款日记账余额为基础(　　)。

A. 加企业未入账的收入款项

B. 加银行未入账的收入款项

C. 加双方都未入账的收入款项

D. 加企业未入账的支出款项

三、判断题

1. 对在银行存款清查时出现的未达账项,可编制银行存款余额调节表来调整,该表是调节账面余额的原始凭证。　　　　　　　　　　　　　　　　　　　　　　(　　)

2. 库存现金盘点报告表是对比账实差异,据以调整账簿记录的原始凭证。　　(　　)

3. 永续盘存制是对存货在会计期末通过盘点来确定其库存数量,再由此推算期末存货和本期已销售或耗用存货的核算方法。　　　　　　　　　　　　　　　　　(　　)

 自我评价

本任务完成情况评价表

（在□中打√,A 掌握,B 基本掌握,C 未掌握）

评价指标	自测结果
1. 能够正确填制"库存现金盘点报告表"	□A □B □C
2. 能够掌握库存现金清查程序	□A □B □C
3. 能够正确编制"银行存款余额调节表"	□A □B □C
4. 能够掌握银行存款清查程序	□A □B □C
5. 能够正确填制"盘存单""实存账存对比表"	□A □B □C
6. 能够掌握存货清查程序	□A □B □C
7. 能够正确填制"往来账项对账单""往来账项清查结果报告表"	□A □B □C
8. 能够掌握往来账项清查程序	□A □B □C

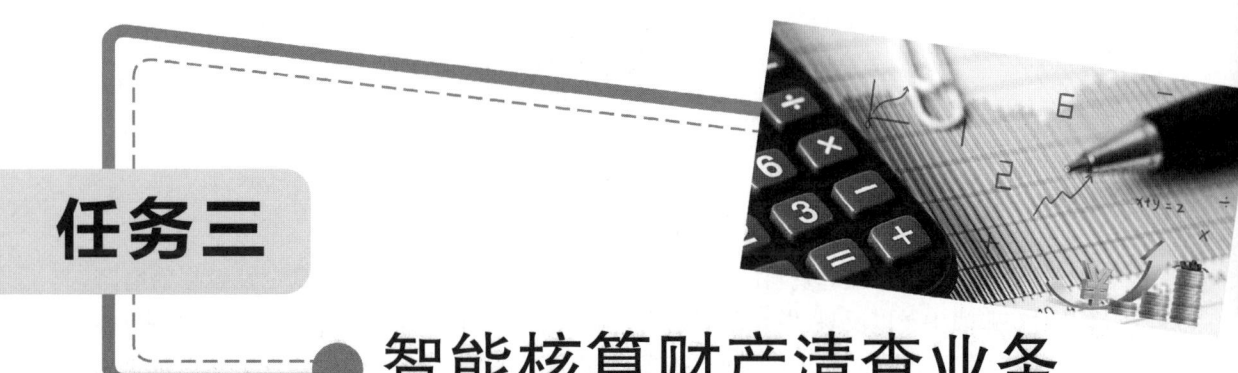

任务三

智能核算财产清查业务

任务描述

　　成都瑞丰工业有限公司的财产"摸底"工作进入到清查结果处理阶段,财务部门人员正在梳理公司有关部门交上来的实存账存对比表、库存现金盘点报告表等单证并核算各项财产物资的盘盈、盘亏及毁损数额。经查明:货币资金清查中,发现公司库存现金短缺 380 元;存货资产清查中,发现库存蓝牙芯片 V5.0 盈余 200 个。

　　林晟眉头紧锁,首先发话:"王欣,这份财产清查报告我看过了,库存现金短缺了 380元,这是个不小的问题。我们得尽快找出原因,并采取措施弥补这个缺陷。"王欣点头回应:"是的,林总。我已经开始着手调查现金短缺的具体原因了,初步怀疑可能是近期的几笔小额支出记录有误。我会尽快核对每一笔支出,争取早日找到问题所在。"

　　林晟点头表示赞同,随后又指向报告中的另一项内容:"还有,存货资产清查中,库存

蓝牙芯片 V5.0 盈余了 200 个,这是怎么回事?"

王欣解释道:"这个盈余可能是因为我们之前的库存记录有误,或者是在采购和入库环节出现了疏漏。我会和仓库管理员一起,再次核对蓝牙芯片的入库和出库记录,确保数据的准确性。"

林晟思索片刻,说:"好,这个问题也要尽快查明原因。另外,针对库存现金清查业务和存货清查业务,想让财务机器人自动生成凭证,除了在财务机器人云平台涉及业务票据建模,还会涉及 Excel 数据建模来进行规则设置,你组织相关部门,一起学习下财产清查结果业务凭证的处理原理。"

王欣表示同意:"我会尽快组织相关部门人员一起学习。"

任 务 训 练

1. 根据任务描述,帮助林晟梳理财产清查结果的处理程序。

2. 根据任务描述,帮助林晟学习存货清查的账务处理。

3. 根据任务描述,帮助林晟在会计基础与智能应用平台中建立财产清查业务的票据模型及 Excel 数据模型,并智能生成记账凭证。

知 识 准 备

一、财产清查结果处理

(一)财产清查结果的处理程序

为了保证会计核算资料的准确性,对财产清查中发现的盘盈、盘亏及毁损的财产,应及时在账簿中予以反映,做到账实相符。从账务处理的步骤看,一般分成以下两步:

(1)调整账簿记录并做到账实相符。根据实存账存对比表、库存现金盘点报告表,按各项财产物资的盘盈、盘亏及毁损数额,生成记账凭证并登记入账,使通过调整后的账面结存数与财产物资的实存数趋于一致,并将盈亏数额记入"待处理财产损溢"账户。同时,根据盈亏情况、查明的原因及处理建议向单位领导或有关部门办理报批手续。

(2)根据批复意见核销待处理盈亏。根据财产物资盘盈、盘亏的性质及原因,分别编制"向责任人索赔""转入管理费用""营业外支出""营业外收入"等会计科目;同时,核销"待处理财产损溢"账户的记录。

财产清查产生的损溢,企业应于期末前查明原因,并根据企业的管理权限,经股东大会或董事会,或经理(厂长)会议或类似机构批准后,在期末结账前处理完毕。如果在期末结账前尚未经批准,在对外提供财务报表时,先按相关规定进行相应账务处理并在附注中作出说明。其后如果批准处理的金额与已处理金额不一致的,调整财务报表相关项目的期初数。

(二)"待处理财产损溢"账户的设置

由于财产清查结果的账务处理需分成两步,报批前已经调整了账簿记录的,报批后才能针对盈亏原因作相应的处理。因此,必须有一个过渡性的账户衔接报批前后的相关记录。

为了满足会计核算这一要求,就需要设置"待处理财产损溢"账户,核算企业在财产清查过程中各种财产物资的盘盈、盘亏或毁损的发生及其处理情况。"待处理财产损溢"账户的账务处理步骤:①借方先用来登记发生的待处理盘亏、毁损的金额;②待盘亏、毁损的原因查明并经审批后,再从该账户的贷方转入有关账户借方;③贷方先用来登记发生的待处理盘盈金额;④待盘盈的原因查明并经审批后,再从该账户的借方转入有关账户贷方。

"待处理财产损溢"账户结构如图 4-6 所示。

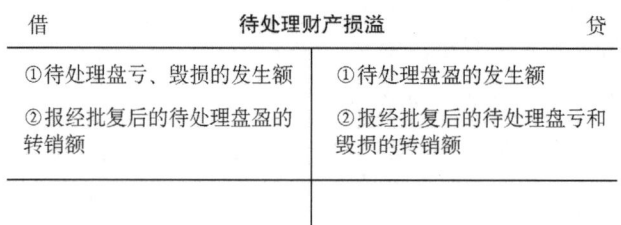

借	待处理财产损溢	贷
①待处理盘亏、毁损的发生额		①待处理盘盈的发生额
②报经批复后的待处理盘盈的转销额		②报经批复后的待处理盘亏和毁损的转销额

图 4-6 "待处理财产损溢"账户结构

二、货币资金清查账务处理

（一）库存现金的盘盈、盘亏管理

对于库存现金清查中发现的问题,如现金的盘盈、盘亏,应核实情况,调查分析产生的原因,根据库存现金盘点报告表填制记账凭证,记入有关账簿,使账簿记录与实际盘存数相符。同时根据管理权限,将处理建议报股东大会或董事会,或经理(厂长)会议或类似机构批准。

（二）库存现金的盘盈、盘亏账务处理

对发生的现金短缺金额,无法查明原因的,责成责任人(出纳员)赔偿部分,作为其他应收款处理,其余部分计入管理费用。

对发生的现金溢余金额,在确定少支付的情况下,作为其他应付款处理;如果原因不明,应列作营业外收入。

1. 库存现金盘亏账务处理

成都瑞丰工业有限公司库存现金清查结束后,发现短缺 380 元。报经批复前,按规定调整"库存现金"账户。编制如下会计分录:

借:待处理财产损溢——待处理流动资产损溢　　　　　　　　　380

　　贷:库存现金　　　　　　　　　　　　　　　　　　　　　380

报经批复后,其中 100 元应由出纳员张明承担责任,另 280 元无法查明原因,计入管理费用。编制如下会计分录:

借:其他应收款——张明　　　　　　　　　　　　　　　　　100

　　管理费用　　　　　　　　　　　　　　　　　　　　　　280

　　贷:待处理财产损溢——待处理流动资产损溢　　　　　　　380

2. 库存现金盘盈账务处理

成都瑞丰工业有限公司库存现金清查结束后,发现库存现金较账面余额长款 300 元。报经批复前,按规定调整"库存现金"账户。编制如下会计分录:

借:库存现金　　　　　　　　　　　　　　　　　　　　　　　　　300
　　贷:待处理财产损溢——待处理流动资产损溢　　　　　　　　　　　300

报经批复后,库存现金长款原因不明,转作营业外收入处理。编制如下会计分录:

借:待处理财产损溢——待处理流动资产损溢　　　　　　　　　　　300
　　贷:营业外收入——现金溢余　　　　　　　　　　　　　　　　　300

(三)财务机器人货币资金清查业务处理

微课视频:
货币资金清查
账务处理(上)

微课视频:
货币资金清查
账务处理(下)

财务机器人处理库存现金清查业务,可分为报经批复前和报经批复后两个环节。其中,库存现金盘点业务报经批复前的账务处理没有对应的原始票据,需要进行 Excel 数据建模。财务机器人生成凭证的金额取值原理就是根据库存现金盘点 Excel 表中的"长款金额""短款金额"与"金额"交汇处取值。库存现金盘点业务报经批复前处理原理如表 4-7 所示。

表 4-7　　　　　　　　　　库存现金盘点业务报经批复前处理原理

方向	科目	科目匹配原理	金额取值原理	库存现金清查结果
借	待处理财产损溢——待处理流动资产损溢	按照凭证模板设置科目匹配	取库存现金盘点表中【短款金额】和【金额】交汇处的值	盘亏
贷	库存现金	按照凭证模板设置科目匹配	取库存现金盘点表中【短款金额】和【金额】交汇处的值	盘亏
借	库存现金	按照凭证模板设置科目匹配	取库存现金盘点表中【长款金额】和【金额】交汇处的值	盘盈
贷	待处理财产损溢——待处理流动资产损溢	按照凭证模板设置科目匹配	取库存现金盘点表中【长款金额】和【金额】交汇处的值	盘盈

库存现金盘点业务报经批复后,可根据企业填制的内部单据进行业务票据建模。例如,成都瑞丰工业有限公司库存现金清查盘亏,查明原因后企业收到还款并填制了收款收据,现在就可针对该票据进行建模。财务机器人库存现金盘点业务报经批复后处理原理如表 4-8 所示。

表 4-8　　　　　　　库存现金盘点业务报经批复后处理原理(收款收据)

方向	科目	科目识别原理	金额识别原理
借	库存现金	按照凭证模板设置科目匹配	按单据金额进行识别
贷	待处理财产损溢——待处理流动资产损溢	按照凭证模板设置科目匹配	按单据金额进行识别

下面在会计基础与智能应用平台上对成都瑞丰工业有限公司库存现金清查业务进行 Excel 数据建模和业务票据建模,并由财务机器人自动生成记账凭证。

1. 报经批复前库存现金清查业务 Excel 数据建模

(1) 下载 Excel 模板文件。

在【Excel 数据建模】—【模板下载】界面下载"库存现金盘点表.xlsx"模板文件,用于填制库存现金盘点的相关信息。

(2) 填制模板文件。

开始填制"库存现金盘点表.xlsx",成都瑞丰工业有限公司清查货币资金,实点现金 100 元面额 38 张,50 元面额 4 张,10 元面额 5 张,5 元面额 1 张,1 元面额 5 张,且基准日现金账面余额为 4 160 元,基准日至清查日无现金收支。填制库存现金盘点表,如表 4-9 所示。

表 4-9　　　　　　　　　　　　　　库存现金盘点表

所属单位:成都瑞丰工业有限公司　　　所属账期:2023 年 12 月　　　编制日期:2023 年 12 月 31 日

清查基准日:	2023 年 12 月 31 日				币种:人民币
清查日清点现金			核对账目		
货币面额	张数	实点金额	项目		金额
100 元	38	3 800.00	基准日现金账面余额		4 160.00
50 元	4	200.00	加:清查基准日至清查日的现金收入		0.00
20 元			减:清查基准日至清查日的现金支出		0.00
10 元	5	50.00	调整后现金余额		4 060.00
5 元	1	5.00	实点现金		4 060.00
2 元			长款金额		0.00
1 元	5	5.00	短款金额		100.00
5 角			清查结果盘亏,先做账务调整,待查明原因再做处理。		
2 角					
1 角					
5 分					
2 分					
1 分					
实点合计:		4 060.00			

审核会计:程雨　　　　　　　　监盘人:王欣　　　　　　　　出纳员:刘梦

(3) 模型配置。

① 凭证头设置。在【Excel 数据建模】—【模型配置】界面,单击【新增】按钮增加凭证模板。在凭证头设置中,设置模板名称为"货币资金清查",文档类型为"库存现金盘点表",记账日期为"@编制日期",账期为"@所属账期",制单人为"@制单",推送方式为"自动推送"。

② 分录设置。设置凭证摘要为"@模板名称"。首先设置现金盘亏的会计分录,借方

科目为"待处理财产损溢——待处理流动资产损溢",贷方科目为"库存现金",金额取值均为"短款金额"和"金额"交汇处的值。

其次设置现金盘盈的会计分录,借方科目为"库存现金",贷方科目为"待处理财产损溢——待处理流动资产损溢",金额取值均为"长款金额"和"金额"交汇处的值。会计分录设置如图4-7所示。

图4-7　会计分录设置

③ 合并及排序。分录合并方式设置为"不合并",分录自定义排序设置为"启用",排序条件设置为按照"借贷方"排序。

（4）导入"库存现金盘点表"模板文件。在【Excel数据建模】—【Excel数据导入】界面中,先单击【选择文件】按钮选择已填制完成的"库存现金盘点表.xlsx",再单击【上传】按钮,由财务机器人自动生成记账凭证。生成的凭证如图4-8所示。

	凭证号	凭证日期	摘要	会计科目	借方金额	贷方金额	附件张数	制单人	影像	操作
	记-1	2023-12-31	货币资金清查	190101 待处理财产损溢-待处理流动资产损溢	100.00		1		下载	详情　编辑
			货币资金清查	1001 库存现金		100.00				

（工具栏：🗑 删除　↓ 凭证号排序　↓ 导出凭证　⊕ 批量打印）

图4-8　生成凭证

2. 报经批复后库存现金清查业务票据建模

（1）票据类别设置。

成都瑞丰工业有限公司财务部此次库存现金盘亏查明原因并处理完该业务后,收到的票据为收款收据。因此要在票据类别中新增该票据。此票据类别为内部票据,其票据类别设置与其他内部票据的票据类别设置相同,此处不再赘述。收款收据票据类别设置如图4-9所示。

（2）场景类别设置。

根据票据收款收据的信息可知,该票据对应的场景为"收到现金盘亏赔偿款",因此需要新增收到现金盘亏赔偿款的场景类别。

在【业务票据建模】—【场景类别】中新增票据大类"往来场景",然后在此大类下新增细类"收到现金盘亏赔偿款"。接着为该细类场景选择对应票种,设置"自定义1"规则下的选择票种为"收款收据→收款收据",设置筛选项为"@项目【明细】",操作符为"包含",匹配值为"现金盘亏赔偿款"。收到现金盘亏赔偿款场景类别设置如图4-10所示。

（3）场景配置设置。

成都瑞丰工业有限公司此次收到现金盘亏赔偿款涉及一个批次经济业务,因此需要为该批次业务配置场景类别与票据类别。

图 4-9 收款收据票据类别设置

图 4-10 收到现金盘亏赔偿款场景类别设置

新增主场景"往来业务",并在其下新增场景"收到现金盘亏赔偿款"。场景配置设置为:"往来场景—收到现金盘亏赔偿款"场景类别对应"收款收据"票据类别,组合名称默认为空。收到现金盘亏赔偿款场景配置设置如图 4-11 所示。

图 4-11 收到现金盘亏赔偿款场景配置设置

（4）凭证模板设置。

① 凭证头设置。在【业务票据建模】—【凭证模板】界面中,为"往来业务—收到现金

盘亏赔偿款"会计场景设置凭证模板。在凭证头设置中,设置模板名称为"收到现金盘亏赔偿款",记账日期选择为"@交易日期",凭证字为"记账凭证",制单人为业务会计"王欣",凭证推送方式为"自动推送"。

② 分录设置。在分录设置中,将摘要设置为"收到现金盘亏赔偿款"。借贷双方的科目来源都选择"科目"。借方科目为"库存现金",其金额取值公式为"@金额";贷方科目为"待处理财产损溢——待处理流动资产损溢",其金额取值公式为"@金额"。收到现金盘亏赔偿款会计分录设置如图 4-12 所示。

	操作	摘要	科目来源	科目	科目匹配类型	方向	金额取值公式	取值匹配
1	➕➖	收到现金盘亏赔偿款	科目	1001 库存现金	请选择	借	@金额	
2	➕➖	收到现金盘亏赔偿款	科目	190101 待处理财产损溢-待处理流动资产损溢	请选择	贷	@金额	

图 4-12 收到现金盘亏赔偿款会计分录设置

③ 辅助核算设置。收到现金盘亏赔偿款业务场景辅助核算设置中,明细辅助核算的固定栏位保持默认设置"@项目【明细】",操作符为"等于"。

④ 合并及排序设置。按照任务要求,设置凭证合并方式为"不合并",分录合并方式为"不合并",分录自定义排序为"启用",排序条件为按照"借贷方"进行排序。

三、存货清查账务处理

(一) 存货盘盈、盘亏管理

对于存货清查中发现的盘盈、盘亏问题,应核实情况,调查分析产生的原因,根据"盘存单""实存账存对比表"等原始单证填制记账凭证,记入有关账簿,使账簿记录与实际盘存数相符。同时根据管理权限,将处理建议报股东大会或董事会,或经理(厂长)会议或类似机构批准。

(二) 存货盘盈、盘亏的账务处理

1. 存货盘盈的账务处理

(1) 在报经批复前:

① 根据"实存账存对比表"所取得的盘盈数额入账,调整账面结存数,以免形成账外资产。

② 按照资产重置成本借记"原材料""库存商品"等存货类账户,贷记"待处理财产损溢——待处理流动资产损溢"账户。

(2) 在报经批复后:

如确定是由于收发计量差错造成的或无法查明原因的,冲销管理费用。

成都瑞丰工业有限公司在存货资产清查中,发现库存蓝牙芯片 V5.0 盈余 200 个,该材料目前市场价格为 45 元/个。原因查明,为发出原材料时计量不准而少发。

报经批复前,应进行调增账簿记录并编制如下会计分录:

借:原材料——蓝牙芯片 V5.0   9 000

    贷:待处理财产损溢——待处理流动资产损溢   9 000

报经批复后,应编制如下会计分录:

借:待处理财产损溢——待处理流动资产损溢　　　　　　　　　　　9 000
　　贷:管理费用——存货盘盈　　　　　　　　　　　　　　　　　　　　　9 000

2. 存货盘亏及毁损的账务处理

(1) 在报经批复前:按盘亏及毁损存货的实际成本,贷记"原材料""库存商品"等账户,借记"待处理财产损溢——待处理流动资产损溢"账户。

(2) 在报经批复后:①如属定额内自然损耗造成的,作为增加管理费用处理。②如属收发计量差错和管理不善造成的短缺或毁损,应先扣除由责任人承担(如保管员)的赔偿(增加债权),然后净损失作为增加管理费用处理。③如属自然灾害或意外事故造成的短缺或毁损,应先扣除可以收回的保险赔偿(增加债权),然后净损失转作营业外支出处理。④对于以除定额内自然损耗造成的盘亏外,其余原因造成的短缺或毁损等非正常损失,按照增值税条例,非正常损失材料相应的进项税额不允许抵扣,应作为"进项税额转出"处理,贷记"应交税费——应交增值税(进项税额转出)"账户。

成都瑞丰工业有限公司在存货资产清查中,发现库存蓝牙芯片 V4.0 短缺 100 个,单价为每个 50 元,金额为 5 000 元,应转出的进项税额为 650 元(5 000×13%)。

报经批复前,应进行存货调减账簿记录并按全部盘亏或毁损金额转出进项税额。编制如下会计分录:

借:待处理财产损溢——待处理流动资产损溢　　　　　　　　　　　5 650
　　贷:原材料——蓝牙芯片 V4.0　　　　　　　　　　　　　　　　　　　5 000
　　　　应交税费——应交增值税(进项税额转出)　　　　　　　　　　　　650

报经批复后,应根据不同的原因及批准的处理意见,从"待处理财产损溢"账户转入有关账户内。

(1) 定额内自然损耗。如经查实,上述盘亏 V4.0 蓝牙芯片 5 650 元属定额内自然损耗,原转出的进项税额 650 元应用"红字"冲销,冲后的金额 5 000 元转增为管理费用。编制如下会计分录:

借:管理费用——材料盘亏　　　　　　　　　　　　　　　　　　　　5 000
　　贷:应交税费——应交增值税(进项税转出)　　　　　　　　　　　　　650
　　　　待处理财产损溢——待处理流动资产损溢　　　　　　　　　　　5 650

(2) 责任事故。如经查实,上述盘亏 V4.0 蓝牙芯片属于管理人员管理不善造成的,其中应由保管员赔偿的为 2 260 元(5 650×40%),其余的 3 390 元(5 650×60%)作为管理费用处理。编制如下会计分录:

借:其他应收款——××保管员　　　　　　　　　　　　　　　　　　2 260
　　管理费用——材料盘亏　　　　　　　　　　　　　　　　　　　　3 390
　　贷:待处理财产损溢——待处理流动资产损溢　　　　　　　　　　　5 650

(3) 自然灾害。如经查实,上述盘亏 V4.0 蓝牙芯片属于自然灾害造成的,上述损失

4

的 4 520 元(5 650×80%)应向保险公司索赔,其余的 1 130 元(5 650×20%)作为营业外支出处理。编制如下会计分录:

借:其他应收款——××保险公司　　　　　　　　　　　　　　　4 520
　营业外支出——材料盘亏　　　　　　　　　　　　　　　　　　1 130
　　贷:待处理财产损溢——待处理流动资产损溢　　　　　　　　　　5 650

（三）财务机器人存货清查业务处理

财务机器人处理存货清查业务,可以分为报经批复前和报经批复后两个环节。由于存货清查业务的账务处理没有对应的原始票据,因此需要进行 Excel 数据建模。例如成都瑞丰工业有限公司开展存货清查,根据清查结果填制存货盘点表,填制完成后财务机器人存货清查业务报经批复前处理原理如表 4-10 所示。

表 4-10　　　　　　　　　　　　存货清查业务报经批复前处理原理

方向	科目	科目匹配原理	金额取值原理	数量取值原理	存货清查结果
借	原材料	按明细设置自动识别明细科目	按照明细科目识别的存货名称与存货盘点表中【盘盈金额】的交汇值	按照明细科目识别的存货名称与存货盘点表中【盘盈数量】的交汇值	盘盈
借	周转材料	按明细设置自动识别明细科目	按照明细科目识别的存货名称与存货盘点表中【盘盈金额】的交汇值	按照明细科目识别的存货名称与存货盘点表中【盘盈数量】的交汇值	盘盈
贷	待处理财产损溢——待处理流动资产损溢		取存货盘点表中【盘盈金额】与【合计】的值		盘盈
借	待处理财产损溢——待处理流动资产损溢		取存货盘点表中【合计损失】与【合计】的值		盘亏
贷	原材料	按明细项目自动识别明细科目	按照明细科目识别的存货名称与存货盘点表中【盘亏金额】的交汇值	按照明细科目识别的存货名称与存货盘点表中【盘亏数量】的交汇值	盘亏
贷	周转材料	按明细项目自动识别明细科目	按照明细科目识别的存货名称与存货盘点表中【盘亏金额】的交汇值	按照明细科目识别的存货名称与存货盘点表中【盘亏数量】的交汇值	盘亏
贷	应交税费——应交增值税——进项税额转出		取存货盘点表中【进项转出】与【合计】的值		盘亏

成都瑞丰工业有限公司此次存货清查结果为数字滤波器盘盈50个,针对此情况,同样财务人员需填写"存货盘盈处理表"并上传会计基础与智能应用平台。财务机器人存货清查盘盈业务报经批复后处理原理如表4-11所示。

表 4-11   存货清查盘盈业务报经批复后处理原理

方向	科目	科目匹配原理	金额取值原理
借	待处理财产损溢——待处理流动资产损溢		取存货盘盈处理表中【合计】与【金额】的值
贷	管理费用——盘盈		取存货盘盈处理表中【合计】与【金额】的值

下面在会计基础与智能应用平台上对成都瑞丰工业有限公司存货清查业务进行Excel数据建模,并由财务机器人自动生成记账凭证。

1. 报经批复前存货清查业务Excel数据建模

(1)下载Excel模板文件。

在【Excel数据建模】—【模板下载】界面下载"存货盘点表.xlsx"模板文件,用于填制存货清查的相关信息。

(2)填制模板文件。

根据成都瑞丰工业有限公司存货清查情况填制"存货盘点表.xlsx",填制完成表单如图4-13所示。

存货盘点表

编号	类别	存货名称	单价	账存数量	账存金额	盘点数量	盘点金额	盘盈数量	盘盈金额	盘亏数量	盘亏金额	进项转出	合计损失
1001		蓝牙芯片V5.0	39.91	8500	339235	8500	339235						
1002		蓝牙芯片V4.0	30.03	8500	255255	8500	255255						
1003		PCB板	11.97	15200	181944	15200	181944						
1004		晶体谐振器	5.02	6500	32630	6500	32630						
1005		数字滤波器	4.99	7800	38922	7850	39171.5	50	249.5				
1006	原材料	REPROM存储器	10.01	5220	52252.2	5220	52252.2						
1007		石墨烯	298	1260	375480	1260	375480						
1008		电阻	49	300	14700	300	14700						
1009		磁极片	22	700	15400	700	15400						
1010		硅晶麦克风	38	750	28500	750	28500						
1011		外壳A	7.8	8000	62400	8000	62400						
1012		外壳B	12.1	1560	18876	1560	18876						
2001		口罩	40	1200	48000	1200	48000						
2002	周转材料	手套	20	2900	58000	2900	58000						
2003		工作服	50	800	40000	800	40000						
合计			—	69190	1561594.2	69240	1561843.7	50	249.5				

所属单位:成都瑞丰工业有限公司   所属账期:2023年12月   编制日期:2023年12月31日

监盘人:程雨   盘点人:张华英   制单:王欣

图 4-13   存货盘点表单填制

(3)模型配置。

① 凭证头设置。在【Excel数据建模】—【模型配置】界面,单击【新增】按钮增加凭证模板。在凭证头设置中,设置模板名称为"存货盘点",文档类型为"存货盘点表",记账日期为"@编制日期",账期为"@所属账期",制单人为"@制单",推送方式为"自动推送"。

② 分录设置。设置凭证摘要为"@模板名称"。首先设置存货盘盈情况的会计分录,借方科目为"原材料""周转材料",并且"原材料"明细科目取值坐标设置为"C4-C15",

"周转材料"明细科目取值坐标设置为"C16-C18",此借方科目金额取值均为"盘盈金额",数量取值均为"盘盈数量"。贷方科目为"待处理财产损溢——待处理流动资产损溢",金额取值均为"盘盈金额"与"合计"交汇处的值。

其次设置存货盘亏情况的会计分录,借方科目为"待处理财产损溢——待处理流动资产损溢",金额取值为"合计损失"与"合计"交汇处的值,贷方科目为"原材料""周转材料""应交税费——应交增值税——进项税额转出"。其中,"原材料"明细科目取值坐标设置为"C4-C15",金额取值为"盘亏金额",数量取值为"盘亏数量";"周转材料"明细科目取值坐标设置为"C16-C18",金额取值为"盘亏金额",数量取值为"盘亏数量";"应交税费——应交增值税——进项税额转出"科目金额取值为"合计"和"进项转出"的交汇值。

会计分录设置如图4-14所示,原材料、周转材料明细设置坐标取值如图4-15所示。

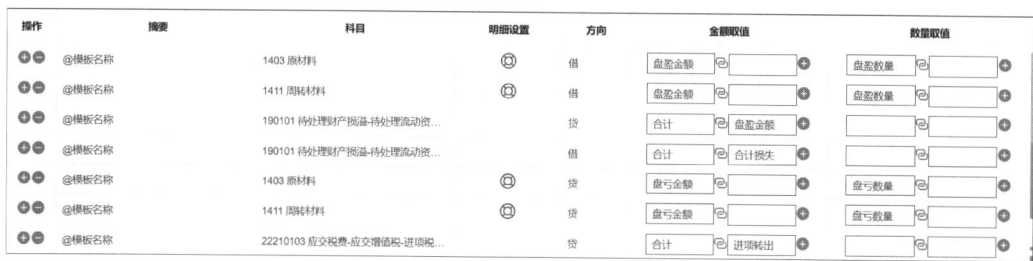

图4-14　会计分录设置

图4-15　原材料、周转材料明细设置坐标取值

③ 合并及排序。分录合并方式设置为"不合并",分录自定义排序设置为"启用",排序条件设置为按照"借贷方"排序。

(4)导入"存货盘点表"模板文件。

在【Excel数据建模】—【Excel数据导入】界面中,先单击【选择文件】选择已填制完成的"存货盘点表.xlsx",再单击【上传】,由财务机器人自动生成记账凭证,如图4-16所示。

图4-16　生成凭证

知识点拨

1. Excel 模型会计分录设置,当会计科目的明细科目与 Excel 表中的某位置数据相同时,可通过坐标取值的方式匹配。例如上述案例,原材料的明细科目名称与"存货盘点表"中坐标"C4-C15"的值相同,因此会计分录明细设置取坐标值"C4-C15",详见图 4-13 和图 4-15。

2. 当会计科目的明细科目需要根据坐标取值匹配时,其金额取值或者数值取值只写 Excel 表中金额或数量那栏的列名称即可,并且必须填写在第一个位置处,不得空置第一个位置却单独填写在第二个位置处。例如上述案例,原材料的金额取值只写列名称"盘盈金额",并写在第一个位置处,财务机器人金额取值时,会取对应明细科目与"盘盈金额"交汇处的值,如图 4-17 所示。

图 4-17　金额取值位置填写注意事项

2. 报经批复后存货清查业务 Excel 数据建模

(1) 下载 Excel 模板文件。

在【Excel 数据建模】—【模板下载】界面下载"存货盘点处理.xlsx"模板文件,用于填制存货盘点查明原因及处理后的相关信息。

(2) 填制模板文件。

开始填制"存货盘点表.xlsx",该表单项目包括"存货盘盈处理"和"存货盘亏处理",此处项目选择"存货盘盈处理",接着根据成都瑞丰工业有限公司存货盘点处理情况填制。填制完成表单如图 4-18 所示。

存货盘点处理

所属单位: 成都瑞丰工业有限公司　　　　项目: 存货盘盈处理
所属账期: 2023年12月　　　　编制日期: 2023年12月31日

存货名称	数量	金额	差异原因
数字滤波器	50	249.5	经查明,盘盈材料属于管理员手法计量差错造成。
合计	50	249.5	

制单: 王欣

图 4-18　存货盘点处理表单填制

(3) 重命名模板文件。

填制完成的"存货盘点表.xlsx"需要重新命名,不能使用原命名,此处修改为"存货盘盈处理.xlsx"。

（4）模型配置。

① 凭证头设置。在【Excel 数据建模】—【模型配置】界面，单击【新增】按钮增加凭证模板。在凭证头设置中，设置模板名称为"存货盘盈处理"，文档类型为"存货盘点处理"，记账日期为"@编制日期"，账期为"@所属账期"，制单人为"@制单"，推送方式为"自动推送"，项目为"存货盘盈处理"。

② 分录设置。设置凭证摘要为"@模板名称"，借方科目为"待处理财产损溢——待处理流动资产损溢"，贷方科目为"管理费用——盘盈"，金额取值均为"合计"与"金额"交汇处的值。会计分录设置如图 4-19 所示。

操作	摘要	科目	明细设置	方向	金额取值	数量取值
➕➖	@模板名称	190101 待处理财产损溢-待处理流动资产损溢		借	合计 金额	
➕➖	@模板名称	660211 管理费用-盘盈		贷	合计 金额	

图 4-19　会计分录设置

③ 合并及排序。分录合并方式设置为"不合并"，分录自定义排序设置为"启用"，排序条件设置为按照"借贷方"排序。

（5）导入"存货盘盈处理"模板文件。

在【Excel 数据建模】—【Excel 数据导入】界面中，先单击【选择文件】按钮选择已填制完成的"存货盘盈处理.xlsx"，再单击【上传】按钮，由财务机器人自动生成记账凭证。生成的凭证如图 4-20 所示。

	记-2	2023-12-31	存货盘盈处理	190101 待处理财产损溢-待处理流动资产...	249.50		1	王欣	下载	详情 编辑
				存货盘盈处理	660211 管理费用-盘盈		249.50			

图 4-20　生成凭证

四、往来账项清查结果处理

（一）确实无法支付的应付款项

对于确实无法支付的应付款项，直接确认为营业外收入，借记"应付账款"账户，贷记"营业外收入"账户。

（二）确实无法收回的应收款项

对于应收账款，我国企业会计准则规定采用"备抵法"。① 在每年年末要按照一定的方法计提坏账准备金，借记"信用减值损失"账户，贷记"坏账准备"账户。② 待确认坏账发生时，借记"坏账准备"账户，贷记"应收账款"账户。有关应收账款"信用减值损失"的核算将在后续课程企业财务会计中介绍。

会计基础与智能应用平台

🔲 实训成果

项目四
任务三
实训成果
参考答案

📝 自我检测

一、单项选择题

1. 下列关于财产清查方法中，正确的是（　　　）。

A. 对应付账款采用询证的方法清查

B. 对银行存款采用实地盘点法清查

C. 对大型设备采用技术推算法清查

D. 对露天堆放的砂石采用实地盘点法清查

2. 某企业盘点中发现盘亏一台设备，原始价值 50 000 元，已计提折旧 10 000 元。根据事先签订的保险合同，保险公司应赔偿 30 000 元，则扣除保险公司赔偿后剩余的净损失 10 000 元应计入（　　）。

A. 累计折旧　　　　　　　　　　B. 营业外支出

C. 管理费用　　　　　　　　　　D. 资本公积

3. 关于库存现金的清查，下列说法中不正确的是（　　）。

A. 在清查小组盘点现金时，出纳人员必须在场

B. "库存现金盘点报告表"需要清查人员和出纳人员共同签字盖章

C. 要根据"库存现金盘点报告表"进行账务处理

D. 不必根据"库存现金盘点报告表"进行账务处理

4. 某企业非正常损失材料 100 千克，单价为 200 元/千克，购货增值税专用发票上注明的增值税为 2 600 元，在报经批准前，以下账务处理正确的是（　　）。

A. 借：待处理财产损溢——待处理流动资产损溢　　　　　　22 600

　　　贷：原材料　　　　　　　　　　　　　　　　　　　　　　22 600

B. 借：原材料　　　　　　　　　　　　　　　　　　　　　　20 000

　　　贷：待处理财产损溢——待处理流动资产损溢　　　　　　20 000

C. 借：待处理财产损溢——待处理流动资产损溢　　　　　　22 600

　　　贷：原材料　　　　　　　　　　　　　　　　　　　　　　20 000

　　　　　应交税费——应交增值税（进项税额转出）　　　　　 2 600

D. 借：待处理财产损溢——待处理流动资产损溢　　　　　　22 600

　　　贷：原材料　　　　　　　　　　　　　　　　　　　　　　20 000

　　　　　应交税费——应交增值税（销项税额）　　　　　　　　 2 600

5. 下列反映在"待处理财产损溢"账户借方的是（　　）。

A. 财产的盘亏数　　　　　　　　B. 财产的盘盈数

C. 财产盘亏的转销数　　　　　　D. 尚未处理的财产净溢余

二、多项选择题

1. 下列各项中，关于库存现金清查的会计处理表述正确的有（　　）。

A. 无法查明原因的现金短缺，计入营业外支出

B. 属于应由出纳人员赔偿的现金短缺，计入其他应收款

C. 无法查明原因的现金溢余，计入营业外收入

D. 属于应支付给有关单位的现金结余，计入其他应付款

2. 财产清查中查明的各种财产物资的盘亏，根据不同的原因，报经审批后可能列入（　　）账户。

A. "营业外支出"　　　　　　　　B. "其他应收款"

4

C. "管理费用"   D. 营业外收入

3. 库存现金盘亏的账务处理中,可能涉及( )账户。

A. "库存现金"   B. "管理费用"

C. "其他应收款"   D. "营业外支出"

4. 关于银行存款的清查,下列说法中,正确的有( )。

A. 不需要根据"银行存款余额调节表"作任何账务处理

B. 对于未达账项,等以后有关原始凭证到达后再作账务处理

C. 如果调整之后双方的余额不相等,则说明银行或企业记账有误

D. 对于未达账项,需要根据"银行存款余额调节表"作账务处理

三、判断题

1. 财产清查过程中产生的损溢,企业应于期末前查明原因,并根据企业的管理权限,经股东大会或董事会,或经理(厂长)会议或类似机构批准后,在期末结账。 ( )

2. "银行存款余额调节表"编制完成后,可以作为调整企业银行存款余额的原始凭证。 ( )

3. 库存现金的清查包括出纳人员每日的清点核对和清查小组定期和不定期的清查。 ( )

4. 未达账项包括企业未收到凭证而未入账的款项和企业、银行都未收到凭证而未登记入账的款项。 ( )

5. 在进行库存现金和存货清查时,出纳人员和实物保管人员不得在场。 ( )

6. 非正常原因造成的存货盘亏损失,经批准后应该计入营业外支出。 ( )

7. 小企业会计制度也要设置"待处理财产损溢"科目。 ( )

8. 存货发生盘亏时,应根据不同的原因作出不同的处理,若属于一般经营性损失或定额内损失,记入"管理费用"科目。 ( )

 自我评价

项目四
任务三
自我检测
参考答案

本任务完成情况评价表

(在□中打√,A 掌握,B 基本掌握,C 未掌握)

评价指标	自测结果
1. 能够掌握库存现金清查的账务处理	□A □B □C
2. 能够建立现金盘点业务 Excel 数据模型	□A □B □C
3. 能够建立现金盘点结果处理业务票据模型	□A □B □C
4. 能够掌握存货盘亏、盘盈的账务处理	□A □B □C
5. 能够建立存货盘点业务 Excel 数据模型	□A □B □C
6. 能够建立存货盘点结果处理业务票据模型	□A □B □C

素养课堂

坚持诚信，守法奉公：以案为鉴，不可"擦写"的人生

2021年10月，定南县委第一巡察组进驻县妇联开展常规巡察，一份财务凭证引起了巡察组工作人员的注意。"怎么3次'清洁家园（家庭）'评比活动费用就有7万多元，购买了150多套四件套，而且发放范围覆盖了县、镇、村三级……"

"这么大范围发放奖品，有点反常。"工作人员立即分成两组，一组进一步查阅财务资料，一组对照奖品发放名单走访核实。

"从来没在县妇联领过四件套之类的奖品，镇里开展'清洁家园（家庭）'评比活动奖品都是镇级经费购置的。"7个乡镇妇联主席的回答惊人地一致，县妇联"清洁家园（家庭）"评比活动奖品发放名单竟然是伪造的。同时，另一组人员反馈县妇联某账本9号、10号凭证报账资料缺失。

经过分析研判，巡察组随即联系县妇联主席王某到巡察组办公室进行谈话，详细了解情况。原来，县妇联在开展"清洁家园（家庭）"评比活动时并没有将奖品发放至各镇、村，县妇联财务人员张某也表示没有见过这些账务报销凭证，但单据封面上却有她本人的亲笔签名，越来越多的证据指向了张某。

张某眼见事情瞒不住，只得将事实和盘托出。巡察组随即将问题线索移交县纪委监委处理。

原来2020年8月至2021年4月，张某利用其担任单位出纳的职务便利，在经手单位水电费等日常开支报账过程中，故意使用可擦笔先后10次在报账单据封面上填写科目和金额，履行完审签手续后再将单据封面科目等擦改为"清洁家园评比费用""清洁家庭评比费用"等科目，甚至通过PS软件来伪造发票。张某还将小额数字擦改成大额数字，再通过复印、虚开发票的方式套取公款18万余元，全部用于偿还其个人债务。此外，张某还交代了其藏匿报账凭证资料，套取资金22万余元的问题。

经查，张某在任职期间，违反政治纪律，干扰巡视巡察工作；违反工作纪律，在驻村工作中不履行工作职责；违反国家法律法规，贪污公款41.07万元。最后张某因涉嫌严重违纪违法，2022年7月21日，被开除党籍、开除公职；2022年11月10日，张某因贪污罪、洗钱罪被判处有期徒刑一年零六个月，并处罚金人民币10.2万元。

习近平总书记在中国共产党第二十次全国代表大会上的报告强调："弘扬社会主义法治精神，传承中华优秀传统法律文化，引导全体人民做社会主义法治的忠实崇尚者、自觉遵守者、坚定捍卫者。"

法治兴则民族兴，法治强则国家强。在全面建设社会主义现代化国家、向第二个百年奋斗目标进军的新征程上，当代大学生要坚持以习近平法治思想为指导，做到遵法、守法、学法、用法。我们要积极学习法律知识，自觉遵守法律法规，财务凭证可以擦写，但人生不可"擦写"。

在处理财务事务时，会计人员应当遵守所有相关的财务法规和公司规定，确保公司

4

的财务活动合法合规。同时,必须遵守诚实守信的基本原则,确保数据的真实、准确和完整。公私分明、克己奉公,严于律己、心存敬畏。树立良好职业形象,维护会计行业声誉。坚决反对违法行为,努力让法治成为我们的思维方式和行为习惯,共同推进法治社会建设。

4

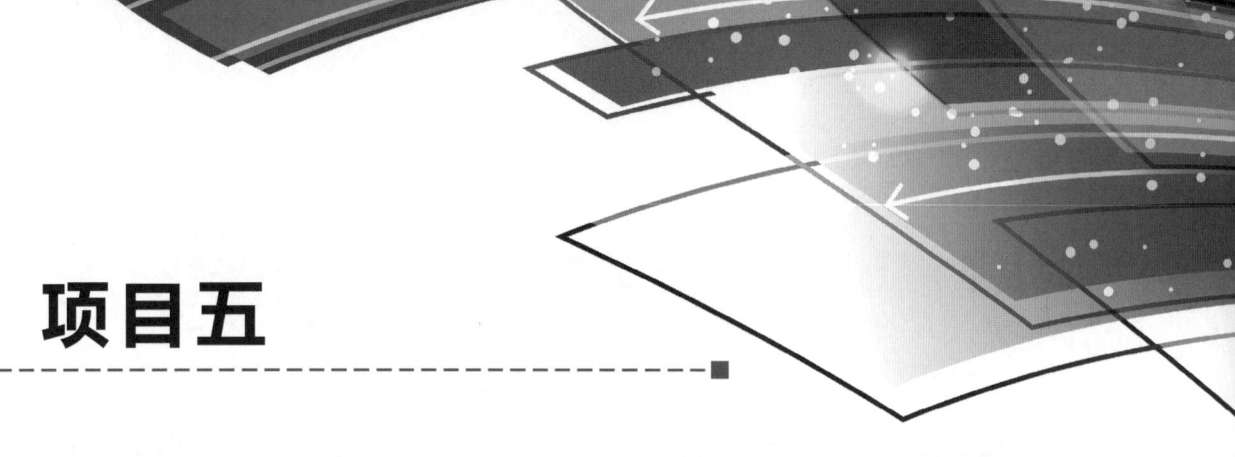

项目五

编制财务报表与管理会计档案

教学目标 ▶

（一）知识目标

1. 掌握财务报表的概念及组成。

2. 掌握资产负债表的概念、编制理论基础、结构与编制方法。

3. 掌握利润表的概念、编制理论基础、结构与编制方法。

4. 了解财务会计报告的报送和审批。

5. 了解会计档案的管理。

（二）能力目标

1. 能够陈述财务报表的概念。

2. 能够陈述资产负债表和利润表的概念，并能识别它们的结构。

3. 能独立编制简单的资产负债表。

4. 能独立编制简单的利润表。

5. 能够分析和解读财务报表，识别和评估企业的财务状况、经营成果。

（三）素养目标

1. 培养诚实守信、客观公正的职业品质，提高财务信息的真实性和可靠性。

2. 遵守会计职业道德准则，培养自觉维护会计行业的良好形象和声誉的意识。

3. 培养严谨的财务报表分析与编制的职业态度，提高财务信息应用的能力。

4. 培养"坚持准则、守责敬业"的职业素养，树立正确的价值观。

项目分解 ▶

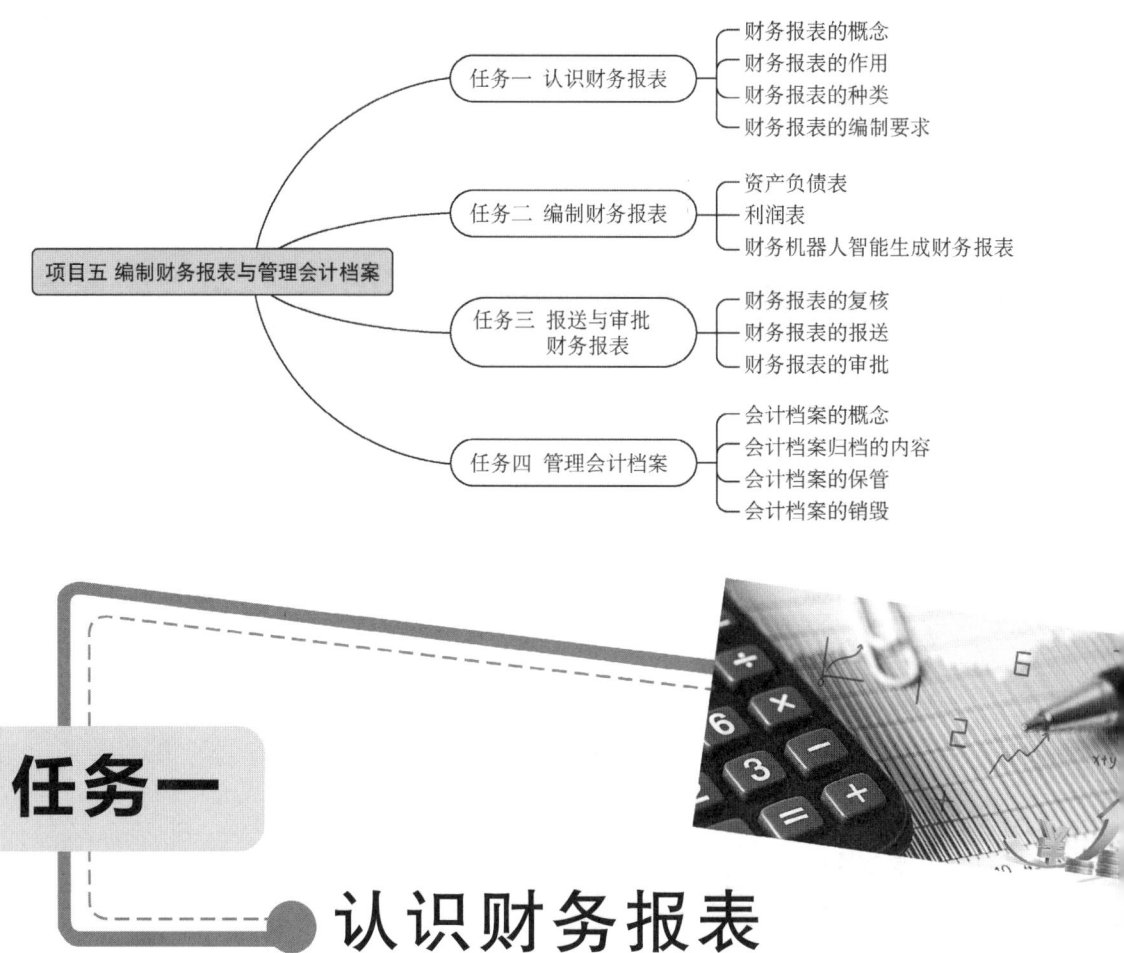

项目五 编制财务报表与管理会计档案
- 任务一 认识财务报表
  - 财务报表的概念
  - 财务报表的作用
  - 财务报表的种类
  - 财务报表的编制要求
- 任务二 编制财务报表
  - 资产负债表
  - 利润表
  - 财务机器人智能生成财务报表
- 任务三 报送与审批财务报表
  - 财务报表的复核
  - 财务报表的报送
  - 财务报表的审批
- 任务四 管理会计档案
  - 会计档案的概念
  - 会计档案归档的内容
  - 会计档案的保管
  - 会计档案的销毁

任务一

认识财务报表

任务描述

5

成都瑞丰工业有限公司的法定代表人林晟为了确保企业向投资者、债权人、社会公众等利益相关方提供的财务报告准确无误,决定亲自审阅和核对所有的财务资料与报告。他认为,作为企业的领导者,对财务报告的理解和掌握至关重要,这样才能更好地把握企业的经营状况,为决策提供有力支持。

然而,在翻阅财务报告的过程中,他发现了自己对财务报告的部分内容存在疑惑,不清楚其中的专业术语和数据含义。这让他意识到,如果连自己都不能完全理解财务报告,那么如何确保其他利益相关方能够准确地解读和理解这些报告呢?于是,老板决定向财务团队学习,深入了解财务报告的定义、作用及种类等专业内容。

◎ **任 务 训 练** ◎

1. 根据任务描述,帮助林晟认识财务报表,了解一套完整的财务报表至少应当包括的内容。

2. 根据任务描述,帮助林晟了解编制财务报表的作用。

3. 根据任务描述,帮助林晟了解财务报表的种类。

4. 根据任务描述,帮助林晟了解在编制财务报表时需要遵循的具体要求。

◎ **知 识 准 备** ◎

一、财务报表的概念

财务报表,是指在日常会计核算资料的基础上,按照规定的格式、内容和方法定期编制的,综合反映企业某一特定日期财务状况和某一特定时期经营成果、现金流量状况的书面文件,也是对企业财务状况、经营成果和现金流量的结构性表述。

一套完整的财务报表至少应当包括资产负债表、利润表、现金流量表、所有者权益变动表(股东权益变动表)和财务报表附注。

二、财务报表的作用

财务报表是财务报告的主要组成部分,它所提供的会计信息具有重要作用,主要体现在以下几个方面:

(1)全面系统地揭示企业一定时期的财务状况、经营成果和现金流量,有利于经营管理人员了解本单位各项任务指标的完成情况,评价管理人员的经营业绩,以便及时发现问题,调整经营方向,制定措施改善经营管理水平,提高经济效益,为经济预测和决策提供依据。

(2)有利于国家经济管理部门了解国民经济的运行状况。通过对各单位提供的财务报表资料进行汇总和分析,了解和掌握各行业、各地区的经济发展情况,以便宏观调控经济运行,优化资源配置,保证国民经济稳定持续发展。

(3)有利于投资者、债权人和其他有关各方掌握企业的财务状况、经营成果和现金流量情况,进而分析企业的盈利能力、偿债能力、投资收益、发展前景等,为他们投资、贷款和贸易提供决策依据。

(4)有利于财政、税务、市场监管、审计等部门监督企业经营管理。通过财务报表可以检查、监督各企业是否遵守国家的各项法律、法规和制度,有无偷税漏税的行为。

三、财务报表的种类

财务报表可以按照不同的标准进行分类,它的具体分类如表5-1所示。

5

表 5-1　　　　　　　　　　　　　财务报表的具体分类

划分标准	分类	说明
按反映的经济内容划分	财务状况报表	资产负债表和现金流量表
	经营成果报表	利润表
按编制的时期划分	中期财务报表	中期财务报表是指企业于年度中期末、季末和月末编制的财务报表,包括资产负债表、利润表和现金流量表。半年度报表应于年度中期结束后 60 天内对外提供;季度报表应于季度终了后 15 天内对外提供;月度报表应于月度终了后 6 天内对外提供
	年度财务报表(简称年报,通常称为决算报告)	年度财务报表是指企业每年末编制的财务报表,包括资产负债表、利润表、现金流量表和所有者权益变动表等,年度财务报表应于年度终了后 4 个月内对外提供
按报送的对象划分	外部财务报表	外部财务报表是企业必须定期编制、定期向上级主管部门、投资者、财税部门、债权人等报送或按规定向社会公布的财务报表。这是一种主要的、定期的、规范化的财务报表。它要求有统一的报表格式、指标体系和编制时间等。资产负债表、利润表和现金流量表等均属于外部财务报表
	内部财务报表	内部财务报表是企业根据其内部经营管理的需要而编制的,供其内部管理人员使用的财务报表。它不要求统一格式,没有统一指标体系,如成本报表属于内部财务报表
按编报单位不同划分	基层财务报表	基层财务报表是由独立核算的基层单位编制的财务报表,用以反映本单位财务状况和经营成果
	汇总财务报表	汇总财务报表是指上级和主管部门将本身的财务报表与其所属单位报送的基层报表汇总编制而成的财务报表
按编报的会计主体不同划分	个别财务报表	个别财务报表是指在以母公司和子公司组成的具有控股关系的企业集团中,由母公司和子公司各自为主体分别单独编制的报表,用以分别反映母公司和子公司各自的财务状况、经营成果和现金流量情况
	合并财务报表	合并财务报表是以母公司和子公司组成的企业集团为同一会计主体,以母公司和子公司单独编制的个别财务报表为基础,由母公司编制的综合反映企业集团经营成果、财务状况及其资金变动情况的财务报表

四、财务报表的编制要求

由于编制财务报表的直接依据是会计账簿,所有报表的数据都来源于会计账簿,因此为保证财务报表数据的正确性,编制报表之前必须做好对账和结账工作,做到账证相符、账账相符、账实相符,以保证报表数据的真实准确。因此,财务报表的编制应符合下列基本要求,如表 5-2 所示。

表 5-2　财务报表的编制要求

总体要求	具体要求
数字真实	财务报告中的各项数据必须真实可靠,如实地反映企业的财务状况、经营成果和现金流量。这是对会计信息质量的基本要求
内容完整	财务报表应当反映企业经济活动的全貌,全面反映企业的财务状况和经营成果,才能满足各方面对会计信息的需要。凡是国家要求提供的财务报表,各企业必须全部编制并报送,不得漏编和漏报。凡是国家统一要求披露的信息,都必须披露
计算准确	日常的会计核算以及编制财务报表,涉及大量的数字计算,只有准确的计算,才能保证数字的真实可靠。这就要求编制财务报表必须以核对无误后的账簿记录和其他有关资料为依据,不能使用估计或推算的数据,更不能以任何方式弄虚作假,玩数字游戏或隐瞒谎报
报送及时	及时性是信息的重要特征,财务报表信息只有及时地传递给信息使用者,才能为使用者的决策提供依据。否则,即使是真实可靠和内容完整的财务报告,由于编制和报送不及时,对报告使用者来说,就大大降低了会计信息的使用价值
手续完备	企业对外提供的财务报表应加具封面、装订成册、加盖公章。财务报表封面上应当注明:企业名称、企业统一代码、组织形式、地址、报表所属年度或者月份、报出日期,并由企业负责人和主管会计工作的负责人、会计机构负责人(会计主管人员)签名并盖章;设置总会计师的企业,还应当由总会计师签名并盖章

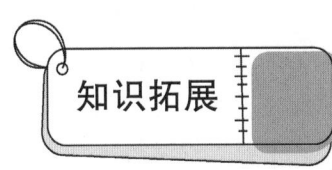

知识拓展

想一想:在正式编制财务报表前需要做的工作。

(1) 严格审核会计账簿的记录和有关资料。

① 检查相关的会计核算是否按照国家统一的会计制度的规定进行。

② 检查是否存在因会计差错、会计政策变更等原因而需要调整前期或本期相关项目的情况等。

(2) 进行全面财产清查、核实债务,并按规定程序报批,进行相应的会计处理。

(3) 按规定的结账日进行结账,结出有关会计账簿的余额和发生额,并核对各会计账簿之间的余额。

自我检测

一、单项选择题

1. 综合反映企业财务状况、经营成果和现金流量的结构性表述的书面文件是
( )。

实训成果

项目五
任务一
实训成果
参考答案

5

A. 资产负债表　　　B. 利润表　　　　　C. 现金流量表　　　D. 财务报表

2. 财务报表以( )为基础编制。

A. 持续经营　　　　B. 报送及时　　　　C. 真实可靠　　　　D. 准确完整

3. 季度报表应于季度终了后( )天内对外提供。

A. 60　　　　　　　B. 30　　　　　　　C. 15　　　　　　　D. 6

4. 不要求统一格式,没有统一指标体系的报表是( )。

A. 外部财务报表　　B. 内部财务报表　　C. 单位财务报表　　D. 汇总财务报表

5. 财务报表是根据( )编制的。

A. 会计凭证　　　　B. 原始凭证　　　　C. 记账凭证　　　　D. 会计账簿

6. 财务报表的各项数据必须建立在( )的基础上。

A. 报送及时　　　　B. 清晰理解　　　　C. 真实可靠　　　　D. 相关可比

7. 财务报表的项目列报应遵守( )原则。

A. 真实性　　　　　B. 重要性　　　　　C. 完整性　　　　　D. 合法性

二、多项选择题

1. 一套完整的财务报表至少应当包括( )。

A. 资产负债表　　　B. 利润表　　　　　C. 现金流量表

D. 股东权益变动表　E. 财务报表附注

2. 财务报表反映企业的( )。

A. 财务状况　　　　B. 经营成果　　　　C. 销售情况　　　　D. 现金流量

3. 按反映的经济内容的不同,可把财务报表划分为( )。

A. 所有者权益变动表　　　　　　　　　B. 资产负债表

C. 现金流量表　　　　　　　　　　　　D. 利润表

4. 中期财务报表有( )。

A. 年度财务报表　　B. 半年度报表　　　C. 月度报表　　　　D. 季度报表

5. 财务报表的编制要求有( )。

A. 数字真实　　　　B. 计算准确　　　　C. 内容完整　　　　D. 报送及时

6. 对企业财务状况予以反映的财务报表包括( )。

A. 资产负债表　　　B. 利润表　　　　　C. 现金流量表　　　D. 利润分配表

7. 按编制日期的不同,可把财务报表划分为( )。

A. 月度财务报表　　B. 季度财务报表　　C. 中期财务报表　　D. 年度财务报表

8. 财务报表的作用包括( )。

A. 全面系统地揭示企业一定时期的财务状况、经营成果和现金流量

B. 有利于国家经济管理部门了解国民经济的运行状况

C. 有利于投资者、债权人和其他有关各方掌握企业的财务状况、经营成果和现金流量情况

D. 有利于财政、税务、市场监管、审计等部门监督企业经营管理

三、判断题

1. 成本报表属于外部财务报表。　　　　　　　　　　　　　　　　　　( )

2. 年度财务报表应于年度终了后 4 个月内对外提供。　　　　　　（　　）

3. 编制财务报表必须做到数字真实、计算准确、内容完整、报送及时。　（　　）

4. 小企业的财务报表至少应包括资产负债表、利润表、所有者权益变动表和附注。
　　　　　　　　　　　　　　　　　　　　　　　　　　　　　（　　）

5. 为尽快编制财务报表,企业可以提前结账。　　　　　　　　　　（　　）

6. 合并财务报表是指在以母公司和子公司组成的具有控股关系的企业集团中,由母公司和子公司各自为主体分别单独编制的报表。　　　　　　　　　　（　　）

 自我评价

项目五
任务一
自我检测
参考答案

本任务完成情况评价表
（在□中打√,A 掌握,B 基本掌握,C 未掌握）

评价指标	自测结果
1. 已熟悉财务报表的概念	□A □B □C
2. 已了解财务报表的作用	□A □B □C
3. 已了解财务报表的种类	□A □B □C
4. 已掌握财务报表的编制要求	□A □B □C

任务二

编制财务报表

任务描述

成都瑞丰工业有限公司法定代表人林晟在学习完财务报表相关概念后,深入了解财务报表的编制对于企业经营决策至关重要。目前,公司面临财务压力,计划向中国工商银行成都市分行申请贷款。然而,银行要求成都瑞丰工业有限公司提供相关财务资料,并明确指出需要包括财务报表相关资料。因此,他决定深入学习财务报表的编制原理,以便更好地分析企业经营状况,为企业的持续发展提供有力支持。

5

1. 根据任务描述,帮助林晟认识资产负债表。

2. 以成都瑞丰工业有限公司 2023 年 12 月 31 日的科目余额汇总表(表 5-4)为依据,帮助林晟编制该公司的资产负债表。

3. 根据任务描述,帮助林晟认识利润表。

4. 以成都瑞丰工业有限公司 2023 年 12 月的利润表损益类账户发生额资料(表 5-6)为依据,帮助林晟编制该公司的利润表。

5. 请查看财务机器人智能生成财务报表。

一、资产负债表

资产负债表,是反映企业在某一特定日期财务状况的报表,是企业经营活动的静态反映。资产负债表是根据"资产 = 负债 + 所有者权益"这一平衡公式,依照一定的分类标准和一定的次序,将某一特定日期的资产、负债、所有者权益的具体项目予以适当的排列编制而成。资产负债表主要反映资产、负债和所有者权益三方面的内容。通过资产负债表,可以反映企业在某一特定日期所拥有或控制的经济资源、所承担的现时义务和所有者对净资产的要求权,帮助财务报表使用者全面了解企业的财务状况、分析企业的偿债能力等情况,从而为其作出经济决策提供依据。

(一)资产负债表的结构

资产负债表一般由表头、表体两部分组成,表头部分应列明报表名称、编表单位名称、资产负债表日和人民币金额单位;表体部分反映资产、负债、所有者权益的内容,其中表体部分是资产负债表的主体和核心。资产负债表的表体格式一般有报告式资产负债表和账户式资产负债表两种。企业报告式资产负债表是上下结构的,上半部分列示资产各项目,下半部分列示负债和所有者权益各项目;账户式资产负债表是左右结构的,左边列示资产各项目,反映全部资产的分布及存在状态,右边列示负债和所有者权益各项目,反映全部负债和所有者权益的内容及构成情况。不管采取什么格式,资产各项目的合计一定等于负债和所有者权益各项目的合计。

我国企业的资产负债表采用账户式结构,分为左右两方,左方为资产项目,大体按资产的流动性大小排列,分为流动资产和非流动资产;右方为负债和所有者权益项目,负债一般按偿还的先后顺序排列,另负债按流动性排列,分为流动负债和非流动负债;所有者权益项目按稳定性排列。

账户式资产负债表中的资产各项目的合计等于负债和所有者权益各项目的合计,即资产负债表左方和右方平衡。通过账户式资产负债表,可以反映资产、负债、所有者权益之间的内在关系,即"资产 = 负债 + 所有者权益"。我国一般企业资产负债表格式如

表 5-3 所示。

表 5-3　　　　　　　　　　　　　　　资产负债表

会企 01 表

编制单位：　　　　　　　　　　　年　　月　　日　　　　　　　　　　　单位:元

资产	期末余额	上年年末余额	负债和所有者权益（或股东权益）	期末余额	上年年末余额
流动资产：	—	—	流动负债：	—	—
货币资金			短期借款		
交易性金融资产			交易性金融负债		
衍生金融资产			衍生金融负债		
应收票据			应付票据		
应收账款			应付账款		
应收款项融资			预收款项		
预付款项			合同负债		
其他应收款			应付职工薪酬		
存货			应交税费		
合同资产			其他应付款		
持有待售资产			持有待售负债		
一年内到期的非流动资产			一年内到期的非流动负债		
其他流动资产			其他流动负债		
流动资产合计			**流动负债合计**		
非流动资产：	—	—	非流动负债：	—	—
债权投资			长期借款		
其他债权投资			应付债券		
长期应收款			其中:优先股		
长期股权投资			永续债		
其他权益工具投资			租赁负债		
其他非流动金融资产			长期应付款		
投资性房地产			预计负债		
固定资产			递延收益		
在建工程			递延所得税负债		
生产性生物资产			其他非流动负债		
油气资产			**非流动负债合计**		
使用权资产			**负债合计**		
无形资产			所有者权益（或股东权益）：	—	—

（续表）

资产	期末余额	上年年末余额	负债和所有者权益（或股东权益）	期末余额	上年年末余额
开发支出			实收资本（或股本）		
商誉			其他权益工具		
长期待摊费用			其中：优先股		
递延所得税资产			永续债		
其他非流动资产			资本公积		
非流动资产合计			减：库存股		
			其他综合收益		
			专项储备		
			盈余公积		
			未分配利润		
			所有者权益（或股东权益）合计		
资产总计			**负债和所有者权益（或股东权益）总计**		

单位负责人： 　　　　　　　审核： 　　　　　制表：

（二）资产负债表的编制方法

资产负债表各项目均需填列"期末余额"和"年初余额"两栏。

动画视频：资产负债表编制

资产负债表的"年初余额"栏内各项数字，应根据上年年末资产负债表的"期末余额"栏内所列数字填列。如果上年度资产负债表规定的各个项目的名称和内容与本年度不相一致，应按照本年度的规定对上年年末资产负债表各项目的名称和数字进行调整，填入本表"年初余额"栏内。

资产负债表的"期末余额"栏主要有以下几种填列方法：

（1）直接填列的项目。在编制资产负债表时，根据有关科目余额直接填列到资产负债表中的相关项目中，如"短期借款""应付职工薪酬""应交税费""应付票据""实收资本""资本公积""盈余公积"等项目。

（2）分析计算后填列的项目。资产负债表中有些项目需要根据有关科目的期末余额或账面价值资料进行分析、计算后填列。

① "货币资金"项目，反映企业库存现金、银行存款和其他货币资金的合计数，应根据"库存现金""银行存款"和"其他货币资金"科目的期末余额合计填列。

【例5-1】 2023年12月31日，甲公司"库存现金"账户余额为0.1万元，"银行存款"科目余额为100.9万元，"其他货币资金"账户余额为99万元。则2023年12月31日，甲公司资产负债表中"货币资金"项目"期末余额"栏的列报金额＝0.1＋100.9＋99＝200（万元）。

②"存货"项目,反映企业期末在库、在途和加工中的各种存货的成本,应根据"在途物资(或材料采购)""原材料""库存商品""生产成本""周转材料"等账户的期末余额分析填列。

【例5-2】　2023年12月31日,甲公司有关科目余额如下:

"原材料"账户借方余额为100万元;"在途物资"账户借方余额为200万元;"库存商品"账户借方余额为25万元;"生产成本"账户借方余额为300万元。则2023年12月31日,甲公司资产负债表中"存货"项目"期末余额"栏的列报金额=100+200+25+300=625(万元)。

③"固定资产账面价值"项目,反映企业固定资产原值扣除累计折旧后的余额,应根据"固定资产"账户的期末余额减去"累计折旧"账户的期末余额的金额填列。

【例5-3】　2023年12月31日,甲公司"固定资产"账户借方余额为4 000万元,"累计折旧"账户贷方余额为2 000万元。则12月31日,甲公司资产负债表中"固定资产"项目"期末余额"栏的列报金额=4 000-2 000=2 000(万元)。

④"未分配利润"项目,反映尚未分配的历年结存的利润,应根据"本年利润"和"利润分配"账户的余额计算填列。年终时,可直接根据"利润分配"账户的贷方余额填列,未弥补的亏损以"-"号填列。

【例5-4】　2024年8月31日,甲公司"本年利润"账户贷方余额为650万元,"利润分配"账户贷方余额为550万元。则8月31日,甲公司资产负债表中"未分配利润"项目"期末余额"栏的列报金额=650+550=1 200(万元)。

【例5-5】　请以成都瑞丰工业有限公司2023年12月31日的账户余额汇总表(表5-4)为依据,编制该公司的资产负债表。

表5-4　　　　　　　　　　　　　科目余额汇总表

账户	借方余额	贷方余额
库存现金	1 200	
银行存款	1 025 800	
应收账款	50 000	
在途物资	5 000	
原材料	120 000	
库存商品	264 000	
预付账款	8 000	
其他应收款	5 000	
固定资产	1 028 000	

（续表）

账户	借方余额	贷方余额
累计折旧		155 000
无形资产	150 000	
短期借款		50 000
应付账款		30 000
应付职工薪酬		35 000
应交税费		127 800
应付利息		2 200
应付利润		200 000
长期借款		400 000
生产成本	3 000	
实收资本		1 255 000
资本公积		98 000
盈余公积		57 000
利润分配		250 000
合　计	2 660 000	2 660 000

完成编制的资产负债表见项目五任务二实训成果参考答案。

二、利润表

利润表，也称损益表，是反映企业在一定会计期间的经营成果的报表。通过利润表，可以反映企业在一定会计期间收入、费用、利润（或亏损）的金额和构成情况，为财务报表使用者全面了解企业的经营成果、分析企业的获利能力及盈利增长趋势、作出经济决策提供依据。

（一）利润表的结构

利润表的结构有单步式和多步式两种。单步式利润表是将当期所有的收入列在一起，所有的费用列在一起，然后将两者相减得出当期净损益。我国企业的利润表采用多步式结构，即通过对当期的收入、费用、支出项目按性质加以归类，按利润形成的主要环节列示一些中间性利润指标，分步计算当期净损益，以便财务报表使用者理解企业经营成果的不同来源。

利润表一般由表头、表体两部分组成，表头部分应列明报表名称、编表单位名称、财务报表涵盖的会计期间和人民币金额单位，表体部分反映形成经营成果的各个项目和计算过程。为了方便财务报表使用者通过比较不同期间利润的实际情况，判断企业经营成果的未来发展趋势，企业需要提供比较利润表。为此，利润表金额栏按"本期金额"和"上期金额"两栏分别填列。我国一般企业利润表的格式如表5-5所示。

表 5-5 　　　　　　　　　　　　　利润表

会企 02 表

编制单位：　　　　　　　　　　　　　　　年　　　　　　　　　　　　　　　单位：元

项目	本期金额	上期金额
一、营业收入		
减：营业成本		
税金及附加		
其中：消费税		
城市维护建设税		
资源税		
土地增值税		
城镇土地使用税、房产税、车船税、印花税		
教育费附加、环境保护税		
销售费用		
其中：商品维修费		
广告费和业务宣传费		
管理费用		
其中：开办费		
业务招待费		
研发费用		
财务费用		
其中：利息费用		
利息收入		
加：其他收益		
投资收益（损失以"－"号填列）		
其中：对联营企业和合营企业的投资收益		
以摊余成本计量的金融资产终止确认收益（损失以"－"号填列）		
净敞口套期收益（损失以"－"号填列）		
公允价值变动收益（损失以"－"号填列）		
信用减值损失（损失以"－"号填列）		
资产减值损失（损失以"－"号填列）		

（续表）

项目	本期金额	上期金额
资产处置收益(损失以"-"号填列)		
二、营业利润(亏损以"-"号填列)		
加：营业外收入		
其中：政府补助		
减：营业外支出		
其中：坏账损失		
无法收回的长期债券投资损失		
无法收回的长期债权投资损失		
自然灾害等不可抗力因素造成的损失		
税收滞纳金		
三、利润总额(亏损总额以"-"号填列)		
减：所得税费用		
四、净利润(净亏损以"-"号填列)		
(一)持续经营净利润(净亏损以"-"号填列)		
(二)终止经营净利润(净亏损以"-"号填列)		
五、其他综合收益的税后净额		
(一)不能重分类进损益的其他综合收益		
1.重新计量设定受益计划变动额		
2.权益法下不能转损益的其他综合收益		
3.其他权益工具投资公允价值变动		
4.企业自身信用风险公允价值变动		
……		
(二)将重分类进损益的其他综合收益		
1.权益法可转损益的其他综合收益		
2.其他债权投资公允价值变动		
3.金融资产重分类计入其他综合收益的金额		
4.其他债权投资信用减值准备		
5.现金流量套期储备		
6.外币财务报表折算差额		
……		
六、综合收益总额		

5

（续表）

项目	本期金额	上期金额
七、每股收益		
（一）基本每股收益		
（二）稀释每股收益		

（二）利润表的编制方法

利润表编制的原理是"收入－费用＝利润"的会计平衡公式和收入与费用的配比原则。企业在生产经营中不断地取得各项收入，同时发生各种费用，收入减去费用的剩余部分为企业的盈利。如果企业经营不善，发生的生产经营费用超过取得的收入，超过部分为企业的亏损。将取得的收入和发生的相关费用进行对比，对比结果表现为企业的经营成果。企业将经营成果的核算过程和结果编成报表，即利润表。

动画视频：
利润表的
编制

我国一般企业利润表的主要编制步骤和内容如下：

第一步，以营业收入为基础，减去营业成本、税金及附加、销售费用、管理费用、财务费用，加上投资收益（或减投资损失）、公允价值变动收益（或减公允价值变动损失）等计算出营业利润。

第二步，以营业利润为基础，加上营业外收入，减去营业外支出，计算出利润总额。

第三步，以利润总额为基础，减去所得税费用，计算出净利润（或净亏损）。

第四步，以净利润（或净亏损）为基础，计算出每股收益。

第五步，以净利润（或净亏损）和其他综合收益为基础，计算出综合收益总额。

利润表各项目均需填列"本期金额"和"上期金额"两栏。其中"上期金额"栏内各项数字，应根据上年该期利润表的"本期金额"栏内所列数字填列。"本期金额"栏内各项数字，除"基本每股收益"和"稀释每股收益"项目外，应当按照相关科目的发生额分析填列：如"营业收入"项目，根据"主营业务收入""其他业务收入"科目的发生额分析计算填列；"营业成本"项目，根据"主营业务成本""其他业务成本"科目的发生额分析计算填列。

【例5-6】 以成都瑞丰工业有限公司的利润表损益类账户发生额资料（表5-6）为依据，编制该公司的利润表。

表5-6　　　　　　　　利润表损益类科目发生额资料
2023年12月

账户	本期发生额	
	借方	贷方
主营业务收入	230 000	230 000
其他业务收入	50 000	50 000
投资收益	35 000	35 000

（续表）

账户	本期发生额	
	借方	贷方
营业外收入	60 000	60 000
主营业务成本	125 000	125 000
其他业务成本	25 000	25 000
税金及附加 其中:城市维护建设税 　　教育费附加	12 000 8 400 3 600	12 000 8 400 3 600
销售费用 其中:广告费	8 000 8 000	8 000 8 000
管理费用	86 000	86 000
财务费用	3 000	3 000
营业外支出	2 000	2 000
所得税费用	28 500	28 500

　　编制完成的利润表见项目五任务二实训成果参考答案。

三、财务机器人智能生成财务报表

　　随着财务机器人的广泛应用,财务机器人以其高效、准确和易于操作等优势,逐渐替代传统的手工编制财务报表方式。财务机器人可以自动采集、处理和清洗财务数据,快速生成结构规范、数据准确的资产负债表和利润表,不仅能够提高财务报表编制的效率,减轻财务人员的工作负担,还能确保报表数据的一致性和准确性,便于企业进行财务分析和决策。本节介绍的财务机器人智能生成财务报表的原理为:

　　首先,财务机器人识别票据信息,获取数据,智能生成会计凭证,会计凭证中的日期、摘要、借贷方科目、金额等信息是生成财务报表的基础数据。

　　接着,财务机器人会根据录入的会计凭证,自动计算各个科目的借贷方金额、余额等信息。这些账务数据将为生成财务报表提供准确的数据来源。

　　随后,会计基础与智能应用平台中的【财务报表】模块下已经预设了财务报表模板,包括资产负债表、利润表等。这些模板定义了报表的结构、格式和计算公式等。

　　最后,财务机器人根据账务数据和报表模板,自动生成财务报表。在这个过程中,财务机器人会自动执行报表模板中的计算公式,将账务数据转换为报表数据,并按照设定的格式和结构呈现。同时,财务机器人会对生成的财务报表进行审核和调整,以确保数据的准确性和完整性。

 自我检测

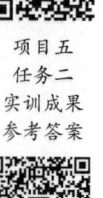

实训成果

项目五
任务二
实训成果
参考答案

会计基础与
智能应用
平台

一、单项选择题

1. 资产负债表是根据(　　)编制而成的。

A. 收入－费用＝利润　　　　　　　B. 资产＝权益

C. 经营成果等式　　　　　　　　　D. 资产＝负债＋所有者权益

2. 资产负债表中的"存货"不包括(　　)。

A. 库存商品　　　　　　　　　　　B. 委托加工物资

C. 库存现金　　　　　　　　　　　D. 在途物资

3. 下列资产负债表项目中,可直接填列的是(　　)。

A. 货币资金　　　　　　　　　　　B. 短期借款

C. 固定资产　　　　　　　　　　　D. 应收账款

4. 我国现行统一的会计制度规定,企业资产负债表的格式是(　　)。

A. 多步式　　　　　　　　　　　　B. 单步式

C. 账户式　　　　　　　　　　　　D. 报告式

5. 某企业期末资产负债表中,固定资产原值为120万元,累计折旧30万元,则"固定资产"项目为(　　)万元。

A. 150　　　　　　B. 30　　　　　　C. 90　　　　　　D. 120

6. 下列资产负债表项目中,应分析填列的是(　　)。

A. 固定资产　　　　　　　　　　　B. 应付职工薪酬

C. 实收资本　　　　　　　　　　　D. 应付利润

7. 反映企业经营成果的财务报表是(　　)。

A. 利润表　　　　　　　　　　　　B. 资产负债表

C. 银行存款余额调节表　　　　　　D. 现金流量表

8. 我同企业的利润表采用(　　)格式。

A. 账户式　　　　　　　　　　　　B. 多步式

C. 单步式　　　　　　　　　　　　D. 报告式

9. 利润表中的净利润是根据利润总额扣除(　　)后的净额。

A. 应付股利　　　　　　　　　　　B. 应付利息

C. 所得税费用　　　　　　　　　　D. 投资收益

10. 利润表是根据损益类科目的(　　)进行填列的。

A. 余额　　　　　　　　　　　　　B. 累计金额

C. 期初余额　　　　　　　　　　　D. 本期发生额

二、多项选择题

1. 下列属于货币资金的有(　　)。

A. 银行存款　　　　　　　　　　　B. 库存现金

C. 其他货币资金　　　　　　　　　D. 库存商品

5

2．下列资产负债表项目中,需要计算分析填列的有(　　)。

A．货币资金　　　　　　　　　B．应付股利

C．存货　　　　　　　　　　　D．资本公积

3．下列属于存货的有(　　)。

A．固定资产　　　　　　　　　B．原材料

C．周转材料　　　　　　　　　D．在产品

4．下列与营业利润有关的有(　　)。

A．营业收入　　　　　　　　　B．营业成本

C．营业外收入　　　　　　　　D．投资收益

5．下列资产负债表项目中,能够直接填列的有(　　)。

A．应交税费　　　　　　　　　B．未分配利润

C．短期借款　　　　　　　　　D．实收资本

三、判断题

1．资产负债表是反映企业在某一会计期间财务状况的报表。　　　　　　　(　　)

2．资产负债表采用左右账户式排列。　　　　　　　　　　　　　　　　(　　)

3．资产负债表中的"未分配利润"项目在年终时可根据"利润分配"账户的贷方余额直接填列。　　　　　　　　　　　　　　　　　　　　　　　　　　　(　　)

4．利润表是反映企业在一定会计期间的营业状况的报表。　　　　　　　　(　　)

5．利润表是根据损益类账户的本期发生额填列的。　　　　　　　　　　　(　　)

四、综合题

1．丙公司于 2024 年 4 月发生下列经济业务。

(1) 收到甲公司投资 400 000 元。

(2) 销售 X 产品一批,价款 300 000 元,增值税税额 39 000 元,该批产品成本为 100 000 元。

(3) 支付广告费、展览费合计 15 000 元。

(4) 向灾区捐款 10 000 元。

(5) 销售 01♯材料 40 000 元,增值税税额 5 200 元,该批材料成本 15 000 元。

(6) 确认并收到乙公司赔偿款 100 000 元。

(7) 缴纳城市维护建设税 2 000 元,教育费附加 3 000 元。

请根据上述资料,回答下列问题:

(1) 丙公司本月的营业收入为(　　)元。

(2) 丙公司本月的营业利润为(　　)元。

(3) 丙公司本月的净利润为(　　)元。

2．甲公司月末部分账户余额如表 5-7 所示。

表 5-7　　　　　　　　　　　　月末部分账户余额　　　　　　　　　　　　单位:元

账户	借方余额	账户名称	借方余额
库存现金	10 000	累计折旧	440 000

（续表）

账户	借方余额	账户名称	借方余额
银行存款	1 948 000	短期借款	65 000
应收账款	140 100	应付账款	300 000
其他货币资金	200 000	应交税费	87 420
原材料	147 320	应付利润	70 000
固定资产	544 000	实收资本	2 310 000
生产成本	230 000	长期借款	680 000
无形资产	663 200	其中一年内到期的长期借款	100 000
库存商品	170 000	盈余公积	100 200

请根据上述资料，回答下列问题。

（1）"货币资金"项目金额为（　　　）元。

（2）"存货"项目金额为（　　　）元。

（3）"实收资本"项目金额为（　　　）元。

（4）"长期借款"项目金额为（　　　）元。

（5）"短期借款"项目金额为（　　　）元。

 自我评价

本任务完成情况评价表

（在□中打√，A 掌握，B 基本掌握，C 未掌握）

项目五
任务二
自我检测
参考答案

评价指标	自测结果
1. 能够认识资产负债表相关内容	□A □B □C
2. 能够编制简单的资产负债表	□A □B □C
3. 能够认识利润表相关内容	□A □B □C
4. 能够编制简单的利润表	□A □B □C
5. 能够运用财务机器人智能生成财务报表	□A □B □C

5

任务三

报送与审批财务报表

任务描述

成都瑞丰工业有限公司林晟通过学习了资产负债表和利润表的编制原理,知道编制财务报表是会计核算体系中的一项重要内容,会计人员通过财务报告为会计信息使用者提供有用的财务会计数据。为了充分发挥财务报告的作用,会计人员应严格按照国家统一的会计制度的要求,及时正确地编制财务报表。同时还需按照规定程序逐级汇总后,编制出汇总财务会计报告,以满足国家综合平衡工作的需要。那么我们应该如何对财务报表进行审核与报送呢,它的审批程序又是怎样的呢?

任务训练

1. 根据任务描述,帮助林晟了解财务报表的审核内容。
2. 根据任务描述,帮助林晟了解财务报表应该如何报送。
3. 根据任务描述,帮助林晟了解财务报表的审批程序。

知识准备

一、财务报表的复核

复核是保证财务报表质量的一项重要措施。企业财务报表编制完成后,在报送之前,必须由单位会计主管和单位负责人进行复核。财务报表复核的内容主要包括:

（1）报表所列金额与账簿记录是否一致。

（2）报表的项目是否填列齐全。

（3）报表的各项数字计算是否正确。

（4）内容是否完整,相关报表之间的有关数字的勾稽关系是否正确与衔接一致。

（5）财务报表的附注是否符合有关要求。

经审查无误后,对财务报表应依次编定页数、加具封面、装订成册、加盖公章。封面应注明企业的名称、地址、主管部门、开业年份、报表所属年度和月份、送出日期等。

二、财务报表的报送

企业的财务报表必须由企业领导、总会计师、会计主管人员和制表人员签名盖章后才能报出。单位负责人对财务报表的合法性、真实性负法律责任。

应向哪些单位报送财务报表，这与各单位的隶属关系、经济管理和经济监督的需要有关。国有企业一般要向上级主管部门、开户银行、财政、税务和审计机关报送财务报表。同时应向投资者、债权人以及其他与企业有关的报表使用者提供财务报表。股份有限公司还应向证券交易和证券监督管理机构提供财务报表。根据法律和国家有关规定，对财务报表必须进行审计的单位应先委托会计师事务所进行审计，并将注册会计师出具的审计报告，随同财务报表等按照规定期限报送有关部门。

三、财务报表的审批

上级主管部门或总公司、财政、税务和金融部门，对各企业报送的财务报表应当认真审核。主要审核财务报表的编制是否符合会计准则和会计制度的有关规定，审查和分析财务报表的指标内容，以便对报送单位的财务活动情况进行监督。在审核过程中，如果发现报表编制有错误或不符合要求，应及时通知原单位进行更正，错误较多的应当重新编报。如果发现有违反法律和财经纪律、弄虚作假的现象，应查明原因，及时纠正，严肃处理。

财务报表审核后，要进行批复。年度决算报表除经上级主管部门审核批复外，还应由财政部门审批。企业要认真研究、执行上级主管部门对报表的批复意见，并在账务上作相应处理。

知识拓展

💡 **想一想：报送的财务报表还需要汇总吗？**

国有企业财务报表报送上级主管部门后，上级主管部门要将所属单位上报的财务报表合并，编制汇总财务报表。汇总财务报表是上级主管部门根据所属单位上报的财务报表汇总编制的，用来总括反映所属单位财务状况和经营成果的书面文件。在汇编财务报表时，必须先审核后汇总。汇总财务报表的格式和基层单位财务报表的格式基本相同。编制方法是根据所属单位的财务报表和汇编单位本身的财务报表，经过合并、分析计算、汇总而填列。

各级企业主管部门编制好汇总财务报表后，应按规定的期限逐级上报，并及时报送同级财政、审计、税务等国家综合部门，以便及时提供国家宏观管理所需的会计信息。

5

项目五
任务三
实训成果
参考答案

自我检测

一、单项选择题

1. 保证财务报表质量的一项重要措施是(　　)。

A. 检查　　　　　　B. 计算　　　　　　C. 复核　　　　　　D. 审批

2. (　　)对财务报表的合法性、真实性负法律责任。

A. 会计人员　　　　B. 财务主管　　　　C. 单位负责人　　　D. 上级领导

二、多项选择题

1. 财务报表在报送前,必须由(　　)进行复核。

A. 单位会计主管人员　　　　　　　　B. 总会计师

C. 单位负责人　　　　　　　　　　　D. 注册会计师

2. 财务报表复核的内容主要包括(　　)。

A. 报表所列金额与账簿记录是否一致

B. 内容是否完整,相关报表之间的有关数字的勾稽关系是否正确与衔接一致

C. 报表的项目是否填列齐全

D. 报表的各项数字计算是否正确

3. 企业的财务报表必须由(　　)签名盖章后才能报出。

A. 企业领导人员　　　　　　　　　　B. 总会计师

C. 会计主管人员　　　　　　　　　　D. 制表人员

项目五
任务三
自我检测
参考答案

三、判断题

1. 上级主管部门或总公司、财政、税务和金融部门,对各企业报送的财务报表应当认真审核。　　　　　　　　　　　　　　　　　　　　　　　　　　　　　(　　)

2. 会计复核只需看报表金额与账簿记录是否一致。　　　　　　　　　　(　　)

3. 审核过程中,发现报表有错误的或不符合要求的,应当重新编报。　　(　　)

4. 年度决算报表只需要上级主管部门审核批复即可。　　　　　　　　　(　　)

自我评价

本任务完成情况评价表

(在□中打√,A掌握,B基本掌握,C未掌握)

评价指标	自测结果
1. 了解财务报表的审核内容	□A □B □C
2. 了解财务报表的报送相关内容	□A □B □C
3. 熟悉财务报表的审批内容	□A □B □C

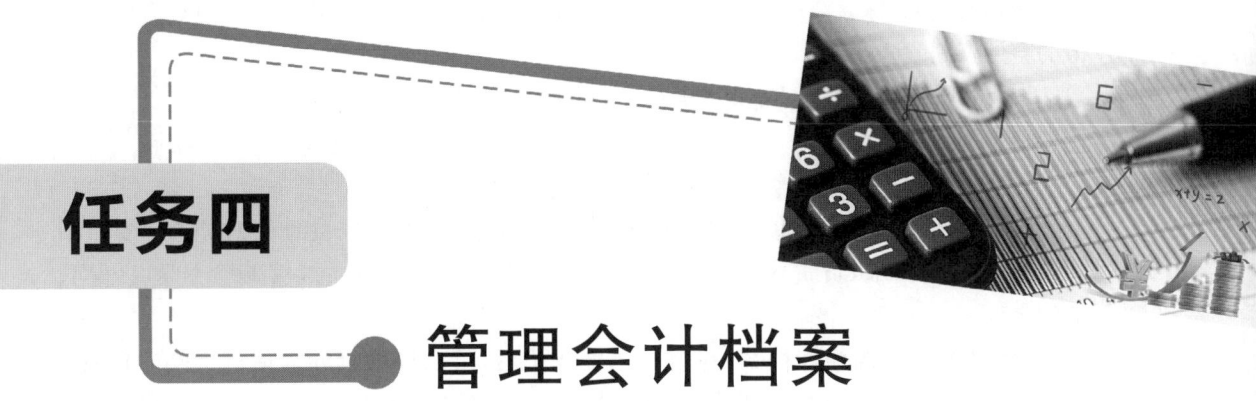

任务四

管理会计档案

　　成都瑞丰工业有限公司法人代表林晟在学习过程中意识到,会计档案不仅是总结经验、揭示责任事故、打击经济犯罪、分析事故原因的关键依据,而且在预测经济前景、制定经营决策、编制财务成本计划等方面发挥着重要作用。此外,会计档案还能用于解决经济纠纷,为处理遗留的经济事务提供依据,同时在经济学研究领域具有不可替代的历史资料价值。鉴于会计档案的重要性,林晟思考了如何有效管理公司的会计档案。

　　1. 根据任务描述,帮助林晟了解什么是会计档案,会计档案包含哪些内容。
　　2. 根据任务描述,帮助林晟区分不同会计资料的保管期限。
　　3. 根据任务描述,帮助林晟了解当会计档案保管期满时的具体销毁制度。

一、会计档案的概念

　　会计档案,是指单位在进行会计核算等过程中接收或形成的,记录和反映单位经济业务事项的,具有保存价值的文字、图表等各种形式的会计资料,包括通过计算机等电子设备形成、传输和存储的电子会计档案。

二、会计档案归档的内容

　　(1) 会计凭证,包括原始凭证、记账凭证。
　　(2) 会计账簿,包括总账、明细账、日记账、固定资产卡片及其他辅助性账簿。
　　(3) 财务会计报告,包括月度、季度、半年度、年度财务会计报告。
　　(4) 其他会计资料,包括银行存款余额调节表、银行对账单、纳税申报表、会计档案移

5

交清册、会计档案保管清册、会计档案销毁清册、会计档案鉴定意见书及其他具有保存价值的会计资料。

注意：预算、计划、制度等文件资料，应当执行文书档案管理规定。

三、会计档案的保管

（1）单位的会计机构或会计人员所属机构（以下统称单位会计管理机构）按照归档范围和归档要求，负责定期将应当归档的会计资料整理立卷，编制会计档案保管清册。

（2）当年形成的会计档案，在会计年度终了后，可由单位会计管理机构临时保管1年，再移交单位档案管理机构保管。因工作需要确需推迟移交的，应当经单位档案管理机构同意。

单位会计管理机构临时保管会计档案最长不超过3年。临时保管期间，会计档案的保管应当符合国家档案管理的有关规定，且出纳人员不得兼管会计档案。

（3）单位会计管理机构在办理会计档案移交时，应当编制会计档案移交清册，并按照国家档案管理的有关规定办理移交手续。

纸质会计档案移交时应当保持原卷的封装。电子会计档案移交时应当将电子会计档案及其元数据一并移交，且文件格式应当符合国家档案管理的有关规定。特殊格式的电子会计档案应当与其读取平台一并移交。

单位档案管理机构接收电子会计档案时，应当对电子会计档案的准确性、完整性、可用性、安全性进行检测，符合要求的才能接收。

（4）单位应当严格按照相关制度利用会计档案，在进行会计档案查阅、复制、借出时履行登记手续，严禁篡改和损坏。

单位保存的会计档案一般不得对外借出。确因工作需要且根据国家有关规定必须借出的，应当严格按照规定办理相关手续。

会计档案借用单位应当妥善保管和利用借入的会计档案，确保借入的会计档案的安全完整，并在规定时间内归还。

（5）会计档案的保管期限，从会计年度终了后的第1天算起。会计档案的保管期限分为永久、定期两类。定期保管期限一般分为10年和30年。具体保管期限如表5-8所示。

表5-8　　　　　企业和其他组织会计档案保管期限表

序号	档案名称	保管期限	备注
一	会计凭证		
1	原始凭证	30年	
2	记账凭证	30年	
二	会计账簿		
3	总账	30年	

（续表）

序号	档案名称	保管期限	备注
4	明细账	30 年	
5	日记账	30 年	
6	固定资产卡片		固定资产报废清理后保管 5 年
7	其他辅助性账簿	30 年	
三	财务会计报告		
8	月度、季度、半年度财务会计报告	10 年	
9	年度财务会计报告	永久	
四	其他会计资料		
10	银行存款余额调节表	10 年	
11	银行对账单	10 年	
12	纳税申报表	10 年	
13	会计档案移交清册	30 年	
14	会计档案保管清册	永久	
15	会计档案销毁清册	永久	
16	会计档案鉴定意见书	永久	

四、会计档案的销毁

单位应当定期对已到保管期限的会计档案进行鉴定，并形成会计档案鉴定意见书。经鉴定，仍需继续保存的会计档案，应当重新划定保管期限；对保管期满，确无保存价值的会计档案，可以销毁。会计档案鉴定工作应当由单位档案管理机构牵头，组织单位会计、审计、纪检监察等机构或人员共同进行。

经鉴定可以销毁的会计档案，应当按照以下程序销毁。

（1）单位档案管理机构编制会计档案销毁清册，列明拟销毁会计档案的名称、卷号、册数、起止年度、档案编号、应保管期限、已保管期限和销毁时间等内容。

（2）单位负责人、档案管理机构负责人、会计管理机构负责人、档案管理机构经办人、会计管理机构经办人在会计档案销毁清册上签署意见。

（3）单位档案管理机构负责组织会计档案销毁工作，并与会计管理机构共同派员监销。监销人在会计档案销毁前，应当按照会计档案销毁清册所列内容进行清点核对；在会计档案销毁后，应当在会计档案销毁清册上签名或盖章。

注意：电子会计档案的销毁还应当符合国家有关电子档案的规定，并由单位档案管理机构、会计管理机构和信息系统管理机构共同派员监销。

（4）保管期满但未结清的债权债务会计凭证和涉及其他未了事项的会计凭证不得销毁，纸质会计档案应当单独抽出立卷，电子会计档案单独转存，保管到未了事项完结时

5

为止。

单独抽出立卷或转存的会计档案,应当在会计档案鉴定意见书、会计档案销毁清册和会计档案保管清册中列明。

想一想:会计人员在调动工作或者离职时,需要办理会计工作的交接手续吗?如果不办理,会承担后果吗?

会计人员工作交接是会计工作中的一项重要内容。会计人员调动工作或者离职时,与接替人员办理交接手续,是会计人员应尽的职责,也是做好会计工作的要求。

一、会计人员交接内容

(1)将尚未处理完毕的业务,处理完毕。

(2)整理保管的各种会计资料(如凭证、账簿、报表等)和各种会计物品(如证件、发票、印章等),一并列示于交接清单上。

(3)整理尚无法处理的各种业务,列示于交接清单上,注明已处理的程度、相关的凭证资料等。

(4)交代其他相关事宜,例如相关工作联系部门联系人的联系方式、相关会计处理的流程方法等。

(5)打印交接清单,一式三份。按交接清单交接工作,交接无误后,由移交人、接交人、监交人各自签章,各执一份交接清单。

二、交接前的准备工作

(1)已经受理的经济业务,尚未填制会计凭证的应当填制完毕。

(2)尚未登记的账目应当登记完毕,结出余额,并在最后一笔余额后加盖经办人印章。

(3)整理好应该移交的各项资料,对未了事项和遗留问题要写出书面说明材料。

(4)编制移交清册,注明应该移交的会计凭证、会计账簿、财务会计报告、印章、现金、有价证券、支票簿、发票、文件、其他会计资料和物品等内容;从事财务计算机管理的移交人员应在移交清册上列明会计软件及密码、会计软件数据盘和磁带等内容。

(5)会计机构负责人和会计主管人员移交时,将财务会计工作、重大财务收支问题和会计人员的情况等向接替人员介绍清楚。

三、移交点收

(1)现金要根据会计账簿记录余额进行当面点交,不得短缺,接替人员发现不一致或"白条抵库"现象时,应要求移交人员限期查清处理后再次移交。

(2)有价证券的数量要与会计账簿记录一致,按照会计账簿余额交接。

(3)会计凭证、会计账簿、财务会计报告和其他会计资料必须完整无缺,不得遗漏。如有短缺,必须查清原因,并在移交清册中加以说明,由移交人负责。

5

　　(4) 银行存款账户余额要与银行对账单核对相符,如有未达账项,应编制银行存款余额调节表调节相符;各种财产物资和债权债务的明细账户余额,要与总账有关账户的余额核对相符;对重要实物要实地盘点,对余额较大的往来账户要与往来单位、个人核对。

　　(5) 印章、收据、空白支票、发票以及其他物品等必须交接清楚。

　　(6) 交接双方还应在电子计算机上对有关数据进行实际操作,确认有关数据正确无误后方可交接。

　　(7) 电子会计档案应当与其元数据一并移交,特殊格式的电子会计档案应当与其读取平台一并移交。档案接收单位应当对保存电子会计档案的载体及其技术环境进行检验,确保所接收电子会计档案的准确、完整、可用和安全。

四、专人负责监交

　　(1) 一般会计人员办理交接手续,由会计机构负责人或会计主管人员监交。

　　(2) 会计机构负责人和会计主管人员办理交接手续,由单位负责人监交,必要时主管单位可以派人会同监交。

五、交接后有关规定

　　(1) 会计工作交接完毕后,交接双方和监交人在移交清册上签名或盖章,并应在移交清册上注明:单位名称、交接日期、交接双方和监交人的职务和姓名、移交清册页数、需要说明的问题和意见等。

　　(2) 接替人员应继续使用移交前的账簿,不得擅自另立新账簿,以保证会计记录的连续性。

　　(3) 移交清册一般应填制一式三份,交接双方各执一份,存档一份。

六、移交后的法律责任

　　交接工作完成后,移交人对在其经办会计工作期间内发生的会计凭证、会计账簿、财务报表和其他会计资料的真实性和完整性承担法律责任。

💻 实训成果

项目五
任务四
实训成果
参考答案

 自我检测

一、单项选择题

1. 按照《会计档案管理办法》的规定,企业记账凭证的保管期限为(　　)年。

A. 15　　　　　　B. 5　　　　　　C. 30　　　　　　D. 10

2. 单位档案管理机构负责组织会计档案销毁工作,并与(　　)共同派员监销。

A. 同级财政部门　　　　　　　　B. 同级财政部门和审计部门

C. 会计管理机构　　　　　　　　D. 上级财政部门和审计部门

3. 下列属于会计账簿的有(　　)。

A. 年度财务报表　　B. 总账　　　　C. 原始凭证　　　D. 银行对账单

4. 关于会计档案的销毁,下列说法正确的是(　　)。

A. 单位所有的会计档案均不得销毁

B. 会计档案在保管期满后,可以直接销毁

C. 对于保管期满但尚未结清的债权债务的原始凭证不得销毁

D. 国家财政部门销毁会计档案可以不派人监销

5. 各单位形成的会计档案,都应由(　　)按照归档的要求,负责整理立卷,装订成册,编制会计档案保管清册。

A. 会计机构　　　　B. 会计主管部门　　　C. 总会计师　　　　D. 档案管理部门

6. 定期保管的会计档案期限最长为(　　)年。

A. 30　　　　　　　B. 20　　　　　　　　C. 25　　　　　　　D. 10

7. 下列各项中,不属于会计档案的是(　　)。

A. 自制原始凭证　　　　　　　　　　　B. 固定资产卡片

C. 银行存款余额调节表　　　　　　　　D. 生产计划书

8. 原始凭证的保管期限是(　　)年。

A. 3　　　　　　　　B. 5　　　　　　　　C. 10　　　　　　　D. 30

9. 银行对账单的保管期限是(　　)年。

A. 3　　　　　　　　B. 5　　　　　　　　C. 10　　　　　　　D. 25

10. 会计档案销毁清册的保管期限是(　　)。

A. 10 年　　　　　　B. 永久　　　　　　　C. 30 年　　　　　　D. 25 年

11. 临时保管会计档案最长不超过(　　)年。

A. 3　　　　　　　　B. 10　　　　　　　　C. 20　　　　　　　D. 30

12. 其他会计资料包括(　　)。

A. 原始凭证　　　　　B. 明细账、总账　　　C. 年度财务报表　　D. 纳税申报表

13. 下列会计档案中,需要保管 5 年的是(　　)。

A. 汇总凭证　　　　　　　　　　　　　B. 银行存款日记账

C. 银行存款总账　　　　　　　　　　　D. 固定资产卡片(固定资产报废清理后)

14. 会计档案的保管期限是从(　　)算起。

A. 编制完成之日　　　　　　　　　　　B. 编制完会计档案保管清册之日

C. 会计年度终了后第一天　　　　　　　D. 移交档案保管清册之日

15. 一般会计人员办理交接手续,由(　　)负责监交。

A. 会计机构负责人　B. 一般会计人员　　　C. 单位负责人　　　D. 总会计师

二、多项选择题

1. 会计档案管理程序包括(　　)。

A. 归档　　　　　　　B. 临时保管　　　　　C. 移交接收　　　　D. 销毁

2. 以下属于会计档案中的会计凭证类的有(　　)。

A. 固定资产卡片　　　　　　　　　　　B. 银行存款余额调节表

C. 原始凭证　　　　　　　　　　　　　D. 记账凭证

3. (　　)等文件材料,应当执行文书档案管理规定。

A. 预算　　　　　　　B. 计划　　　　　　　C. 报账　　　　　　D. 制度

4. 接收电子会计档案时,应当对电子会计档案的( )进行检测。

A. 准确性　　　　　B. 完整性　　　　　C. 可用性　　　　　D. 安全性

5. 会计档案的保管期限分为( )。

A. 永久　　　　　B. 定期　　　　　C. 半永久　　　　　D. 不定期

6. 下列会计档案保管期限为30年的有( )。

A. 原始凭证　　　　　　　　　　B. 月度、季度、半年度财务报表

C. 银行存款余额调节表　　　　　　D. 总账

7. ( )需要在会计档案销毁清册上签署意见。

A. 单位负责人　　　　　　　　　　B. 档案管理机构负责人

C. 会计管理机构负责人　　　　　　D. 档案管理机构经办人

8. 电子会计档案应由( )共同派员监销。

A. 单位档案管理机构　　　　　　　B. 单位负责人

C. 会计管理机构　　　　　　　　　D. 信息系统管理机构

9. 一般会计人员办理交接手续,可以由( )监交。

A. 会计机构负责人　　B. 单位负责人　　C. 会计主管人员　　D. 一般会计人员

10. 下列有关会计档案销毁的表述中,正确的有( )。

A. 会计档案销毁时应由单位档案机构会同会计机构提出销毁意见

B. 会计档案销毁时应当编制会计档案销毁清册

C. 会计档案销毁时单位负责人应当在会计档案销毁清册上签署意见

D. 会计档案销毁时应由档案机构和会计机构共同派员监销

11. 保管期满,不得销毁的会计档案有( )。

A. 未结清的债权债务原始凭证

B. 正在建设期间的建设单位的有关会计档案

C. 超过保管期限但尚未报废的固定资产购买凭证

D. 银行存款余额调节表

12. 其他会计资料包括( )。

A. 会计档案销毁清册　　　　　　　B. 年度财务报表

C. 银行对账单　　　　　　　　　　D. 纳税申报表

13. 单位的( )所属机构按照归档范围和归档要求,负责定期将应当归档的会计资料整理立卷,编制会计档案保管清册。

A. 会计机构　　　　B. 会计人员　　　　C. 会计负责人　　　　D. 会计管理部门

14. 定期保管期限一般分为( )。

A. 10 年　　　　　B. 30 年　　　　　C. 15 年　　　　　D. 永久

三、判断题

1. 临时保管会计档案最长不得超过 5 年。　　　　　　　　　　　　　　( )

2. 出纳人员可以兼管会计档案。　　　　　　　　　　　　　　　　　　( )

3. 单位保存的会计档案一般不得对外借出。　　　　　　　　　　　　　( )

4. 会计档案的保管期限从会计年度终了后的第一天算起。　　　　　　　( )

5

5. 固定资产报废清理后,会计档案保管 30 年。 （ ）

6. 企业库存现金、银行款日记账的保管期限是 15 年。 （ ）

7. 一般会计人员办理交接手续,由会计机构负责人或会计主管人员监交。 （ ）

8. 总账、日记账、明细账、固定资产卡片等属于会计凭证类档案。 （ ）

9. 会计档案的重要程度不同,其保管期限也有所不同。 （ ）

10. 预算、计划、制度等文件材料,应当执行文书档案管理规定。 （ ）

11. 电子会计档案移交时,应当将电子会计档案及其元数据一并移交。 （ ）

12. 接收电子会计档案时,应当对电子会计档案的准确性、完整性、可用性、合法性进行检测。 （ ）

13. 对保管期满,确无保存价值的会计档案,可以销毁。 （ ）

项目五
任务四
自我检测
参考答案

 自我评价

本任务完成情况评价表

（在□中打√,A 掌握,B 基本掌握,C 未掌握）

评价指标	自测结果
1. 能够梳理会计档案的内容	□A □B □C
2. 已熟悉会计档案的保管内容及期限	□A □B □C
3. 已熟悉会计档案的销毁制度	□A □B □C
4. 已掌握会计人员离职的交接手续	□A □B □C

素养课堂

坚持准则、不做假账——会计诚信之本

会计是诚信行业。会计的本质归根结底是一个字:"真",会计的衰亡也是一个字:"假"！如果会计失之诚信,弄虚作假,欺诈舞弊,会计得以存在的基础就会随之崩塌,会计行业的生命力也就随之完结。因此,"不做假账"应成为会计诚信之本,应成为我们会计从业者的座右铭。

朱镕基同志在世界会计师大会上曾经告诫:"所有会计审计人员必须做到'诚信为本,操守为重,坚持准则,不做假账',恪守独立、客观、公正的原则,不屈从和迎合任何压力与不合理要求,不以职务之便谋取一己私利,不提供虚假会计信息。"这就要求会计人员在处理会计事务时,要客观、真实、公正地反映各项经济业务,不做假账,从源头上确保会计资料的真实性和可靠性。

中国现代会计之父潘序伦先生指出:"立信,乃会计之本;没有信用,也就没有会计。"诚信是市场经济的基石,是会计工作的生命线,更是会计从业人员的安身之本、立业之基。

　　会计信息的真实、完整是衡量会计工作质量的标准,"不做假账"是会计诚信之本,是会计工作的生命,是每个会计人员最基本的职业道德和行为准则,也是做好会计工作的起点,会计人员应牢记"不做假账",要执业以德,核算依法,遵循规则,笃做真账,让"不做假账"成为广大会计人员的自觉行动。

5

项目六

智能会计综合实训

教学目标 ▶

（一）知识目标

1. 了解工业企业常见的日常经济业务，熟悉企业相关资产信息、财务信息。

2. 熟悉企业的建账操作及基础信息设置知识，掌握原始凭证的票据扫描与数据采集操作。

3. 掌握采购业务、销售业务、费用报销业务、往来业务、仓储业务等业务通过业务票据建模的操作及原理。

4. 掌握固定资产折旧、当期费用、跨期费用等业务通过费用归集建模的操作及原理。

5. 掌握成本核算相关业务通过成本核算建模的操作及原理。

6. 掌握 Excel 数据建模的操作及原理。

（二）能力目标

1. 能够根据票据信息判断发生的经济业务类型，并能掌握票据扫描及数据采集操作。

2. 能够根据收到的原始凭证设置量化规则、建立业务票据模型。

3. 能够根据费用相关业务设置费用归集建模。

4. 能够根据生产成本相关业务设置成本核算建模。

5. 能够根据职工薪酬、税费计提等其他期末业务设置 Excel 数据模型。

6. 能够独立完成整套账务实训处理。

（三）素养目标

1. 培养对企业业务流程的整体把握，提高会计实务操作能力。

2. 增强对智能会计的认识，提高人工智能在会计中的应用能力。

3. 培养良好的沟通与团队协作能力，提高职业素养。

4. 增强数据处理、分析和应用能力，提高在实际生活中的数据素养。

项目分解 ▶

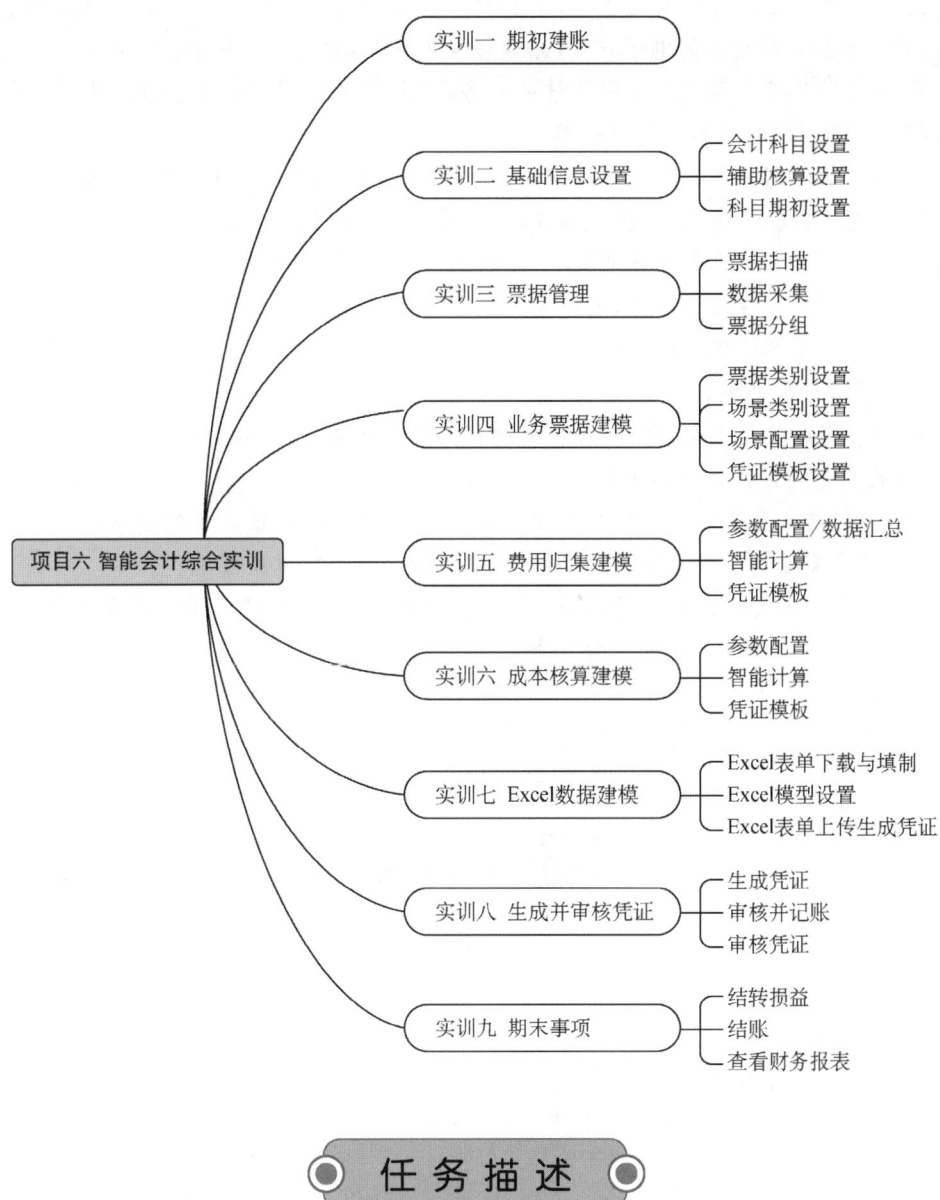

项目六 智能会计综合实训

- 实训一　期初建账
- 实训二　基础信息设置
  - 会计科目设置
  - 辅助核算设置
  - 科目期初设置
- 实训三　票据管理
  - 票据扫描
  - 数据采集
  - 票据分组
- 实训四　业务票据建模
  - 票据类别设置
  - 场景类别设置
  - 场景配置设置
  - 凭证模板设置
- 实训五　费用归集建模
  - 参数配置/数据汇总
  - 智能计算
  - 凭证模板
- 实训六　成本核算建模
  - 参数配置
  - 智能计算
  - 凭证模板
- 实训七　Excel数据建模
  - Excel表单下载与填制
  - Excel模型设置
  - Excel表单上传生成凭证
- 实训八　生成并审核凭证
  - 生成凭证
  - 审核并记账
  - 审核凭证
- 实训九　期末事项
  - 结转损益
  - 结账
  - 查看财务报表

◉ 任 务 描 述 ◉

厦门铭鸿电子科技有限公司是生产组装销售 PC 主机、LED 显示器等电脑设备的增值税一般纳税人。公司适用企业会计准则，增值税税率为 13%，城市维护建设税税率为 7%，教育费附加征收率为 3%，地方教育附加征收率为 2%，所得税税率为 25%，并且符合小微企业税收优惠政策。其进项税额抵扣方式是当月收到的增值税专用发票抵扣联当月全部认证，当月认证的进项税额全额申报抵扣。公司组织架构设总经理，下设行政部、财务部、销售部、基本生产车间。

6

2024 年 7 月,厦门铭鸿电子科技有限公司发生业务如下:

1. 当月发生多笔销售业务,销售商品包括 PC 主机、LED 显示器和 PC 电脑,财务根据销售合同开具电子发票(增值税专用发票)和电子发票(普通发票)。

2. 当月发生多笔材料采购业务,采购材料包括电源、机箱、主板、内存、驱动板、电源板等,财务收到采购材料的电子发票(增值税专用发票)和材料入库单。

3. 当月销售部许萍鑫发生出差借款业务,差旅归来填写报销单报销差旅费,并附上动车票、电子发票(普通发票)、的士票。

4. 当月行政部洪修梓填写通用报销单报销办公费用,并附上电子发票(普通发票)。

5. 当月支付相关报销款、出差借款,财务收到相应的银行付款回单。

6. 当月发生多笔收到货款业务,财务收到多张银行收款回单。

7. 当月发生支付工资业务,财务收到银行付款回单。

8. 当月缴纳增值税、附加税、企业所得税、个税、印花税、工会经费、社保费用,财务收到相应的银行付款回单。

9. 财务当月收到水费、电费、房租费的相关电子发票(增值税专用发票),该款项支付后,财务收到相关银行付款回单。

10. 当月发生多笔银行手续费扣款业务,财务收到相应的银行付款回单。

11. 当月发生多笔支付货款业务,财务收到相应的银行付款回单。

12. 当月月末发生计提工资,结转医社保、工会经费、水电费摊销、房租费摊销,计提固定资产折旧、坏账准备、相关税费业务。

13. 当月发生多笔领料业务,用于生产 PC 主机和 LED 显示器。

14. 当月月末发生结转制造费用,产品完工入库业务。

15. 当月月末发生结转销售成本、结转损益业务。

任务训练

1. 请根据任务描述的企业信息,进入会计基础与智能应用平台为厦门铭鸿电子科技有限公司新建账套。

2. 账套建立后,请查看厦门铭鸿电子科技有限公司的基础信息,包括"会计科目"设置、"辅助核算"设置和"科目期初"设置。

3. 请根据厦门铭鸿电子科技有限公司 2024 年 7 月收到的票据,进入【票据管理】模块中进行如下任务操作:

(1) 在【票据扫描】模块下获取当期的票据,并进行扫描识别。

(2) 在【数据采集】模块下获取当期税务数字账户、仓储系统中的票据信息。

(3) 在【票据分组】模块下对扫描或识别的票据按业务类型进行分组,根据分组的票据类型判断需要设置的业务票据模型。

4. 请根据厦门铭鸿电子科技有限公司 2024 年 7 月财务收到的原始凭证信息,在【业务票据建模】模块中进行如下任务操作:

(1) 根据本期收到的票据情况,设置业务票据建模,依次设置票据类别、场景类别、场景配置、凭证模板以及科目匹配。

（2）设置凭证模板时，凭证合并方式有批次的按批次合并，没有批次的不合并；分录合并方式有批次的完全合并，没有批次的不合并。

（3）所有业务票据模型设置完成后，进入【票据管理】中的【票据分组】模块生成记账凭证。

5. 请根据厦门铭鸿电子科技有限公司 2024 年 7 月发生的固定资产折旧、当期费用与跨期费用等相关业务，在【费用归集建模】中进行如下操作：

（1）请在【固定资产折旧归集】中设置固定资产折旧的数据汇总、凭证模板，并生成凭证

（2）请在【当期费用归集】中设置水电费业务的参数配置、智能计算、凭证模板，并生成凭证。

（3）请在【跨期费用归集】中设置房租费业务的参数配置、智能计算、凭证模板，并生成凭证。

6. 请根据厦门铭鸿电子科技有限公司 2024 年 7 月发生的生产成本相关业务，在【成本核算建模】中进行如下操作：

（1）请在【直接人工归集与分配】中设置结转直接人工费用的参数配置、智能计算、凭证模板，并生成凭证。

（2）请在【制造费用归集与分配】中设置结转制造费用的参数配置、智能计算、凭证模板，并生成凭证。

（3）请在【产品成本核算】中选择产品成本核算方法，并在选定的核算方法中设置结转产品成本的参数配置、智能计算、凭证模板，并生成凭证。

7. 请根据厦门铭鸿电子科技有限公司 2024 年 7 月发生并未取得原始凭证的相关业务（除成本核算、费用归集核算相关业务外），在【Excel 数据建模中】中进行如下任务操作：

（1）请对需要计提分摊结转的业务进行 Excel 数据建模，在模型配置中设置相应模型，设置模型配置时，分录合并方式为完全合并。

（2）请在【Excel 数据建模中】中的【模板下载】中下载所需填写的 Excel 模板，根据平台提供的相关表单填写模板，完成后上传导入，生成记账凭证。

8. 月末请帮助厦门铭鸿电子科技有限公司财务结转损益，生成该结转损益记账凭证后审核所有记账凭证。

9. 月末请帮助厦门铭鸿电子科技有限公司财务完成结账操作，结账完成后请进入【财务报表】模块查看资产负债表和利润表情况。

业务流程图

业务流程图如图 6-1 所示。

请扫描二维码登录会计基础与智能应用平台，查看厦门铭鸿电子科技有限公司 7 月业务财务机器人的智能核算建模及账务处理结果。

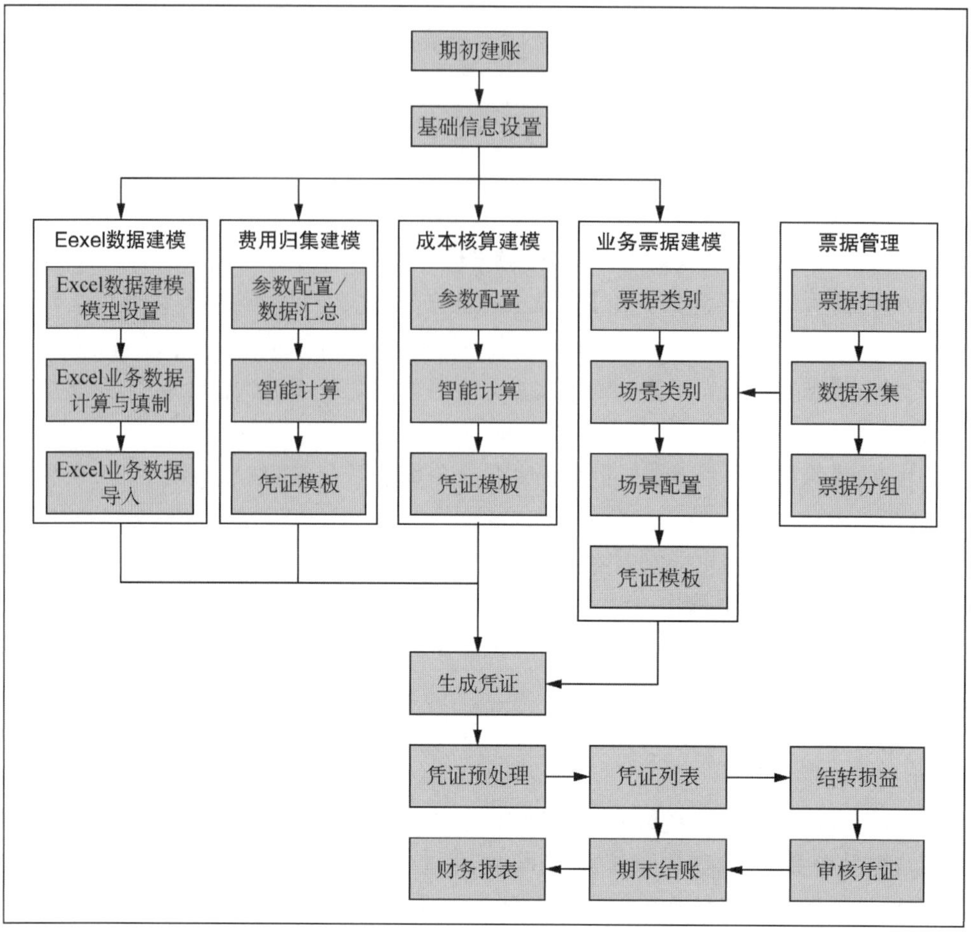

图 6-1　业务流程图

实训成果

 自我评价

本项目完成情况评价表

（在□中打√,A 掌握,B 基本掌握,C 未掌握）

评价指标	自测结果
1. 能够根据票据信息判断发生的经济业务类型,并能掌握票据扫描及数据采集操作	□A □B □C
2. 能够根据收到的原始凭证设置量化规则、建立业务票据模型	□A □B □C
3. 能够根据费用相关业务设置费用归集建模	□A □B □C
4. 能够根据生产成本相关业务设置成本核算建模	□A □B □C
5. 能够根据职工薪酬、税费计提等其他期末业务设置 Excel 数据模型	□A □B □C
6. 能够独立完成整套账务实训处理	□A □B □C

6

素养课堂

遵纪守法、廉洁奉公：革命先驱——林伯渠

林伯渠出生于湖南临澧县的一个书香门第，良好的家庭教育使他从小就十分注重自身品格的修养，自律定力的锤炼，这为他日后从政严守底线打下了坚实基础。

1917年11月，林伯渠出任国民政府湖南省财政厅厅长，为推进孙中山在西南的护法运动筹办财政。当时，各方势力、各级官府衙门及官僚豪绅均视财政资金为香饽饽，想方设法妄图从中分一杯羹，向他送礼行贿者很多，林伯渠一律拒收并斥责。在任国民政府湖南省财政厅厅长期间，林伯渠仅给家里买过一匹青布。其实，由于当时时局动荡，筹办财政本十分艰难，但正是因为林伯渠工作出众，一身正气、两袖清风，不仅为护法运动提供了经费保障，卸任时还弥补了前任亏空。

从1933年开始，林伯渠长期担任中国共产党和苏维埃政府重要职务，包括中华苏维埃共和国临时中央政府国民经济部部长、财政部部长，陕甘宁边区政府主席；中华人民共和国成立后，任中央人民政府委员会秘书长，全国人民代表大会常务委员会副委员长等。不论职位有多高，林伯渠对清廉的坚守始终一以贯之，不忘自己的原则和底线，他不仅严格约束自己，还严格要求他人。1956年，家乡的两位干部到北京来看望他，并想请他给县里买两部汽车，他以"汽车是国家计划物资，不能乱批条子"为由委婉拒绝。

林伯渠工作中，始终保持朴实勤勉的作风，他从不计较个人享受和地位，以艰苦奋斗的精神为党员干部做出表率。长征路上，年近半百的他有马不骑，一手提着马灯，一手拄着拐杖，打着绑腿，穿着草鞋，与红军战士一道行军跋涉，不享受特殊照顾和待遇。在陕甘宁边区，有关部门按规定为他砌了三孔窑洞，他坚决不住，改为办公室和会议室。

为促进大生产，厉行节约，他带头制定"个人生产节约计划"，保证全年种粮二担（每担150公斤）交工，并衣被自给。他自己过着简朴的生活，从不领配发的衣被，衣服打着多处补丁，系的裤带是麻绳，枕头是衣包书。由于身材高大，公家发的军被他盖上去短一截。冬天睡觉时，他便用麻绳将被头的一端捆起来，以便使脚不致露出被外。他爱抽烟，但从不买商品烟，抽自己种的旱烟，取名为"兰花牌"。

1944年，林伯渠去西安、重庆与国民党政府谈判长达半年，影响了生产任务的完成，他把这期间节约下来的生活费作为生产任务补交。中华人民共和国成立后，他住的房子年久失修，组织上多次安排修缮，他嫌费用过高，拖了近十年，还降低了标准。下基层视察，他严格坚持"四不"准则（一不要搞组织迎送，二不要影响工作，三不要宴请送礼，四不要生活特殊），如有违背，他一是及时劝阻，二是对当事人予以严肃批评教育。

启示：林伯渠先生在工作中始终坚持守法，遵守国家法律法规，不利用职务之便谋取私利。作为会计人，我们也应该严格遵守会计法律法规，保持职业道德，不参与任何违法违规行为。同时，林伯渠先生以艰苦奋斗的精神为党员干部做出表率，展现了他的诚实守信的品质。作为会计人，我们应该坚持诚实守信的原则，不得伪造、篡改财务数据，做到真实、准确、完整地反映财务状况。

主要参考文献

［1］财政部会计资格评价中心.初级会计实务［M］.北京:经济科学出版社,2023.

［2］高翠莲,乔冰琴,谢计生.企业财会机器人应用与开发［M］.北京:高等教育出版社,2022.

［3］陈伟清.基础会计［M］.6版.北京:高等教育出版社,2023.

［4］李占国.基础会计［M］.5版.北京:高等教育出版社,2022.

［5］朱虹,周雪艳.基础会计［M］.6版.大连:东北财经大学出版社,2021.

［6］张玉名.智能会计［M］.北京:经济科学出版社,2021.

教学资源服务指南

高等教育出版社

感谢您使用本书。为方便教学，我社为教师提供资源下载、样书申请等服务，如贵校已选用本书，您只要关注微信公众号"高职财经教学研究"，或加入下列教师交流QQ群即可免费获得相关服务。

"高职财经教学研究"公众号

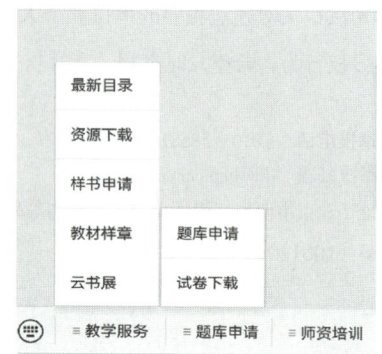

资源下载： 点击"**教学服务**"—"**资源下载**"，或直接在浏览器中输入网址（http://101.35.126.6/），注册登录后可搜索相应的资源并下载。（建议用电脑浏览器操作）

样书申请： 点击"**教学服务**"—"**样书申请**"，填写相关信息即可申请样书。

样章下载： 点击"**教学服务**"—"**教材样章**"，即可下载在供教材的前言、目录和样章。

题库申请： 点击"**题库申请**"，填写相关信息即可申请题库或下载试卷。

师资培训： 点击"**师资培训**"，获取最新会议信息、直播回放和往期师资培训视频。

联系方式

会计QQ3群：473802328　　会计QQ2群：370279388　　会计QQ1群：554729666

（以上3个会计QQ群，加入任何一个即可获取教学服务，请勿重复加入）

联系电话：（021）56961310　　电子邮箱：3076198581@qq.com

在线试题库及组卷系统

我们研发有十余门课程试题库："基础会计""财务会计""成本计算与管理""财务管理""管理会计""税务会计""税法""税收筹划""审计基础与实务""财务报表分析""EXCEL在财务中的应用""大数据基础与实务""会计信息系统应用""政府会计""内部控制与风险管理"等，平均每个题库近3000题，知识点全覆盖，题型丰富，可自动组卷与批改。如贵校选用了高教社沪版相关课程教材，我们可免费提供给教师每个题库生成的各6套试卷及答案（Word格式难中易三档，索取方式见上述"题库申请"），教师也可与我们联系咨询更多试题库详情。